国家级一流本科课程教材
浙江省普通高校“十三五”新形态教材
浙江省线上、线下混合式一流课程教材

iCourse·教材
中国大学MOOC配套教材
国家精品资源共享课配套教材

中国税制

（第二版）

吴利群　杨春玲　主　编
张　帆　副主编

高等教育出版社·北京

内容简介

本书系首批国家级一流本科课程教材、中国大学 MOOC 配套教材、国家精品资源共享课配套教材、浙江省线上线下混合式一流课程教材及浙江省普通高校“十三五”新形态教材，是以第一版为基础的修订版。

本书共有 11 章，内容覆盖税收基本理论、中国现行税收制度实务、税收征管基本知识等内容，编写力求“与时俱进，守正出新”，内容上突出基础性、严谨性、实用性与创新性、灵活性、趣味性的有机结合，兼顾基础理论、知识、技能的传授和最新研究动态与改革成果的吸收；同时顺应“互联网+”发展需要，依托现代信息技术，创新教材形态，实现教材、课堂、教学资源三者融合，推动线上线下相结合的混合式教学模式改革，提高课程教学质量。本书文风简洁，界面亲切，每章设有“本章学习目标”“专栏”“本章小结”“综合练习”“延展阅读”“拓展练习”等栏目，并设置二维码关联课程讲解视频，提供同名全套中国大学 MOOC 课程及国家精品资源共享课程最新拓展学习资源，为不同读者提供丰富的个性化选择空间与学习支持服务。

本书可以作为高等学校经管类各专业本科生和研究生的相关课程教材，也可以作为经管类从业人员培训或其他人员学习的参考读物。

图书在版编目（C I P）数据

中国税制 / 吴利群，杨春玲主编. --2 版. --北京：高等教育出版社，2022. 2（2023.12重印）

ISBN 978-7-04-057630-6

Ⅰ. ①中… Ⅱ. ①吴… ②杨… Ⅲ. ①税收制度-中国-高等学校-教材 Ⅳ. ①F812. 422

中国版本图书馆 CIP 数据核字（2022）第 010647 号

Zhongguo Shuizhi

策划编辑 奚 玮　　责任编辑 奚 玮　　封面设计 王 鹏　　版式设计 王艳红
插图绘制 于 博　　责任校对 窦丽娜　　责任印制 田 甜

出版发行	高等教育出版社	网　址	http://www.hep.edu.cn
社　址	北京市西城区德外大街 4 号		http://www.hep.com.cn
邮政编码	100120	网上订购	http://www.hepmall.com.cn
印　刷	涿州市京南印刷厂		http://www.hepmall.com
开　本	787mm×1092mm　1/16		http://www.hepmall.cn
印　张	21. 25	版　次	2016 年 9 月第 1 版
字　数	540 千字		2022 年 2 月第 2 版
购书热线	010-58581118	印　次	2023 年 12 月第 2 次印刷
咨询电话	400-810-0598	定　价	49. 00 元

物 料 号　57630-00

第二版前言

党的十九大以来,我国深化经济体制改革持续推进,财税体制改革步伐加快,税收制度改革不断深化,法制建设成果丰硕。本书自2016年出版以来,中国税制改革迎来了较大变化,截至2021年9月,《中华人民共和国契税法》《中华人民共和国印花税法》《中华人民共和国耕地占用税法》《中华人民共和国环境保护税法》《中华人民共和国烟叶税法》《中华人民共和国城市维护建设税法》《中华人民共和国资源税法》《中华人民共和国船舶吨税法》,以及修订的《中华人民共和国个人所得税法》《中华人民共和国车船税法》陆续实施,税收政策适时完善。面对百年未有之大变局,党的二十大又进一步提出了中国式现代化建设背景下优化税制结构的新使命新任务,对加快构建我国新发展格局,推动绿色、高质量发展,增进民生福祉,促进社会公平正义意义重大。在经济全球化的背景下,税收已日益成为跨国资本流动与商品服务贸易的重要决策影响因素,中国的税制改革也越来越为国际社会广泛关注。

本书的第二版修订是在新冠疫情期间完成的。虽然在此期间,很多人的行动受到了限制,但是我们修订教材的步伐并没有停止。事实上,本书的修订工作在2018年就已经开始,税法修订内容截止到2021年9月。此后,又在重印时进行了及时的修订。在第一版的基础上,《中国税制》第二版在内容和形式上有以下变化:第一,对第一章和第二章中税收的概念、本质与特征,我国税收制度的改革发展等内容进行了补充和修订。第二,调整了第三章增值税的相关内容,涉及的内容主要包括增值税率的调整以及疫情期间新颁布的相关优惠政策,并且修订了第四章消费税的相关政策条例和第五章关税的相关政策内容。第三,增加了第六章企业所得税相关税收优惠政策,并按照修订后的个人所得税法,对第七章个人所得税的相关内容进行了全面修订,同时根据最新公布的《中华人民共和国契税法》《中华人民共和国印花税法》《中华人民共和国耕地占用税法》《中华人民共和国资源税法》等法律内容进行了全面修订,增加了房地产税改革内容。第四,重新拍摄了10~15分钟的短视频,并在全书相应知识点内容处通过二维码进行关联,动态跟进税制改革最新进展,便于教师、学生以及其他人员在线学习,及时了解最新税收制度政策变化。第五,根据习近平2016年12月在全国高校思想政治工作会议上的重要讲话,结合中国税制专业特点与立德树人根本任务,我们历经了六年的课程思政建设探索与实践,书后增设了附录“课程思政案例”,为本书使用者提供“精”“准”“细”“实”的课程思政教学案例参考。

近年来我国相关法律法规政策变化较为频繁,为更好地服务广大读者,本书在每一章都嵌入二维码,读者可以观看相应视频。我们也在中国大学 MOOC 平台上建立了习题库、延展阅读等资源,之后将随时更新相应法规政策,读者可扫描右边的二维码获取相关内容。

中国大学 MOOC
“中国税制”

本书由吴利群、杨春玲教授任主编,张帆副教授任副主编。在本次修订过程中,还新增了一些新生力量参与修订,他们是张兵兵(第三章),黄冠豪(第四章），蒲龙（第六章），王婷（第七章），丁海燕（第九章），张旭（第十章），张帆、郭敏捷（第十一章）等。

本书依托首批国家级“线上线下混合式”一流本科课程“中国税制”，在此基础上经反复推敲修改，但由于编者水平有限，可能还存在各种疏漏与错误，恳请广大同仁与读者批评指正，我们将根据反馈意见，在再版中不断完善。

本书的编写与出版得到了各方的大力支持。本书曾作为讲义试用，听取了学生的宝贵意见；高等教育出版社的相关编辑为本书的出版倾注了大量的精力，在此表示诚挚的感谢。

编　者

2023 年 10 月

第一版前言

随着我国现代市场经济的深入推进和宏观调控体系的不断健全,税收在国家治理中的基础性、支柱性、保障性作用日益增强,与政府、企业、个人的利益息息相关,税收问题也日益成为全社会高度关注的焦点与热点问题。党的十八大以来,我国深化经济体制改革持续推行,财税体制改革步伐加快,税收制度改革不断深化,一批具有重大牵引作用的改革举措,如全面实施“营改增”、资源税改革、鼓励创新创业的所得税政策调整、国税地税征管体制改革方案等相继推出,对我国供给侧结构性改革,创造新供给、释放新需求起到了重大的推动作用。而另外一些重大的税制改革,如消费税改革、个人所得税改革、房地产税改革、环境税改革等正在酝酿之中。中国的税制改革也引起了国际社会的广泛关注,并已成为跨国资本流动与商品服务贸易的重要决策因素。通解中国税制,掌握中国税制,熟练运用中国税制,已成为所有涉及中国的各类经济主体谋求最大发展的必要条件,因而也成为所有参与经济活动人员必备的基础知识与基本技能。

“中国税制”课程是高等学校财政学类专业的核心课程,也是会计学、工商管理、财务管理、金融学等其他经管类专业学生的专业基础课程。本教材作为高校教师授课和学生学习使用的工具书,主要服务于高校所有经管类专业学生及教师,也服务于各类社会培训及其他从业人员。同时,本教材是国家精品资源共享课程、浙江省重点建设 MOOC 课程“中国税制”的配套教材。本教材在编写中力求“守正出新”,依托“爱课程”网络平台与 MOOC 课程视频资源,在内容、体例与教学安排上,形成了以下主要特点:

(1) 基础性。准确把握教材定位,高度重视基础理论、基础知识、基础技能(“三基”)的传授与培养,保持课程基本内容的稳定性。

(2) 严谨性。教材内容覆盖税收基本理论、中国现行税收制度实务、税收征管基本知识,体系设计完整,内部结构安排逻辑严密。

(3) 实用性。教材提供最新的税制(截止到 2016 年 6 月)、丰富的案例与实训、便捷的教学安排,突出课程的实务性、内容的实用性、应用实践能力培养的侧重性,实现“好教”“好学”目标。

(4) 创新性。教材充分体现教学内容与教学方法的时代性、先进性和拓展性,吸收最新理论研究与税制改革成果,每章设置相关教学资源二维码,关联国家精品资源共享课网站与 MOOC 课程视频资源,实现教学内容的补充、拓展及更新。

(5) 灵活性。根据不同教学对象的实际需要,教材在教学内容的设计与安排上,留有一定的选择空间,具有较强的适应性与灵活性。教材提供丰富的教学资源,通过“延展阅读”“综合练习”,设置二维码资源链接,积极探索拓展性课程教学资源的提供与个性化学习目标的服务。

(6) 趣味性。教材文风简洁,通俗易懂,既有一定的理论高度,又尽量生动有趣。在教学内容设计上,教材设置一系列与读者亲切互动的界面,如“本章学习目标”“专栏”“本章小结”“综合练习”“延展阅读”等,既科学严谨,又富有亲和力。

本书由吴利群、杨春玲教授任主编,沈玉平教授任主审。具体编写分工如下:沈玉平(第一、第二章),司言武(第三章),吴利群(第四章),葛夕良(第五章),董根泰(第六章),杨春玲(第七章),谢枫、张帆(第八章),刘初旺(第九章),张旭、张帆(第十章),王绪强(第十一章)。

本书是"中国税制"国家精品资源共享课建设和"财政学"国家特色专业建设的一项基础性成果,虽然在大家的共同努力下,几经修改终于定稿出版,但由于编者水平有限,可能存在各种疏漏与错误,恳请广大同仁与读者批评指正,我们将根据反馈意见,在再版中不断修订完善。

本书的编写与出版得到了各方的大力支持,曾作为讲义试用,听取了学生的宝贵意见;高等教育出版社相关编辑为本书的出版倾注了大量的精力,在此表示诚挚的感谢。

编　者

2016 年 7 月

目　　录

第一章

税收的本质特征

本章学习目标

1. 从不同角度理解税收的概念,并进一步理解政府为什么要征税
2. 理解税收作为财政收入的主要形式与其他财政收入形式相比有哪些特征

一般来说,人们都讨厌缴税。古今中外,不乏因为征税太重而被老百姓推翻的政府,当今一些国家的政府首脑竞选时也总是以减轻税负来获取选票。那么,税收真的那么讨厌吗?我们可以不要税收吗?不要税收意味着不要政府,从而也意味着毁了我们自己。因为人们的生活福利和企业的经济活动都离不开政府,少不了政府,政府的存在和运行就必须有财政收入来源。税收的固有特征,决定了税收是一种理想的财政收入形式。

第一节　税收的概念与本质

一、税收的概念

视频讲解:
税收的概念

税收是政府为了实现其职能,凭借政治权力,按照预定的标准,向社会成员强制、无偿地取得财政收入的一种主要形式。税收是一个历史范畴,自从有国家以来,政府为了履行公共职能和满足王室开支的需要,就以雏形的或成熟的各种税收来筹集资金。税收概念有以下含义:

(一) 政府征税是为了实现职能而筹集资金

公共经济学的一般原理阐明,社会成员要想获得最大限度的福利,除了从市场上花钱购买商品消费之外,还需要享受政府提供的公共产品和公共服务(以下合称公共产品)。在不同时代的政府活动、政府支出有所不同,在封建国家皇室财政和国家财政不分的情况下,政府支出中包含了满足公共需要的国家公共支出和满足皇室消费的皇室支出。到了近代国家,皇室支出与国家公共支出分离,公共支出提供公共产品成了国家财政。国家财政支出向私人部门提供公共产品是私人部门必不可少的福利来源,而且随着社会的发展与进步,私人部门消费组合中的公共产品比重越来越大,国防、教育、医疗、社会保障、公共工程等成了人民福利水平提高、国家繁荣富强的

重要基础。而这些公共产品的提供都需要消费物质资源,即需要花费成本,税收正是政府为了提供公共产品而筹集的资金。可见,税收是公共产品的成本。

(二)征税凭借的是政府的政治权力

这里有两个含义:一是征税主体是政府而不是其他单位和社会组织。即只有政府才有权力征税,其他单位和社会组织是不可能有这种权力的。征税权力是一个国家(包含各级政府)主权的重要内容,这无论是在国际税收关系中,还是在国内各地区间以及中央与地方之间的财政关系中都体现得非常充分。拥有了这种权力,政府才能合法征税,取得必要的财政收入,满足其职能活动的需要。二是政府征税凭借的是政治权力。政府拥有财产权力和政治权力两种基本权力。凭借财产权力取得的收入(包括财产转让收入和财产出租出借收入)本质上是一种所有权收入,而凭借政治权力取得的收入才是税收收入。政治权力在本质上也是一种公共意志,所以也称为公共权力,凭借公共权力征税,再向社会成员和组织提供公共产品就是公共意志的体现。

(三)税收在绝大多数国家是财政收入的主要形式

在大多数国家,政府的财政收入中,除了税收收入外还有其他收入,而其他财政收入一般是政府凭借拥有的国有资产、国有资源而取得的产权收入,包括国有资产的出让收入和出租出借收入、国有资产经营收益等。在不同的历史发展阶段和不同的国家,政府掌握的财产和资源占整个社会的财产和资源的份额是有很大差异的,所以不同时代、不同国家的政府凭借财产权力取得收入的规模也就大不一样。新中国成立后至20世纪下半叶,政府凭借国有企业的财产所有权取得的利润收入曾经是重要的甚至是主要的财政收入形式。但是在大多数历史时期、大多数政府的财政收入中,税收是最主要的形式。当然,罚没收入也是政府凭借政治权力取得的收入,但罚没收入不可能,事实上也未曾成为政府的主要财政收入形式。此外,政府还可以通过发行纸币和举借国债来取得财政收入。但长久靠大量发行纸币和举借国债来筹集财政资金必然会引起严重的通货膨胀和经济的严重破坏,甚至还会导致政局不稳,只有税收才可能成为稳定可靠的财政收入形式。这种稳定可靠性表现为政府通过制定和实施税收法规来取得稳定可靠的财政收入,以维持经常性财政支出的需要。总之,虽然政府可以采取其他非税收形式筹集财政资金,但从各国的实际和历史看,税收是各国政府的主要财政收入形式,也是中国政府当前的主要财政收入形式。2020年全国一般公共预算收入182 895亿元,其中全国税收收入154 310亿元[①]。

二、税收的本质

税收的本质是什么?对此,理论界也有不同的观点。其中曾经占据重要地位的观点有以下两种:

第一种观点认为,税收体现了国家与纳税人之间的分配关系,即国家在征税过程中向纳税人取得了收入,再将这些收入用于向社会成员提供公共产品,这中间产生了三个维度的分配关系:其一是国家向纳税人征税时发生了收入从纳税人向国家转移的分配;其二是纳税人与非纳税人之间的分配,即由于有些社会成员纳了税,而有些社会成员不纳税,但无论是否纳税,他们都可以享受国家提供的公共福利,所以发生了收入从纳税人向非纳税人转移的分配;其三是纳税人与纳税人之间的分配关系,即有的纳税人纳的税多享受的公共福利却少,而有的纳税人纳的税少却享

① 数据来源:财政部网站。

受了较多的公共福利,即形成了收入从纳税多的社会成员向纳税少的社会成员转移的分配。这种观点是从道德的甚至阶级关系的角度来分析税收的属性。这种观点的分析一则强调了税收具有再分配的功能,税收的征收与支用过程中应该遵循道德公平的原则;二则有助于揭露阶级关系和社会中的利益集团的利益分配关系,从而有助于启示人们从政治角度来认识政府是如何利用税收来维护统治阶级和特殊利益集团利益。应该说,在揭示税收的道德和政治属性方面,这种观点是有积极意义的。

第二种观点认为,税收的本质是政府为实现职能(提供公共产品)而向社会成员筹集的收入。这种观点从公共财政的框架体系内来认识税收的本质。公共财政关系的基本内容是:政府是应社会成员共同需要而产生的,政府的职能就是向社会成员提供公共产品,以实现社会成员福利的最大化。而提供这些公共产品必须向社会成员筹集资金,这就需要征收税收,税收是公共产品的成本。所以公共财政必然包括税收,税收是公共财政关系中的一个重要环节,即筹集资金的环节。在公共财政关系的框架内认识税收的本质,有助于看清税收的征收也是实现公共意志,使公共利益最大化的过程,而不是只看到税收从纳税人那里取走了收入。尽管在不同时代、不同社会制度中,税收的这一本质表现有较大的差异,即政府在征税和向社会成员提供公共产品的过程中,其"公共性"会发生偏差,即财政支出的一些内容和方向会有益于某些阶级、某些利益集团,而不利于另一些阶级、另一些利益集团,税收分配的公平合理性会有差异。但就总体而言,特别是在当代社会里,税收主要是政府为了实现社会成员利益最大化,向社会成员提供公共产品而需要由社会成员负担的成本。

专栏 1-1　税收对于社会成员福利的意义

根据联合国、国际货币基金组织等公布的各个国家税收占 GDP 比重显示,各国的税收规模、税收负担水平差异较大。总体上呈现为发达国家的税收负担水平高于欠发达国家的税收负担水平。这决定于发达国家的人均收入水平、纳税能力高于欠发达国家,发达国家税务机构的征收管理能力强于欠发达国家,也表明发达国家向社会提供了更大规模的公共服务。从经济学的角度讲,在公共服务与私人产品提供的资源配置中,发达国家用于公共服务的部分更多。换言之,满足人们福利的结构中,来自公共服务的比重更大。

第二节　税收的特征

税收的特征是税收作为政府财政收入的主要形式区别于其他财政收入的标志。概括说来,税收的特征主要有以下三个方面。

一、无偿性

税收的无偿性,是指政府征税以后不是直接给予纳税人某种等价物,也不向纳税人提供某种

视频讲解：税收的特征：无偿性和强制性

特权，以后也不偿还给纳税人，而是成为政府的财政收入来源，由政府用于各种职能活动的消耗。认识税收的无偿性，必须先认识社会关系中有偿关系的形式。有偿关系的形式可以分成三类：其一是最普遍的等价交换，即社会成员的一方付出一种货币、实物或其他经济利益，同时从相对应的另一方获得另一种货币、实物或其他经济利益，比如商品买卖交易；其二是信用借款方式，即一方向另一方借取一定量的货币、实物或其他经济利益，在一定的时期后将这些经济利益等价偿还给借出者，甚至还要支付利息；其三是从他人获得经济利益（收入）但必须给予对方相应的特权，使对方能从利用这些特权中获得相应的经济利益。税收不属于上述三种有偿形式，因而税收是无偿的。

这里应该分析税收的无偿性与税收是公共产品的成本的内在关系。税收的无偿性与税收是公共产品的成本这一本质属性表面上看似乎是相矛盾的，但其实并不矛盾。第一，税收的无偿性是从税收征收这单个环节来观察判断的，而税收是公共产品的成本是指从总体上看，把纳税人看成一个整体，国家向纳税人征税以后，又通过财政将利益返还给社会成员，即具有整体返还性。第二，税收是公共产品的成本这一本质关系也不能推断税收是有偿的。如上所述，因为所谓有偿必须是等价的，税收是公共产品的成本这一本质判断只是就税收整体而言，而对每一位纳税人来说，不是政府向他征了多少税，他就可以向政府索取多少公共产品、公共福利，或者说因为从政府提供的公共产品中享受了多少福利才向政府缴纳相应份额的税收。在具体的征税环节，不论社会成员是否享受了政府提供的公共产品，也不论其享受了多少公共产品，都必须按政府规定的标准缴税。反过来，作为社会成员，他可以享受多少公共产品、公共福利，并不取决于他是否向政府缴纳过税收，也不论缴过多少税。由此可见，税收是公共产品的成本并不否定税收的无偿性这一本质特征。

税收的无偿性对于保证政府财政资金的可用性十分重要。只有税收收入不需要偿还，才能由政府安排为支出，才能满足政府各项职能活动的需要。如果需要偿还，政府只能将新征收的税收用于偿还旧债；如果要靠出让某种资产权益才能取得税收，这就可以推断，政府拥有的这种资产权益与应该征收的税收额是等价的。那么，政府也就无须通过征税来筹集资金，而只需要将这些资产权益在市场上出售即可获得财政收入。所以从征收环节来看，无偿性是税收的一个重要属性，无偿性也是强制性的根源。

二、强制性

税收的强制性，是指政府征税是以法律的形式规定了纳税人的纳税义务，纳税人必须依法纳税，否则就要受到法律的惩罚。纳税人之所以会依法纳税，是由于税收存在强制性，税法体现了政府政权的威慑力。在这种威慑力下，纳税人才会“自觉”纳税。税收的强制性是指税收的非自愿性。即一般而言，纳税人是在政府及其制定实施的税法的威慑下才纳税的。税收的强制性源于税收的无偿性。因为税收是无偿征收的，对于纳税人来说，缴纳税收就是一种经济利益的损失和放弃，所以一般都不会自愿缴纳，因而税收需要以法律的形式来强制实施。

还应该说明，税收虽然是强制的，但却不具有惩罚性。尽管我们仔细考察政府的财政收入会发现，强制性的收入除了税收之外，还有罚款这样的收入，但是应该看到，罚款虽然是强制的，却与税收的强制性是有根本区别的。税收的强制征收是以合法行为及其带来的收入为对象的，至少大部分情况是如此。而罚款收入是以违法行为及其收入为对象征收的。同时税收与罚款的征收目的不同，税收征收的最根本目的是筹集财政资金，税收虽然对经济活动也有调节作用，对某些经济活动可能也具有奖惩作用，但这时税收所包含的惩罚不是禁止性的，而仅仅是引导性的。但罚款所要惩罚的对象是违法行为，罚款的惩罚的目的是禁止这些违法行为的发生。所以税收不具有惩罚性，与罚款有区别。

三、固定性

税收的固定性，是指税收法律制度一经制定，就规定了某一种税的征税对象，即对什么征税，依据什么计算征税，也规定了税率，即征收多少税收。这些基本内容规定以后，一般不频繁变动，而是具有相对稳定性，即在一定的时期内持续实施有效。税收法律制度的这种固定性使得税收作为政府的主要财政收入形式具有稳定可靠性，成为政府经常的、基本的财政收入来源。

视频讲解：税收的特征：固定性

税收的固定性还意味着税收制度的实施及其日常管理具有规范性。即税收制度是一个国家的权力机关或赋予了职权的职能机关制定的有关税收活动的一系列法律、法规和规章，任何单位都不得随意变更，而必须维护税收制度的有效运行。如果没有税收制度的这种严肃性，也就没有税收的固定性。

最后需要指出，一般而言，作为一种财政收入，如果同时具备了税收的上述三个特征，那么即使名称不叫税收，实质上也是税收；反过来，如果一种财政收入虽然名称叫税收，但不同时具有这三个特征，那么实质上也不是税收。所以，税收的三个特征是税收区别于其他财政收入形式的根本标志。而且，各个社会里的税收都具有这些特征。

专栏 1-2　从三个特征角度比较税收与公债

虽然公债也可以成为财政收入的一种形式，但相比之下，税收的这三个特征表现最为鲜明、突出。公债是有偿的，不仅要还本还要付息，而税收是无偿的。因为公债是有偿的，所以购买公债总体上是自愿的，而税收是强制的，纳税人必须依法缴纳税收，否则要受到法律的制裁；由于公债必须偿还，所以不可能成为政府稳定、可靠的财政收入，而且每一期公债从发行到偿还的期限、利率、规模、对象差异都很大，即缺乏固定性，而税收从法律形式到税收收入都具有相对的固定性。

本章小结

1. 税收是政府为了满足履行职能需要，凭借政治权力取得财政收入的一种形式。可以从政府征税的目的、政府征税凭借的依据、税收在财政收入中的地位三个基本角度来理解税收的概念。

2. 在现代社会里,税收的本质主要是政府向社会提供公共产品的来源,所以税收是公共产品的成本。从这个意义上讲,每个单位与个人都必须依法纳税。

3. 税收与其他财政收入形式相比具有无偿性、强制性、固定性的特征,同时具备这三个特征的是税收。

综合练习

一、重要概念

税收　税收的无偿性　税收的强制性　税收的固定性

二、思考题

1. 什么是税收？应该从哪些方面理解税收？
2. 税收的本质是什么？
3. 税收区别于其他财政收入形式的特征是什么？
4. 税收的无偿性特征与税收是公共产品的成本这一本质是怎样的关系？
5. 怎样理解税收的强制而又非惩罚性这一特征与税收具有“寓禁于征”这一作用的关系？
6. 税收的固定性对税收成为政府的主要财政收入形式起着怎样的作用？
7. 试将一种非税财政收入与税收进行对比,税收具有三个特征,而该种非税财政收入不具有这些特征。

延展阅读

[1] 厉以宁,辜胜阻,高培勇,刘世锦,刘伟,洪银兴,樊纲,洪永淼. 中国经济学70年:回顾与展望——庆祝新中国成立70周年笔谈(下)[J]. 经济研究,2019(10):4-23.

[2] 骆永民,翟晓霞. 中国税收自动稳定器功能的双重约束研究[J]. 经济研究,2018(07):106-120.

[3] 吕冰洋. 税制结构理论的重构:从国民收入循环出发[J]. 税务研究,2017(08):5-13.

[4] 许建国. 税收公平问题的理论渊源与现实思考[J]. 税务研究,2017(05):12-17.

[5] 李明,张璿璿,赵剑治. 疫情后我国积极财政政策的走向和财税体制改革任务[J]. 管理世界,2020(04):26-34.

第二章

税收制度

本章学习目标

1. 学习掌握税收制度的构成要素
2. 学习掌握税种的基本分类
3. 了解我国税收制度的改革背景及方向

税收制度是用来规范税务机关、纳税人及其他有关单位和个人的税务行为的税收法律、法规、规章等的总称。税收制度的内容和形式很多，从税收法律效力的级次来分，有由全国人大或常委会颁布实施的税收法律，有经国务院颁布实施的税收条例，有国家部委职能机关（主要是国家税务总局、财政部、海关等）和各省、自治区、直辖市人大或常委会、人民政府颁布实施的规章，也有地方各级人大、人民政府及其税收主管部门制定实施的一系列有约束力的税务文件。从税收法律的内容来分，有税收实体性法律法规，也有税务程序性法律法规；有税种性法律法规，也有税务征管性法律法规和关于税收管理体制的法律法规。但是从对税务机关和纳税人的实质性权利义务的规定约束效率、对税务工作的影响来看，最主要的税收制度是税种性法律法规，税收征管法与其他税收法规都是依附于税种性法律法规而设立的。

第一节　税收制度的构成要素

由于税种性法律法规在整个税收制度中占据核心的地位，所以本节以税种性法律法规为对象，分析税收制度包括哪些主要因素，即税制由哪些要素构成。

一、纳税人

视频讲解：纳税人和征税对象

纳税人，是指税法规定的负有纳税义务的单位和个人。纳税人包括自然人纳税人和法人纳税人。自然人纳税人是以自然生命为基础和特征的普通个人。自然人纳税人是一个国家中最重要的纳税人之一。自然人纳税人还包括本国公民和外国人、无国籍人。法人纳税人是依照法定程序设立的具有民事权利义务主体资格的社会组织。法人纳税人包括企业法人纳税人、事业法人纳税人和团体法人纳税人。我国的大多数税种的纳税人都包括企业法人纳税人、事业法人纳税人和团体法人纳税人。企业法人纳税人包括股份有限公司和有限责任公司,不具有法人资格的企业不应属于企业法人纳税人,而应属于自然人纳税人。例如,合伙企业就不是企业法人纳税人,而是应将其收入及其纳税义务分解给合伙各方,由合伙各方根据各自的身份纳税。如果合伙人是自然人,则按自然人纳税;如果合伙人自身也是法人,则按法人纳税人纳税。一般情况下,纳税人的主体资格应依据民事法律主体资格来确定。

在税收征收管理中,与纳税人密切相关的一个重要主体是扣缴义务人。所谓扣缴义务人,是指依法在收入支付时将纳税人的应纳税款扣除并缴纳入库的单位和个人。扣缴义务人的设立主要是为了集中控制税源,便于有效地把税款征收上来。例如,获得工资薪金所得和劳务报酬的个人是纳税人,但如果必须依靠税务机关一个一个地向这些个人征收税款,那将事倍功半,难度很大,效率很低。而如果将这些收入支付单位确定为扣缴义务人,那么可以要求收入支付单位依法扣缴税款,这样就会使得税款征收便利有效。一般地,扣缴义务人总是收入支付单位和个人,收入支付是集中的,而收入者即纳税人是分散的,所以有必要确定这些收入支付单位为扣缴义务人。应该指出的是,扣缴义务也是一种法律义务,扣缴义务人如果不依法扣缴税款,也属违法,也要承担相应的法律责任,承受相应的处罚。

与纳税人有关的另一个主体是负税人。所谓负税人,是指实际负担税款的单位和个人。从税收经济学的原理分析,纳税人缴纳税款后并不一定自己负担税款,而是有可能将税款转嫁给他人负担。例如,卷烟厂缴纳了高额的消费税以后,将税款加在了卷烟的价格中,在将卷烟卖出去的同时将税款转嫁给了卷烟的购买者。所以说,纳税人与负税人并不一定是同一的,只有当纳税人缴纳了税款后不能转嫁而自己负担时,纳税人才成为负税人;而当纳税人能将税款转嫁给他人负担时,纳税人就与负税人分离。在实际社会生活中,税款是否能转嫁取决于多种因素,其中最主要的因素是商品的供求弹性。一般地,商品的需求弹性越大,供给弹性越小,则税款越不易转嫁,越可能归供给方负担;而商品的需求弹性越小,供给的弹性越大,则税款越能够转嫁,越可能归需求方负担。

纳税人是税收法律关系中的一个主体,负税人不是税收法律关系中的一个主体,而是民事活动中的一个主体。纳税人是否足额缴纳税款会影响政府的税收收入,而纳税人是否能将税款转嫁给负税人以及转嫁多少则不会影响政府的税收收入,而只是纳税人与负税人之间的税负再分配。可见,税负分配包含以下两个过程:第一个过程是政府向纳税人征税,将税款加在纳税人身上,收入由纳税人向政府转移;第二个过程是纳税人将税款转嫁给负税人,收入由负税人向纳税人转移。

专栏 2-1 有能力的单位与个人都应该依法纳税

2018 年修订的《中华人民共和国宪法》规定:“中华人民共和国公民有依照法律纳税的义务。”但这并不能引申为每一个公民都成为现实的纳税人,各种税收法律法规确定了具体的征收对象和相应的纳税人,只有当拥有了税收法律法规确定的应当征税的收入或财产,或实施了某种应当征税的行为时,才负有纳税义务,负有纳税义务的单位和个人才能成为现实的纳税人。

二、征税对象

征税对象,是指对什么征税。从税收法律关系来解释,征税对象是税收征纳双方的权利义务所指向的对象(收入、物、行为等),即征税的标的物。每一种税都有自身特定的征税对象,因此征税对象是一种税区别于另一种税的主要标志,也是命名税种的主要依据。从各国的税收实践来看,征税对象的种类一般有总收入、纯收入(所得额)、财产、自然资源、某种行为等。征税对象的选择体现了政府开征该种税的目的意图,即每一种税除了为政府筹集财政资金外,还都有调节收入、调节产业结构、引导社会成员的经济行为等意义和作用。

与征税对象相关的一个重要概念是税目。税目是征税对象的具体分类。税目在立法技术上有重要意义:第一,由于在税收立法技术上对征税对象如果采取列举法,那么列入税目的要征税,不列入税目的不征税,所以税目确定了征税的范围,即体现了征税的广度。第二,由于税目是征税对象的具体分类,所以有利于政府对不同的征税对象制定不同的税率,实行轻重不同的区别对待政策。

与征税对象相关的另一个重要概念是计税依据。计税依据是征税对象的具体量化,即计税依据是计算税款时的数量或数额。例如,财产税的征税对象是个人拥有的财产,但征收税款时只有选择以财产的价值或房产的面积等具体度量标志为依据才能计算税款。计税依据乘以税率,就是应纳税款,所以计税依据也是决定纳税人实际税负轻重的一个重要因素,在税率既定的条件下,计税依据确定的范围广,实际税收负担就重,反之就轻。由此可见,计税依据是制定税制时所要具体确定的一个重要因素。

三、税率

税率,是税额与征税对象的比例,更确切地讲是税额与计税依据的比例。税率是税收制度的核心。这是因为:第一,税率的高低直接决定了政府税收收入的多少和纳税人税收负担的轻重。第二,税率充分体现了政府的经济、社会政策。税率低,意味着对某些产业或行为的鼓励。而税率高,意味着对某些产业或行为的限制。对低收入者实行低税率甚至免税,意味着对低收入者的照顾优惠。而对高收入者实行高税率,则意味着对高收入者的收入调节,以期缩小收入差别。

视频讲解:
税率

税率有多种形式,主要有比例税率、累进税率、定额税率等。

(一) 比例税率

比例税率,是指对征税对象不论其数额大小只规定一个征收比例的税率制度。在计算征收税款时,只需用同一比例的税率乘以征税对象的数额就可以得到应纳税款。比例税率的优点是计算简便,并有利于体现中性原则,即不论什么征税对象、什么纳税人都适用一个税率征税,使不同纳税人在同一条件下平等竞争。比例税率的缺点是不能体现量能负担的原则,对收入多的多征,对收入少的少征。

(二)累进税率

累进税率,是指按征税对象的数额大小从低到高设计多级税率,随着征税对象数额的增大,各档适用的税率逐级提高的一种税率制度。累进税率的优点是可以体现量能负担的原则,对所得多的多征,对所得少的少征,实现调节收入、缩小收入差距的目标。累进税率也有缺点,即计算比较复杂。累进税率按税率累进的方式和征税对象划分等级的依据不同,可分为全额累进税率与超额累进税率,全率累进税率与超率累进税率。

1. 全额累进税率与超额累进税率

全额累进税率,是指将征税对象按数额确定若干等级,从低到高设计多档税率,当征税对象达到高一等级时,对征税对象全额按高一级税率征税。全额累进税率的特点是就某一个纳税人来说,不论征税对象数额多大,适用的税率只有一档,所以有计算简便的优点。但全额累进税率也有明显的缺点,那就是税负累进太急骤,特别是当征税对象数额由一个等级上升到高一等级的临界处时,会出现增加的税额超过增加的征税对象数额的不合理情况。由于全额累进税率这种技术上的缺陷有违一般的公平观,也会导致效率损失,因此,除非是在特定的时期出于特别的政策目的,各国税制设计中一般都不采用。

超额累进税率,是指将征税对象按数额划分成不同级距,对不同级距从低到高设计多档税率,当征税对象的数额超过某一个级距时,只对超过部分按高一级税率计算征税。超额累进税率的特点是:作为一个纳税人的征税对象(如收入)要分属多个级距,适用多档税率,其应纳税额是各个级距应纳税额之和。例如,如果设定一个超额累进税率是“收入在 1 000 元以下的部分,税率为 10%;收入超过 1 000 元但不超过 2 000 元的部分,税率为 20%;收入超过 2 000 元,但不超过 10 000 元的部分,税率为 30%;收入超过 10 000 元以上的部分,税率为 40%”。那么,当某纳税人的收入为 5 000 元时,其应纳税额是:

第一级:

1 000 元以下的那部分收入应纳税款 = 1 000×10% = 100(元)

第二级:

超过 1 000 元但不超过 2 000 元的那部分收入应纳税款 = (2 000−1 000)×20% = 200(元)

第三级:

超过 2 000 元但不超过 5 000 元的那部分收入应纳税款 = (5 000−2 000)×30% = 900(元)

合计应纳税款 = 100+200+900 = 1 200(元)

由于超额累进税率需要分级适用税率计算税款,所以显得比较复杂。但在实际应用中,可运用速算扣除法简化计算。

速算扣除数实际上是征税对象按全额累进税率计算的税款减去按超额累进税率计算的税款的差额。即:

速算扣除数 = 按全额累进税率计算的税款 − 按超额累进税率计算的税款　　(2.1)

反过来,按超额累进税率计算税款时,只需按全额累进税率计算税款,再减去速算扣除数后就可得到按超额累进税率计算的税款。即:

按超额累进税率计算的税款 = 按全额累进税率计算的税款 − 速算扣除数　　(2.2)

如果某纳税人的应税收入为 12 000 元,以上面假设的税率制度为例,那么各级速算扣除数是：

第一级的速算扣除数 = 0

第二级的速算扣除数 = 2 000×20% − [1 000×10% + (2 000 − 1 000)×20%] = 100(元)

第三级的速算扣除数 = 10 000×30% − [1 000×10% + (2 000 − 1 000)×20% + (10 000 − 2 000)×30%] = 300(元)

第四级的速算扣除数 = 12 000×40% − [1 000×10% + (2 000 − 1 000)×20% + (10 000 − 2 000)×30% + (12 000 − 10 000)×40%] = 1 300(元)

那么该纳税人收入按超额累进税率计算的应纳税款 = 12 000×40% − 1 300 = 3 500(元)

因此，只要在制定税法时将速算扣除数计算出来，那么以后纳税人在每次申报纳税和税务机关在每次征税时，只需按式 2.2 计算应纳税款，就会比较容易地得到按超额累进税率计算的税款。

全额累进税率与超额累进税率在划分级距的方式上相同，在累进税率适用方式上不同。超额累进税率具有调节收入分配的合理性，即既可以适度调节收入分配，又可以避免全额累进税率那种“增加的应纳税款超过增加的收入”的不合理情况。所以，目前世界各国大多将超额累进税率应用于以调节收入分配为主要职能的税种。

2. 全率累进税率与超率累进税率

全率累进税率，是指依据征税对象的某种比例将征税对象划分为若干级距，然后以与全额累进税率相同的方式累进计算征税。全率累进税率与全额累进税率在累进方式上是相同的，只是划分征税对象的标准(依据)不同。

超率累进税率，是指依据征税对象的某种比例将征税对象划分为若干级距，然后以与超额累进税率相同的方式累进计算征税。例如，我国的土地增值税是依据土地开发建设并转让后的增值率为依据，将土地增值额划分为若干级距，按超率累进税率征税：以土地开发建设后取得的收入(如房地产销售收入)减去开发建设成本后得出土地增值额，以土地增值额除以土地开发成本得出土地增值率，依据土地增值率将土地增值额划分为若干级距，并设计几档累进税率，按照超率累进的方式计算征税。

(三) 定额税率

定额税率，是指依据征税对象的实物单位量确定一个固定税额，依据征税对象的实物数量乘以定额税率计算征税的税率制度，也称从量定额征税。定额税率的特点(也是优点)是计算简便，但是定额税率的缺点是征税对象(应税物品)价格变化与税额变化相脱节。所以一旦社会商品的物价发生较大变化，就会影响政府的真实税收收入和纳税人的实际税收负担，特别是在通货膨胀严重时期，政府可能难以依靠定额税率来取得稳定可靠的税收收入。

与税率相关的一个重要概念是税收实际负担率。税收实际负担率是指实际缴纳税额占纳税人实际全部计税依据的比率。政府常常对各种纳税人、各种征税对象在具体确定计税依据或适用税率时有许多优惠减免措施，使得纳税人实际缴纳的税款小于未优惠情况下应纳税的税款，依此实际缴纳的税款除以全部征税对象(计税依据)所得到的实际负担率会低于法定的税率，所以此时的法定税率被称为名义税率。引起名义税率与实际负担率相分离的因素还有纳税人的偷逃税行为，因为偷逃税行为也会使所纳税款减少。此外，在实行累进税率的情况下，也会使纳税人的实际负担率与其所适用的最高税率不一致。纳税人适用的最高税率成了名义税率，而实际负担率肯定会低于最高一档的适用税率,这时的实际负担率实质上是平均税率。

专栏 2-2 税率的选择与税收制度的政策导向

税率是税制的中心环节。税率的设计与选择体现了国家的政策导向。如果要加强对收入和财富的调节,就适合采用累进税率(一般是超额累进税率),所以所得税、遗产税较多采用累进税率;如果要体现税收的中性原则,就适合采用统一比例税率,所以对所有商品劳务征收的税收一般采用比例税率;如果要体现对产业结构的调节政策,适合采用对不同产品、不同行业的差别比例税率。累进税率具有较强的技术复杂性,起始税率、最高税率、税级多少、每个所得额的级距大小等因素都影响着税收负担的累进程度,调整其中的任何一个变量都会影响不同收入阶层的税收负担。

四、纳税环节

视频讲解:纳税环节

纳税环节,是指在商品或收入流转过程中确定应该征税的环节。例如,在商品从工厂生产出来到消费者手中要经过出厂、批发、零售等多个流转环节,如果确定只在其中的一个环节征税,称为单环节征税;如果确定在多个流转环节征税,称为多环节征税。不同的税种所选择的纳税环节是不一样的。例如,我国现行的增值税是选择各个环节征税,即道道征税,而现行的消费税主要选择在出厂环节征税。

纳税环节的选择有两方面的重要影响:第一,纳税环节的选择确定会影响征管效率。例如,对卷烟征收的消费税,其征税目标是调节卷烟消费者的收入和行为,但若将卷烟消费税的征税环节选择在消费环节,以成千上万的卷烟消费者为纳税人,以卷烟消费者的消费行为或消费数量为征税对象进行征税,其征收管理的难度之大是不堪设想的。若将卷烟消费税的征税环节确定在卷烟生产环节,以生产者为纳税人,在卷烟销售出厂时征收,则可以集中控管税源,减少纳税人管理数量,从而大大减少税务机关的征收成本与纳税人的奉行成本,极大地提高征收管理效率。第二,纳税环节的选择确定会影响税收收入在地区间的分配。例如,如果对卷烟征税的环节选择在出厂环节,由卷烟厂所在地税务机关征税。而如果选择在零售环节征税,那么就要由零售地税务机关征税。按我国现行税收管理体制,虽然消费税属中央税,消费税收入全额归属中央财政,但同时征收的增值税收入则是在中央与地方间分享,而附征的一些城市维护建设税、教育费附加等则全部归属地方财政。在分税制财政管理体制下,由于税款的征收地与地方财政税收利益密切相关,所以征税环节的选择还会直接影响地区间的财权利益分配,因而是税收制度设计中的一个重要问题。

与纳税环节有密切关系的一个重要概念是纳税地点。纳税地点,是指纳税人纳税义务发生后应该解缴税款入库的地点。纳税地点的规定对于税收收入在不同地区之间的分配归属有重要意义,不同地区对纳税人管辖权与税收收入的获得权是其经济主权的重要内容。同时,纳税地点的确定对于纳税人和经济税源控管的有效性具有重要影响,有利于不同地区的税务机关密切配合与协调,防止税收流失与重复征税。一般来说,流转税的纳税地点是商品与劳务的销售地(提供地),所得税的纳税地点是纳税人所在地,财产税的纳税地点是财产坐落地。除了在税收征管法中对纳税地点做出原则性的规定外,各个税种中还具体规定了各自的纳税地点。

五、纳税期限

纳税期限,是指税法中规定的纳税义务发生后多长时间内计算应纳税款的期限。纳税期限一般是根据税种特点和纳税人生产经营规模、应纳税款的多少规定的。例如,现行的增值税纳税期限分别为1日、3日、5日、10日、15日、1个月或1个季度,具体根据纳税人的生产经营规模和应纳税款的多少确定;对生产经营活动所得征收的所得税一般规定纳税期限为1年。

此外,与纳税期限密切相关的还有申报期限、缴库期限两个重要概念。申报期限是指计税期满后多长时间内办理申报手续。由于会计核算和有关征税对象、计税依据以及应纳税款的计算需要花费一定的时间,所以不可能规定计税期限一过立刻要求纳税人申报纳税,而必须规定合理的申报期限,以便纳税人正确计算应纳税款和办理申报手续。

缴库期限是指计税期满后多长时间内缴纳税款。如同申报期限的规定一样,计税期满后不可能立刻正确计算出应纳税款,而且有时由于纳税人遭遇自然灾害等原因可以申请延期缴纳税款。

所以,纳税期限、申报期限、缴库期限是针对三种不同的涉税行为做出的期限规定,具有不同的法律行为内容的期限。税法对于违反这三个期限的行为分别规定了相应的惩罚措施。

六、税收优惠

税收优惠,是指在税法规定的一般纳税义务基础上,对部分纳税人或征税对象给予特殊的优惠照顾,即豁免部分或全部纳税义务的税收政策措施。税收优惠是税法一般规定之外的特设条款,是税法严肃性与灵活性相结合的体现。税收优惠条款的设定主要是为了实现政府的特定社会、经济政策目标。例如,为了实现社会正义目标,规定对残疾人从事自救性谋生活动所取得的收入给予减税免税照顾;为了鼓励科技进步,规定对获得一定级别以上的政府科技进步奖给予减税免税优惠;为了鼓励新兴产业的发展,规定对新产品可以实现减税免税。

税收优惠措施主要有四类:其一是直接减征应纳税额,即按税法一般规定计算出应纳税款后,给予一定数额的减征优惠。例如,我国现行个人所得税法规定对稿酬所得给予应纳税额减征三成的优惠。其二是直接降低税率,即在税法统一规定的税率基础上,对优惠的对象降低适用税率。例如,我国现行企业所得税法规定对国家需要重点扶持的高新技术企业减按15%的优惠税率征税。其三是在计算、确定税基(计税依据)时可以减除一部分后征税,即税基式减税免税。税基式减税免税措施主要有收入剔除、支出加计扣除、起征点和免征额四种。收入剔除是指将纳税人的某项收入列为免税对象,从应税收入中剔除。如纳税企业购买国家发行的国库券到期兑付所得利息免征所得税。支出加计扣除是指为了鼓励和照顾纳税人某些项目的支出,规定纳税人的某些支出项目根据实际支出数之外还可以享受一定数额或一定比例的税前扣除,如企业发生的新产品、新技术、新工艺的研究开发费用可以在按实列支的基础上加计75%扣除。起征点是指当征税对象的数额未达到一定数额标准时不征税,达到后即对全部征税对象征税的一种税收优惠措施。免征额是指在征税对象中确定一个固定的数额给予免税,只就征税对象超过免征额的部分征税。起征点与免征额有相似点也有区别：税法规定的起征点与免征额的数额一致时，如果纳税人的收入低于起征点和免征额，两者都不需缴税，两者的效果是一样的。当纳税人的收入达到和超过起征点和免征额时，如果税法采用的是起征点，那么纳税人的全部收入都要纳税；而当税法采用的是免征额时，那么纳税人的收入只需就超过免征额的部分纳税。其四是出口退税，即为了鼓励本国产品的出口，税法规定这些产品已经缴纳的税额可以退还给纳税人。出口退税也是当今世界各国所采用的重要税收优惠政策，其力度十分大。我国 2018 年的出口退税额多达 15 014 亿元，同比增长 9.7%[①]，有力地支持了我国的产品出口。

七、税收法律责任

视频讲解：违章处罚（罚则）

税收法律责任，是指税收法律关系主体违反税法规定的义务而应承担的法律后果，包括纳税主体应承担的法律责任和征税主体应承担的法律责任。税收法律责任是税收制度的重要组成部分，如果税收制度没有规定违法责任，就不可能顺利地将税款征收入库，对征纳双方一切涉税行为的约束都会落空，所以税收法律责任是国家税收利益的重要保障机制，是税收强制性的集中体现。

纳税主体的税收违法行为，是指纳税人和其他相关人违反税收法律规定，不履行税法义务，侵害国家税收管理秩序的行为。纳税主体税收违法责任是各国税收法律责任制度的中心内容。纳税主体的违法行为根据其是否与应纳税额的确定与征收直接相关，可分为违反税款征收制度的行为和违反税收管理制度的行为两类。违反税款征收制度的行为，是指纳税主体违反税款申报缴纳义务，直接侵害国家税收债权的行为，如欠税、偷税、骗税、抗税等。欠税是指纳税人不按规定的期限缴纳税款；偷税是指纳税人采用欺骗、隐瞒等手段逃避纳税。《中华人民共和国税收征收管理法》（以下简称《税收征管法》）第 63 条规定："纳税人伪造、变造、隐匿、擅自销毁账簿、记账凭证，或者在账簿上多列支出或者不列、少列收入，或者经税务机关通知申报而拒不申报或者进行虚假的纳税申报，不缴或者少缴应纳税款的，是偷税。"骗税是指纳税人采取对所生产或经营的商品假出口等欺骗手段骗取国家出口退税的行为。抗税是指纳税人以暴力、威胁方式拒不缴纳税款的违法行为。违反税收管理制度的行为是指纳税主体违反有关税务登记、账簿凭证管理、发票管理、接受调查等税法规定的义务，这些违法行为都会妨碍国家税收确定权和征收权的正常行使。

税收法律责任不仅指纳税主体的法律责任，征税主体违反税法时同样需要承担法律责任。征税主体的违法又叫税收行政违法，即征税机关和其他行使征税权的组织实施的违法征税行为，如越权征税、征税滥用职权、征税不作为、征税程序违法等。

对于不同的税收违法行为，税法和其他有关法规规定了不同的处罚措施。税收法律责任的形式包括：① 民事法律责任形式。主要是退还和赔偿所少缴的税款，如税务机关追征税款，加收滞纳金，即按照所欠缴的税款，按滞纳天数和一定的比例加收滞纳金；纳税人要求退回多征税款，赔偿额外损失等。② 行政法律责任形式。税务机关对违反税法的纳税人进行罚款、采用税收保全措施、通知银行和其他金融机构扣款等强制执行措施，查封纳税商品和财产、变卖商品和财产后扣缴税款、吊销税务登记证、收缴发票等措施，以保障国家税收利益；追究征纳双方直接责任人

---

① 数据来源：国家税务总局网站。

员行政责任等。③ 刑事法律责任形式。税收法律关系主体违反税法，情节严重，构成犯罪的，由司法机关依法对有关当事人进行刑事处罚。前两种处罚行为可以由税务机关等政府行政机关作出，但追究刑事责任必须由人民法院实施。刑事责任包括处以罚金、没收非法所得和财产、限制人身自由甚至剥夺生命等。

由于各税种征纳双方违反税法规定的义务而应承担的法律后果相同，为提高立法效率，对尚未构成犯罪的税收违法行为的处理，通常不在各税种个法中重复规定，而是集中体现在《税收征管法》中。我国《税收征管法》第五章即为“法律责任”。

第二节　税种分类

现代各国的税收一般都是由许多税种构成的税收体系，所谓税种分类就是按照某种标准将税种划分成不同的类别。对税收管理和政策理论研究有重要意义的分类主要有下述五类。

一、按征税对象的性质，分为商品税、所得税、财产税、资源税、特定行为税

这种分类在税收理论研究与各国税制征管实践中运用最为广泛。

（一）商品税

商品税，是指以商品为征税对象所征收的一类税。商品税也称对物税，即税收立法者的着眼点是确定每种商品所应承担的税负。换言之，是按照商品种类来设定税负，不同的商品确定不同的税率。需要指出的是，这里的商品包括有形商品和无形商品，无形商品是指无形资产和劳务。因此商品税也包括对各种服务行业征税，所以也称商品劳务税。由于商品税习惯上采取按商品的销售收入或数量征税，而销售收入习惯又称流转额，所以商品税又称流转税。流转税由于具有课税对象普遍、税源丰富、征税简单等优点，成为发展中国家或不发达国家的主体税种。我国也是以流转税为主体税种的国家，目前开征的流转税主要有增值税、消费税、关税等。

视频讲解：税种分类：按征税对象的性质划分

（二）所得税

所得税，是指以所得额为征税对象的一类税。所得额就是总收入减去成本、费用和损失以后的纯收入，即可支配收入。因为所得不像商品那样会随销售转手于不同的社会主体，所得是以人（包括法人和自然人）为中心而归集的，所以对所得征税，实质上是对人的收入进行调节，因此所得税属于对人税。由于发达国家的市场机制比较成熟完善，而且人均收入（所得）水平比较高，所以所得税在许多发达国家是主体税种。在我国所得税的比重地位也在不断提高，目前我国的所得税主要有企业所得税、个人所得税。

（三）财产税

财产税，是指以财产为征税对象的税种。对财产征税可以按照财产的价值或实物数量进行。目前财产税是世界上许多国家地方政府的重要甚至主要税种。在中国，以土地为主要征税对象的财产税曾是相当长的历史时期的最重要税种。我国现行税制结构中财产税处于辅助税种地位，目前开征的主要税种有房产税、契税、车船税。

（四）资源税

资源税，是指对某些自然资源征收的税种。随着经济的增长和社会的发展，人类可利用的自然资源日益短缺，各国政府对自然资源的合理、节约、有效使用也日益重视，所以不少国家已经采取了多种政策和法律手段来保护自然资源，促进自然资源的合理、有效使用，其中包括开征资源税。资源税在不同的国家开征有不同的法律依据，在宪法规定自然资源私有的国家，开征资源税主要是为了保护和促进资源的合理开采使用，以促进经济和社会的可持续发展；在宪法规定自然资源为国有的国家，开征资源税除了保护自然资源目的之外，还有以资源税形式补偿国有资源权益收入的意义，以及调节由自然资源差别引起的级差收入，促进企业平等竞争的作用。

（五）特定行为税

特定行为税，是指对某些特定行为征收的税种。被确定需要特别征税的行为一般是政府认为需要调节引导的社会经济行为。从广义上说，大多数税种都是行为税，例如消费税是对消费行为进行征税调节的税种，财产税是对持有或转让财产的行为征税的税种，资源税是对开采自然资源的行为进行征税的税种，等等。特定行为税是指传统税种以外，对某些特定行为征税的税种；例如，我国的印花税、车辆购置税等。特定行为税往往包含着政府特定的政策目标，征收特定行为税总的来说是为了实现社会经济的和谐发展。

按征税对象的分类是税收的主要分类。在世界各国，商品劳务税、所得税、资源税等税类在整个税收中的地位是不同的。一个国家的税收体系中以何种（类）税为主体税种（类）可以分为不同的税制模式，如有以所得税为主体税种的税制模式，有以商品劳务税为主体税种的税制模式，有以资源税为主体税种的税制模式。在发达国家，一般是以所得税为主，即所得税是主体税种；而在大多数发展中国家一般是以商品劳务税为主，即商品劳务税是主体税种。我国现行的税制模式就是以商品劳务税为主体的税制模式。

二、依据税负可能转嫁的程度不同，分为直接税和间接税

（一）直接税

直接税，是指税收制度的制定者期望由负税人负担税款而直接对负税人征税的税种。直接税的税负不能转嫁，纳税人就是负税人。由于直接税的税收负担归宿具有直接性，所以称为直接税。例如，企业所得税和个人所得税、一般财产税等被认为是直接税，所得税是对所得的所有人所拥有的所得额进行征税，所得所有人不能将税款转嫁给他人，而是自己负担税款。所以所得税纳税人就是负税人。由于直接税一般是对纳税人所拥有的所得和一般财产进行征税，并且税负不能转嫁，所以可以较有效地调节人的收入和财产。因此，所得税和财产税也是对人税。

（二）间接税

间接税，是指对纳税人征税后，纳税人可以将税款转嫁给他人（负税人）负担的税收。由于在这种情况下，负税人是通过纳税人间接地负担了税款，所以称为间接税。例如，现行的增值税、消费税、关税确定对应税商品与劳务征税，由生产与经营应税商品与劳务的单位和个人纳税，然后将税款加在商品与劳务的价格中，当购买者购买应税商品与劳务时间接地负担了税款。可见，间接税制中，税款发生了转嫁。由于在间接税制中，总是选择某种商品货物或劳务为征税对象，确定某种商品货物或劳务应该负担的税款，然后这种税款包含在这种商品货物劳务价格中，

随着这种商品货物或劳务的买卖流转而辗转下去，直到最后消费者购买、消费应税商品货物或劳务才最终负担了税款。所以间接税又称对物税，并大致对应于流转税。这种划分只是一种大致的、原则性的分类。实际上，对物税或者说流转税并不一定能全部转嫁，其转嫁实现程度取决于商品供求弹性等多种因素；反过来，对人税也并不一定就不能转嫁，例如，企业所得税的纳税人也可以提高商品与劳务价格转嫁企业所得税，个人也可以通过提高报酬要求来转嫁个人所得税。

专栏 2-3　对物税与对人税

按征税对象性质分类与按税负是否转嫁分类，是税收制度设计与政策理论研究的需要。这些分类有助于识别不同的税类，对于收入调节、资源配置有重要意义。商品劳务税也称对物税，因为这类税在征收以后，税款加载在商品劳务（物）上，随着商品劳务的流转，最后归着在最终的购买者即消费者身上。商品劳务税大致对应于间接税。而所得税、财产税也称对人税，因为这类税以收入或财产的所有者为中心归集其所有的收入、财产，以其收入、财产的多少进行征税调节。由于商品劳务税的税收负担归着具有间接性、隐蔽性，所以社会的阻力会小些，而所得税、财产税是对人税，所以开征和改革所得税、财产税受到的社会阻力会大些，这也是中国至今未能开征遗产税的一个重要原因。

三、按税收收入的归属和税收管理权限的分配，分为中央税、地方税、中央与地方共享税

（一）中央税

中央税，是指收入归中央，税收的管理权限也归中央的税种。如现行我国税制中的关税、消费税就是中央税。中央税是中央政府财政收入的主要来源。

视频讲解：税种分类：按税收收入的归属和税收管理权限的分配划分

（二）地方税

地方税，是指税收收入归地方，管理权限也主要归地方的税种，如我国现行税制中的房产税、城市维护建设税、车船税等。地方税是地方财政收入的重要来源。

（三）中央与地方共享税

中央与地方共享税，是指税收收入和管理权限在中央与地方之间进行按比例分配共享的税种。如我国现行税制中的增值税、资源税、企业所得税、个人所得税等就是共享税。把税种分成中央税、地方税、中央与地方共享税是分税制财政收入分配体制下的财政收入分配模式和税收管理模式。在这种分税制财政收入分配体制下，有两点在各国之间会有较大差别：一是这三类税所占的结构比重会有较大差别，如果一个国家的各个地方之间的经济发达程度和经济结构差别很小，那么中央与地方共享税的比重会很小，反之则大。二是地方税和共享税的管理权限分配归属给地方部分也不完全一样。在有的国家，地方税从立法到执法以及税收收入都归地方，共享税的管理权限主要归中央；在中国，不仅共享税的管理权限归中央，甚至连地方税的管理权限也主要归中央。

专栏 2-4 税收收入的划分与财政支出职责的划分

按税收收入的归属和税收管理权限的分配将税收划分为中央税、地方税、中央与地方共享税解决的是财政收入在不同级别的政府之间的划分问题，但这不等于就是各级政府实际支出的份额。在分配财政收入的阶段，通过将这些税种进行划分，将税收收入在不同级别的政府之间进行分配。然而，现行中国财政体制中还包含规模可观的政府间转移支付，包括一般转移支付和专项转移支付，经过转移支付以后，才是各级政府实际可用的财力。比如，2020 年中央一般公共预算收入 82 771 亿元，占全国一般公共预算收入 182 895 亿元的 45.26%，而中央本级一般公共预算支出只有 35 096 亿元，只占全国一般公共预算支出 245 588 亿元的 14.29%，所以财力集中度不等于支出职责集中度。

四、按税收与价格的关系，分为价内税和价外税

视频讲解：税种分类：按税收与价格的关系划分

（一）价内税

价内税，是指税款是价格的组成部分，价格中包含了税款，税款按照含税的价格计算征收的税种。理解价内税应该明确三点：一是价格中包含了税款；二是税率是依据含税价格设计的；三是税款是按照含税价格计算的。价内税的转嫁具有隐蔽性。

（二）价外税

价外税，是指价格中不包含税款，税款是价格的附加，税款按照不含税价格计算的税种。理解价外税也应该注意三点：一是价格中不包含税款；二是税率是依据不含税价格设计的；三是税款按照不含税价格计算。价外税的转嫁性较为明显。

在实际运用中，价内税和价外税经常要对含税价格与不含税价格进行互相换算。下面的公式值得参考：

$$\text{含税价格} = \text{不含税价格} \div (1 - \text{按含税价格设计的税率})$$

$$= \text{不含税价格} \times (1 + \text{按不含税价格设计的税率})$$

$$\text{不含税价格} = \text{含税价格} \div (1 + \text{按不含税价格设计的税率})$$

五、按计税依据的形态，分为从价税与从量税

从价税，是指以商品的销售金额计算税款的税种。如现行的关税、增值税就是从价税，从价税是现代税制中的主要形式。从量税，是指按应税商品的数量计算税款的税种。如现行的城镇土地使用税就是依据纳税人占用的城镇土地面积和规定的单位税额计算税款，现行的资源税部分税目就是按照应税资源的吨位数量计算税款。需要说明的是，在某些税种中，对部分应税项目实行从价税，而对另一部分项目实行从量税。如现行我国的消费税对黄酒、啤酒等就是实行从量税，而对其余大部分项目实行从价税。实行从价税时，政府的税收收入和纳税人的税收负担可以摆脱物价变化的影响。而在从量税下，政府的税收收入和纳税人负担会受到物价变动的影响，物价上涨时，由于对每个单位商品的税额固定不变，所以实际负担会下降，而在物价下跌时期，实际负担会上升。

六、按税收收入的形态，分为货币税、实物税、力役税

货币税，是指税收收入的形式是货币；实物税，是指税收收入的形式是实物；力役税，是指税收收入的形式是力役。几乎在所有国家的历史上都存在过实物税和力役税。但总的趋势是：随着商品经济的发展，税收收入形式由实物税、力役税向货币税发展，这是税收进步的一种标志。在当代社会里，世界各国的税收一般都是货币税。

第三节　我国税收制度的改革发展

新中国成立以后，随着生产力的发展和社会经济制度的改革，税收制度也经历了多次改革发展。回顾我国税收制度的改革发展历程对于进一步完善我国税制有重要的指导意义。

一、1950 年至 1958 年的税制改革

（一）1950 年统一全国税政

新中国成立以前革命根据地的税收主要是农业税，此外还有向单位和个人征收的工商所得税、营业税、交易税、烟税、酒税、盐税、出入口税、屠宰税、薪给工资所得税等，其中以农业税为主体税种。那时的税收体系的一个重要特征是革命老区和新解放区的税收制度很不统一，老革命根据地的税制是革命政府建立的税制，而新解放区由于税制建设工作一时跟不上，所以新解放区采取了“除某些绝不合理的苛捐杂税外，其余暂时沿用国民党旧税法，进行稽征，在稽征过程中，再加以研究改进”的方针。这种税收制度的不统一情况与新中国成立后全国政治上的统一极不适应，不利于国家的统一与稳定。所以迫切需要统一全国税政，建立新中国的统一税制。

1949 年 11 月 24 日至 12 月 9 日，中央人民政府召开了第一届税务会议，会议制定了《关于统一全国税政的决议》《全国税政实施要则》和《全国各级税务机关暂行组织规程》，并于 1950 年 1 月由政务院颁布实施。《全国税政实施要则》规定了全国开征 14 种税：货物税、工商业税（包括坐商、行商、摊贩营业税及所得税）、盐税、关税、薪给报酬所得税、存款利息所得税、印花税、遗产税、交易税、屠宰税、房产税、地产税、特种消费行为税（筵席、娱乐、冷食、旅店）、使用牌照税。同时规定了各级政府的税收立法权限以及税务机关的任务和职权等项内容。1950 年 4 月还公布了《契税暂行条例》。

1950 年 6 月，党中央召开了七届三中全会，毛泽东做了《为争取国家财政经济状况的基本好转而斗争》的书面报告。会后，政务院根据毛泽东在报告中提出的“巩固财政经济工作的统一管理和统一领导，巩固财政收支的平衡和物价的稳定。在此方针下，调整税收，酌量减轻民负”的指示，对税收作了如下调整：① 调整税种。决定暂不开征薪给报酬所得税和遗产税；将房产税和地产税合并为城市房地产税。② 调整税目。将货物税原定的 1 136 个税目减并为 358 个；将印花税原定的 30 个税目调整为 25 个。③ 调整税率。降低了货物税中部分税目的税率；对所得税通过调整累进级距调减了税负；对营业税、临时商业税、印花税、利息所得税、房地产税、特种消费行为税以及车船使用牌照税的税负做了部分调整。

经过这次建立和调整，新中国的税制体系初步建立起来了。这一税制体系的特点是以流转

税为主要税种,实行多种税、多次征。

(二) 1953 年修订税制

至 1953 年,国民经济结构发生了很大变化,国营、合作经营、公私合营经济在整个国民经济中所占的比重显著提高。这种经济成分的变化也导致了经营方式(商品流通渠道)的变化,委托加工、代购代销和内部调拨的范围日益扩大,商品中间周转次数大大减少,这使得征税环节相应减少,所以出现了“经济日益繁荣,税收相对下降”的局面。另外,1950 年颁布实施的税制主要是针对私有经济的,税制显得过分复杂,所以也需要改进。为此,1952 年召开的第四届全国税务会议提出了“保证税收,简化手续”的原则。会后,政务院颁布(并从 1953 年 1 月起实施)了《关于税制若干修正及实行日期的通告》。修订的主要内容有:

(1) 试行商品流通税。该税是以原来征收货物税的一部分应税项目为基础,把原来在生产和流通各环节征收的货物税、工商营业税及其附加税、印花税简化合并而成的一种税。该税实行从生产到消费的一次课征制,凡已缴纳商品流通税的商品,不再征收其他各种税。未试行商品流通税的商品仍按有关规定分别征收货物税、工商营业税及其附加、印花税。

(2) 修订货物税。主要是调整了货物税的税目、税率。

(3) 修订工商业税。主要是将向工商企业征收的印花税、营业税及其附加并入营业税。对已纳入商品流通税的商品不再征收营业税;对已征货物税的货物,在批发或零售时仍征收营业税;既不征商品流通税,又不征货物税的货物,征收营业税。临时商业税部分主要是将临时商业经营者应纳的地方附加及印花税并入临时商业税。

(4) 其他各税的修订。主要内容是:调整了印花税税目;取消棉纱统销税,将其并入商品流通税;屠宰商应纳的印花税、营业税及其附加,均并入屠宰税征收;交易税中只保留牲畜交易税,粮食交易税并入货物税,棉花交易税并入商品流通税;取消特种消费行为税,将“电影、戏剧及娱乐”税目独立成“文化娱乐税”。

1953 年税制修订后,我国还有如下 14 种税:商品流通税、货物税、工商业税、盐税、关税、农(牧)业税、印花税、屠宰税、牲畜交易税、城市房地产税、文化娱乐税、车船使用牌照税、利息所得税和契税。

二、1958 年至 1978 年的税制改革

(一) 1958 年建立工商统一税,统一全国农业税

1956 年,我国完成了对农业、手工业和资本主义工商业的社会主义改造,所有制结构发生了根本的变化,原来主要针对私营经济的税制需要进一步简化。所以 1958 年 9 月全国人民代表大会常务委员会通过了《中华人民共和国工商统一税条例(草案)》[①]。其主要内容是:

(1) 合并税种。把对工商企业原来征收的商品流通税、货物税、工商业税中的营业税、印花税合并为工商统一税。

(2) 简化纳税环节。对工农业产品基本上实行只在生产或采购环节征收一次,再在商业零售环节征收一次的两次课征制,取消了批发环节的营业税。

(3) 简化计税价格。工农业产品以实际出厂价和实际采购价格计税,商业服务以实际业务

---

① 该草案在 1993 年 12 月 29 日经过第八届全国人民代表大会常务委员会第五次会议通过,于 1994 年 1 月 1 日起全文废止。

收入计税。

（4）简化对中间产品征税。原来对26种中间产品征税，改为只对棉纱、皮革、白酒3种产品征收中间产品税。

（5）适当调整税率。在保持原税负的前提下，对个别利润过高或过低的产品适当调整了税率。

（6）把工商所得税从工商业税中独立出来，建立独立的工商所得税。此税又在1963年进行了重大调整。

在农业税制方面，由于“三大改造”完成后的农业也走上了合作化的道路，所以有条件统一全国的农业税。1958年6月公布了《中华人民共和国农业税条例》，虽然此后我国的农业税不断进行调整修改，但全国统一的农业税是从1958年开始的，这是具有划时代意义的。

经过1958年以后的陆续税制改革，我国还有11个税种：工商统一税、工商所得税、盐税、关税、农（牧）业税、屠宰税、城市房地产税、车船使用牌照税、牲畜交易税、集市交易税（保留税种，但未开征）和契税。

（二）1973年进一步简化税制，试行工商税

“文化大革命”时期，我国各项经济工作从理论到实践是在“左”的指导思想支配下进行的。经过几个阶段的改革试点，1973起在全国范围内实施了工商税。这次税制改革的主要内容是：

（1）合并税种。摊贩工商统一税及其附加税、城市房地产税、车船使用牌照税、盐税和屠宰税合并为工商税（后来盐税暂时按原办法征收）。

（2）简化税目税率。实行工商税后，税目由过去的108个减少到44个；税率由过去的141个减少到82个，其中真正不同档次的税率只有16个。

（3）简化征收办法。主要是废除了许多在当时被认为不合理的烦琐的征税办法。

经过这次税制改革，对国营企业只征收工商税，对集体企业只征收工商税和工商所得税。城市房地产税、车船使用牌照税和屠宰税只对个人和外侨征收。

三、1978年至2000年的税制改革

（一）1980年和1981年颁布实施涉外所得税

我国自1978年党的十一届三中全会以后实行了改革开放，开始引进外资和先进技术。为了维护国家的经济权益，促进对外经济交往，根据国际惯例，我国人大常委会于1980年公布，于1981年起实施《中华人民共和国合资企业所得税法》和《中华人民共和国个人所得税法》，1981公布了《中华人民共和国外国企业所得税法》，并于1982年起实施。这三个涉外税种主要是为了适应我国实行对外开放的局面而开征的，在我国税制改革史上具有重要意义。

（二）1984年实行以国营企业利改税为核心的税制改革

在实行对外开放的同时，我国积极实行对内搞活的经济改革，不断改革国营企业的体制和经营机制，其核心的内容是国家与国营企业的收入分配制度的改革。国家决定将国营企业原来的上交利润改为上缴所得税。改革中实行不断试点，大体上分两步走。

1. 第一步利改税的主要内容

（1）凡是有盈利的国营大中型企业，均根据其实现的利润按55%的税率征收国营企业所得税，税后利润除按国家核定的留利水平留给企业外，其余部分根据不同情况，分别采取递增包干上交、固定比例上交、定额包干上交和缴纳调节税等办法上交国家。

（2）凡是盈利的国营小型企业，均根据其实现利润按八级超额累进税率征收所得税，税后利润归企业支配。

（3）营业性的宾馆、饭店、招待所和饮食服务公司按15%征收所得税，国家不再拨款。

第一步利改税在理论上和实践上都是一个重大的突破，但却是不完善的。对国营企业除征收所得税外，对原有的税种、税率并未进行合理调整和改革，税后利润还要征收调节税或以各种形式的利润上交。这使得国家与国营企业之间的分配关系仍没有真正固定下来，并且国营企业内部、国营企业与其他所有制企业之间的分配关系不规范，所以仍需进一步改革。

2. 第二步利改税的主要内容

1984年10月1日在全国范围内进行了第二步利改税。第二步利改税是与工商税制的全面改革结合进行的。主要内容是：

（1）将原实行的工商税按性质划分为产品税、增值税、营业税和盐税。同时将税目划细，适当调整税率。

（2）对某些企业开征资源税，以调节由于自然资源和开发条件的差异而形成的级差收入，有效地管理和利用国家资源。

（3）恢复和开征房产税、土地使用税、车船使用牌照税和城市维护建设税四个地方新税种。

（4）对国营大中型企业按55%的比例税率征收所得税，税后利润超过合理留利水平的，还要征收调节税；国营小型企业按新八级超额累进税率征收所得税，并适当放宽小型企业的划分标准。

1984年以国营企业所得税改革为核心的工商税制改革在我国税制改革史上也具有重要意义，这主要是突破了国家与企业原来的分配模式，为以后按照市场经济的规则，统一所有不同所有制性质企业的税收制度打下了基础。

（三）1991—1993年内外资企业所得税合并、对内对外的个人所得税合并

随着国家对内搞活和对外开放改革的深入，1991年将《中华人民共和国合资企业所得税法》和《中华人民共和国外国企业所得税法》合并成《中华人民共和国外商投资企业和外国企业所得税法》，1993年将《中华人民共和国个人所得税法》与针对我国公民的《中华人民共和国个人收入调节税条例》合并为统一的适用于所有外国人和中国公民的《中华人民共和国个人所得税法》。

（四）1994年的税制改革

随着以社会主义市场经济为取向的经济体制改革的深化，税制改革也需要不断深化。税制改革的深化又反过来推动了市场经济改革的深化。

1. 流转税改革的主要内容

建立以增值税为主体，并实行增值税、消费税、营业税相配套的税制格局。即在生产环节、商品批发和零售环节全面实行增值税，第三产业中的加工和修理修配也实行增值税。并且，增值税的税率是对大部分征收对象实行17%的基本税率，只对少数有关国计民生的货物和劳务实行13%的优惠税率。在征收增值税的基础上选择少数商品再征收一道消费税，实行增值税与消费税交叉调节；对不实行增值税的劳务交易、转让无形资产和销售不动产征收营业税。取消对外商投资企业征收的工商统一税，对内外资企业实行统一的流转税。

2. 企业所得税改革的主要内容

将原国有企业所得税、集体企业所得税和私营企业所得税合并为一个企业所得税（2001年起又将不具法人资格的私营企业划入个人所得税的纳税人范围），合并后的企业所得税采用统一的33%的比例税率，对盈利水平低的企业在两年内征收27%和18%两档过渡税率（事实上一直延续到内外资企业所得税的合并），取消国有企业调节税和税后上交的国家能源交通重点建设基金和国家预算调节基金。

3. 个人所得税改革的主要内容

将原来的个人所得税、个人收入调节税和城乡个体工商户所得税合并为个人所得税，实行分类课征制度，将应税收入分为工资薪金所得，个体工商户生产经营所得，企事业单位承包承租经营所得，劳务报酬所得，稿酬所得，特许权使用费所得，利息、股息、红利所得，财产租赁所得，财产转让所得，偶然所得，分别采用定额或定率费用扣除，累进税率或比例税率课征。

1994年的税制改革可以说是一场革命性的税制改革，这是因为这场税制改革是以市场经济为导向的改革。主要表现为两点：一是作为主体税种的流转税中的增值税实行了17%的基本税率，这符合市场经济体制下以市场对资源的配置为基础，以政府的调节为辅助的原则。我国过去的税制建设和改革中都过分强调税收的杠杆作用，这实际上是一种计划经济体制下政府调控代替市场调节的反映。二是企业所得税改革中将不同所有制的企业所得税合并为统一的企业所得税。这意味着在税收政策上基本取消了所有制成分论，促进了市场经济条件下不同所有制的企业平等竞争，有利于经济效率的提高。

四、21世纪以来的税制改革

（一）流转税制改革的主要内容

1. 增值税转型

改生产型增值税为消费型增值税。2004年7月，扩大增值税抵扣范围在东北试点，作为支持东北振兴的优惠政策而加以运用。2007年7月，我国又在中部地区进行扩大增值税抵扣范围的试点。在此基础上，我国从2009年1月1日起，正式在全国范围内改生产型增值税为消费型增值税，允许纳税人抵扣购入的除不动产以外的固定资产已纳增值税税款。

2. 营改增

为了进一步完善增值税制，平衡第二、第三产业的税收负担，促进第三产业的发展，2012年开始了营业税改征增值税的试点：第一步是于2012年将交通运输业、研发和技术服务、信息技术服务、文化创意服务、物流辅助服务、有形动产租赁服务、鉴证咨询服务7个行业在部分地区试行了增值税，2013年扩大到全国试点，并增加了影视服务的营改增。第二步是于2014年继续扩围，对铁路运输业、邮政、电信业由营业税改征增值税。第三步是于2016年5月将剩余的原来征收营业税的其他行业改征增值税。至此，完成了全部营业税改征增值税的试点方案的推出，即所有第二、第三产业全面实行增值税。自2016年5月1日起，我国营业税正式退出了历史舞台。2017年11月19日起，《中华人民共和国营业税暂行条例》正式废止。

3. 增值税制完善

从2017年7月1日起，将增值税税率由四档减至17%、11%和6%三档，取消13%这一档税率；将农产品、天然气等增值税税率从13%降至11%。自2018年5月1日起，将制造业等行业增值税税率从17%降至16%，将交通运输、建筑、基础电信服务等行业及农产品等货物的增值税税率从11%降至10%；自2019年4月1日起，再次将增值税税率从16%、10%降至13%、9%。此次增值税改革，还扩大了进项税抵扣范围，统一增值税小规模纳税人标准。

4. 消费税制改革

自1994年正式建立消费税制度以来,消费税制度得到不断完善和发展。2006年消费税政策调整的主要内容如下:① 新增高尔夫球及球具、高档手表、游艇、木制一次性筷子、实木地板等税目。增列成品油税目,原汽油、柴油税目作为该税目的两个子目,同时新增石脑油、溶剂油、润滑油、燃料油、航空煤油5个子目。② 取消"护肤护发品"税目。③ 调整部分税目税率。在2008年主要调整乘用车消费税政策,并修改消费税条例。2009年在实施成品油税费改革的基础上,调整烟产品消费税政策。在2015年增加了电池、涂料两个税目。我国对消费税的税目、税率及相关政策的改革,主要突出了合理引导消费和间接调节收入分配的重点以及促进环境保护和节约资源的重点。

5. 关税制度改革

自2001年12月11日中国正式加入世界贸易组织以来,我国关税制度改革处于不断完善中。2003年11月23日,国务院颁布《中华人民共和国进出口关税条例》,该条例于2004年1月1日起施行。2006年5月1日起施行的《中华人民共和国海关审定进出口货物完税价格办法》加上由海关总署印发的《中华人民共和国海关进出口税则》《中华人民共和国海关关于入境旅客行李物品和个人邮递物品征收进口税办法》等规章、制度、文件共同构成了我国现行的关税法律制度体系。现代中国关税制度,对调节商品进出口、弥补市场缺陷、促进资源配置、增加财政收入、强化国家的宏观调控能力,都将产生重大的影响。因此,我国现代关税制度作为整体经济制度的一个主要组成部分,将有力地维护和促进我国改革开放以及构建和谐社会的进出境环境。

(二)所得税制改革的主要内容

1. 合并内外资企业所得税

从2008年1月1日起执行新的企业所得税法。新的企业所得税法统一适用于内外资企业。新企业所得税法的主要改革之处是:① 不再区分内外资企业分别适用所得税法。② 由原来的外商投资企业与外国企业适用的所得的税率30%加3%的地方所得税率,以及内资企业适用的33%的税率,调整为统一适用的25%的税率。③ 规范了作为税基的所得额计算办法,取消了计税工资等税前许多纳税调整项目,在一定程度上减轻了企业所得税的负担。④ 统一了内外资企业的税收优惠,取消了原来给予外资企业的过多税收优惠。新的企业所得税法更好地适应了我国市场经济进一步发展的需要,也更好地适应了我国外贸形势迅速发展和外汇储备过快增长、人民币快速升值的新形势,有利于在加入世界贸易组织后更好地落实"国民待遇"原则,促进内外资企业平等竞争,促进我国改革开放更加健康发展。

2. 企业所得税政策调整

① 公益性捐赠允许结转扣除,明确了企业捐赠超过限额部分可以依法结转三年的规定,体现了国家积极促进慈善事业发展的政策导向。② 提高科技型中小企业研发费用加计扣除比例。通过加计扣除比例的提升,突出了政策促进和激励科技型中小企业大力开展研发活动的明确导向。③ 扩大享受企业所得税优惠小型微利企业范围,体现了对小微企业的重视和支持。④ 更新节能节水和环境保护专用设备企业所得税优惠目录,保障企业能充分享受到税收优惠。⑤ 进一步明确研发费用税前加计扣除归集范围,细化完善研发费用加计扣除归集范围中的六项费用口径。

3. 个人所得税转型改革

进入21世纪后,个人所得税工薪所得费用扣除标准几经调整,2018年8月全面修订个人所得税法，自 2019 年 1 月 1 日起，实行分类综合课征制。主要内容包括：① 转变课征模式，将工资薪金、劳务报酬、稿酬和特许权使用费 4 项所得纳入综合征税范围，实行按月或按次分项预缴、按年汇总计算、多退少补的征管模式。② 提升费用扣除标准，将综合征税基本减除费用标准提高到每人每月 5 000 元，另增设子女教育、继续教育、大病医疗、住房贷款利息、住房租金、赡养老人、3 岁以下婴幼儿照护 7 项专项附加扣除。③ 优化个人所得税税率结构，以原工薪所得 3%～45%七级超额累进税率为基础，扩大 3%、10%、20%三档较低税率的级距，相应缩小 25%税率级距，30%、35%、45%三档较高税率级距保持不变。④ 推进个人所得税配套改革，推进部门共治共管和联合惩戒，增加个人所得税的反避税条款，进一步完善自然人税收管理的法律支撑。

（三）资源与环保税制改革

1. 资源税改革

自 2010 年以来，新一轮资源税改革启动，大的方向就是由从量改为从价计征，并率先在新疆实行原油、天然气资源税从价计征。2011 年提高了焦煤资源税率，但煤炭资源税依然为从量计征。2016 年 7 月 1 日起我国全面推进资源税改革。首先，试点水资源税改革。将水资源税改革率先在河北试点，并于 2017 年在北京、天津、山西、内蒙古、山东、河南、四川、陕西、宁夏 9 个省（自治区、直辖市）扩大水资源税改革试点，采取水资源费改税方式，将地表水和地下水纳入征税范围，实行从量定额计征，对高耗水行业、超计划用水以及在地下水超采地区取用地下水，适当提高税额标准，正常生产生活用水维持原有负担水平不变；并授权省级政府可结合本地实际，根据森林、草场、滩涂等资源开发利用情况提出征收资源税具体方案建议。其次，实施矿产资源税从价计征改革。对《资源税税目税率幅度表》中列举名称的 21 种资源品目和未列举名称的其他金属矿实行从价计征；对经营分散、多为现金交易且难以控管的粘土、砂石，按照便利征管原则，仍实行从量定额计征。2019 年 8 月 26 日，《中华人民共和国资源税法》于第十三届全国人民代表大会常务委员会第十二次会议通过。该法自 2020 年 9 月 1 日起施行，另外，1993 年 12 月 25 日国务院发布的《中华人民共和国资源税暂行条例》同时废止。

2. 修订城镇土地使用税与耕地占用税

2006 年年底，《国务院关于修改〈中华人民共和国城镇土地使用税暂行条例〉的决定》颁布。主要改革内容有：① 从 2007 年 1 月 1 日起，将城镇土地使用税的纳税人拓宽到外商投资企业、外国企业，促进了内外企业平等纳税和公平竞争。② 将单位税额大致提高了两倍，促进了土地资源的节约使用。

2018 年 12 月 29 日，第十三届全国人民代表大会常务委员会通过了《中华人民共和国耕地占用税法》，并于 2019 年 9 月 1 日起施行。

3. 开征环境保护税

2018 年 1 月 1 日，《中华人民共和国环境保护税法》正式施行，该法明确“直接向环境排放应税污染物的企业事业单位和其他生产经营者”为纳税人，确定大气污染物、水污染物、固体废物和噪声为应税污染物。在全国范围对大气污染物、水污染物、固体废物和噪声 4 大类污染物共计 117 种主要污染因子进行征税。环境保护费改税，有利于从根本上解决现行排污费制度存在的执法刚性不足、行政干预较多、强制性和规范性较为缺乏等问题，促进形成治污减排的内在约束机制，推进生态文明建设、加快经济发展方式转变。

（四）其他税制改革

1. 开征车辆购置税

车辆购置税的基本规范是从 2001 年起实施，主要是对在我国境内购置规定车辆的单位和个人征收的一种税，它由车辆购置附加费演变而来。除汽车外，摩托车、电车、挂车、农用运输车也要缴纳车辆购置税，但对购置新能源汽车实施相应的车辆购置税优惠，让更多人选择绿色出行，为可持续发展增添能量。

2. 取消农业税和农业特产税

2005 年 12 月，十届全国人大常委会第十九次会议通过决定，自 2006 年 1 月 1 日起废止《中华人民共和国农业税条例》。取消农业税有助于进一步减轻农民负担，更好地解决“三农”问题，保障农业生产的发展。取消农业税后，为了充分兼顾地方利益和有利于烟叶产区可持续发展，保持政策的连续性，国务院于 2006 年 4 月 28 日颁布了《中华人民共和国烟叶税暂行条例》，开征烟叶税，取代原烟叶农业特产税。

3. 合并新征车船税

2007 年 1 月 1 日起，将原来对内资企业和中国居民征收的车船使用税和对外资企业、外籍人员和香港、澳门、台湾同胞征收的车船使用牌照税合并为车船税，促进了内外资企业的公平税负和平等竞争，税额也做了相应的调整。

4. 推进印花税立法

2018 年 11 月 1 日，财政部、国家税务总局起草了《中华人民共和国印花税法（征求意见稿）》，向社会公开征求意见。2021 年 1 月 4 日，国务院常务会议通过《中华人民共和国印花税法（草案）》。2 月 27 日，印花税法草案提请十三届全国人大常委会第二十六次会议审议，草案总体上保持现行税制框架和税负水平基本不变。2021 年 6 月 10 日，第十三届全国人民代表大会常务委员会第二十九次会议通过《中华人民共和国印花税法》，自 2022 年 7 月 1 日起施行。1988 年 8 月 6 日国务院发布的《中华人民共和国印花税暂行条例》同时废止。

本次的印花税法，总体上按照税制平移的思路，保持现行税制框架和税负水平基本不变，将原来的《中华人民共和国印花税暂行条例》和证券交易印花税有关规定上升为法律；作为总体思想和宗旨，根据实际情况对部分内容做了必要调整，适当简并税目、降低部分税率，并融入了电子时代的新特点。

5. 房地产税改革

2021 年 10 月 23 日，全国人民代表大会常务委员会关于授权国务院在部分地区开展房地产税改革试点工作的决定，从而正式拉开了房地产税制改革序幕。房地产税的试点开征将更加合理引导住房消费和土地资源节约集约利用，促进房地产市场平稳健康发展。本次试点期限为五年，条件成熟时，及时制定法律。

我国现行税收制度体系共 18 个税种，分别为：

流转税类：增值税、消费税、关税。

所得税类：企业所得税、个人所得税。

财产税类：房产税、契税、车船税。

其他税类：城市维护建设税、资源税、城镇土地使用税、耕地占用税、土地增值税、印花税、车辆购置税、烟叶税、船舶吨税、环境保护税。

本章小结

1. 税收制度是用来规范税务机关、纳税人及其他有关单位和个人的税务行为的税收法律、法规、规章等的总称。涉及具体税种的税收制度是由征税对象、纳税人、税率、纳税环节、纳税期限、税收优惠、税收法律责任等要素构成的。

2. 现代国家的税收体系都是由多个税种构成的复合税收体系,可以按不同的标志将税收体系分为不同的类别。不同的分类对于税收实际征收管理、政策理论研究具有不同意义。

3. 税收制度具有相对稳定性,但这种稳定性与国家的社会经济发达程度、法制的成熟度相关。新中国成立以后经历了重大的社会、经济改革,相应地实施了多次税制改革,税收制度正不断趋向科学、完善,但仍有进一步改革的使命。

综合练习

一、重要概念

纳税人　负税人　扣缴义务人　征税对象　计税依据　税目　税率　比例税率　全额累进税率
超额累进税率　速算扣除数　定额税率　纳税环节　纳税期限　减免税　起征点　免征额
税收法律责任　直接税　间接税　税负转嫁　价内税　价外税

二、思考题

1. 什么是税收制度？税收制度体系由哪些方面的具体税收制度构成？
2. 税种性法律法规由哪些要素构成？
3. 什么是纳税人？纳税人与扣缴义务人有什么区别和联系？
4. 什么是征税对象？什么是税目？什么是计税依据？三者有什么区别和联系？
5. 为什么说税率是税制的中心环节？
6. 税率有哪几种形式？各种税率的功能(实现政府目标方面)有什么差别？
7. 税收按不同标志可以分为哪几类？
8. 我国税制改革经历了哪些重要阶段？从税制改革发展史中我们可得出怎样的经验教训？
9. 我国现行的税收体系体现了哪些特征？今后应如何进一步完善？

延展阅读

[1] 刘尚希,樊轶侠. 论高质量发展与税收制度的适应性改革[J]. 税务研究,2019(05):12-17.

[2] 马国强. 税收立法权纵向配置模式研究[J]. 税务研究,2019(05):3-11.

[3] 邓力平. 中国税收:四十年彰显特色 新时代展示作为[J]. 税务研究,2018(10):5-13.

[4] 王雍君. 数字经济对税制与税收划分的影响:一个分析框架——兼论税收改革的核心命题[J]. 税务研究,2020(11):67-75.

[5] 杨志勇. 以国内大循环为主体背景下促进消费的税收政策优化[J]. 税务研究,2020(11):11-16.

第三章

增 值 税

本章学习目标

1. 学习和掌握增值税的概念、特点和优越性

2. 重点掌握增值税的征税范围，增值税一般纳税人和小规模纳税人的判定标准，一般纳税人和小规模纳税人的适用税率

3. 重点掌握增值税计税销售额的基本规定及特殊规定，进项税额的抵扣范围，应纳税额的计算

4. 了解出口货物退(免)税制度和减免税制度

5. 掌握增值税的纳税期限、纳税地点、纳税义务发生时间等方面的规定

6. 熟悉增值税专用发票管理等方面的具体规定

增值税自 1954 年在法国开征以来，因其有效地解决了传统销售税的重复征税问题，迅速被世界其他国家采用。目前，已有 170 多个国家和地区开征了增值税，征税范围大多覆盖所有货物和劳务。1993 年年底，我国工商税制进行了较为彻底的全面改革。1993 年 12 月 13 日发布的《中华人民共和国增值税暂行条例》，确立了自 1994 年 1 月 1 日起，增值税的征税范围为销售货物，加工、修理修配劳务和进口货物。并经过 2008 年、2017 年两次修订。中国引进增值税虽然较晚，但借鉴国际上的成功经验，经过由征收范围不断扩大的试点，通过分步实施"营改增"的计划，最终于 2016 年 5 月 1 日起全面实施"营改增"，将增值税试点范围扩大到建筑业、房地产业、金融业、生活服务业，并将所有企业新增不动产所含增值税纳入抵扣范围，实现了全链条覆盖的增值税。2017 年 10 月 30 日，国务院常务会议通过了《国务院关于废止〈中华人民共和国营业税暂行条例〉和修改〈中华人民共和国增值税暂行条例〉的决定(草案)》，实施 60 多年的营业税正式退出历史舞台。通过实施货物和服务行业的全覆盖，中国迎来了统一的增值税制度，也标志着中国将成为世界上拥有最先进的增值税制度的国家之一。

第一节　增值税概述

一、增值税的概念

增值税是以商品（含应税劳务和应税服务）在流转过程中产生的增值额作为征税对象而征收的一种流转税。把握增值税及其计税原理，关键是理解增值额。

从马克思劳动价值理论来看，增值额就是劳动者在生产过程中新创造的那一部分价值额。它相当于从社会产品总值 $C+V+M$ 中，扣除生产过程中消耗掉的那一部分生产资料 C 的价值后的余额，即 $V+M$ 部分。其中 V 是劳动者必要劳动为自己所创造的价值，M 是劳动者剩余劳动为社会所创造的剩余价值。劳动者在生产过程中新创造的价值 $V+M$，在增值税中称为增值额。

视频讲解：
增值税概述

从具体生产经营单位来看，增值额相当于该单位商品销售收入额或业务收入额扣除非增值项目金额后的余额。这些非增值项目，主要是指外购的原材料、燃料、动力、包装物和外购低值易耗品等。

从一种商品生产的全过程来看，一个商品最终实现销售时的最后销售价格，相当于该商品从生产到最终销售各个生产经营环节的增值额之和。例如，某种商品从生产、流通到消费要经过五个环节，其各个环节的销售额和增值额如表 3-1 所示。

表 3-1　某商品销售额与增值额的关系　　单位：元

生产经营环节	销售额	增值额	各环节累计增值额
原材料生产环节	100	100	100
零部件生产环节	200	100	200
产成品生产环节	300	100	300
商品批发	400	100	400
商品零售	500	100	500

从表 3-1 可以看出，该商品最后销售额为 500 元，正好与各环节累计增值额相等，可见一种商品的最后销售额是由各环节的增值额组成的。

需要指出的是，上述增值额仅仅是一种理论增值额。从理论上讲，增值额相当于该商品价值扣除在生产经营过程中消耗的生产资料的转移价值 C 以后的余额 $V+M$ 部分。

作为理论上的增值额，凡是属于生产资料转移价值的因素，都应作为扣除项目从商品价值中扣除。但是，在实际运用时，作为增值税计税依据的增值额，则必须通过有关法律规定予以确定。由于各国税法规定的扣除项目不同，计税增值额同理论增值额的内容一般有所不同。如外购固定资产，有的国家规定购进固定资产的价值，不论是否消耗掉，允许一次扣除，这样就相应缩小了增值额；有的国家规定购进固定资产的价值均不允许扣除，这样就相应地扩大了增值额。各国增值税中的增值额是由各国的增值税法规定的。因此可以这样说，增值税是以法定增值额为计税依据征收的一种税。

专栏 3-1　增值税的产生和发展

增值税产生的时间并不长。第一次世界大战结束时，美国耶鲁大学教授马斯·S. 亚当斯以及担任政府顾问的德国商人威尔海姆·万·西蒙斯博士，就曾提出过增值税的设想。随后一些国家也曾进行过具有某些增值税性质的销售税改革尝试，但因各种原因，都未形成真正的增值税制。1954 年，时任法国税务总局局长助理的莫里斯·洛雷积极推动法国增值税制的制定与实施，并取得了成功，被誉为"增值税之父"。由于增值税征收范围广泛，计税合理，可以有效地防止商品在流转过程中的重复征税问题，并具备保持税收中性、普遍征收、税收负担由最终消费者承担、实行税款抵扣制度等特点，很快流行于世界各国。从 20 世纪 70 年代开始，增值税制在全世界迅速推开，增值税成为一个国际性的税种，甚至在有些国家的税收体系中占主体税种地位。

二、增值税的特点和优越性

视频讲解：增值税的特点、类型及计税原理

增值税能够在短短半个世纪在整个国际范围内征收并风靡全球，其主要原因在于增值税自身具备了税基宽、多环节征收而又不重复征税等优点，适应了生产社会化及经济全球化的发展需要。由于增值税是针对货物和劳务的增加值征税，较之传统的货物税、产品税和营业税就销售收入或者营业收入征税具有进步性，而受到世界上多数国家政府的采用和重视。

（一）增值税的特点

增值税作为一种新型的流转税，与其他税种比较，具有以下一些特点。

1. 按增值额征税

增值税以货物和劳务的增值额为计税依据，只对货物销售或劳务收入额中属于本单位新创造的、尚未征过税的部分征税。这与按商品销售全额、劳务收入全额征收的其他流转税形成最显著的区别。

2. 实行道道征税，但不重复征税

增值税保留了传统流转税对货物和服务的道道征税制度，一种货物或劳务从生产到最后进入消费，每经过一道生产经营环节就征收一道税。增值税以增值额作为征税对象，只对销售额中本企业新创造的、尚未征过税的新增价值额征税，而对销售额中由以前各环节创造、已征过税的转移价值额则不再征税。所以，从理论上不存在重复征税的问题。我国实施"营改增"试点后，实现了增值税对货物和服务的全覆盖，基本消除了重复征税，打通了增值税抵扣链条，促进了社会分工协作，有力地支持了服务业发展和制造业转型升级。

3. 税收负担平衡

就一项货物或劳务而言，只要最后销售价格相同，不论经过多少道生产经营环节，也不论是一个或是多个生产经营单位，该货物或劳务应纳增值税额是相同的。从全社会来看，增值税的负担不受商品生产结构变化或生产经营环节多寡的影响,同一货物或劳务的税负始终保持平衡。

4. 税收负担具有向前推移性

在增值税的征收过程中,增值税后一阶段纳税人总是前一阶段纳税人已交税款的负担者,商品和劳务的买者总是销售者已纳税款的归宿。当税负随商品流转推移至最终销售环节时,消费者便成为增值税的最终归宿。

(二)增值税的优越性

1. 对经济活动有较强的适应性

增值税应用了税款抵扣制,避免了阶梯式征税可能造成重复征税的弊端,使同一商品或劳务的税收负担具有一致性,同一商品和劳务,不论纳税人经营活动的投入物或劳务的构成状况如何,最终的税收负担是一致的。也就是说,增值税的征收结果不会对纳税人的生产、经营活动和消费者的消费选择产生影响,具有中性特征,使得它对经济活动有较强的适应性。

2. 能够保证财政收入的稳定性

增值税不仅对经济活动有较强的适应性,而且它所产生的收入规模与同期的国民收入规模有一个相对稳定的比例关系。就一个商品或一项劳务而言,各环节征收的增值税之和,等于它进入消费领域的价格与它所适用的增值税税率的积。就全社会而言,某一时期的所有社会商品或劳务的最终价格之和,近乎同期全社会的国民收入。这就说明,增值税税率一经确定,就相应地确定了增值税的收入规模与国民收入的比例。增值税这种良好的经济互动性特征,使得增值税在国民收入增长时,能为政府取得更多的财政收入,有利于抑制经济过度繁荣;在国民收入下降时,政府筹集财政收入相应减少,从而有利于经济的恢复和发展。

3. 有内在的自我控制机制

由于增值税实行的是税款抵扣制,一般情况下,纳税人能否取得购买货物或劳务已付税款的抵扣权,取决于他能否提供购买货物或劳务时已付增值税的有效凭证(通常是指注明增值税税额的专用发票)。如果供应商销售货物或劳务没有按规定开具增值税发票,他就可能有偷税的动机。但只要这种情况不是发生在商品或劳务供应的最终环节,对政府而言,不会造成税收损失。因为,在此情况下,对购买者来说,因没有购买时已付增值税的凭证,就自然失去了购买货物或劳务的税款抵扣权。如果供应商开具发票,而他自己又不缴纳增值税,在这种情况下,可以通过对购买方进货凭证的交叉稽核发现供应商的偷税行为。实行增值税后,通过加强对纳税人的扣税凭证的管理,就可以建立起纳税人之间的利益制约机制,使增值税具有内在的自我控制机制。

4. 有利于国际竞争的公平性

增值税设计原理的精妙性,使得一个商品在出口环节前缴纳的全部税负与该商品在最终销售环节或出口环节的总体税负是一致的,根据最终销售额和增值税税率计算出来的增值税税额,也就是该商品出口以前各环节已纳的增值税之和。如果将这笔税额退还给商品出口经营者,就能做到出口退税的准确、彻底,使之以完全不含税价格进入国际市场。按增值额设计的税率要高于按流转额设计的税率,使得进口商品能够真正和国内市场的产品税负保持一致性,从而有利于创造一个公平竞争的市场环境。

专栏 3-2　“营改增”全面推开的经济影响

2015 年，我国第三产业增加值占 GDP 的比重超过 50%。第三产业比重的大幅增加，服务业突飞猛进，营业税重复征税的弊端越来越突出。在此背景下，“营改增”作为财税体制改革和供给侧结构性改革的重要举措，是财税领域打出“降成本”组合拳的重要一招。

对企业来说，营业税体制下许多成本无法抵扣，导致成本费用高。在增值税体制下，由于可以抵扣进项税额，企业可以将某个环节独立出去，将更多精力集中在主营业务上。全面试点后可以促进企业的分工更加细化，有利于增加自身业务的专业度，有助于企业优化经营模式。

“营改增”试点从制度上缓解了货物和服务税制不统一和重复征税问题，打通了服务业内部和二、三产业之间的抵扣链条，促进专业化分工协作，有利于服务业与工业深度融合发展，推动工业转型升级。“营改增”试点以来，通过促进专业化分工和服务外包，拓展了企业特别是小微企业的发展空间，催生了大量从事研发和技术服务、信息技术服务、文化创业服务的小微企业，对鼓励投资和促进“大众创业、万众创新”发挥了重要作用。

三、增值税的计税方法与增值税的类型

（一）增值税的计税方法

增值税的计税方法，根据增值税的基本原理可分为直接计税法和间接计税法两种。

直接计税法，是指根据法定增值额和适用税率直接计算应纳增值税税额的方法。即将纳税人在一定时期内生产经营活动中新增加的价值额（如工资、利息、租金、利润以及其他增值项目金额等）逐项相加，求出增值额，据以计算应纳增值税税额的方法。

间接计税法又称扣税法，是指按纳税人的销售额乘以适用税率，再减去法定扣除项目的已纳税金，求出应纳增值税税额的方法。即是指从本期销项税额中减去本期购入的法定扣除项目已纳税金（税法中称之为进项税额）来计算应纳增值税税额的方法。其计算公式为：

应纳增值税税额=本期销项税额-本期进项税额

我国现行增值税间接计税法，即通过购进发票所列税款进行抵扣。这种抵扣方法，不涉及成本、费用核算，计算简便，纳税人也易于掌握。通过税款的抵扣关系，可以在购销双方纳税人之间形成相互制约、相互监督的机制，有利于保证税收收入的及时足额入库。

（二）增值税的类型

为了避免重复征税，世界上实行增值税的国家，对纳税人外购原材料、燃料、动力、包装物和低值易耗品等已纳的增值税税金，一般都准予从销项税额中抵扣。但对固定资产已纳的增值税税金是否允许扣除，政策不一，在处理上不尽相同，由此产生了三种不同的类型。

1. 消费型增值税

采用消费型增值税，允许纳税人从本期销项税额中抵扣购置用于生产经营的固定资产的全部进项税额。纳税人购入的固定资产，虽然在以前的经营环节已经缴纳过增值税，但购入时全部扣除，实际上这部分商品是不征税的。就整个社会来说，对生产资料不征税，而只对消费资料征

税，则增值税的税基只包括消费品，我们将这种征税模式称为消费型增值税。

2. 收入型增值税

采用收入型增值税，只允许纳税人从本期销项税额中抵扣购置用于生产经营的固定资产的当期折旧价值额的进项税额。这样，增值税的计税基数就等于工资、薪金、租金、利息、利润的数额之和。就整个社会来说，实际征税对象相当于社会产品扣除补偿消耗的生产资料以后的余额，即国民收入。我们将这种征税模式称为收入型增值税。

3. 生产型增值税

采用生产型增值税，不允许纳税人从本期销项税额中抵扣购入固定资产的进项税额。就整个社会来说，由于增值税允许抵扣的范围，只限于原材料等劳动对象的进项税额，这样，增值税的计税基数就等于工资、薪金、租金、利息、利润和折旧的数额之和，所以实际征税对象相当于国民生产总值。我们将这种征税模式称为生产型增值税。

在目前实行增值税的国家中，大多数国家为了鼓励投资，加速固定资产更新，一般采用消费型增值税或收入型增值税。其中又大多实行消费型增值税，只有极少数国家实行生产型增值税。

第二节　增值税的征税范围、纳税人、税率

一、增值税的征税范围

自1994年税制改革以来，增值税在组织财政收入、促进国民经济发展等方面发挥了极其重要的作用。但随着我国社会主义市场经济的发展，现行增值税与我国经济发展不相适应的矛盾日益突出，既不利于鼓励投资，也不利于基础工业和高新技术产业的发展，增值税改革势在必行。1994年税制改革，将增值税征税范围扩大到所有货物和加工修理修配劳务，对其他劳务、无形资产和不动产征收营业税。2016年全面实施营改增改革后，增值税征税范围实行了货物、劳务、无形资产与不动产全覆盖。

视频讲解：增值税的征税范围

（一）增值税征税范围的一般规定

凡纳税人在中华人民共和国境内从事销售货物或者提供加工、修理修配劳务，销售服务、无形资产或者不动产，以及进口货物等都列入增值税的征税范围。境内销售货物是指所销售的货物起运地或所在地在境内，境内销售应税劳务是指所销售的应税劳务发生在境内。增值税的基本征税范围包括：

1. 销售或进口货物

这里的货物是指除去土地、房屋和其他建筑物等一切不动产之外的有形动产，包括电力、热力和气体在内。销售货物是指有偿转让货物的所有权；进口货物是指报关进口的货物。

2. 提供加工和修理修配劳务

加工和修理修配都属于劳务服务业务。加工是指接受来料承做货物，加工后的货物所有权仍属于委托者的业务，即委托方提供原料及主要材料，受托方按照委托方的要求制造货物并收取加工费的业务。修理修配是指受托对损伤和丧失功能的货物进行修复，使其恢复原状和功能的

业务。这里的加工和修理修配劳务是指有偿提供劳务，但单位或个体经营者聘用的员工为本单位或雇主提供此项劳务的不包括在内。

3. 销售服务、无形资产或者不动产

销售服务、无形资产或者不动产，是指有偿提供服务、有偿转让无形资产或者不动产。但属于下列非经营活动的情形除外：单位或者个体工商户聘用的员工为本单位或者雇主提供取得工资的服务；单位或者个体工商户为聘用的员工提供服务；财政部和国家税务总局规定的其他情形。

（1）销售服务。销售服务，是指提供交通运输服务、邮政服务、电信服务、建筑服务、金融服务、现代服务、生活服务等。

① 交通运输服务。交通运输服务，是指利用运输工具将货物或者旅客送达目的地，使其空间位置得到转移的业务活动，包括陆路运输服务、水路运输服务、航空运输服务和管道运输服务。

② 邮政服务。邮政服务，是指中国邮政集团公司及其所属邮政企业提供邮件寄递、邮政汇兑和机要通信等邮政基本服务的业务活动，包括邮政普遍服务、邮政特殊服务和其他邮政服务。邮政普遍服务是指函件、包裹等邮件寄递，以及邮票发行、报刊发行和邮政汇兑等业务活动。邮政特殊服务，是指义务兵平常信函、机要通信、盲人读物和革命烈士遗物的寄递等业务活动。其他邮政服务，是指邮册等邮品销售、邮政代理等业务活动。

③ 电信服务。电信服务，是指利用有线、无线的电磁系统或者光电系统等各种通信网络资源，提供语音通话服务，传送、发射、接收或者应用图像、短信等电子数据和信息的业务活动，包括基础电信服务和增值电信服务。基础电信服务，是指利用固网、移动网、卫星、互联网，提供语音通话服务的业务活动，以及出租或者出售带宽、波长等网络元素的业务活动。增值电信服务，是指利用固网、移动网、卫星、互联网、有线电视网络，提供短信和彩信服务、电子数据和信息的传输及应用服务、互联网接入服务等业务活动。卫星电视信号落地转接服务，按照增值电信服务缴纳增值税。

④ 建筑服务。建筑服务，是指各类建筑物、构筑物及其附属设施的建造、修缮、装饰，线路、管道、设备、设施等的安装以及其他工程作业的业务活动，包括工程服务、安装服务、修缮服务、装饰服务和其他建筑服务。

⑤ 金融服务。金融服务，是指经营金融保险的业务活动，包括贷款服务、直接收费金融服务、保险服务和金融商品转让。

⑥ 现代服务。现代服务，是指围绕制造业、文化产业、现代物流产业等提供技术性、知识性服务的业务活动，包括研发和技术服务、信息技术服务、文化创意服务、物流辅助服务、租赁服务、鉴证咨询服务、广播影视服务、商务辅助服务和其他现代服务。

⑦ 生活服务。生活服务，是指为满足城乡居民日常生活需求提供的各类服务活动，包括文化体育服务、教育医疗服务、旅游娱乐服务、餐饮住宿服务、居民日常服务和其他生活服务。

（2）销售无形资产。销售无形资产，是指转让无形资产所有权或者使用权的业务活动。无形资产，是指不具实物形态，但能带来经济利益的资产，包括技术、商标、著作权、商誉、自然资源使用权和其他权益性无形资产。

① 技术，包括专利技术和非专利技术。

② 自然资源使用权,包括土地使用权、海域使用权、探矿权、采矿权、取水权和其他自然资源使用权。

③ 其他权益性无形资产,包括基础设施资产经营权、公共事业特许权、配额、经营权(包括特许经营权、连锁经营权、其他经营权)、经销权、分销权、代理权、会员权、席位权、网络游戏虚拟道具、域名、名称权、肖像权、冠名权、转会费等。

(3) 销售不动产。销售不动产,是指转让不动产所有权的业务活动。不动产,是指不能移动或者移动后会引起性质、形状改变的财产,包括建筑物、构筑物等。

转让建筑物有限产权或者永久使用权的,转让在建的建筑物或者构筑物所有权的,以及在转让建筑物或者构筑物时一并转让其所占土地的使用权的,按照销售不动产缴纳增值税。

(二) 增值税征税范围的特殊项目规定

1. 属于增值税征税范围的特殊项目

(1) 电力公司向发电企业收取的过网费,应当征收增值税。

(2) 对从事热力、电力、燃气、自来水等公用事业的增值税纳税人收取的一次性费用,凡与货物的销售数量有直接关系的,征收增值税;凡与货物的销售数量无直接关系的,不征收增值税。

(3) 印刷企业接受出版单位委托,自行购买纸张,印刷有统一刊号(CN)以及采用国际标准书号编序的图书、报纸和杂志,按货物销售征收增值税。

(4) 对增值税纳税人收取的会员费收入不征收增值税。

(5) 各燃油电厂从政府财政专户取得的发电补贴不属于增值税规定的价外费用,不计入应税销售额,不征收增值税。

(6) 纳税人转让土地使用权或者销售不动产的同时,一并销售的附着于土地或者不动产上的固定资产中,纳税人应分别核算增值税应税货物和不动产的销售额,未分别核算或核算不清的,由主管税务机关核定其增值税应税货物的销售额和不动产的销售额。

(7) 纳税人在资产重组过程中,通过合并、分立、出售、置换等方式,将全部或者部分实物资产以及与其相关联的债权、负债和劳动力一并转让给其他单位和个人,不属于增值税的征税范围,其中涉及的货物转让,不征收增值税。纳税人在资产重组过程中,通过合并、分立、出售、置换等方式,将全部或部分实物资产以及与其相关联的债权、负债经多次转让后,最终的受让方与劳动力接受方为同一单位和个人,仍适用上述规定,其中的货物多次转让行为均不征收增值税。

2. 不征收增值税的项目

(1) 按照现行增值税政策,纳税人取得的中央财政补贴。

(2) 根据现行增值税有关规定,融资性售后回租业务中,承租方出售资产的行为不属于增值税的征税范围,不征收增值税。

(3) 根据国家指令无偿提供的铁路运输服务、航空运输服务,属于"营改增"试点实施办法规定的用于公益事业的服务。

(4) 存款利息。

(5) 被保险人获得的保险赔付。

(6) 房地产主管部门或者其指定机构、公积金管理中心、开发企业以及物业管理单位代收的住宅专项维修资金。

(7) 在资产重组过程中,通过合并、分立、出售、置换等方式,将全部或者部分实物资产以及与其相关联的债权、负债和劳动力一并转让给其他单位和个人,其中涉及的不动产、土地使用权转让行为。

视频讲解:增值税征税范围特殊行为

(三) 属于增值税征税范围的特殊行为

特殊行为即视同销售货物行为。视同销售就是将不属于销售范围或尚未实现销售的货物,视同销售处理,纳入增值税的征税范围。对视同销售的规定,主要是从征税技术角度出发。

单位或个体经营者的下列行为,视同销售货物:

(1) 将货物交付他人代销。

(2) 销售代销货物。

(3) 设有两个以上机构并实行统一核算的纳税人,将货物从一个机构移送其他机构用于销售时,相关机构不是设在同一县(市)的,要视同销售交纳增值税。相关机构设在同一县(市)的,仍在货物最终实现销售时纳税,中间移送时则不交税。

(4) 将自产或委托加工的货物用于非应税项目。

(5) 将自产、委托加工或购买的货物作为投资,提供给其他单位或个体经营者。

(6) 将自产、委托加工或购买的货物分配给股东或投资者。

(7) 将自产、委托加工的货物用于集体福利或个人消费。

(8) 将自产、委托加工或购买的货物无偿赠送他人。

(9) 单位或者个体工商户向其他单位或者个人无偿提供服务,但用于公益事业或者以社会公众为对象的除外。

(10) 单位或者个人向其他单位或者个人无偿转让无形资产或者不动产,但用于公益事业或者以社会公众为对象的除外。

(11) 财政部和国家税务总局规定的其他情形。

上述 11 种行为应该确定为视同销售行为,均要征收增值税。其确定的目的主要有三个:一是保证增值税税款抵扣制度的实施,不致因发生上述行为而造成各相关环节税款抵扣链条的中断。如果不将之视同销售就会出现销售代销货物方仅有销项税额而无进项税额,而将货物交付其他单位或者个人代销方仅有进项税额而无销项税额的情况,就会出现增值税抵扣链条不完整。二是避免因发生上述行为而造成货物、应税劳务和应税服务销售税收负担不平衡的矛盾,防止以上述行为逃避纳税的现象。三是体现增值税计算的配比原则。即购进货物、应税劳务和应税服务已经在购进环节实施了进项税额抵扣,这些购进货物、应税劳务和应税服务应该产生相应的销售额,同时就应该产生相应的销项税额,否则就会产生不配比情况。如上述(4)~(10)讲的几种情况就属于此种原因。

上述 11 种情况中,第 4 种和第 7 种情况不包括购买的货物,是因为将购买的货物用于非应税项目或集体福利及个人消费时,纳税人就成为购买货物的最终消费者,而且是消费在不征增值税的项目上。这种情况只关系到其进项税额能否抵扣(按规定不得抵扣进项税额),而不是销售问题。

(四) 混合销售行为的规定

混合销售行为是指一项销售行为既涉及货物又涉及增值税应税劳务和应税服务。

从事货物的生产、批发或者零售的单位和个体工商户的混合销售行为，按照销售货物缴纳增值税；其他单位和个体工商户的混合销售行为，按照销售服务缴纳增值税。混合销售行为的特点是：销售货物与提供应税劳务和应税服务等是由同一纳税人实现的，价款是同时从一个购买方取得的。比如说，一家公司销售一台机器的同时，负责把这台机器运到客户指定地点的行为，这就是一项混合销售行为。上述从事货物的生产、批发或者零售的单位和个体工商户，包括以从事货物的生产、批发或者零售为主，兼营提供应税行为的单位和个体工商户在内。

视频讲解：增值税征税混合销售及兼营销售行为

对混合销售行为的税务处理是：从事货物的生产、批发或者零售的企业、企业性单位及个体工商户，以及以从事货物的生产、批发或零售为主，兼营应税劳务和应税服务的企业、企业性单位及个体工商户的混合销售行为，视为销售货物，应当按照销售货物适用税率缴纳增值税。其他单位和个体工商户的混合销售行为，视为销售应税劳务和应税行为，按照其适用税率缴纳增值税。

以从事货物的生产、批发或零售为主，兼营应税劳务和提供应税行为，是指纳税人年货物销售额与增值税应税劳务和应税行为营业额的合计数中，年货物销售额超过50%，增值税应税劳务营业额不到50%。故发生混合销售行为的纳税人，应看自己是否属于从事货物生产、批发或零售的。如果是，对该混合销售行为应按照销售货物缴纳增值税；如果不是，则需按照应税行为等缴纳增值税。

纳税人发生销售自产货物的同时提供建筑业劳务的行为，应分别核算自产货物的销售额和建筑业劳务营业额。未分别核算的，由主管税务机关核定其自产货物的销售额。

（五）兼营应税劳务和应税行为的规定

兼营应税劳务和应税行为是指纳税人既销售应税货物也提供应税劳务和销售服务、无形资产或者不动产的，且这些增值税应税项目和劳务提供之间没有直接的关联关系。纳税人销售货物、加工修理修配劳务、服务、无形资产或者不动产适用不同税率或者征收率的，应当分别核算适用不同税率或者征收率的销售额，未分别核算销售额的，按照以下方法适用税率或者征收率：

（1）兼有不同税率的销售货物、加工修理修配劳务、服务、无形资产或者不动产，从高适用税率。

（2）兼有不同征收率的销售货物、加工修理修配劳务、服务、无形资产或者不动产，从高适用征收率。

（3）兼有不同税率和征收率的销售货物、加工修理修配劳务、服务、无形资产或者不动产，从高适用税率。

二、增值税纳税人的一般规定

凡在中华人民共和国境内销售或者进口货物、提供应税劳务以及销售服务、无形资产或者不动产（以下称应税行为）的单位和个人，都是增值税纳税义务人，简称纳税人。主要包括以下四类：

（1）单位，指企业、行政单位、事业单位、军事单位、社会团体及其他单位。

（2）个人，指个体经营者及其他个人。

（3）单位以承包、承租、挂靠方式经营的，承包人、承租人、挂靠人（以下统称承包人）以发包人、出租人、被挂靠人（以下统称发包人）名义对外经营并由发包

视频讲解：增值税纳税义务人

人承担相关法律责任的，以该发包人为纳税人。否则，以承包人为纳税人。

（4）扣缴义务人。境外单位或者个人在境内发生应税行为，在境内未设有经营机构的，以购买方为增值税扣缴义务人。财政部和国家税务总局另有规定的除外。

三、增值税两类纳税人的认定及管理

为了简化手续，便于征收管理，现行增值税根据生产经营规模和财会核算健全程度，在确认纳税人的前提下，又具体区分为小规模纳税人和一般纳税人两种，分别采取不同的增值税计税方法。

（一）小规模纳税人的认定及管理

小规模纳税人是指年销售额在规定标准以下，并且会计核算不健全，不能按规定报送有关税务资料的增值税纳税人。所称会计核算不健全，是指不能正确核算增值税的销项税额、进项税额和应纳税额。小规模纳税人的标准为年应征增值税销售额500万元及以下。

小规模纳税人会计核算健全，能够提供准确税务资料的，可以向主管税务机关申请资格认定，不作为小规模纳税人，依法计算增值税应纳税额。会计核算健全，是指能够按照国家统一的会计制度规定设置账簿，根据合法、有效凭证核算。

（二）一般纳税人的认定及管理

一般纳税人是指年应征增值税销售额（以下简称年应税销售额），超过财政部、国家税务总局规定的小规模纳税人标准的企业和企业性单位（以下简称企业）。

应税服务的年应征增值税销售额（以下称应税服务年销售额）超过财政部和国家税务总局规定标准的纳税人为一般纳税人，未超过规定标准的纳税人为小规模纳税人。兼有销售货物、提供应税劳务以及应税服务的纳税人，应税货物及劳务销售额与应税服务销售额分别计算，分别适用增值税一般纳税人资格认定标准。

年应税销售额超过规定标准的其他个人不属于一般纳税人。年应税销售额超过规定标准但不经常发生应税行为的单位和个体工商户可选择按照小规模纳税人纳税。

符合一般纳税人条件的纳税人应当向主管税务机关办理一般纳税人资格登记。具体登记办法由国家税务总局制定。

除国家税务总局另有规定外，一经登记为一般纳税人，不得转为小规模纳税人。

两个或者两个以上的纳税人，经财政部和国家税务总局批准可以视为一个纳税人合并纳税。具体办法由财政部和国家税务总局另行制定。

四、增值税税率

视频讲解：增值税税率介绍

（一）增值税税率确定的基本原则

增值税税率是指应税货物或劳务在各个生产经营环节的整体税负与本环节销售额的比率。中国现行增值税税率设计主要遵循以下四方面的原则：

（1）简化税率，体现增值税中性和简便的要求。

（2）兼顾大多数纳税人的负担能力和财政需要。增值税以取得财政收入为主要目的，以货物购买者、劳务承受人为税负归宿。因此，增值税税率的设计应正确兼顾需要与可能两个方面。

（3）体现国家的经济政策。在市场经济条件下，保持增值税中性的同时，在一定范围内通过高低税率的设计，体现国家一定时期的社会经济政策是必要的，但其范围不宜过宽。

（4）有利于增值税税款抵扣制的推行。增值税应纳税额为销项税金与进项税金之差，进项税金是采用凭发票注明税款进行抵扣的。因此，增值税税率的档次不宜过多，税率高低的差距不宜过大，以免出现大面积的"高征低扣"或企业因销项税额小于进项税额，导致部分销项税额不足抵扣的现象。

（二）增值税税率确定的基本规定

遵循以上原则，我国增值税采用了基本税率加几档低税率的模式。

（1）基本税率为13%，适用于一般销售和进口货物，提供应税劳务（加工、修理修配等），提供有形动产租赁服务等。

（2）9%税率。该税率的适用范围为：

① 粮食等农产品、食用植物油、鲜奶、食用盐。

② 自来水（不含自来水生产厂）、暖气、冷气、热水、煤气、石油液化气、天然气、沼气、居民用煤炭制品、二甲醚。

③ 图书、报纸、杂志、音像制品、电子出版物。

④ 饲料、化肥、农药、农机（整机，不包括农机零部件）、农膜。

⑤ 国务院规定的其他货物。

（3）提供交通运输、邮政、基础电信、建筑、不动产租赁服务，销售不动产，转让土地使用权，税率为9%。

（4）提供增值电信业、金融服务、服务业服务（有形动产租赁服务除外），税率为6%。

（5）零税率。纳税人报关出口的货物，以及境内单位和个人发生的跨境应税行为，税率为零。具体范围由财政部和国家税务总局另行规定。

（三）征收率

考虑到小规模纳税人经营规模小，且会计核算不健全，难以按上述几档税率计税和使用增值税专用发票抵扣进项税额，因此实行按销售额与征收率计算应纳税额的简易方法。考虑到一般纳税人购进固定资产进项税额可以抵扣后税负有所降低，以及工业和商业划分上的难度，现行税收制度对小规模纳税人不再设置工业和商业两档征收率，将征收率统一降至3%。

（四）增值税适用税率（征收率）的特殊规定

我国现行增值税制度还对税率的适用做了一些特殊规定，主要有以下几方面：

1. 销售特定货物的处理

现行增值税法规定，对一些特定货物的销售，无论其从事者是一般纳税人还是小规模纳税人，一律按简易办法，即按小规模纳税人适用的征收率和计算办法来缴纳税款。

（1）适用3%征收率的范围：

① 寄售商店代销寄售物品（包括居民个人寄售的物品在内）。

② 典当业销售死当物品。

（2）一般纳税人销售自产的下列货物，可选择按照简易办法依照3%的征收率计算缴纳增值税：

① 县以下（含）小型水力发电单位生产的电力。

② 建筑用和生产建筑材料所有的砂、土、石料。

③ 以自己采掘的砂、土、石料或其他矿物连续生产的砖、瓦、石灰(不含黏土实心砖、瓦)。

④ 用微生物、微生物代谢产物、动物毒素、人或动物的血液或组织制成的生物制品。

⑤ 自来水。对属于一般纳税人的自来水公司销售自来水按简易办法依照3%的征收率征收增值税,不得抵扣其购进自来水取得增值税扣税凭证上注明的增值税税款,但可自行开具增值税专用发票。

⑥ 商品混凝土(仅限于以水泥为原料生产的水泥混凝土)。

⑦ 属于一般纳税人的单采血浆站销售非临床用人体血液。

⑧ 属于一般纳税人的药品经营企业销售生物制品,可以选择简易办法按照生物制品销售额和3%的征收率计算缴纳增值税。

一般纳税人选择简易办法计算缴纳增值税后,36个月内不得变更。

2. 销售自己使用过的物品和旧货的处理

(1) 纳税人销售自己使用过的物品。

① 一般纳税人销售自己使用过的属于税法规定不得抵扣且未抵扣进项税额的固定资产,按简易办法依3%的征收率减按2%征收增值税;一般纳税人销售自己使用过的除上述规定以外的其他固定资产以及其他物品,按照其适用税率征收增值税。

② 小规模纳税人(除其他个人外,下同)销售自己使用过的固定资产(不论何时购进),减按2%征收率征收增值税;小规模纳税人销售自己使用过的除固定资产以外的物品,应按3%的征收率征收增值税。

③ 其他个人销售自己使用过的物品免征增值税。

(2) 纳税人销售旧货。纳税人销售旧货,按照简易办法依照3%的征收率减按2%征收增值税。所称旧货,是指进入二次流通的具有部分使用价值的货物(含旧汽车、旧摩托车和旧游艇),但不包括自己使用过的物品。

在理解上述税收法规时,需注意以下几点:

第一,已使用过的固定资产,是指纳税人根据财务会计制度已经计提折旧的固定资产。

第二,对于自己使用过的物品和旧货,可按所销售物品取得时的状态区分。在纳税人取得该物品时即为已使用过的物品,在销售时作为销售旧货处理,按3%的征收率减按2%计算缴纳增值税;纳税人取得该物品时为未使用过的物品,投入使用后再销售时,即销售自己使用过的物品,按规定的适用税率计算缴纳增值税。例如:债权人甲通过债务重组,取得债务人乙从某商场购入并已投入使用的办公用品一批,其后,甲将取得的办公用品售出。对于乙用办公用品偿债的行为,属于销售自己使用过的物品。而甲销售所取得偿债物品的行为,则属于销售旧货。

第三,对于“二次流通”的确认,应注意税法中有关视同销售的规定,即“视同销售”也可等同于“视同流通”。例如:纳税人甲销售其生产产品后的下脚料,为销售自己使用过的物品;如纳税人甲委托纳税人乙销售其生产产品后的下脚料,委托他人代销和销售代销货物均应视同销售。因此,对纳税人甲,是销售自己使用过的物品,而对纳税人乙,则是销售旧货。

第四,上述一般纳税人销售自己使用过的固定资产、物品和旧货适用按照简易办法依3%的征收率减按2%征收增值税的,按下列公式确定销售额和应纳税额:

销售额=含税销售额÷(1+3%)

应纳税额=销售额×2%

第五,小规模纳税人销售自己使用过的固定资产和旧货,按下列公式确定销售额和应纳税额:

销售额=含税销售额÷(1+3%)

应纳税额=销售额×2%

专栏 3-3　法国增值税税率

法国最早采用了增值税,其增值税制度最为规范和健全。法国增值税实行五档税率结构。最初增值税的税率仅包括两档,即适用于大部分商品的标准税率 20.6%和适用于优惠商品的低税率 5.5%。为了适应经济发展的需要,法国逐步增加了增值税税率的档次:将其标准税率改为 20%,低税率改为 5%,增加了特别税率 2.1%、中间税率 10%和零税率。标准税率 20%适用于汽车、服装、家电、通信服务等大多数商品劳务;低税率 5%用于生活必需品、大众消费食品、能源(天然气、电)、饮料和书籍等;特别税率 2.1%适用于报刊、医药、牲畜销售和严肃音乐演出(如芭蕾、音乐和马戏表演)等;中间税率 10%适用于餐馆和酒店、租房、交通运输、旧房翻新、大型卖场、露营、博物馆、电影、动物园、非处方药等;零税率适用于出口货物、远洋运输、飞机和劳务等向欧盟内部提供产品等。此外,法国的免税项目主要用于金融和保险服务、教育和培训、医疗设备和服务、住房租赁等非营利项目提供的产品和服务。

第三节　增值税应纳税额的计算

我国现行增值税的计征方法是购进扣税法(但对小规模纳税人及进口货物的纳税人则例外),也就是根据增值税专用发票上注明的税款进行抵扣,计算出的销项税额与进项税额的差额即为应纳税额。由于应纳税额等于销项税额与进项税额之差,所以要正确计算增值税就必须正确确定销项税额和进项税额,而销项税额等于销售额与增值税税率之积,所以要正确确定销项税额,就必须先确定销售额。

增值税的计税方法,包括一般计税方法和简易计税方法。一般纳税人发生应税行为适用一般计税方法计税。一般纳税人发生财政部和国家税务总局规定的特定应税行为,可以选择适用简易计税方法计税,但一经选择,36 个月内不得变更。

小规模纳税人发生应税行为适用简易计税方法计税。

境外单位或者个人在境内发生应税行为,在境内未设有经营机构的,扣缴义务人按照下列公式计算应扣缴税额:

应扣缴税额=购买方支付的价款÷(1+税率)×税率

一、销售额的确定

（一）销售额的一般规定

视频讲解：增值税应纳税额中销售额的确定

销售额，是指纳税人销售货物或提供应税劳务和应税服务，向购买方（承受应税劳务也视为购买方）收取的全部价款和价外费用，但不包括收取的销项税额。

价外费用（实属价外收入），是指价外向购买方收取的手续费、补贴、基金、集资费、返还利润、奖励费、违约金（延期付款利息）、包装费、包装物租金、储备费、优质费、运输装卸费、代收款项、代垫款项及其他各种性质的价外费用。上述价外费用无论其会计制度如何进行核算，都应并入销售额计税。但价外费用中不包括以下几个项目：

（1）向购买方收取的销项税额。因为增值税属于价外税，其税款不应包含在销售货物的价款之中。

（2）受托加工应征消费税的货物，而由受托方向委托方代收代缴的消费税。因为代收代缴消费税只是受托方履行法定义务的一种行为，此项税金虽然构成委托加工货物成本的一部分，但它同受托方加工业务及其收取的应税加工费没有内在关联。

（3）同时符合以下条件的代垫运输费用：

① 承运部门的运输费用发票开具给购买方的；

② 纳税人将该项发票转交给购买方的。

（4）同时符合以下条件代为收取的政府性基金或者行政事业性收费：

① 由国务院或者财政部批准设立的政府性基金，由国务院或者省级人民政府及其财政、价格主管部门批准设立的行政事业性收费；

② 收取时开具省级以上财政部门印制的财政票据；

③ 所收款项全额上缴财政。

（5）销售货物的同时代办保险等而向购买方收取的保险费，以及向购买方收取的代购买方缴纳的车辆购置税、车辆牌照费。

（6）单位或者个体工商户聘用的员工为本单位或者雇主提供取得工资的服务。

（7）单位或者个体工商户为聘用的员工提供服务。

（8）财政部和国家税务总局规定的其他情形。

值得注意的是，对增值税一般纳税人（包括纳税人自己或代其他部门）向购买方收取的价外费用和逾期包装物押金（后文详细阐述），应视为含税收入，在征税时换算成不含税收入再并入销售额。按现行会计制度的规定，这些价外费用一般都不在企业的“主营业务收入”科目中核算，而在“其他应付款”“其他业务收入”及“营业外收入”等科目中核算。因此，如不规定对其并入应税销售额核算，就容易造成纳税人以各种名目收费和各种手段侵蚀应税销售额，从而导致国家税款的流失。

（二）确定销售额的几种特殊情况

在企业的销售活动中，为了达到促销的目的，企业往往采用多种销售方式。在不同销售方式下，销售者取得的销售额会有所不同，对不同销售方式如何确定其应税销售额，税法必须予以明确。由此，税法对以下几种销售方式分别做了规定。

1. 采取折扣方式销售货物

纳税人销售过程中的折扣分为三种，即折扣销售、销售折扣和销售折让。

（1）折扣销售，也称价格折扣或商业折扣。它是销货方为鼓励购货方购买更多数量而给予的价格优惠，即购买数量越多，价格越低。折扣销售一般都从销售价格中直接扣算，即购买方的价款和销售方所收的货款，都是按打折以后的售价来计算的。在大多数情况下，销售额和折扣额是需要在同一张发票上注明的。但纳税人销售货物并向购买方开具增值税专用发票后，由于购货方在一定时期内累计购买货物达到一定的数量，或者由于市场价格下降等原因，销货方给予购货方相应的价格优惠或补偿等折扣、折让行为，销货方也可按现行有关规定开具红字增值税专用发票。折扣销售仅限于货物价格的折扣，如果销货方将自产、委托加工和购买的货物用于实物折扣，则该实物的款额或折合的价值量不能从货物销售额中减除，且该实物应按“视同销售货物”中的“赠送他人”计算征收增值税。

（2）销售折扣，也称现金折扣。它是销货方为鼓励购买方在一定期限内早日偿还货款，而给予购买方的一种债务扣除。如某企业销售一批商品，付款条件为：2/10，1/20，n/30。这表示如果购买方在 10 日内付款，货款折扣 2%；20 日内付款，货款折扣 1%；30 日内付款，要全额支付。销售折扣发生在销货之后，是一种融资性质的理财费用。因此，税法规定现金折扣不得从销售额中扣除。

（3）销售折让。销售折让是指货物销售后，由于其品种、质量等原因购货方未退货，但销货方需给予购货方的一种价格折让。销售折让与销售折扣相比较，虽然都是在货物销售后发生的，但因为销售折让是由于货物的品种和质量引起销售额的减少，因此，对销售折让可以以折让后的货款为销售额。

2. 采取以旧换新方式销售货物

以旧换新是指纳税人在销售自己的货物时，折价收回同类旧货物，并以折价款部分冲减货物价款的一种销售方式。鉴于销售货物和收购货物是两种不同的业务活动，销售额和收购额不能相互抵减。我国税法规定，采取以旧换新方式销售货物的（金银首饰除外），应按新货物的同期销售价格确定销售额，不得扣减旧货物的收购价格。考虑到金银首饰以旧换新业务的特殊情况，对金银首饰以旧换新业务，可以按销售方实际收取的不含增值税的全部价款征收增值税。

3. 采取还本销售方式销售货物

还本销售是指纳税人在销售货物后，按约定时间，一次或分次将购货款部分或全部退还给购货方，退还的货款即为还本支出。这种方式实际上是以提供货物而取得还本不付息的资金的一种融资行为。税法规定，纳税人采取还本销售方式销售货物的，其销售额就是货物的销售价格，不得从销售额中减除还本支出。

4. 采取以物易物方式销售货物

以物易物是指在货物所有权转让过程中，交易双方不是以货币结算，而是以同等价款的货物相互结算。尽管以物易物销售方式不直接涉及货币收支活动，但其实质上仍是一种购销行为。因此，从税务处理角度看，以物易物双方都应做购销处理，即以各自发出的货物核算销售额并计算销项税额，以各自收到的货物核算购货额并计算进项税额。以物易物活动中，双方应分别开具合法的票据，如收到的货物不能取得相应的增值税专用发票和其他合法票据的，一律不得抵扣进项税额。

5. 包装物押金的处理

包装物是指纳税人包装本单位货物的各种物品。纳税人销售货物时另收取包装物押金，目的是促使购货方及时退还包装物以便循环使用。因此，对销货单位收取的包装物押金不应看作一种收入，而只能作为一项短期负债。

根据税法的规定，纳税人为销售货物而出租出借包装物收取的押金，单独记账核算的，时间在1年以内，又未过期的，不并入销售额征税。但对因逾期未收回包装物不再退还的押金，应按所包装货物的适用税率计算销项税额。其中，逾期是指按合同约定实际逾期或以1年为期限，对收取1年以上的押金，无论是否退还均并入销售额征税。对销售除啤酒、黄酒外的其他酒类产品而收取的包装物押金，无论是否返还以及会计上如何核算，均应并入当期销售额征税。对销售啤酒、黄酒所收取的押金，按上述一般押金的规定处理。

6. 直销企业的税务处理

直销企业先将货物销售给直销员，直销员再将货物销售给消费者的，直销企业的销售额为其向直销员收取的全部价款和价外费用。直销员将货物销售给消费者时，应按照现行规定缴纳增值税。直销企业通过直销员向消费者销售货物，直接向消费者收取货款，直销企业的销售额为其向消费者收取的全部价款和价外费用。

7. 对视同销售货物和应税行为销售额的确定

在视同销售行为中，由于某些行为不是以资金的形式反映出来的，会出现无销售额的现象。另外，在纳税人销售货物或者提供应税行为活动中，有时会出现其价格明显偏低或者偏高且不具有合理商业目的的情况。在这种情况下，税务机关应按下列顺序及方法确定其销售额：

（1）按纳税人当月同类货物或者应税行为的平均销售价格确定。

（2）按纳税人最近时期同类货物或者应税行为的平均销售价格确定。

（3）按组成计税价格确定。组成计税价格的公式为：

$$组成计税价格=成本\times(1+成本利润率)$$

属于应征消费税的货物，其组成计税价格中应加计消费税税额。公式为：

$$组成计税价格=成本\times(1+成本利润率)+消费税税额$$

或：

$$组成计税价格=成本\times(1+成本利润率)\div(1-消费税税率)$$

或：

$$组成计税价格=[成本\times(1+成本利润率)+课税数量\times消费税定额税率]\div(1-消费税税率)$$

公式中的“成本”，对于销售自产货物的为实际生产成本，对于销售外购货物的为实际采购成本。公式中的“成本利润率”由国家税务总局统一确定，但属于应按从价定率征收消费税的货物，其成本利润率为消费税有关法规中确定的成本利润率。不具有合理的商业目的，是指以谋取税收利益为主要目的，通过人为安排，减少、免除、推迟缴纳增值税税款，或者增加退还增值税税款。

（三）含税销售额的换算

增值税属于价外税，纳税人在销售货物开具发票时，应将销售额和增值税税额分项记录。作为增值税税基的只是增值税专用发票上单独列明的不含增值税税款的销售额。但是，有些一般纳税人，如商品零售企业或其他企业将货物或应税劳务出售给消费者、使用单位或小规模纳税人，只能开具普通发票。由于普通发票上价款和税款不能分别注明，这样，一部分纳税人在销售货物或应税劳务时，就会采用将销售额与增值税税额合并定价的方法，因而出现了含税销售额。在计算应纳税额时，需要将含税销售额换算成不含税销售额。

一般纳税人销售货物或应税劳务采用销售额和销项税额合并定价方法的，其不含税销售额的计算公式如下：

不含税销售额＝含税销售额÷（1+增值税税率）

需要指出的是，对于一般纳税人从事的销售活动，没有上述特定情况或者特殊指明，一般意义上的“销售额”应理解为“不含税销售额”。

（四）纳税人兼营免税、减税项目的销售额确定

纳税人兼营免税、减税项目的，应当分别核算免税、减税项目的销售额；未分别核算销售额的，不得免税、减税。

（五）外币结算销售额的确定

纳税人按照人民币以外的货币结算销售额的，应当折合成人民币计算，折合率可以选择销售额发生的当天或者当月1日的人民币汇率中间价。纳税人应当在事先确定采用何种折合率，确定后12个月内不得变更。

（六）服务业、不动产和无形资产有关销售额事项的确定

（1）贷款服务，以提供贷款服务取得的全部利息及利息性质的收入为销售额。

（2）直接收费金融服务，以提供直接收费金融服务收取的手续费、佣金、酬金、管理费、服务费、经手费、开户费、过户费、结算费、转托管费等各类费用为销售额。

（3）金融商品转让，卖出价扣除买入价后的余额为销售额。

转让金融商品出现的正负差，盈亏相抵后的余额为销售额。若相抵后出现负差，可结转下一纳税期与下期转让金融商品销售额相抵，但年末时仍出现负差的，不得转入下一个会计年度。金融商品的买入价，可以选择按照加权平均法或者移动加权平均法进行核算，选择后36个月内不得变更。金融商品转让，不得开具增值税专用发票。

（4）经纪代理服务，以取得的全部价款和价外费用，扣除向委托方收取并代为支付的政府性基金或者行政事业性收费后的余额为销售额。向委托方收取的政府性基金或者行政事业性收费，不得开具增值税专用发票。

（5）融资租赁和融资性售后回租业务。

① 经中国人民银行、银监会或者商务部批准从事融资租赁业务的纳税人，提供融资租赁服务，以取得的全部价款和价外费用，扣除支付的借款利息（包括外汇借款和人民币借款利息）、发行债券利息和车辆购置税后的余额为销售额。

② 经中国人民银行、银监会[①]或者商务部批准从事融资租赁业务的纳税人，提供融资性售后回租服务，以取得的全部价款和价外费用（不含本金）扣除对外支付的借款利息（包括外汇借款和人民币借款利息）、发行债券利息后的余额作为销售额。

③ 纳税人根据2016年4月30日前签订的有形动产融资性售后回租合同，在合同到期前提供的有形动产融资性售后回租服务，可继续按照有形动产融资租赁服务缴纳增值税。

---

① 经2018年国务院机构改革，银监会（中国银行业监督管理委员会的简称）改革合并为中国银行保险监督管理委员会，简称银保监会。

（6）航空运输企业的销售额，不包括代收的机场建设费和代售其他航空运输企业客票而代收转付的价款。

（7）纳税人中的一般纳税人（以下称一般纳税人）提供客运场站服务，以其取得的全部价款和价外费用扣除支付给承运方运费后的余额为销售额。

（8）纳税人提供旅游服务，可以选择以取得的全部价款和价外费用，扣除向旅游服务购买方收取并支付给其他单位或者个人的住宿费、餐饮费、交通费、签证费、门票费和支付给其他接团旅游企业的旅游费用后的余额为销售额。

选择上述办法计算销售额的纳税人，向旅游服务购买方收取并支付的上述费用，不得开具增值税专用发票，可以开具普通发票。

（9）纳税人提供建筑服务适用简易计税方法的，以取得的全部价款和价外费用扣除支付的分包款后的余额为销售额。

（10）一般纳税人跨县（市）提供建筑服务，适用一般计税方法计税的，应以取得的全部价款和价外费用为销售额计算应纳税额。纳税人应以取得的全部价款和价外费用扣除支付的分包款后的余额，按照2%的预征率在建筑服务发生地预缴税款后，向机构所在地主管税务机关进行纳税申报。

（11）房地产开发企业中的一般纳税人销售其开发的房地产项目（选择简易计税方法的房地产老项目除外），以取得的全部价款和价外费用扣除受让土地时向政府部门支付的土地价款后的余额为销售额。

（12）纳税人按照上述（4）~（6）项的规定从全部价款和价外费用中扣除的价款，应当取得符合法律、行政法规和国家税务总局规定的有效凭证。否则，不得扣除。

上述凭证是指：

① 支付给境内单位或者个人的款项，以发票为合法有效凭证。

② 支付给境外单位或者个人的款项，以该单位或者个人的签收单据为合法有效凭证，税务机关对签收单据有疑义的，可以要求其提供境外公证机构的确认证明。

③ 缴纳的税款，以完税凭证为合法有效凭证。

④ 扣除的政府性基金、行政事业性收费或者向政府支付的土地价款，以省级以上（含省级）财政部门监（印）制的财政票据为合法有效凭证。

⑤ 国家税务总局规定的其他凭证。

纳税人取得的上述凭证属于增值税扣税凭证的，其进项税额不得从销项税额中抵扣。

二、一般计税方法销项税额的确定

视频讲解：增值税一般纳税人“销项税额与进项税额”如何确定

销项税额是指纳税人销售货物或者应税劳务，按照销售额或应税劳务收入和适用的税率计算并向购买方收取的增值税税额。这个概念有两层含义：第一，销项税额是计算出来的，对销货方来说，在没有依法抵扣其进项税额前，销项税额不是其应纳增值税税额，而是销售货物或应税劳务的整体税负；第二，销项税额是向购买方收取的。其计算公式为：

$$销项税额=销售额\times增值税税率$$

需要强调的是，由于增值税是价外税，因此，上述公式中的销售额必须是不含销项税额的销售额，销项税额应在增值税专用发票的“税额”中单独填写。

三、一般计税方法进项税额的确定

进项税额是指纳税人购进货物、加工修理修配劳务、服务、无形资产或者不动产，支付或者负担的增值税税额。这个概念有两层含义：第一，增值税税额是销售方通过价外收取的，因此，进项税额实际上是购货方支付给销售方的税额；第二，进项税额是发票上注明的，不是计算的，但是购进免税农产品等情况除外。

进项税额是与销项税额相对应的一个概念，两者之间的对应关系是：销售方收取的销项税额，就是购货方支付的进项税额。增值税一般纳税人以其收取的销项税额抵扣支付的进项税额后的余额，就是实际缴纳的增值税税额。这样，纳税人支付的进项税额能否抵扣以及抵扣多少，直接关系到纳税人的税收负担以及国家的税收收入。因此，正确审定进项税额，严格按照税法规定进行进项税额抵扣，是保证增值税制贯彻实施和国家财政收入的重要环节。准予抵扣进项税额的只限增值税一般纳税人，增值税小规模纳税人在计算应纳增值税时不得抵扣进项税额。

（一）准予抵扣的进项税额

下列进项税额准予从销项税额中抵扣：

（1）从销售方取得的增值税专用发票（含税控机动车销售统一发票，下同）上注明的增值税税额。

（2）从海关取得的海关进口增值税专用缴款书上注明的增值税税额。纳税人进口货物，凡已缴纳了进口环节增值税的，不论其是否已经支付货款，其取得的海关完税凭证均可作为增值税进项税额抵扣凭证。

（3）购进农产品，除取得增值税专用发票或者海关进口增值税专用缴款书外，按照农产品收购发票或者销售发票上注明的农产品买价和9%的扣除率计算的进项税额。纳税人购进用于生产或者委托加工13%税率货物的农产品，按照10%的扣除率计算进项税额。计算公式为：

$$进项税额=买价\times扣除率$$

买价，是指纳税人购进农产品在农产品收购发票或者销售发票上注明的价款和按照规定缴纳的烟叶税。

购进农产品，按照《农产品增值税进项税额核定扣除试点实施办法》抵扣进项税额的除外。

（4）从境外单位或者个人购进劳务、服务、无形资产或者不动产，自税务机关或者扣缴义务人取得的解缴税款的完税凭证上注明的增值税税额。

（5）纳税人购进国内旅客运输服务，其进项税额允许从销项税额中抵扣。纳税人未取得增值税专用发票的，暂按照以下规定确定进项税额：

① 取得增值税电子普通发票的，为发票上注明的税额。

② 取得注明旅客身份信息的航空运输电子客票行程单的，按照下列公式计算进项税额：

$$航空旅客运输进项税额=(票价+燃油附加费)\div(1+9\%)\times9\%$$

③ 取得注明旅客身份信息的铁路车票的，按照下列公式计算进项税额：

$$铁路旅客运输进项税额=票面金额\div(1+9\%)\times9\%$$

④ 取得注明旅客身份信息的公路、水路等其他客票的，按照下列公式计算进项税额：

$$公路、水路等其他旅客运输进项税额=票面金额\div(1+3\%)\times3\%$$

(6) 增值税一般纳税人在资产重组过程中，将全部资产、负债和劳动力一并转让给其他增值税一般纳税人，并按程序办理注销税务登记的，其在办理注销登记前尚未抵扣的进项税额可结转至新纳税人处继续抵扣。

(7) 纳税人注销税务登记时，其尚未抵扣完毕的待抵扣进项税额于注销清算的当期从销项税额中抵扣。

上述规定说明，纳税人在进行增值税账务处理时，每抵扣一笔进项税额，就要有一份记录该进项税额的法定扣税凭证与之相对应；没有从销售方或海关取得注明增值税税额的法定扣税凭证，就不能抵扣进项税额。

纳税人取得的增值税扣税凭证不符合规定的，其进项税额不得从销项税额中抵扣。增值税扣税凭证，是指增值税专用发票、海关进口增值税专用缴款书、农产品收购发票、农产品销售发票和完税凭证。纳税人凭完税凭证抵扣进项税额的，应当具备书面合同、付款证明和境外单位的对账单或者发票。资料不全的，其进项税额不得从销项税额中抵扣。

(二) 不得抵扣的进项税额

(1) 下列项目的进项税额不得从销项税额中抵扣：

① 用于简易计税方法计税项目、免征增值税项目、集体福利或者个人消费的购进货物、加工修理修配劳务、服务、无形资产和不动产。其中涉及的固定资产、无形资产、不动产，仅指专用于上述项目的固定资产、无形资产(不包括其他权益性无形资产)、不动产。

纳税人的交际应酬消费属于个人消费。

② 非正常损失的购进货物，以及相关的加工、修理修配劳务和交通运输服务。

③ 非正常损失的在产品、产成品所耗用的购进货物(不包括固定资产)，加工、修理修配劳务和交通运输服务。

④ 非正常损失的不动产，以及该不动产所耗用的购进货物、设计服务和建筑服务。

⑤ 非正常损失的不动产在建工程所耗用的购进货物、设计服务和建筑服务。

纳税人新建、改建、扩建、修缮、装饰不动产，均属于不动产在建工程。

⑥ 购进的贷款服务、餐饮服务、居民日常服务和娱乐服务。

⑦ 财政部和国家税务总局规定的其他情形。

本条第④项、第⑤项所称货物，是指构成不动产实体的材料和设备，包括建筑装饰材料和给排水、采暖、卫生、通风、照明、通信、煤气、消防、中央空调、电梯、电气、智能化楼宇设备及配套设施。

不动产、无形资产的具体范围，按照税法的规定执行。

固定资产，是指使用期限超过 12 个月的机器、机械、运输工具以及其他与生产经营有关的设备、工具、器具等有形动产。

非正常损失，是指因管理不善造成货物被盗、丢失、霉烂变质，以及因违反法律法规造成货物或者不动产被依法没收、销毁、拆除的情形。

(2) 已抵扣进项税额的购进货物(不含固定资产)、劳务、服务，发生上述第(1)条规定情形(简易计税方法计税项目、免征增值税项目除外)的，应当将该进项税额从当期进项税额中扣减；无法确定该进项税额的，按照当期实际成本计算应扣减的进项税额。

(3) 已抵扣进项税额的固定资产、无形资产或者不动产，发生上述第(1)条规定情形的，按照下列公式计算不得抵扣的进项税额：

不得抵扣的进项税额＝固定资产、无形资产或者不动产净值×适用税率

固定资产、无形资产或者不动产净值，是指纳税人根据财务会计制度计提折旧或摊销后的余额。

（三）加计扣除进项税额

自 2019 年 4 月 1 日至 2021 年 12 月 31 日，允许生产、生活性服务业纳税人按照当期可抵扣进项税额加计 10%，抵减应纳税额。自 2019 年 10 月 1 日至 2021 年 12 月 31 日，允许生活性服务业纳税人按照当期可抵扣进项税额加计 15%，抵减应纳税额。抵减比例相比 4 月 1 日开始执行的 10%有所提高。

（1）生产、生活性服务业纳税人，是指提供邮政服务、电信服务、现代服务、生活服务取得的销售额占全部销售额的比重超过 50%的纳税人。

2019 年 3 月 31 日前设立的纳税人，自 2018 年 4 月至 2019 年 3 月期间的销售额（经营期不满 12 个月的，按照实际经营期的销售额）符合上述规定条件的，自 2019 年 4 月 1 日起适用加计抵减政策。

2019 年 4 月 1 日后设立的纳税人，自设立之日起 3 个月的销售额符合上述规定条件的，自登记为一般纳税人之日起适用加计抵减政策。

纳税人确定适用加计抵减政策后，当年内不再调整，以后年度是否适用，根据上年度销售额计算确定。

纳税人可计提但未计提的加计抵减额，可在确定适用加计抵减政策当期一并计提。

（2）纳税人应按照当期可抵扣进项税额的 10%计提当期加计抵减额。按照现行规定不得从销项税额中抵扣的进项税额，不得计提加计抵减额；已计提加计抵减额的进项税额，按规定做进项税额转出的，应在进项税额转出当期，相应调减加计抵减额。计算公式如下：

当期计提加计抵减额＝当期可抵扣进项税额×10%

当期可抵减加计抵减额＝上期末加计抵减额余额＋当期计提加计抵减额－当期调减加计抵减额

（3）纳税人应按照现行规定计算一般计税方法下的应纳税额后，区分以下情形加计抵减：

① 抵减前的应纳税额等于零的，当期可抵减加计抵减额全部结转下期抵减。

② 抵减前的应纳税额大于零，且大于当期可抵减加计抵减额的，当期可抵减加计抵减额全额从抵减前的应纳税额中抵减。

③ 抵减前的应纳税额小于零，且小于或等于当期可抵减加计抵减额的，以当期可抵减加计抵减额抵减应纳税额至零。未抵减完的当期可抵减加计抵减额，结转下期继续抵减。

（4）纳税人出口货物劳务、发生跨境应税行为不适用加计抵减政策，其对应的进项税额不得计提加计抵减额。纳税人兼营出口货物劳务、发生跨境应税行为且无法划分不得计提加计抵减额的进项税额，按照以下公式计算：

不得计提加计抵减额的进项税额＝当期无法划分的全部进项税额×当期出口货物劳务和发生跨境应税行为的销售额÷当期全部销售额

（5）纳税人应单独核算加计抵减额的计提、抵减、调减、结余等变动情况。骗取适用加计抵减政策或虚增加计抵减额的，按照《中华人民共和国税收征收管理法》等有关规定处理。

（6）加计抵减政策执行到期后，纳税人不再计提加计抵减额，结余的加计抵减额停止抵减。

（四）纳税人兼营简易计税方法计税项目、免征增值税的进项税额处理

适用一般计税方法的纳税人，兼营简易计税方法计税项目、免征增值税项目而无法划分不得抵扣的进项税额，按照下列公式计算不得抵扣的进项税额：

不得抵扣的进项税额＝当期无法划分的全部进项税额×（当期简易计税方法计税项目销售额＋免征增值税项目销售额）÷当期全部销售额

主管税务机关可以按照上述公式依据年度数据对不得抵扣的进项税额进行清算。

（五）销售折让、中止或者退回的处理

纳税人适用一般计税方法计税的，因销售折让、中止或者退回而退还给购买方的增值税税额，应当从当期的销项税额中扣减；因销售折让、中止或者退回而收回的增值税税额，应当从当期的进项税额中扣减。

（六）不得抵扣进项税额其他情形的处理

有下列情形之一者，应当按照销售额和增值税税率计算应纳税额，不得抵扣进项税额，也不得使用增值税专用发票：① 一般纳税人会计核算不健全，或者不能够提供准确税务资料的。② 应当办理一般纳税人资格登记而未办理的。

（七）全面“营改增”后进项税额的规定

（1）按照“营改增”试点规定不得抵扣且未抵扣进项税额的固定资产、无形资产、不动产，发生用途改变，用于允许抵扣进项税额的应税项目，可在用途改变的次月按照下列公式计算可以抵扣的进项税额：

可以抵扣的进项税额＝固定资产、无形资产、不动产净值/（1＋适用税率）×适用税率

上述可以抵扣的进项税额应取得合法有效的增值税扣税凭证。

（2）纳税人接受贷款服务向贷款方支付的与该笔贷款直接相关的投融资顾问费、手续费、咨询费等费用，其进项税额不得从销项税额中抵扣。

（3）原增值税一般纳税人自用的应征消费税的摩托车、汽车、游艇，其进项税额准予从销项税额中抵扣。

（4）原增值税一般纳税人从境外单位或者个人购进服务、无形资产或者不动产，按照规定应当扣缴增值税的，准予从销项税额中抵扣的进项税额为自税务机关或者扣缴义务人取得的解缴税款的完税凭证上注明的增值税税额。

纳税人凭完税凭证抵扣进项税额的，应当具备书面合同、付款证明和境外单位的对账单或者发票。资料不全的，其进项税额不得从销项税额中抵扣。

（5）原增值税一般纳税人购进货物或者接受加工、修理修配劳务，用于《销售服务、无形资产或者不动产注释》所列项目的，不属于《增值税暂行条例》第 10 条所称的用于免征增值税项目，其进项税额准予从销项税额中抵扣。

（6）原增值税一般纳税人购进服务、无形资产或者不动产，下列项目的进项税额不得从销项税额中抵扣：

① 用于简易计税方法计税项目、免征增值税项目、集体福利或者个人消费。其中涉及的无形资产、不动产，仅指专用于上述项目的无形资产（不包括其他权益性无形资产）、不动产。

纳税人的交际应酬消费属于个人消费。

② 非正常损失的购进货物，以及相关的加工、修理修配劳务和交通运输服务。

③ 非正常损失的在产品、产成品所耗用的购进货物（不包括固定资产），加工、修理修配劳务和交通运输服务。

④ 非正常损失的不动产，以及该不动产所耗用的购进货物、设计服务和建筑服务。

⑤ 非正常损失的不动产在建工程所耗用的购进货物、设计服务和建筑服务。纳税人新建、改建、扩建、修缮、装饰不动产，均属于不动产在建工程。

⑥ 购进的旅客运输服务、贷款服务、餐饮服务、居民日常服务和娱乐服务。

⑦ 财政部和国家税务总局规定的其他情形。

上述第④点、第⑤点所称货物，是指构成不动产实体的材料和设备，包括建筑装饰材料和给排水、采暖、卫生、通风、照明、通信、煤气、消防、中央空调、电梯、电气、智能化楼宇设备及配套设施。

纳税人接受贷款服务向贷款方支付的与该笔贷款直接相关的投融资顾问费、手续费、咨询费等费用，其进项税额不得从销项税额中抵扣。

（7）已抵扣进项税额的购进服务，发生上述第（4）点规定情形（简易计税方法计税项目、免征增值税项目除外）的，应当将该进项税额从当期进项税额中扣减；无法确定该进项税额的，按照当期实际成本计算应扣减的进项税额。

（8）已抵扣进项税额的无形资产或者不动产，发生上述第（4）点规定情形的，按照下列公式计算不得抵扣的进项税额：

不得抵扣的进项税额 = 无形资产或者不动产净值×适用税率

（9）按照税法规定不得抵扣且未抵扣进项税额的固定资产、无形资产、不动产，发生用途改变，用于允许抵扣进项税额的应税项目，可在用途改变的次月按照下列公式，依据合法有效的增值税扣税凭证，计算可以抵扣的进项税额：

可以抵扣的进项税额 = 固定资产、无形资产、不动产净值÷（1+适用税率）×适用税率

上述可以抵扣的进项税额应取得合法有效的增值税扣税凭证。

四、一般计税方法应纳税额的计算

一般计税方法的应纳税额，是指当期销项税额抵扣当期进项税额后的余额。应纳税额的计算公式为：

应纳税额 = 当期销项税额 - 当期进项税额

当期销项税额小于当期进项税额不足抵扣时，其不足部分可以结转下期继续抵扣。

视频讲解：一般纳税人增值税应纳税额的计算

（一）计算应纳税额的时间限定

这里“当期”是一个重要的时间限定，具体是指税务机关依照税法规定，对纳税人确定的纳税期限（一般为一个月），也就是说只有在纳税期限内实际发生的销项税额或进项税额，才是法定的当期销项税额和当期进项税额。对当期销项税额的时间限定税法中又通过纳税义务发生时间的确定来加以明确。同时，税法对计入当期进项税额的时间也加以严格限定。

日常经济活动中，纳税人为了迟交税或当期少交税，往往隐瞒当期实现的销售行为少计销售额或滞后记账，或者把当期不该抵扣的进项税额提前抵扣掉，这些做法都是违法的。特别是进项

税额提前抵扣的情况经常发生。按税法的规定，当期不得抵扣的进项税额如果提前抵扣，应按偷税论处。税务机关一经查出，则应将其从当期进项税额中剔除，并在该进项发票上注明，以后不论其货物是否到达或验收入库以及支付款项，均不得计入进项税额申报抵扣。

（二）扣减发生期进项税额的规定

由于增值税实行以当期销项税额抵扣当期进项税额的“购进扣税法”，当期购进的货物、劳务、服务、无形资产、不动产，如果事先并未确定将用于不得抵扣进项税额项目，其进项税额会在当期销项税额中予以抵扣。但已抵扣进项税额的购进的货物、劳务、服务、无形资产、不动产，如果事后改变用途，即用于简易计税方法计税项目、非应税项目、用于免税项目、用于集体福利或者个人消费、购进货物发生非正常损失、在产品或产成品发生非正常损失，应将该项购进的货物、劳务、服务、无形资产、不动产的进项税额从当期发生的进项税额中扣减，无法准确确定该项进项税额的按当期实际成本计算应扣减的进项税额。

所称“从当期发生的进项税额中扣减”，是指已抵扣进项税额的购进的货物、劳务、服务、无形资产、不动产是在哪一个时期发生上述情况的，就从这个发生期内纳税人的进项税额中抵减，而无须追溯到这些购进货物或者应税劳务和应税服务抵扣进项税额的那个时期。另外，对无法准确确定该项进项税额的，“按当期实际成本计算应扣减的进项税额”是指其扣减进项税额的计算依据不是按该货物、劳务、服务、无形资产、不动产的购进原价，而是发生上述情况的当期该货物、劳务、服务、无形资产、不动产的实际成本。即：

实际成本=进价+运费+保险费+其他有关费用

应扣减进项税额=实际成本×征税时该货物、劳务、服务、无形资产、不动产适用的税率

一般纳税人兼营免税项目或者非增值税应税劳务而无法划分不得抵扣的进项税额的，按下列公式计算不得抵扣的进项税额：

不得抵扣的进项税额=当月无法划分的全部进项税额×当月免税项目销售额、非增值税应税劳务营业额合计/当月全部销售额、营业额合计

（三）销售退回或折让的处理

在购销活动中，销售退回或销售折让的情况时有发生。税法规定，一般纳税人因销售退回或折让而退还给购买方的增值税税额，应从发生销售退回或折让当期的销项税额中扣减；因销售退回或折让而收回的增值税税额，应从发生销售退回或折让当期的进项税额中扣减。一般纳税人发生应税行为，开具增值税专用发票后，发生销售退回或者折让、开票有误等情形，应按国家税务总局的规定开具红字增值税专用发票。未按规定开具红字增值税专用发票的不得扣减销项税额或者销售额。

企业在发生销售退回或折让并收回价款和增值税税额时，如果没有相应减少当期进项税额，就会造成进项税额虚增，从而减少纳税，这将会被认定是偷税行为。税务机关将对此进行调整，并按偷税予以处罚。

（四）取得销货方返还利润的处理

凡增值税一般纳税人，因购买货物而从销售方取得的各种形式的返还资金（与总机构统一核算的分支机构从总机构取得的工资、电话费、租金等资金除外），均应依所购货物的增值税税率计算应冲减的进项税金，并从其取得返还资金当期的进项税金中予以冲减。应冲减的进项税金计算公式如下：

当期应冲减的进项税金=当期取得的返还资金×所购货物适用增值税税率

这里“当期取得的返还资金”应该换算成不含税收入,并计算应冲减的进项税金,而不能用当期取得的返还资金直接乘以适用税率。商业企业向供货方收取的各种返还收入,一律不得开具增值税专用发票。

(五)一般纳税人注销时进项税额的处理

一般纳税人注销或取消辅导期一般纳税人资格,转为小规模纳税人时,其存货不作进项税额转出处理,其留抵税额也不予以退税。

(六)计算应纳税额时进项税额不足抵扣的处理

由于增值税采用购进扣税法,有时企业当期购进的货物价款较多,而同期销售额却较少,纳税人在计算应纳税额时就难免会出现当期销项税额小于当期进项税额,从而导致当期进项税额不足抵扣的情况,当期销项税额小于当期进项税额不足抵扣的,其不足部分可以结转下期继续抵扣(形成本期留抵税额)。在这种情况下,下期增值税应纳税额的计算公式为:

应纳税额=(当期销项税额-当期进项税额)-上期留抵税额

原增值税一般纳税人兼有销售服务、无形资产或者不动产的,截止到纳入“营改增”试点之日(2016年5月1日)前的增值税期末留抵税额,不得从销售服务、无形资产或者不动产的销项税额中抵扣。

【例3-1】 某纺织厂为一般纳税人,主要生产棉纱、棉型涤纶布、棉坯布和印染布。2021年5月发生的外购项目有如下9笔:

(1)外购棉花,取得增值税专用发票,价款150 000元,增值税税额19 500元。

(2)从农业生产者手中购进棉花,价款50 000元。

(3)外购染料,取得增值税专用发票,价款40 000元,增值税税额5 200元。

(4)外购低值易耗品,取得增值税专用发票,价款5 000元,增值税税额650元。

(5)从一般纳税人企业购进修理用备件,价款6 000元,对方开具普通发票一张。

(6)外购煤炭,取得增值税专用发票,价款10 000元,增值税税额1 300元。

(7)外购气流纺纱机一台,取得增值税专用发票,价款60 000元,增值税税额7 800元。

(8)外购电力104千瓦时,取得增值税专用发票,价款30 000元,增值税税额3 900元。

(9)外购生产用水15 800吨,取得增值税专用发票,注明增值税税额780元。

该厂本月份销售货物有如下4笔:

(1)销售印染布80 000米,其中售给一般纳税人60 000米,增值税专用发票注明销售额210 000元;售给小规模纳税人20 000米,价税合计81 900元。

(2)销售棉坯布130 000米,增值税开具增值税专用发票,注明销售额260 000元。

(3)销售棉型涤纶布100 000米,专用发票注明销售额320 000元。

(4)销售各类棉纱,其中售给一般纳税人的,增值税专用发票注明销售额210 000元;售给小规模纳税人的,价税合计70 200元。

要求:根据上述资料,计算该厂本月份应纳增值税。

(备注:本题所涉及的增值税专用发票均为防伪税控系统开具,且取得的增值税发票都已在当期通过税务机关的认证。)

解:第一步,销项税额的计算。

(1) 销售给一般纳税人的货物收入:印染布 210 000 元,棉坯布 260 000 元,棉型涤纶布 320 000 元,各类棉纱 210 000 元。

$$销售额 = 210\ 000+260\ 000+320\ 000+210\ 000 = 1\ 000\ 000(元)$$

$$销项税额 = 1\ 000\ 000\times13\% = 130\ 000(元)$$

(2) 销售给小规模纳税人的货物收入:印染布 81 900 元,各类棉纱 70 200 元,共计 152 100 元。

由于小规模纳税人的货物收入是价税合并收取的,因此需要先算出不含税销售额。

确定销售额的公式为:销售额 = 含税销售额/(1+增值税税率)

$$销售额 = 152\ 100/(1+13\%) = 134\ 601.77(元)$$

$$销项税额 = 134\ 601.77\times13\% = 17\ 498.23(元)$$

$$本月销项税额合计 = 134\ 601.77+17\ 498.23 = 152\ 100(元)$$

第二步,进项税额的计算。

(1) 外购货物专用发票上注明有进项税额的:外购棉花 19 500 元,外购染料 5 200 元,外购低值易耗品 650 元,外购煤炭 1 300 元,外购电力 3 900 元,外购水 780 元,共计 31 330 元。

(2) 外购农业产品按 10% 的税率计算进项税额:该厂本月从农业生产者手中购进棉花 50 000 元。

$$进项税额 = 50\ 000\times10\% = 5\ 000(元)$$

(3) 该厂本月从一般纳税人企业购进的修理用备件因没有取得增值税专用发票,其进项税额不得抵扣。

(4) 该厂本月购进的气流纺纱机,属于购进的固定资产,其进项税额允许抵扣。

(5) 本月进项税额合计 = 31 330+5 000+7 800 = 44 130(元)

第三步,应纳税税额的计算。

企业应纳增值税税额的计算,是用当期的销项税额减去当期的进项税额,该厂本月的应纳增值税为:

$$应纳税额 = 152\ 100-44\ 130 = 107\ 970(元)$$

【例 3-2】 某企业为增值税一般纳税人,能准确核算不同税率的应税服务。该纳税人 2021 年 5 月发生如下业务:

(1) 提供有形动产租赁服务收取服务费 234 000 元(未开票)。

(2) 提供货物运输服务已开具货物运输业增值税专用发票不含税金额 30 000 元。

(3) 提供咨询服务收取服务费开具普通发票 80 600 元。

(4) 销售自己使用过的固定资产开具普通发票 100 000 元;购买企业自用汽车取得机动车销售统一发票注明价税合计金额 150 000 元,并已通过认证。

(5) 购买一批固定资产取得增值税专用发票注明的税款 4 000 元,已通过认证;购买办公用品取得普通发票 20 000 元。

请问该户纳税人本月应缴纳增值税多少元?

解:(1) 销项税额 = 234 000/(1+13%)×13%+30 000×9%+80 600/(1+6%)×6%+100 000/(1+13%)×13% = 45 687.04(元)。

(2) 进项税额 = 150 000/(1+13%)×13%+4 000 = 21 256.64(元)。

（3）应纳税额＝45 687.04－21 256.64＝24 430.4（元）。

五、简易计税方法应纳税额的计算

（一）简易计税方法应纳税额的计算公式

（1）简易计税方法的应纳税额，是指按照销售额和增值税征收率计算的增值税税额，不得抵扣进项税额。小规模纳税人销售货物或者应税劳务，按照销售额和3%的征收率计算应纳税额，并不得抵扣进项税额。应纳税额计算公式为：

应纳税额＝销售额×征收率

视频讲解：小规模纳税人应纳税额的计算及进口货物应纳税额的计算

（2）简易计税方法的销售额不包括其应纳税额，纳税人采用销售额和应纳税额合并定价方法的，按照下列公式计算销售额：

销售额＝含税销售额÷（1+征收率）

（3）纳税人适用简易计税方法计税的，因销售折让、中止或者退回而退还给购买方的销售额，应当从当期销售额中扣减。扣减当期销售额后仍有余额造成多缴的税款，可以从以后的应纳税额中扣减。应纳税额的计算公式为：

应纳税额＝销售额×征收率

式中：销售额是不含增值税的价格，如果有价外费用发生，也应一并计入销售额中。

一般纳税人按税法规定的征收率来简易计征增值税的，其应纳税额计算方法与小规模纳税人相同。

小规模纳税人跨县（市）提供建筑服务，应以取得的全部价款和价外费用扣除支付的分包款后的余额为销售额，按照3%的征收率计算应纳税额。纳税人应按照上述计税方法在建筑服务发生地预缴税款后，向机构所在地主管税务机关进行纳税申报。

【例3-3】 某沙发家具厂是以生产各种沙发和家具为主的小型企业，被税务机关认定为增值税小规模纳税人。2021年7月，该厂外购货物36 000元，生产销售各种沙发53 000元，销售其他家具15 900元，均为含税价格。

要求：根据上述资料计算该厂本月应缴纳的增值税。

解：上述纳税人为小规模纳税人，应按简易办法计算纳税，征收率为3%。计算如下：

（1）销售额＝（53 000+15 900）÷（1+3%）＝66 893.20（元）。

（2）本月应纳税额＝66 893.20×3%＝2 006.80（元）。

（二）计税方法的选择和确定

一般纳税人发生下列应税行为可以选择适用简易计税方法计税：

（1）公共交通运输服务。

（2）经认定的动漫企业为开发动漫产品提供的动漫脚本编撰、形象设计、背景设计、动画设计、分镜、动画制作、摄制、描线、上色、画面合成、配音、配乐、音效合成、剪辑、字幕制作、压缩转码（面向网络动漫、手机动漫格式适配）服务，以及在境内转让动漫版权（包括动漫品牌、形象或者内容的授权及再授权）。

（3）电影放映服务、仓储服务、装卸搬运服务、收派服务和文化体育服务。

（4）以纳入“营改增”试点之日前取得的有形动产为标的物提供的经营租赁服务。

（5）在纳入“营改增”试点之日前签订的尚未执行完毕的有形动产租赁合同。

（6）建筑服务。

① 一般纳税人以清包工方式提供的建筑服务，可以选择适用简易计税方法计税。以清包工方式提供建筑服务，是指施工方不采购建筑工程所需的材料或只采购辅助材料，并收取人工费、管理费或者其他费用的建筑服务。

② 一般纳税人为甲供工程提供的建筑服务，可以选择适用简易计税方法计税。甲供工程，是指全部或部分设备、材料、动力由工程发包方自行采购的建筑工程。

③ 一般纳税人为建筑工程老项目提供的建筑服务，可以选择适用简易计税方法计税。

（7）一般纳税人跨县（市）提供建筑服务，选择适用简易计税方法计税的，应以取得的全部价款和价外费用扣除支付的分包款后的余额为销售额，按照3%的征收率计算应纳税额。纳税人应按照上述计税方法在建筑服务发生地预缴税款后，向机构所在地主管税务机关进行纳税申报。

（8）销售不动产。

① 一般纳税人销售其2016年4月30日前取得（不含自建）的不动产，可以选择适用简易计税方法，以取得的全部价款和价外费用减去该项不动产购置原价或者取得不动产时的作价后的余额为销售额，按照5%的征收率计算应纳税额。纳税人应按照上述计税方法在不动产所在地预缴税款后，向机构所在地主管税务机关进行纳税申报。

② 一般纳税人销售其2016年4月30日前自建的不动产，可以选择适用简易计税方法，以取得的全部价款和价外费用为销售额，按照5%的征收率计算应纳税额。纳税人应按照上述计税方法在不动产所在地预缴税款后，向机构所在地主管税务机关进行纳税申报。

③ 一般纳税人销售其2016年5月1日后取得（不含自建）的不动产，应适用一般计税方法，以取得的全部价款和价外费用为销售额计算应纳税额。纳税人应以取得的全部价款和价外费用减去该项不动产购置原价或者取得不动产时的作价后的余额，按照5%的预征率在不动产所在地预缴税款后，向机构所在地主管税务机关进行纳税申报。

④ 一般纳税人销售其2016年5月1日后自建的不动产，应适用一般计税方法，以取得的全部价款和价外费用为销售额计算应纳税额。纳税人应以取得的全部价款和价外费用，按照5%的预征率在不动产所在地预缴税款后，向机构所在地主管税务机关进行纳税申报。

⑤ 小规模纳税人销售其取得（不含自建）的不动产（不含个体工商户销售购买的住房和其他个人销售不动产），应以取得的全部价款和价外费用减去该项不动产购置原价或者取得不动产时的作价后的余额为销售额，按照5%的征收率计算应纳税额。纳税人应按照上述计税方法在不动产所在地预缴税款后，向机构所在地主管税务机关进行纳税申报。

⑥ 小规模纳税人销售其自建的不动产，应以取得的全部价款和价外费用为销售额，按照5%的征收率计算应纳税额。纳税人应按照上述计税方法在不动产所在地预缴税款后，向机构所在地主管税务机关进行纳税申报。

⑦ 房地产开发企业中的一般纳税人，销售自行开发的房地产老项目，可以选择适用简易计税方法按照5%的征收率计税。

⑧ 房地产开发企业中的小规模纳税人，销售自行开发的房地产项目，按照5%的征收率计税。

⑨ 房地产开发企业采取预收款方式销售所开发的房地产项目，在收到预收款时按照3%的

预征率预缴增值税。

⑩ 个体工商户销售购买的住房，应按照营业税改征增值税试点过渡政策的规定征免增值税。纳税人应按照上述计税方法在不动产所在地预缴税款后，向机构所在地主管税务机关进行纳税申报。

⑪ 其他个人销售其取得（不含自建）的不动产（不含其购买的住房），应以取得的全部价款和价外费用减去该项不动产购置原价或者取得不动产时的作价后的余额为销售额，按照5%的征收率计算应纳税额。

（9）不动产经营租赁服务。

① 一般纳税人出租其2016年4月30日前取得的不动产，可以选择适用简易计税方法，按照5%的征收率计算应纳税额。纳税人出租其2016年4月30日前取得的与机构所在地不在同一县（市）的不动产，应按照上述计税方法在不动产所在地预缴税款后，向机构所在地主管税务机关进行纳税申报。

② 公路经营企业中的一般纳税人收取试点前开工的高速公路的车辆通行费，可以选择适用简易计税方法，减按3%的征收率计算应纳税额。试点前开工的高速公路，是指相关施工许可证明上注明的合同开工日期在2016年4月30日前的高速公路。

③ 一般纳税人出租其2016年5月1日后取得的、与机构所在地不在同一县（市）的不动产，应按照3%的预征率在不动产所在地预缴税款后，向机构所在地主管税务机关进行纳税申报。

④ 小规模纳税人出租其取得的不动产（不含个人出租住房），应按照5%的征收率计算应纳税额。纳税人出租与机构所在地不在同一县（市）的不动产，应按照上述计税方法在不动产所在地预缴税款后，向机构所在地主管税务机关进行纳税申报。

⑤ 其他个人出租其取得的不动产（不含住房），应按照5%的征收率计算应纳税额。

⑥ 个人出租住房，应按照5%的征收率减按1.5%计算应纳税额。

（10）一般纳税人销售其2016年4月30日前取得的不动产（不含自建），适用一般计税方法计税的，以取得的全部价款和价外费用为销售额计算应纳税额。上述纳税人应以取得的全部价款和价外费用减去该项不动产购置原价或者取得不动产时的作价后的余额，按照5%的预征率在不动产所在地预缴税款后，向机构所在地主管税务机关进行纳税申报。

房地产开发企业中的一般纳税人销售房地产老项目，以及一般纳税人出租其2016年4月30日前取得的不动产，适用一般计税方法计税的，应以取得的全部价款和价外费用，按照3%的预征率在不动产所在地预缴税款后，向机构所在地主管税务机关进行纳税申报。

一般纳税人销售其2016年4月30日前自建的不动产，适用一般计税方法计税的，应以取得的全部价款和价外费用为销售额计算应纳税额。纳税人应以取得的全部价款和价外费用，按照5%的预征率在不动产所在地预缴税款后，向机构所在地主管税务机关进行纳税申报。

（11）一般纳税人跨省（自治区、直辖市或者计划单列市）提供建筑服务或者销售、出租取得的与机构所在地不在同一省（自治区、直辖市或者计划单列市）的不动产，在机构所在地申报纳税时，计算的应纳税额小于已预缴税额，且差额较大的，由国家税务总局通知建筑服务发生地或者不动产所在地省级税务机关，在一定时期内暂停预缴增值税。

六、进口货物应纳税额的计算

（一）进口货物征税的范围及纳税人

1. 进口货物征税的范围

根据税法的规定，进入我国境内的货物，都必须向我国海关申报进口事项，并办理有关报关手续。只要是报关进口的应税货物，不论其是国外产制还是我国已出口而转销国内的货物，是进口者自行采购还是国外捐赠的货物，是进口者自用还是作为贸易或其他用途，等等，均应按照规定缴纳进口环节增值税。

国家在规定对进口货物征税的同时，对某些进口货物制定了减免税的特殊规定。如属于来料加工、进料加工贸易方式进口国外的原材料、零部件等在国内加工后复出口的，对进口的原材料、零部件按规定给予免税或减税。但这些进口免税、减税的原材料、零部件若不能加工复出口，而是销往国内的，就要予以补税。对进口货物是否减免税由国务院统一规定，任何地方、部门都无权规定减免税项目。

2. 进口货物的纳税人

对于国内一切从事进口业务的企事业单位、机关团体和个人，都应作为进口货物增值税的纳税人。包括：

（1）进口货物的收货人。

（2）办理进口报关手续的单位和个人。

（3）对于委托代理进口应征增值税的货物，一律由进口代理者代交进口环节增值税。

跨境电子商务零售进口商品按照货物征收关税和进口环节增值税、消费税，购买跨境电子商务零售进口商品的个人作为纳税义务人，电子商务企业、电子商务交易平台企业或物流企业可作为代收代缴义务人。

（二）进口货物的适用税率

进口货物的增值税税率与国内销售的货物规定相同。

但跨境电子商务零售进口商品的单次交易限值为人民币 5 000 元，个人年度交易限值为人民币 26 000 元。在限值以内进口的跨境电子商务零售进口商品，关税税率暂设为 0%；进口环节增值税、消费税取消免征税额，暂按法定应纳税额的 70% 征收。超过单次限值、累加后超过个人年度限值的单次交易，以及完税价格超过 5 000 元限值的单个不可分割商品，均按照一般贸易方式全额征税。

（三）进口货物应纳税额的计算

纳税人进口货物，按照组成计税价格和条例适用的税率计算应纳税额，并不得抵扣任何税额。计算公式如下：

$$
\begin{aligned}
\text{组成计税价格} &= \text{关税完税价格}+\text{关税}+\text{消费税} \\
&= (\text{关税完税价格}+\text{关税})\div(1-\text{消费税税率})
\end{aligned}
$$

$$\text{应纳税额}=\text{组成计税价格}\times\text{税率}$$

需要注意的是，进口货物增值税的组成计税价格中包括已纳关税税额，如果进口货物属于消费税应税消费品，其组成计税价格中还要包括已纳消费税税额（消费税制度规定请参阅第四章内容）。

【例 3-4】 某进出口公司为增值税一般纳税人，2021 年 5 月报关进口摩托车 500 辆，每辆关税完税价格 12 000 元,进口关税税率 45%。已交进口关税和海关代征的增值税和消费税,并已取得增值税完税凭证。试计算该公司当月进口环节应纳增值税(进口摩托车的消费税税率为 10%)。

解:(1) 组成计税价格=(12 000+12 000×45%)÷(1-10%)×500=9 666 667(元)。

(2) 应纳税额=9 666 667×13%=1 256 667(元)。

第四节　出口货物退(免)税

出口货物退(免)税是指有出口经营权的企业(以下简称出口企业)出口和代理出口的货物,除另有规定者外,可在货物报关出口并在财务上作为销售后,凭有关凭证按月报送税务机关批准退还或免征增值税和消费税。出口货物退税是指对货物在出口前实际承担的税收负担,按规定的退税率计算后予以退还;出口货物免税是指对货物在出口环节不征增值税、消费税。这是把货物出口环节与出口前的销售环节都视为同样的征税环节。

目前,世界上大部分国家都实行出口退税制度。我国为鼓励货物出口,增强国际市场竞争能力,从 1985 年起就执行出口退(免)税政策。这对于我国鼓励货物出口和提高企业参与国际市场竞争能力都发挥了重要的作用。

一、出口货物退(免)税的原则

(一) 零税率原则

由于各国政治、经济、历史和传统的差异,各国税收制度也不尽相同,这使得同一货物在不同国家的税收负担高低不等。消除这一影响的办法,就是按照国际惯例,对出口货物退(免)本国已征收到的流转税。零税率是指我国企业生产的出口货物所应缴纳的流转税为零。零税率原则也就是“征多少税,退多少税”,根据零税率原则,将出口货物在国内已实际缴纳或负担的税负全部退还给出口企业,这样可以保证消费者购买的货物,其在输入国流转税的含税量彼此相同,从而体现公平竞争的要求,有利于促进我国对外贸易的发展。

(二) 属地管理原则

各个独立的主权国家,在税收上都享有完全独立的自主权,包括课税权和减、免、退税权。各国为对本国经济进行宏观调控而制定的税收政策,只适用于在国内生产和消费的货物,对出口货物则不适用。因此,按照流转税属地管理原则,对于在中国境内实行消费的货物,包括在国外生产的输入我国境内消费的货物,我国行使课税权;对于出口到国外的货物,在不损害别国利益的前提下,我国将退还或免征其在国内应缴或已缴纳的税款,然后按输入国的有关税收制度及有关规定办理税收。

(三) 宏观调控原则

出口货物退(免)税的宏观调控原则是通过税收的职能作用来体现的。国家制定的出口货物退(免)税政策,既符合国际惯例,又体现了国家的经济政策。例如,对黄金首饰、珠宝玉石等贵重货物,凡由指定经营企业出口的可办理退税,凡由非指定经营企业出口的不退税,以保证国家经济政策的贯彻;对从增值税小规模纳税人处购入的出口货物,一般也不予退税,但对购入的某些列举的传统货物，考虑到其所占出口比重较大以及生产、采购的特殊因素，特准给予退税，以保护我国传统出口货物的生产和发展；对少数因国际、国内差价大而出口获利较多的货物和国家限制、禁止出口的货物等则不予退税，以调节出口货物的利润和防止资源外流。总之，国家通过对出口货物实行符合国际惯例的免税、退税和不予退税的政策，充分体现了国家以鼓励、限制、禁止等方式进行宏观调控的经济政策。

二、出口货物退(免)税基本政策

出口货物退(免)税的税款是出口货物在国内生产、流通各个环节已缴纳的增值税和应缴纳的消费税。按照我国的实际情况，对出口货物采取出口退税和免税相结合的政策，目前主要有以下三种形式。

(一) 出口免税并退税

出口免税，是指对货物和劳务及应税服务等在出口销售环节不征增值税、消费税；出口退税，是指对货物和劳务及应税服务等出口前实际承担的税款予以退还，使出口货物和劳务及应税服务等成为不含税货物，即实现零税负。但因在执行中出现种种问题，为了保护国家财政资金不流失和宏观调控的需要，改进了出口退税的管理办法，调整了增值税的退税率。

(二) 出口免税不退税

出口免税不退税，是指对符合条件的出口货物和劳务及应税服务，实行免征增值税(以下称增值税免税)的政策规定，即对货物和劳务及应税服务等出口销售环节免缴增值税、消费税，但不办理退税。

(三) 出口不免税也不退税

出口不免税是指不免征出口环节的增值税和消费税；出口不退税是指不退还出口货物和劳务及应税服务等从原材料到产成品销售各个环节已缴纳的增值税和在生产环节缴纳的消费税。即把产品的出口环节视作内销环节，照常征税。

三、出口货物和劳务及应税服务增值税退(免)税政策

(一) 出口企业和出口货物

1. 出口企业

出口企业，是指依法办理工商登记、税务登记、对外贸易经营者备案登记，自营或委托出口货物的单位或个体工商户，以及依法办理工商登记、税务登记但未办理对外贸易经营者备案登记，委托出口货物的生产企业。

2. 视同出口货物的范围

(1) 持续经营以来从未发生骗取出口退税、虚开增值税专用发票或农产品收购发票、接受虚开增值税专用发票(善意取得虚开增值税专用发票除外)行为且同时符合下列条件的生产企业出口的外购货物可视同自产货物适用增值税退(免)税政策：

① 已取得增值税一般纳税人资格。

② 已持续经营 2 年及 2 年以上。

③ 纳税信用等级 A 级。

④ 上一年度销售额 5 亿元以上。

⑤ 外购出口的货物与本企业自产货物同类型或具有相关性。

(2) 持续经营以来从未发生骗取出口退税、虚开增值税专用发票或农产品收购发票、接受虚开增值税专用发票(善意取得虚开增值税专用发票除外)行为。

(3) 出口企业对外提供加工、修理修配劳务。对外提供加工、修理修配劳务,是指对进境复出口货物或从事国际运输的运输工具进行的加工、修理修配。

(4) 境内的单位和个人提供适用增值税零税率的应税服务,属于适用简易计税方法的,实行免征增值税办法。属于适用增值税一般计税方法的,生产企业实行"免、抵、退"税办法,外贸企业外购研发服务和设计服务出口实行免退税办法,外贸企业自己开发的研发服务和设计服务出口,视同生产企业连同其出口货物统一实行"免、抵、退"税办法。实行退(免)税办法的研发服务和设计服务,主管税务机关认定出口价格偏高的,有权按照核定的出口价格计算退(免)税,核定的出口价格低于外贸企业购进价格的,低于部分对应的进项税额不予退税,转入成本。

(5) 境内的单位和个人提供适用增值税零税率应税服务的,可以放弃适用增值税零税率,选择免税或按规定缴纳增值税。放弃适用增值税零税率后,36 个月内不得再申请适用增值税零税率。

(6) 境内的单位和个人提供适用增值税零税率的应税服务,按月向主管退税的税务机关申报办理增值税"免、抵、退"税或免税手续。

(二) 增值税退(免)税办法

适用增值税退(免)税政策的出口货物、劳务及服务,按照下列规定实行增值税"免、抵、退"税或免退税办法。

1."免、抵、退"税办法

生产企业出口自产货物和视同自产货物及对外提供加工、修理修配劳务,以及列名的生产企业出口非自产货物,免征增值税,相应的进项税额抵减应纳增值税税额(不包括适用增值税即征即退、先征后退政策的应纳增值税税额),未抵减完的部分予以退还。

零税率应税服务提供者提供零税率应税服务,属于适用增值税一般计税方法的,免征增值税,相应的进项税额抵减应纳增值税税额(不包括适用增值税即征即退、先征后退政策的应纳增值税税额),未抵减完的部分予以退还。

2. 免退税办法

不具有生产能力的出口企业(以下称外贸企业)或其他单位出口货物劳务,免征增值税,相应的进项税额予以退还。外贸企业外购研发服务和设计服务免征增值税,其对应的外购应税服务的进项税额予以退还。

(三) 增值税出口退税率

(1) 除财政部和国家税务总局根据国务院决定而明确的增值税出口退税率(以下称退税率)外,出口货物的退税率为其适用税率。应税服务退税率为其按照"营改增"规定适用的增值税税率。

(2) 退税率的特殊规定如下:

① 外贸企业购进按简易办法征税的出口货物、从小规模纳税人购进的出口货物,其退税率分别为简易办法实际执行的征收率、小规模纳税人征收率。上述出口货物取得增值税专用发票的,退税率按照增值税专用发票上的税率和出口货物退税率孰低的原则确定。

② 出口企业委托加工、修理修配货物，其加工、修理修配费用的退税率，为出口货物的退税率。

(3) 适用不同退税率的货物、劳务及应税服务，应分开报关、核算并申报退(免)税，未分开报关、核算或划分不清的，从低适用退税率。

(四) 增值税退(免)税的计税依据

出口货物、劳务及应税服务的增值税退(免)税的计税依据，按出口货物、劳务及应税服务的出口发票(外销发票)、其他普通发票或购进出口货物、劳务及应税服务的增值税专用发票、海关进口增值税专用缴款书确定。

(1) 生产企业出口货物、劳务及应税服务(进料加工复出口货物除外)增值税退(免)税的计税依据，为出口货物、劳务及应税服务的实际离岸价(FOB)。实际离岸价应以出口发票上的离岸价为准，但如果出口发票不能反映实际离岸价，主管税务机关有权予以核定。

(2) 生产企业进料加工复出口货物增值税退(免)税的计税依据，按出口货物的离岸价(FOB)扣除出口货物所含的海关保税进口料件的金额后确定。

(3) 生产企业国内购进无进项税额且不计提进项税额的免税原材料加工后出口的货物的计税依据，按出口货物的离岸价(FOB)扣除出口货物所含的国内购进免税原材料的金额后确定。

(4) 外贸企业出口货物(委托加工、修理修配货物除外)增值税退(免)税的计税依据，为购进出口货物的增值税专用发票注明的金额或海关进口增值税专用缴款书注明的完税价格。

(5) 外贸企业出口委托加工、修理修配货物增值税退(免)税的计税依据，为加工、修理修配费用增值税专用发票注明的金额。外贸企业应将加工、修理修配使用的原材料(进料加工海关保税进口料件除外)作价销售给受托加工、修理修配的生产企业，受托加工、修理修配的生产企业应将原成本并入加工、修理修配费用开具发票。

四、增值税“免、抵、退”税和免退税的计算

(1) 生产企业出口货物和劳务增值税“免、抵、退”税的计算。

实行“免、抵、退”税办法的免税，是指对生产企业出口的自产货物，免征本企业生产销售环节增值税；抵税，是指生产企业出口自产货物所耗用的原材料、零部件、燃料、动力等所含应予退还的进项税额，抵顶内销货物的应纳税额；退税，是指生产企业出口的自产货物在当期内应抵顶的进项税额大于应纳税额时，对未抵顶完的部分予以退税。

① 当期应纳税额的计算。

当期应纳税额＝当期内销货物的销项税额－(当期进项税额
－当期免、抵、退税不得免征和抵扣税额)－上期留抵税额

当期免、抵、退税不得免征和抵扣税额＝出口货物离岸价×外汇人民币牌价
×(出口货物征税率－出口货物退税率)
－免、抵、退税不得免征和抵扣税额抵减额

出口货物离岸价(FOB)以出口发票计算的离岸价为准。出口发票不能如实反映实际离岸价的，企业必须按照实际离岸价向主管税务机关进行申报，同时主管税务机关有权依照相关规定予以核定。

免、抵、退税不得免征和抵扣税额抵减额＝免税购进原材料价格×(出口货物征税率
－出口货物退税率)

免税购进原材料包括从国内购进免税原材料和进料加工免税进口料件,其中进料加工免税进口料件的价格为组成计税价格。

进料加工免税进口料件的组成计税价格=货物到岸价+海关实征关税和消费税

如果当期没有免税购进原材料价格,上述公式中的免、抵、退税不得免征和抵扣税额抵减额,以及后面公式中的免、抵、退税额抵减额,就不用计算。

② 免、抵、退税额的计算。

免、抵、退税额=出口货物离岸价×外汇人民币牌价
×出口货物退税率-免、抵、退税额抵减额

式中:

免、抵、退税额抵减额=免税购进原材料价格×出口货物退税率

③ 当期应退税额和免抵税额的计算。

a. 如当期期末留抵税额≤当期免、抵、退税额,则:

当期应退税额=当期期末留抵税额

当期免抵税额=当期免、抵、退税额—当期应退税额

b. 如当期期末留抵税额>当期免、抵、退税额,则:

当期应退税额=当期免、抵、退税额

当期免抵税额=0

当期期末留抵税额根据当期“增值税纳税申报表”中“期末留抵税额”确定。

④ 当期免税购进原材料价格包括当期国内购进的无进项税额且不计提进项税额的免税原材料的价格和当期进料加工保税进口料件的价格,其中当期进料加工保税进口料件的价格为组成计税价格:

当期进料加工保税进口料件的组成计税价格=当期进口料件到岸价格+海关实征关税+海关实征消费税

⑤ 免、抵、退税计算举例。

【例 3-5】 假设某自营出口生产企业为增值税一般纳税人,2021 年 6 月有关经营业务如下:本期外购货物取得准予抵扣的进项税额 102 万元,本期留抵税款 100 万元,本期海关核销免税进口料件组成计税价格 100 万元,本期内销货物销售额 500 万元,自营出口货物销售额人民币 600 万元(按离岸价计算)。该企业内销、外销货物适用增值税税率为 13%(非消费税应税货物),出口货物退税率为 10%。试计算该企业当期的免、抵、退税额。

解:第一,计算期末留抵税额。

免、抵、退税不得免抵和抵扣税额抵减额=100×(13%-10%)=3(万元)。

当期免、抵、退税不得免征和抵扣税额=600×(13%-10%)-3=15(万元)。

当期应纳税额=500×13%-(102-15)-100=-122(万元)。

当期期末留抵税额=当期应纳税额的绝对值=122(万元)。

第二,计算免、抵、退税额。

当期应免、抵、退税额=出口货物离岸价×外汇人民币牌价
×出口货物退税率-免、抵、退税额抵减额
=600×10%-100×10%=50(万元)

第三，计算应退税额、免抵税额。

因为 122>50，即：

当期期末留抵税额>当期免、抵、退税额

所以有：

当期应退税额=当期免、抵、退税额=50(万元)

当期免抵税额=当期免、抵、退税额-当期应退税额=50-50=0(万元)

6月份期末留抵结转下期继续抵扣税额为72(122-50)万元。

(2) 外贸企业出口货物劳务增值税免退税的计算。

① 外贸企业出口委托加工、修理修配货物以外的货物。

增值税应退税额=增值税退(免)税计税依据×出口货物退税率

【例 3-6】 某外贸企业 2021 年 4 月直接报关出口一批货物，增值税专用发票上注明该批货物购进金额 7 500 000 元，增值税税率 13%，退税率 10%。试计算该企业本月应退税额。

解：应退税额=7 500 000×10%=750 000(元)

② 外贸企业出口委托加工、修理修配货物。

出口委托加工、修理修配货物的增值税应退税额=委托加工、修理修配的增值税退(免)税计税依据×出口货物退税率

【例 3-7】 某进出口公司 2021 年 6 月购进牛仔布委托加工成服装出口，取得牛仔布增值税发票一张，注明计税金额 20 000 元；取得服装加工费计税金额 5 000 元，受托方将原材料成本并入加工、修理修配费用并开具了增值税专用发票。假设退税率为 13%，求该企业的应退税额。

解：应退税额=(20 000+5 000)×13%=3 250(元)

③ 外贸企业兼营的零税率应税服务增值税免退税。

外贸企业兼营的零税率应税服务应退税额=外贸企业兼营的零税率应税服务免退税计税依据
×零税率应税服务增值税退税率

(3) 融资租赁出口货物退税的计算。

融资租赁出租方将融资租赁出口货物租赁给境外承租方，将融资租赁海洋工程结构物租赁给海上石油天然气开采企业，向融资租赁出租方退还其购进租赁货物所含增值税。其计算公式如下：

增值税应退税额=购进融资租赁货物的增值税专用发票注明的金额或海关
(进口增值税)专用缴款书注明的完税价格
×融资租赁货物适用的增值税退税率

融资租赁出口货物适用的增值税退税率，按照统一的出口货物适用退税率执行。从增值税一般纳税人购进的按简易办法征税的融资租赁货物和从小规模纳税人购进的融资租赁货物，其适用的增值税退税率，按照购进货物适用的征收率和退税率孰低的原则确定。

(4) 退税率低于适用税率的，相应计算出的差额部分的税款计入出口货物劳务成本。

(5) 出口企业既有适用增值税"免、抵、退"税项目，也有增值税即征即退、先征后退项目的，增值税即征即退、先征后退项目不参与出口项目"免、抵、退"税计算。出口企业应分别核算增值税"免、抵、退"税项目和增值税即征即退、先征后退项目，并分别申请享受增值税即征即退、先征后退和"免、抵、退"税政策。

用于增值税即征即退或者先征后退项目的进项税额无法划分的,按照下列公式计算:

无法划分进项税额中用于增值税即征即退或者先征后退项目的部分=当月无法划分的全部进项税额×当月增值税即征即退或者先征后退项目销售额÷当月全部销售额、营业额合计

(6) 实行“免、抵、退”税办法的零税率应税服务提供者如同时有货物劳务(劳务指对外加工、修理修配劳务,下同)出口的,可结合现行出口货物“免、抵、退”税计算公式一并计算。税务机关在审批时,按照出口货物劳务、零税率应税服务“免、抵、退”税额比例划分出口货物劳务、零税率应税服务的退税额和免抵税额。

五、出口货物和劳务及应税服务增值税免税政策

(一) 适用增值税免税政策的范围

适用增值税免税政策的出口货物和劳务,是指:

(1) 出口企业或其他单位出口规定的货物,具体是指:

① 增值税小规模纳税人出口的货物。

② 避孕药品和用具,古旧图书。

③ 软件产品。

④ 含黄金、铂金成分的货物,钻石及其饰品。

⑤ 国家计划内出口的卷烟。

⑥ 已使用过的设备。其具体范围是指购进时未取得增值税专用发票、海关进口增值税专用缴款书但其他相关单证齐全的已使用过的设备。

⑦ 非出口企业委托出口的货物。

⑧ 非列名生产企业出口的非视同自产货物。

⑨ 农业生产者自产农产品。

⑩ 油、花生果仁、黑大豆等财政部和国家税务总局规定的出口免税的货物。

⑪ 外贸企业取得普通发票、废旧物资收购凭证、农产品收购发票、政府非税收入票据的货物。

⑫ 来料加工复出口的货物。

⑬ 特殊区域内的企业出口的特殊区域内的货物。

⑭ 以人民币现金作为结算方式的边境地区出口企业从所在省(自治区)的边境口岸出口到接壤国家的一般贸易和边境小额贸易出口货物。

⑮ 以旅游购物贸易方式报关出口的货物。

(2) 出口企业或其他单位视同出口的下列货物和劳务:

① 国家批准设立的免税店销售的免税货物[包括进口免税货物和已实现退(免)税的货物]。

② 特殊区域内的企业为境外的单位或个人提供加工、修理修配劳务。

③ 同一特殊区域、不同特殊区域内的企业之间销售特殊区域内的货物。

(3) 境内的单位和个人提供的下列应税服务免征增值税,但财政部和国家税务总局规定适用增值税零税率的除外:

① 工程、矿产资源在境外的工程勘察勘探服务。

② 会议展览地点在境外的会议展览服务。

③ 存储地点在境外的仓储服务。

④ 标的物在境外使用的有形动产租赁服务。

⑤ 为出口货物提供的邮政业服务和收派服务。

⑥ 在境外提供的广播影视节目(作品)的发行、播映服务。

⑦ 向境外单位提供的下列应税服务:

a. 技术转让服务、技术咨询服务、合同能源管理服务、软件服务、电路设计及测试服务、信息系统服务、业务流程管理服务、商标著作权转让服务、知识产权服务、物流辅助服务(仓储服务、收派服务除外)、认证服务,鉴证服务、咨询服务、广播影视节目(作品)制作服务、期租服务、程租服务、湿租服务。但不包括:合同标的物在境内的合同能源管理服务,对境内货物或不动产的认证服务、鉴证服务和咨询服务。

b. 广告投放地在境外的广告服务。

(二)进项税额的处理和计算

适用增值税免税政策的出口货物和劳务,其进项税额不得抵扣和退税,应当转入成本。除出口卷烟外,适用增值税免税政策的其他出口货物和劳务的计算,按照增值税免税政策的统一规定执行。其中,如果涉及销售额,除来料加工复出口货物为其加工费收入外,其他均为出口离岸价或销售额。

六、出口货物和劳务增值税征税政策

下列出口货物和劳务,不适用增值税退(免)税和免税政策,按下列规定及视同内销货物征税的其他规定征收增值税(以下称增值税征税):

(一)适用增值税征税政策的范围

适用增值税征税政策的出口货物和劳务,是指:

(1)出口企业出口或视同出口财政部和国家税务总局根据国务院决定明确的取消出口退(免)税的货物(不包括来料加工复出口货物,中标机电产品,列名原材料,输入特殊区域的水、电、气,海洋工程结构物)。

(2)出口企业或其他单位销售给特殊区域内的生活消费用品和交通运输工具。

(3)出口企业或其他单位因骗取出口退税被税务机关停止办理增值税退(免)税期间出口的货物。

(4)出口企业或其他单位提供虚假备案单证的货物。

(5)出口企业或其他单位增值税退(免)税凭证有伪造或内容不实的货物。

(6)出口企业或其他单位未在国家税务总局规定期限内申报免税核销以及经主管税务机关审核不予免税核销的出口卷烟。

(二)应纳增值税的计算

适用增值税征税政策的出口货物劳务,其应纳增值税按下列办法计算:

1. 一般纳税人出口货物

$$销项税额=(出口货物离岸价-出口货物耗用的进料加工保税进口料件金额)\div(1+适用税率)\times适用税率$$

（1）出口货物若已按征退税率之差计算不得免征和抵扣税额并已经转入成本的，相应的税额应转回进项税额。

出口货物耗用的进料加工保税进口料件金额＝主营业务成本×（投入的保税进口料件金额÷生产成本）

主营业务成本、生产成本均为不予退（免）税的进料加工出口货物的主营业务成本、生产成本。当耗用的保税进口料件金额大于不予退（免）税的进料加工出口货物金额时，耗用的保税进口料件金额为不予退（免）税的进料加工出口货物金额。

（2）出口企业应分别核算内销货物和增值税征税的出口货物的生产成本、主营业务成本。未分别核算的，其相应的生产成本、主营业务成本由主管税务机关核定。

2. 小规模纳税人出口货物

应纳税额＝出口货物离岸价÷（1+征收率）×征收率

第五节　增值税的征收管理

一、增值税的减免税

纳税人发生应税行为适用免税、减税规定的，可以放弃免税、减税，依照本办法的规定缴纳增值税。放弃免税、减税后，36个月内不得再申请免税、减税。

纳税人发生应税行为同时适用免税和零税率规定的，纳税人可以选择适用免税或者零税率。

视频讲解：增值税的征收管理

（一）《增值税暂行条例》规定的免税项目

（1）农业生产者销售的自产农产品。农业生产者，包括从事农业生产的单位和个人。农业产品是指种植业、养殖业、林业、牧业、水产业生产的各类植物、动物的初级产品。对上述单位和个人销售的外购农产品，以及单位和个人外购农产品生产、加工后销售的仍然属于规定范围的农业产品，不属于免税的范围，应当按照规定的税率征收增值税。

（2）避孕药品和用具、对血站供应给医疗机构的临床用血免征增值税。

（3）古旧图书，是指向社会收购的古书和旧书。

（4）直接用于科学研究、科学试验和教学的进口仪器、设备。

（5）外国政府、国际组织无偿援助的进口物资和设备。

（6）由残疾人的组织直接进口供残疾人专用的物品。

（7）销售自己使用过的物品。自己使用过的物品，是指其他个人自己使用过的物品。

（二）财政部、国家税务总局规定的其他减免税项目

（1）对销售下列符合规定的自产货物实行免征增值税政策：

① 再生水。

② 以废旧轮胎为全部生产原料生产的胶粉。

③ 翻新轮胎。

④ 生产原料中掺兑废渣比例不低于30%的特定建材产品。

（2）对符合规定的污水处理劳务免征增值税。

（3）对销售下列符合规定的自产货物实行增值税即征即退的政策：

① 以工业废气为原料生产的高纯度二氧化碳产品。

② 以垃圾为燃料生产的电力或者热力。

③ 以煤炭开采过程中伴生的舍弃物油母页岩为原料生产的页岩油。

④ 以废旧沥青混凝土为原料生产的再生沥青混凝土。

⑤ 采用旋窑法工艺生产的水泥（包括水泥熟料，下同）或者外购水泥熟料采用研磨工艺生产的水泥，水泥生产原料中掺兑废渣比例不低于30%。

（4）对销售自产的综合利用生物柴油实行增值税先征后退政策。综合利用生物柴油，是指以废弃的动物油和植物油为原料生产的柴油。废弃的动物油和植物油用量占生产原料的比重不低于70%。

（5）对增值税一般纳税人生产的黏土实心砖、瓦，一律按适用税率征收增值税，不得采取简易办法征收增值税。

（6）对销售符合规定的自产的以建（构）筑废物、煤矸石为原料生产的建筑砂石骨料免征增值税。

（7）对符合规定的垃圾处理、污泥处理处置劳务免征增值税。

（8）对销售下列符合规定的自产货物实行增值税即征即退100%的政策：

① 利用工业生产过程中产生的余热、余压生产的电力或热力。

② 以餐厨垃圾、畜禽粪便、稻壳、花生壳、玉米芯、油茶壳、棉籽壳、三剩物、次小薪材、含油污水、有机废水、污水处理后产生的污泥、油田采油过程中产生的油污泥（浮渣），包括利用上述资源发酵产生的沼气为原料生产的电力、热力、燃料。

③ 以污水处理后产生的污泥为原料生产的干化污泥、燃料。

④ 以废弃的动物油、植物油为原料生产的饲料级混合油。

⑤ 以回收的废矿物油为原料生产的润滑油、基础油、汽油、柴油等工业油料。

⑥ 以油田采油过程中产生的油污泥（浮渣）为原料生产的乳化油调和剂及防水卷材辅料产品。

⑦ 以人发为原料生产的档发（即假发）。

（9）对销售符合规定的下列自产货物实行增值税即征即退80%的政策。以三剩物、次小薪材和农作物秸秆3类农林剩余物为原料生产的木（竹、秸秆）纤维板、木（竹、秸秆）刨花板；细木工板、活性炭、栲胶、水解酒精、炭棒；以沙柳为原料生产的箱板纸。

（10）对销售符合规定的下列自产货物实行增值税即征即退50%的政策：

① 以退役军用发射药为原料生产的涂料硝化棉粉。

② 对燃煤发电厂及各类工业企业产生的烟气、高硫天然气进行脱硫生产的副产品。

③ 以废弃酒糟和酿酒底锅水为原料生产的蒸汽、活性炭、白炭黑、乳酸、乳酸钙、沼气。

④ 以煤矸石、煤泥、石煤、油母页岩为燃料生产的电力和热力。

⑤ 利用风力生产的电力。

⑥ 部分新型墙体材料产品。

⑦ 以蔗渣为原料生产的蔗渣浆、蔗渣刨花板及各类纸制品。

⑧ 以粉煤灰、煤矸石为原料生产的氧化铝、活性硅酸钙。

⑨ 利用污泥生产的污泥微生物蛋白。

⑩ 以煤矸石为原料生产的瓷绝缘子、煅烧高岭土。

(11) 增值税一般纳税人应单独核算综合利用产品的销售额。一般纳税人同时生产增值税应税产品和享受增值税即征即退产品而存在无法划分的进项税额时,按下列公式对无法划分的进项税额进行划分:

$$\text{享受增值税即征即退产品应分摊的进项税额} = \text{当月无法划分的全部进项税额} \times \text{当月享受增值税即征即退产品的销售额合计} \div \text{当月无法划分进项税额产品的销售额合计}$$

增值税小规模纳税人应单独核算综合利用产品的销售额和应纳税额。

凡未单独核算资源综合利用产品的销售额和应纳税额的,不得享受规定的退(免)税政策。

(12) 鼓励重点群体再就业。对持"就业创业证"或"失业登记证"或附着"高校毕业生自主创业证"人员,及退役士兵从事个体经营的,自办理个体工商户登记当月起,在3年(36个月,下同)内按每户每年12 000元为限额依次扣减其当年实际应缴纳的增值税、城市维护建设税、教育费附加、地方教育附加和个人所得税。限额标准最高可上浮20%,各省、自治区、直辖市人民政府可根据本地区实际情况在此幅度内确定具体限额标准;对符合条件的企业或小型企业实体,吸纳持"就业创业证"或"失业登记证"的人员就业,与其签订1年以上期限劳动合同并依法缴纳社会保险费的,自签订劳动合同并缴纳社会保险当月起,在3年内按实际招用人数予以定额依次扣减增值税、城市维护建设税、教育费附加、地方教育附加和企业所得税优惠。定额标准为每人每年6 000元,最高可上浮30%,各省、自治区、直辖市人民政府可根据本地区实际情况在此幅度内确定具体定额标准。

(13) 对社保基金会、社保基金投资管理人在运用社保基金投资过程中,提供贷款服务取得的全部利息及利息性质的收入和金融商品转让收入,免征增值税。

(14) 自2019年1月1日至2021年12月31日,对国家级、省级科技企业孵化器、大学科技园和国家备案众创空间自用以及无偿或通过出租等方式提供给在孵对象使用的房产、土地,免征房产税和城镇土地使用税;对其向在孵对象提供孵化服务取得的收入,免征增值税。

(15) 自2018年11月7日至2021年11月6日止,对境外机构投资境内债券市场取得的债券利息收入暂免征收企业所得税和增值税。

(16) 对赞助企业及参与赞助的下属机构根据赞助协议及补充赞助协议向北京冬奥组委免费提供的,与北京2022年冬奥会、冬残奥会、测试赛有关的服务,免征增值税。

(17) 境外教育机构与境内从事学历教育的学校开展中外合作办学,提供学历教育服务取得的收入免征增值税。

(18) 自2018年5月1日至2023年12月31日,对动漫企业增值税一般纳税人销售其自主开发生产的动漫软件,按照13%的税率征收增值税后,对其增值税实际税负超过3%的部分,实行即征即退政策。动漫软件出口免征增值税。

(19) 自2018年7月1日至2023年12月31日,对中国邮政储蓄银行纳入"三农金融事业部"改革的各省、自治区、直辖市、计划单列市分行下辖的县域支行,提供农户贷款、农村企业和农村各类组织贷款取得的利息收入,可以选择适用简易计税方法按照3%的征收率计算缴纳增值税。

(20) 自 2018 年 5 月 1 日起,增值税一般纳税人生产销售和批发、零售抗癌药品,可选择按照简易办法依照 3%征收率计算缴纳增值税。上述纳税人选择简易办法计算缴纳增值税后,36 个月内不得变更。自 2018 年 5 月 1 日起,对进口抗癌药品,减按 3%征收进口环节增值税。

(21) 扩大进项税抵扣范围。将旅客运输服务纳入抵扣。把纳税人取得不动产支付的进项税由分两年抵扣改为一次性全额抵扣,增加纳税人当期可抵扣进项税。对主营业务为邮政、电信、现代服务和生活服务业的纳税人,按进项税额加计 10%抵减应纳税额,政策实施期限暂定截至 2021 年年底。政策实施后纳税人新增的留抵税额,按有关规定予以退还。

(三) 应税服务和其他应税事项等免税规定

(1) 下列项目免征增值税:

① 托儿所、幼儿园提供的保育和教育服务。

② 养老机构提供的养老服务。

③ 残疾人福利机构提供的育养服务。

④ 婚姻介绍服务。

⑤ 殡葬服务。

⑥ 残疾人员本人为社会提供的服务。

⑦ 医疗机构提供的医疗服务。

⑧ 从事学历教育的学校提供的教育服务。

⑨ 学生勤工俭学提供的服务。

⑩ 农业机耕、排灌、病虫害防治、植物保护、农牧保险以及相关技术培训业务,家禽、牲畜、水生动物的配种和疾病防治。

⑪ 纪念馆、博物馆、文化馆、文物保护单位管理机构、美术馆、展览馆、书画院、图书馆在自己的场所提供文化体育服务取得的第一道门票收入。

⑫ 寺院、宫观、清真寺和教堂举办文化、宗教活动的门票收入。

⑬ 行政单位之外的其他单位收取的符合规定条件的政府性基金和行政事业性收费。

⑭ 个人转让著作权。

⑮ 个人销售自建自用住房。

⑯ 公共租赁住房经营管理单位出租公共租赁住房。

⑰ 纳税人提供的直接或者间接国际货物运输代理服务。

⑱ 境外教育机构与境内从事学历教育的学校开展中外合作办学,提供学历教育服务取得的收入免征增值税。

⑲ 保险公司开办的一年期以上人身保险产品取得的保费收入。

⑳ 金融同业往来利息收入。

㉑ 同时符合条件的担保机构从事中小企业信用担保或者再担保业务取得的收入(不含信用评级、咨询、培训等收入)3 年内免征增值税。

㉒ 国家商品储备管理单位及其直属企业承担商品储备任务,从中央或者地方财政取得的利息补贴收入和价差补贴收入。

㉓ 纳税人提供技术转让、技术开发和与之相关的技术咨询、技术服务。

㉔ 科普单位的门票收入,以及县级及以上党政部门和科协开展科普活动的门票收入。

㉕ 政府举办的从事学历教育的高等、中等和初等学校(不含下属单位),举办进修班、培训班取得的全部归该学校所有的收入。

㉖ 政府举办的职业学校设立的主要为在校学生提供实习场所,并由学校出资自办、由学校负责经营管理、经营收入归学校所有的企业。

㉗ 家政服务企业由员工制家政服务员提供家政服务取得的收入。

㉘ 福利彩票、体育彩票的发行收入。

㉙ 为了配合国家住房制度改革,企业、行政事业单位按房改成本价、标准价出售住房取得的收入。

㉚ 将土地使用权转让给农业生产者用于农业生产。

㉛ 涉及家庭财产分割的个人无偿转让不动产、土地使用权。家庭财产分割包括下列情形:离婚财产分割;无偿赠与配偶、父母、子女、祖父母、外祖父母、孙子女、外孙子女、兄弟姐妹;无偿赠与对其承担直接抚养或者赡养义务的抚养人或者赡养人;房屋产权所有人死亡,法定继承人、遗嘱继承人或者受遗赠人依法取得房屋产权。

㉜ 土地所有者出让土地使用权和土地使用者将土地使用权归还给土地所有者。

㉝ 县级以上地方人民政府或自然资源行政主管部门出让、转让或收回自然资源使用权(不含土地使用权)。

㉞ 随军家属就业。

a. 为安置随军家属就业而新开办的企业,自领取税务登记证之日起,其提供的应税服务 3 年内免征增值税。享受税收优惠政策的企业,随军家属必须占企业总人数的 60%(含)以上,并有军(含)以上政治和后勤机关出具的证明。

b. 从事个体经营的随军家属,自办理税务登记事项之日起,其提供的应税服务 3 年内免征增值税。

㉟ 军队转业干部就业。从事个体经营的军队转业干部,自领取税务登记证之日起,其提供的应税服务 3 年内免征增值税。为安置自主择业的军队转业干部就业而新开办的企业,凡安置自主择业的军队转业干部占企业总人数 60%(含)以上的,自领取税务登记证之日起,其提供的应税服务 3 年内免征增值税。

(2) 增值税即征即退。

① 一般纳税人提供管道运输服务,对其增值税实际税负超过 3%的部分实行增值税即征即退政策。

② 经中国人民银行、银保监会或者商务部批准从事融资租赁业务的一般纳税人,提供有形动产融资租赁服务和有形动产融资性售后回租服务,对其增值税实际税负超过 3%的部分实行增值税即征即退政策。

(3) 金融企业发放贷款后,自结息日起 90 天内发生的应收未收利息按现行规定缴纳增值税,自结息日起 90 天后发生的应收未收利息暂不缴纳增值税,待实际收到利息时按规定缴纳增值税。

(4) 个人将购买不足 2 年的住房对外销售的,按照 5%的征收率全额缴纳增值税;个人将购买2年以上(含2年)的住房对外销售的,免征增值税。上述政策适用于北京市、上海市、广州市和深圳市之外的地区。

个人将购买不足2年的住房对外销售的,按照5%的征收率全额缴纳增值税;个人将购买2年以上(含2年)的非普通住房对外销售的,以销售收入减去购买住房价款后的差额按照5%的征收率缴纳增值税;个人将购买2年以上(含2年)的普通住房对外销售的,免征增值税。上述政策仅适用于北京市、上海市、广州市和深圳市。

二、增值税起征点的规定

纳税人销售额未达到国务院财政、税务主管部门规定的起征点的免征增值税。增值税起征点的适用范围适用于个人(不包括认定为一般纳税人的个体工商户)。

增值税起征点幅度如下:

(1) 按期纳税的,为月销售额5 000~20 000元(含本数)。

(2) 按次纳税的,为每次(日)销售额300~500元(含本数)。

起征点的调整由财政部和国家税务总局规定。省、自治区、直辖市财政厅(局)和国家税务总局应当在规定的幅度内,根据实际情况确定本地区适用的起征点,并报财政部和国家税务总局备案。

自2021年4月1日起,小规模纳税人发生增值税应税销售行为,合计月销售额未超过15万元(以1个季度为1个纳税期的,季度销售额未超过45万元,下同)的,免征增值税。小规模纳税人发生增值税应税销售行为,合计月销售额超过15万元,但扣除本期发生的销售不动产的销售额后未超过15万元的,其销售货物、劳务、服务、无形资产取得的销售额免征增值税。

自2022年4月1日至2022年12月31日,增值税小规模纳税人适用3%征收率的应税销售收入,免征增值税;适用3%预征率的预缴增值税项目,暂停预缴增值税。

三、其他有关减免税规定

(1) 纳税人兼营免税、减税项目的,应当分别核算免税、减税项目的销售额;未分别核算销售额的,不得免税、减税。

(2) 纳税人销售货物或者提供应税劳务和应税服务适用免税规定的,可以放弃免税,依照《中华人民共和国增值税暂行条例》的规定缴纳增值税。放弃免税后,36个月内不得再申请免税。纳税人提供应税服务同时适用免税和零税率规定的,优先适用零税率。

(3) 安置残疾人单位既符合促进残疾人就业增值税优惠政策条件,又符合其他增值税优惠政策条件的,可同时享受多项增值税优惠政策,但年度申请退还增值税总额不得超过本年度内应纳增值税总额。

四、纳税义务发生时间

纳税义务发生时间是指纳税人发生应税行为,应当承担纳税义务的起始时间。税法明确规定纳税义务发生时间的作用在于:一是正式确认纳税人已经发生属于税法规定的应税行为,应当承担相应的纳税义务;二是有利于税务机关实施税务管理,合理规定申报期限和纳税期限,监督纳税人有效履行纳税义务。

(1) 销售货物或者应税劳务和发生应税行为,为收讫销售款项或者取得索取销售款项凭据的当天;先开具发票的,为开具发票的当天。收讫销售款项,是指纳税人销售货物、服务、无形资产、不动产过程中或者完成后收到款项。取得索取销售款项凭据的当天,是指书面合同确定的付款日期;未签订书面合同或者书面合同未确定付款日期的,为货物、服务、无形资产转让完成的当天或者不动产权属变更的当天。

(2) 采取托收承付和委托银行收款方式销售货物,为发出货物并办妥托收手续的当天。

(3) 采取赊销和分期收款方式销售货物,为书面合同约定的收款日期的当天,无书面合同的或者书面合同没有约定收款日期的,为货物发出的当天。

(4) 采取预收货款方式销售货物,为货物发出的当天,但生产销售生产工期超过 12 个月的大型机械设备、船舶、飞机等货物,为收到预付款或书面合同约定的收款日期的当天。

(5) 纳税人提供建筑服务、租赁服务采取预收款方式的,其纳税义务发生时间为收到预收款的当天。

(6) 纳税人从事金融商品转让的,为金融商品所有权转移的当天。

(7) 纳税人发生视同销售情形的,其纳税义务发生时间为转让完成的当天或者权属变更的当天。

(8) 委托其他纳税人代销货物,为收到代销单位的代销清单或者收到全部或者部分货款的当天。未收到代销清单及货款的,为发出代销货物满 180 天的当天。

(9) 增值税扣缴义务发生时间为纳税人增值税纳税义务发生的当天。

(10) 进口货物,为报关进口的当天。

上述销售货物和应税劳务及应税服务的纳税义务发生时间的确定,明确了增值税应纳税额计算中重要构成部分的"当期销项税额"的时间限定,从而奠定了增值税及时、准确计缴的基础。企业必须按上述规定准确无误地记录销售额和计算当期销项税额。

五、纳税期限

在明确了增值税纳税义务发生时间后,还需要掌握具体的纳税期限,以保证按期缴纳税款。根据《中华人民共和国增值税暂行条例》的规定,增值税的纳税期限分别为 1 日、3 日、5 日、10 日、15 日、1 个月或者 1 个季度。

纳税人的具体纳税期限,由主管税务机关根据纳税人应纳税额的大小分别核定;不能按照固定期限纳税的,可以按次纳税。以 1 个季度为纳税期限的规定仅适用于小规模纳税人、银行、财务公司、信托投资公司、信用社,以及财政部和国家税务总局规定的其他纳税人。小规模纳税人的具体纳税期限,由主管税务机关根据其应纳税额的大小分别核定。

纳税人以 1 个月或者 1 个季度为 1 个纳税期的,自期满之日起 15 日内申报纳税;以 1 日、3 日、5 日、10 日或者 15 日为 1 个纳税期的,自期满之日起 5 日内预缴税款,于次月 1 日起 15 日内申报纳税并结清上月应纳税款。

扣缴义务人解缴税款的期限,依照前两款规定执行。

纳税人进口货物,应当自海关填发进口增值税专用缴款书之日起 15 日内缴纳税款。

纳税人出口货物适用退(免)税规定的,应当向海关办理出口手续,凭出口报关单等有关凭证,在规定的出口退(免)税申报期内按月向主管税务机关申报办理该项出口货物的退(免)税。出口货物办理退税后发生退货或者退关的,纳税人应当依法补缴已退的税款。

六、纳税地点

为了保证纳税人按期申报纳税，根据企业跨地区经营和搞活商品流通的特点及不同情况，税法还具体规定了增值税的纳税地点。按规定，增值税的纳税地点主要有以下五种情况。

(1) 固定业户应当向其机构所在地主管税务机关申报纳税。总机构和分支机构不在同一县(市)的，应当分别向各自所在地主管税务机关申报纳税；经国务院财政、税务主管部门或授权的财政、税务机关批准，可以由总机构汇总向总机构所在地的主管税务机关申报纳税。

(2) 固定业户到外县(市)销售货物或者应税劳务，应当向其机构所在地的主管税务机关报告外出经营事项，并向其机构所在地的主管税务机关申报纳税；未开具证明的，应当向销售地或者劳务发生地的主管税务机关申报纳税；未向销售地或者劳务发生地的主管税务机关申报纳税的，由其机构所在地的主管税务机关补征税款。

(3) 非固定业户销售货物或者应税劳务，应当向销售地或者劳务发生地的主管税务机关申报纳税；未向销售地或者劳务发生地的主管税务机关申报纳税的，由其机构所在地或者居住地的主管税务机关补征税款。

(4) 进口货物，应当向报关地海关申报纳税。

(5) 扣缴义务人应当向其机构所在地或者居住地的主管税务机关申报缴纳其扣缴的税款。

第六节 增值税专用发票的使用及管理

增值税实行凭国家印发的增值税专用发票注明的税款进行抵扣的制度。增值税专用发票不仅是纳税人经济活动中重要的商事凭证，而且是兼记销售方销项税额和购货方进项税额进行税款抵扣的抵扣凭证。因此，加强增值税专用发票的管理是增值税征收管理中一个十分重要的环节。

专用发票，是增值税一般纳税人(以下简称一般纳税人)销售货物或者提供应税劳务开具的发票，是购买方支付增值税税额并可按照增值税有关规定据以抵扣增值税进项税额的凭证。一般纳税人应通过增值税防伪税控系统(简称防伪税控系统)使用专用发票，包括领购、开具、缴销、认证纸质专用发票及其相应的数据电文。

上述所称防伪税控系统，是指经国务院同意推行的，使用专用设备和通用设备、运用数字密码和电子存储技术管理专用发票的计算机管理系统。专用设备是指金税卡、IC 卡、读卡器和其他设备。通用设备是指计算机、打印机、扫描器具和其他设备。

一、增值税专用发票管理的一般规定

(一) 专用发票的领购使用范围

增值税专用发票(简称专用发票)是增值税制度的基本内容之一，它只限于增值税的一般纳税人领购使用，小规模纳税人和非增值税纳税人不得领购使用。一般纳税人有下列情况之一者，不得领购使用专用发票：

(1) 会计核算不健全，不能向税务机关准确提供增值税销项税额、进项税额、应纳税额数据

及其他有关增值税税务资料的。

(2) 有税收违法行为,拒不接受税务机关处理的。

(3) 有下列行为之一,经税务机关责令限期改正而仍未改正的:

① 虚开增值税专用发票。

② 私自印制专用发票。

③ 向税务机关以外的单位和个人买取专用发票。

④ 借用他人专用发票。

⑤ 未按规定开具专用发票。

⑥ 未按规定保管专用发票和专用设备。

⑦ 未按规定申请办理防伪税控系统变更发行。

⑧ 未按规定接受税务机关检查。

有上列情形的,如已领购专用发票,主管税务机关应暂扣其结存的专用发票和 IC 卡。

(二)“营改增”后纳税人发票的使用

(1) 自本地区“营改增”试点实施之日增值税纳税人不得开具公路、内河货物运输业统一发票。

增值税一般纳税人提供货物运输服务的,使用货物运输业增值税专用发票(以下简称货运专票)和普通发票;提供货物运输服务之外其他增值税应税项目的,统一使用增值税专用发票和增值税普通发票。

小规模纳税人提供货物运输服务,服务接受方索取货运专票的,可向主管税务机关申请代开。

(2) 提供港口码头服务、货运客运场站服务、装卸搬运服务、旅客运输服务的一般纳税人,可以选择使用定额普通发票。

(3) 实行增值税退(免)税办法的增值税零税率应税服务不得开具增值税专用发票。

(三)“营改增”后税控系统使用问题

(1) “营改增”试点实施之日起,一般纳税人提供货物运输服务、开具货运专票的,使用货物运输业增值税专用发票税控系统;提供货物运输服务之外的其他增值税应税服务、开具专用发票和增值税普通发票的,使用增值税防伪税控系统。

(2) 自 2013 年 8 月 1 日起,一般纳税人从事机动车(旧机动车除外)零售业务开具机动车销售统一发票,应使用机动车销售统一发票税控系统(以下简称机动车发票税控系统)。

(3) 纳税人使用的防伪税控系统专用设备为金税盘和报税盘,纳税人应当使用金税盘开具发票,使用报税盘领购发票、抄报税;货运专票税控系统和机动车发票税控系统专用设备为税控盘和报税盘,纳税人应当使用税控盘开具发票,使用报税盘领购发票、抄报税。

(四)专用发票开具范围

(1) 一般纳税人销售货物或者提供应税劳务和应税服务,应向购买方开具专用发票。

(2) 商业企业一般纳税人零售的烟、酒、食品、服装、鞋帽(不包括劳保专用部分)、化妆品等消费品不得开具专用发票。

(3) 增值税小规模纳税人需要开具专用发票的,可向主管税务机关申请代开。

(4) 销售免税货物不得开具专用发票,法律、法规及国家税务总局另有规定的除外。

(5) 纳税人发生应税行为,应当向索取增值税专用发票的购买方开具增值税专用发票,并在增值税专用发票上分别注明销售额和销项税额。属于下列情形之一的,不得开具增值税专用发票:

① 向消费者个人销售服务、无形资产或者不动产。

② 适用免征增值税规定的应税行为。

(6) 自2017年6月1日起,将建筑业纳入增值税小规模纳税人自行开具增值税专用发票试点范围。月销售额超过3万元(或季销售额超过9万元)的建筑业增值税小规模纳税人提供建筑服务、销售货物或发生其他增值税应税行为,需要开具增值税专用发票的,通过增值税发票管理新系统自行开具。

(7) 将小规模纳税人自行开具增值税专用发票试点范围,由住宿业,鉴证咨询业,建筑业,工业,信息传输、软件和信息技术服务业,扩大至租赁和商务服务业,科学研究和技术服务业,居民服务、修理和其他服务业。上述8个行业小规模纳税人(以下称"试点纳税人")发生增值税应税行为,需要开具增值税专用发票的,可以自愿使用增值税发票管理系统自行开具。

试点纳税人销售其取得的不动产,需要开具增值税专用发票的,应当按照有关规定向税务机关申请代开。

试点纳税人应当就开具增值税专用发票的销售额计算增值税应纳税额,并在规定的纳税申报期内向主管税务机关申报缴纳。在填写增值税纳税申报表时,应当将当期开具增值税专用发票的销售额,按照3%和5%的征收率,分别填写在"增值税纳税申报表"(小规模纳税人适用)第2栏和第5栏"税务机关代开的增值税专用发票不含税销售额"的"本期数"相应栏次中。

二、专用发票认证和不得抵扣进项税额的规定

用于抵扣增值税进项税额的专用发票应经税务机关认证相符(国家税务总局另有规定的除外)。认证相符的专用发票应作为购买方的记账凭证,不得退还销售方。所称认证,是指税务机关通过防伪税控系统对专用发票所列数据的识别、确认。所称认证相符,是指纳税人识别号无误,专用发票所列密文解译后与明文一致。

一般纳税人丢失已开具专用发票的发票联和抵扣联,丢失前已认证相符的,经购买方主管税务机关审核同意后,可作为增值税进项税额的抵扣凭证;丢失前未认证的,购买方凭销售方提供的相应专用发票记账联复印件到主管税务机关进行认证,认证相符的,经购买方主管税务机关审核同意后,可作为增值税进项税额的抵扣凭证。

一般纳税人丢失已开具专用发票的抵扣联,丢失前已认证相符的,可使用专用发票的发票联复印件留存备查;丢失前未认证的,可使用专用发票的发票联到主管税务机关认证,专用发票的发票联复印件留存备查。

一般纳税人丢失已开具专用发票的发票联,可将专用发票抵扣联作为记账凭证,专用发票抵扣联复印件留存备查。

专用发票抵扣联无法认证的,可使用专用发票的发票联到主管税务机关认证,专用发票的发票联复印件留存备查。

三、开具专用发票后发生退货或开票有误的处理

（1）增值税一般纳税人开具增值税专用发票后，发生销货退回、销售折让以及开票有误等情况需要开具红字专用发票的，视不同情况分别按以下办法处理：

① 专用发票抵扣联、发票联均无法认证的，由购买方填报《开具红字增值税专用发票申请单》（以下简称申请单），主管税务机关审核后出具《开具红字增值税专用发票通知单》（以下简称通知单）。购买方不做进项税额转出处理。

② 购买方所购货物不属于增值税扣税项目范围，取得的专用发票未经认证的，由购买方填报申请单，主管税务机关经审核确认后出具通知单。购买方不做进项税额转出处理。

③ 因开票有误购买方拒收专用发票的，销售方须在专用发票认证期限内向主管税务机关填报申请单，主管税务机关经审核确认后出具通知单。销售方凭通知单开具红字专用发票。

④ 因开票有误等原因尚未将专用发票交付购买方的，销售方须在开具有误专用发票的次月内向主管税务机关填报申请单，主管税务机关经审核确认后出具通知单。销售方凭通知单开具红字专用发票。

⑤ 发生销货退回或销售折让的，除按照相关规定进行处理外，销售方还应在开具红字专用发票后将该笔业务的相应记账凭证复印件报送主管税务机关备案。

（2）税务机关为小规模纳税人代开专用发票需要开具红字专用发票的，比照一般纳税人开具红字专用发票的处理办法，通知单第二联交代开税务机关。

（3）提供货物运输服务，开具货运专票后，如发生应税服务中止、折让、开票有误以及发票抵扣联、发票联均无法认证等情形，且不符合发票作废条件，需要开具红字货运专票的，实际受票方或承运人可向主管税务机关填报“开具红字货物运输业增值税专用发票申请单”，主管税务机关经核对后出具“开具红字货物运输业增值税专用发票通知单”。实际受票方应暂依通知单所列增值税税额从当期进项税额中转出，未抵扣增值税进项税额的可列入当期进项税额，待取得承运人开具的红字货运专票后，与留存的通知单一并作为记账凭证。

四、加强增值税专用发票的管理

税法除了对纳税人领购、开具专用发票做了上述各项具体规定外，在严格管理上也做了多项规定。

（一）关于被盗、丢失增值税专用发票的处理

（1）纳税人必须严格保管、使用专用发票。对违反规定发生被盗、丢失专用发票的纳税人，处以1万元以下的罚款，并可视具体情况，对丢失专用发票的纳税人，在一定期限内（最长不超过半年）禁止其领购专用发票。对纳税人申报遗失的专用发票，如发现非法代开、虚开问题的，责令该纳税人承担偷税、骗税的连带责任。

（2）纳税人丢失专用发票后，必须按规定程序向当地主管税务机关、公安机关报失。

（二）关于对代开、虚开增值税专用发票的处理

代开发票是指为与自己没有发生直接购销关系的他人开具发票的行为。虚开发票是指在没有任何购销事实的前提下，为他人、为自己或让他人为自己或介绍他人开具发票的行为。代开、虚开发票的行为都是严重的违法行为。对代开、虚开专用发票的，一律按票面所列货物的适用税

率全额征补税款,并按偷税给予处罚。对纳税人取得代开、虚开的增值税专用发票,不得作为增值税合法抵扣凭证抵扣进项税额。代开、虚开发票构成犯罪的,依法追究刑事责任。

(三)纳税人善意取得虚开的增值税专用发票的处理

(1)购货方与销售方存在真实的交易,销售方使用的是其所在省(自治区、直辖市和计划单列市)的专用发票,专用发票注明的内容与实际相符,且没有证据表明购货方知道销售方提供的专用发票是以非法手段获得的,对购货方不以偷税或者骗取出口退税论处。但应按有关规定不予抵扣进项税款或者不予出口退税;购货方已经抵扣的进项税款或者取得的出口退税,应依法追缴。

(2)购货方能够重新从销售方取得防伪税控系统开出的合法、有效专用发票的,或者取得手工开出的合法、有效专用发票且取得了销售方所在地税务机关已经或者正在依法对销售方虚开专用发票行为进行查处证明的,购货方所在地税务机关应依法准予抵扣进项税款或者出口退税。

(3)如有证据表明购货方在进项税款得到抵扣,或者获得出口退税前知道该专用发票是销售方以非法手段获得的,对购货方应按上述第(二)项的规定处理。

(4)有下列情形之一的,无论购货方(受票方)与销售方是否进行了实际的交易,增值税专用发票所注明的数量、金额与实际交易是否相符,购货方向税务机关申请抵扣进项税款或者出口退税的,对其均应按偷税或者骗取出口退税处理:

① 购货方取得的增值税专用发票所注明的销售方名称、印章与其进行实际交易的销售方不符的。

② 购货方取得的增值税专用发票为销售方所在省(自治区、直辖市和计划单列市)以外地区的。

③ 其他有证据表明购货方明知取得的增值税专用发票系销售方以非法手段获得的。

(5)纳税人善意取得虚开的增值税专用发票指购货方与销售方存在真实交易,且购货方不知取得的增值税专用发票是以非法手段获得的。纳税人善意取得虚开的增值税专用发票,如能重新取得合法、有效的专用发票,准许其抵扣进项税款;如不能重新取得合法、有效的专用发票,不准其抵扣进项税款或追缴其已抵扣的进项税款。

(四)防伪税控系统增值税专用发票的管理

(1)税务机关专用发票管理部门在运用防伪税控发售系统进行发票入库管理或向纳税人发售专用发票时,要认真录入发票代码、号码,并与纸质专用发票进行仔细核对,确保发票代码、号码电子信息与纸质发票的代码、号码完全一致。

(2)纳税人在运用防伪税控系统开具专用发票时,应认真检查系统中的电子发票代码、号码与纸质发票是否一致。如发现税务机关错填电子发票代码、号码,应持纸质专用发票和税控IC卡到税务机关办理退回手续。

(五)税务机关代开增值税专用发票管理办法

(1)代开专用发票是指主管税务机关为所管辖范围内的增值税纳税人(指已办理税务登记的小规模纳税人,包括个体经营者以及其他可予代开增值税专用发票的纳税人)代开专用发票,其他单位和个人不得代开。

(2)代开专用发票统一使用增值税防伪税控代开专用发票系统开具。

(3)增值税纳税人发生增值税应税行为、需要开具专用发票时,可向其主管税务机关申请代开。

五、金税工程

金税工程构成概括起来就是建立“一个网络、四个子系统”。一个网络是指国家税务总局与省、地、县国家税务局四级计算机网络；四个子系统是指增值税防伪税控开票子系统、防伪税控认证子系统、增值税稽核子系统和发票协查子系统。在此基础上，通过计算机网络和相关系统，实行税务机关对纳税人增值税专用发票和纳税状况的有效监控。在金税工程的四个子系统中，增值税防伪税控开票子系统与防伪税控认证子系统属于防伪税控系统的范畴，且增值税防伪税控开票子系统与防伪税控认证子系统的运行是金税工程增值税稽核子系统与发票协查子系统运行的基础。

增值税防伪税控系统是金税工程的重要组成部分，它是利用数字密码和电子储存技术，强化增值税专用发票防伪功能，实现对一般纳税人税源监控的计算机管理系统。它由六个子系统组成，其中税务部门安装使用的有五个：① 税务发行子系统；② 企业发行子系统；③ 发票发售子系统；④ 报税子系统；⑤ 认证子系统。企业安装使用的是防伪开票子系统。

防伪税控系统结合运用IC卡技术与税控黑匣子功能，将企业开具的每一张增值税专用发票的有关数据编译成电子密码，经过税务机关的认证核实，可以有效防止企业采取大头小尾、“阴阳”票等手法搞偷税的活动；由于企业开具的发票数据逐票存储于黑匣子中，通过企业按期抄税和报税（如不按期抄报税，系统将自动锁死开票功能），有效防止企业的虚开、代开发票等违法犯罪行为。同时，税务机关能及时掌握企业主要销售情况，从而达到“发票防伪”及“税款监控”的目的。

金税工程是经国务院批准实施的税收管理信息系统的总称，是国家电子政务“十二金”工程之一，目的是依托先进的计算机网络技术，实现全国税务机关互联互通、信息共享，全面加强对税收各税种、各环节的监控和管理。从1994年开始，金税工程经历了三期发展建设历程。随着金税工程网络覆盖全国所有市县，增值税专用发票管理已基本步入正常轨道，1994年以来虚开增值税专用发票犯罪活动一度十分猖獗的局面已基本扭转。金税工程在经过了长达10年的反复试验、推广后，终于在2003年实现了全国取消手工版增值税发票的目标，使伪造的假手工票失去了市场。金税工程二期的完成，即增值税防伪税控系统全面投入使用，增值税计算机交叉稽核系统在全国区县以上税务机关联网运行。这不仅大大挤压了虚开增值税发票的犯罪活动空间，也使利用假票、大头小尾票骗抵税款的违法犯罪活动基本得到了遏制。

金税三期系统是我国税收管理信息系统工程的总称。围绕着“一个平台、两级处理、三个覆盖、四个系统”的总体目标而建立。一个平台，指包含网络硬件和基础软件的统一的技术基础平台；两级处理，指依托统一的技术基础平台，逐步实现数据信息在总局和省局集中处理；三个覆盖，指应用内容逐步覆盖所有税种，覆盖所有工作环节，覆盖国地税局并与相关部门如工商、海关联网；四个系统，指通过业务重组、优化和规范，逐步形成一个以征管业务系统为主，包括行政管理、外部信息和决策支持在内的四大应用系统软件。金税三期工程属国家级信息系统工程，是国家电子政务建设的重要组成部分。该系统融合了税收征管变革和技术创新，统一了全国税务系统征管应用系统版本，搭建了统一的纳税服务平台，实现了全国税收数据大集中，对于进一步规范全国税收执法、优化纳税服务、实现“降低税务机关征纳成本和执法风险，提高纳税人遵从度和满意度”的“两提高、两降低”的税收征管改革目标具有极其重要的意义。

本章小结

1. 增值税是对销售和进口货物或者提供加工、修理修配劳务和应税行为以及单位和个人就其实现的增值额征收的一个税种。增值税已经成为中国最主要的税种之一，增值税的收入约占中国全部税收的半壁江山。

2. 从计税原理上说，增值税是对商品生产、流通、劳务服务中多个环节的新增价值或商品的附加值征收的一种流转税。实行价外税，也就是由消费者负担，有增值才征税，没增值不征税。

3. 增值税实行凭增值税专用发票抵扣税款的制度，因此对纳税人的会计核算水平要求较高，要求能够准确核算销项税额、进项税额和应纳税额。但实际情况是有众多的纳税人达不到这一要求，因此将纳税人按其经营规模大小以及会计核算是否健全划分为一般纳税人和小规模纳税人。

4. 增值税采取基本税率加几档低税率模式。基本税率为13%；低税率为9%、6%和零税率等。

5. 一般纳税人缴纳增值税采取扣税法，应纳税额为销项税额扣除进项税额后的余额。其中，销项税额=销售额×适用税率；进项税额为购进货物或接受应税劳务所支付或负担的增值税税额，一般以当期购货发票中注明的允许扣除的增值税税款为准。对小规模纳税人不实行扣税法，其应纳税额计算公式为：应纳税额=销售额×征收率。进口货物应纳税额计算公式为：应纳税额=组成计税价格×税率。

6. 为了实现不同的政策目标，我国在增值税领域规定了较多的减免税项目，主要涉及扶持农业发展、促进资源综合利用、鼓励产业发展、照顾社会公共事业、促进社会福利事业发展等目标。

7. 增值税专用发票是增值税管理的核心内容，它不仅能作为购销凭证，而且能够抵扣税款。为此，加强对增值税专用发票的管理是税务机关增值税管理的重要环节。

综合练习

一、重要概念

增值税　理论增值额　法定增值额　消费型增值税　视同销售行为　一般纳税人　小规模纳税人　价外费用　销项税额　进项税额　出口货物退(免)税　免、抵、退税　金税工程　增值税防伪税控系统　增值税专用发票

二、思考题

1. 什么是增值税？如何理解增值税概念中的增值额的含义？
2. 增值税的征税范围有哪些？
3. 单位或个体工商户视同销售货物的行为有哪些？
4. 增值税针对两类纳税人是如何进行认定及管理的？
5. 增值税的税率有哪些？它们分别适用什么样的范围？
6. 对增值税业务中，关于销售货物业务中销售额的特殊规定有哪些？
7. 增值税制度规定中准予抵扣的进项税额有哪些？

8. 税法中不得抵扣的进项税额有哪些？

9. 增值税一般纳税人应纳税额是如何计算的？

10. 什么是增值税专用发票？如何加强管理？

三、计算题

1. 某工业企业(一般纳税人)主要生产销售各种型号的发电机组。当年8月发生如下业务：

(1) 本月发出7月以预收货款方式销售给某机电设备销售公司的发电机组3台，每台不含税售价30 000元。另向购买方收取装卸费3 390元。

(2) 企业采取分期收款方式销售给某单位大型发电机组1台，金额为237 300元。合同规定9月、10月、11月每月付款79 100元。

(3) 委托某商场代销10台小型发电机组，协议规定，商场按每台含税售价25 000元对外销售，并按该价格与企业结算。手续费按每台500元计算，在结算货款时抵扣。产品已发给商场，商场本月无销售。

(4) 为本企业专门自制发电机组1台，本月移送并开始安装。该设备账面成本为35 000元，无同类型产品销售价。

(5) 外购原材料一批，取得防伪税控系统开具的增值税专用发票上注明的进项税额为6 800元。

(6) 进口原材料一批，关税完税价折合人民币120 000元，假设进口关税税率为50%。

要求：假设该企业上期无留抵税款，相关票据均已通过主管税务机关认证。请根据上述资料，计算本月应纳增值税税额。

2. 某电视机厂为增值税一般纳税人，生产一种新型号的彩色电视机，每台不含税销售单价5 000元。当年6月发生如下经济业务：

(1) 6月5日，向各大商场销售电视机2 000台，对这些大商场在当月20天内付清2 000台电视机购货款给予了5%的销售折扣。

(2) 6月8日，发货给外省分支机构200台用于销售，并支付发货运费等费用1 000元。其中，取得运输单位开具的货票上注明的运费600元。

(3) 6月10日采取以旧换新方式，从消费者个人手中收购旧型号电视机，销售新型号电视机100台，每台旧型号电视机折价为500元。

(4) 6月15日，购进生产电视机用原材料一批，取得的防伪税控系统开具的增值税专用发票上注明的价款为200万元，增值税为34万元。

(5) 6月20日，向全国冬季运动会赠送电视机20台。

(6) 6月23日，从国外购进2台电视机检测设备，取得的海关开具的完税凭证上注明的增值税税额为18万元。

要求：假定相关票据均在当月通过主管税务机关认证，请计算该企业6月应纳增值税税额。

3. 某生产企业为一般纳税人，适用增值税税率13%，当年4月份生产经营业务如下：

(1) 销售甲商品给某大商场，开具增值税专用发票，取得不含税销售额80万元；

(2) 销售乙商品，开具普通发票，取得含税销售额22.60万元；

(3) 购进货物取得增值税专用发票，注明支付的货款为100万元、进项税13万元；另支付购货的运输费，并取得运输公司开具的货物运输业增值税专用发票上注明的运费10万元。

(4) 向农业生产者购进免税农产品一批加工成税率为13%的货物，支付收购价40万元，支付给运输单位的运费12万元(运输业增值税专用发票上注明的价款)。本月下旬将购进的农产品的20%用于本企业职工福利(运输业增值税率为9%)。

要求：假定上述需要认证的发票均已通过认证并允许在当月抵扣，请计算该企业7月份应缴纳的增值税额。

4. A技术开发公司为增值税一般纳税人，当年6月发生下列业务：

(1) 为我国境内B企业(小规模纳税人)提供产品研发服务和培训服务，取得研发服务收入300万元，培训收入 50 万元,发生业务支出 7.2 万元,并取得税务机关代开的增值税专用发票。

(2) 为我国境内 C 公司提供技术项目论证服务,开具增值税专用发票,注明金额为 120 万元。

(3) 向我国境内 D 企业转让一项专利技术取得转让收入 240 万元,取得与之相关的技术咨询收入 60 万元,已履行相关备案手续;另转让与专利技术配套使用的设备一台并取得技术服务费,开具增值税专用发票,设备金额 500 万元,技术服务费 20 万元。

(4) 出售外购的办公楼一幢,取得销售收入 3 300 万元,该办公楼系 2016 年购买,购买时支付买价 1 200 万元,相关税费 60 万元;该公司选择按简易计税方法计税。

(5) 购进计算机及办公用品,取得增值税专用发票,金额为 100 万元,支付运费,取得增值税专用发票,注明金额 0.9 万元。

要求:假定本月取得的相关票据符合税法规定,并已进行认证抵扣。请计算该公司当月应缴纳的增值税税额。

计算题参考答案

延展阅读

[1] 刘怡,耿纯. 增值税跨地区转移与留抵退税负担机制研究[J]. 税务研究,2020(10):34-40.

[2] 苏国灿,童锦治,魏志华,刘诗源. 中国间接税税负归宿的测算:模型与实证[J]. 经济研究,2020(11):84-100.

[3] 范子英,赵仁杰. 财政职权、征税努力与企业税负[J]. 经济研究,2020(04):101-117.

[4] 潘常刚. 营改增的居民福利与公平效应研究——基于可计算一般均衡模型的实证分析[J]. 税务研究,2018(3):51-56.

[5] 王乔,徐佳佳. 增值税改革对制造业税负的影响研究——基于投入产出法[J]. 税务研究,2020(12):5-13.

[6] 刘剑文,丁健鸽.《民法典》保理新规纳入增值税立法的思考[J]. 税务研究,2021(01):5-12.

第四章

消　费　税

本章学习目标

1. 了解消费税的概念、特点与作用
2. 熟悉消费税的征税范围、纳税人、税率等税制要素规定
3. 掌握消费税的不同计税办法及应纳税额计算
4. 熟悉消费税的征管规定

2015 年元旦前后 3 个月内，我国三次提高成品油消费税税率，成品油价格消费税负比例增至 45%左右，引起公众广泛关注与热议。对于成品油消费税调整，有三种不同态度：一是有车族不希望成品油消费税调高，理由是没有落实税收法定原则等；二是政府财税部门支持提高消费税，理由是油价过低会对污染治理造成压力等；三是无车群众大多数持支持态度，理由是希望呼吸更洁净的空气，经常看到蓝蓝的天。政府为什么要提高成品油消费税税率？程序是否合法？你持什么观点？

第一节　消费税概述

一、消费税的概念

视频讲解：消费税的概念

消费税，从性质上说是对消费征税，包括消费支出税和消费品税。消费支出税是对个人在一定时期内的消费支出总额征税，又称为综合消费税，其本质是对所得课税的一种特殊形式，因而属于直接税的范畴。消费支出税虽有一定的理论影响，由于其计税难度大，在各国税收实践中基本没有采用。消费品税是对消费品和消费行为的流转额征税。一般在生产环节课征，由生产者缴纳，通过商品销售将税款转嫁给消费者负担，因而属于间接税的范畴，目前世界各国普遍开征的消费税均属这种类型。消费品税又可分为一般消费税与特种消费税。一般消费税是对所有消费品和消费行为征收的一种税，特种消费税又称特定消费税、特别消费税，是指对特定的消费品和消费行为征收的一种税。各国消费税征税范围宽窄不同，税种名称亦有差别，有称为货物税、

国内产品税或国内消费税的，也有对不同应税消费品分别设置税种，以具体征税对象命名的，如烟税、酒税、汽油税等。

我国现行消费税是对在我国境内从事生产、委托加工和进口应税消费品的单位和个人，就其销售额或销售数量，在特定环节征收的一种税，开征于 1994 年 1 月 1 日，也属于特种消费税的类型。随着改革的进行，批发或零售特定消费品的单位或个人也会成为消费税纳税人，就其销售额征收消费税。虽然我国消费税是在 1994 年税制改革后建立起来的一个新税种，但我国对特定消费品的课税自古就有，且几乎从未间断。如西周时期的“山泽之赋”“关市之赋”及后世历代课征的盐税、茶税、酒税等名目繁多。新中国成立初期征收的货物税，20 世纪 50 年代征收的商品流通税，1958 年到 1973 年征收的工商统一税，1973 年改革实行的工商税，1984 年工商税制改革分离出来的产品税、增值税，1989 年对彩电和小轿车征收的特别消费税，均属于对特定消费品的征税。我国历史上曾经开征过的这些具有消费税性质的税种与现行国际通行的消费税在调节目标、手段等方面存在较大差异。1994 年税制改革确立了我国流转税中增值税和消费税交叉征收的双重调节体系，在增值税对消费品普遍征税调节的基础上，再选择若干消费品课征消费税，体现国家对某些特定产品进行特殊调节的政策意图。现行消费税法的基本规范，是 2008 年 11 月 5 日经国务院第 34 次常务会议修订通过并颁布，2009 年 1 月 1 日起施行的《中华人民共和国消费税暂行条例》及其后颁布的财政部、国家税务总局第 51 号令《中华人民共和国消费税暂行条例实施细则》。2009 年 5 月 1 日起，在卷烟批发环节加征一道消费税，自 2016 年 12 月 1 日起，对超豪华小汽车在零售环节加征一道消费税。自 2015 年 2 月 1 日起，消费税征税范围纳入了电池及涂料。

二、消费税的特点

（一）征税项目具有选择性

世界各国目前通行的消费税均属于选择性商品税。各国根据其社会经济形势的需要、社会传统习惯以及国际惯例，在人们普遍消费的大量消费品或消费行为中有选择地确定若干个征税项目，在税法中列举征税。我国现行消费税 1994 年开征时选择了 11 类产品征税，根据经济形势发展需要进行了及时的增减调整，现有 15 类产品征税，主要包括特殊消费品、奢侈品、高能耗消费品、不可再生的稀缺资源消费品，以及税基宽广、消费普遍、不影响人民群众生活，但又具有一定财政意义的普通消费品。

（二）征税环节具有单一性

消费税通常实行一次课征制，只在消费品的生产、商业批发、商业零售诸环节中选择一个环节课税。一般多选择产制环节，以利于税款的源泉控制，减少征收费用，保证财政收入。我国现行消费税根据不同应税消费品的特殊情况，除卷烟 2009 年 5 月 1 日起同时在生产与批发环节征税，超豪华小汽车自 2016 年 12 月 1 日起在零售环节加征消费税外，其他均实行一次课征制，一般规定在生产环节或进口环节计征，也有少数规定在零售环节征税。

（三）征税方法具有灵活性

消费税的计税方法一般比较灵活，针对不同应税消费品的具体情况，规定了多种计税办法，以便于核算、计征，减少税务成本。我国现行消费税对部分价格变化较大，且便于按价格核算的应税消费品采用了从价定率计税的办法；对部分价格变动小，且品种、规格比较单一的大宗应税消费品采用了从量定额计税的办法;对部分特殊应税消费品如卷烟、白酒等,还采用了既从价又从量的复合计税办法。

(四) 税率(税额)差异性大

消费税属于非中性税收,主要目的是配合国家的社会经济政策,对某些消费品或消费行为发挥特殊调节作用,因而其应税项目的税率(税额)差异通常较大,以鲜明地体现国家鼓励或限制的政策意图。如我国现行消费税从价定率计税部分,设有13档比例税率,最低税率为1%,最高税率为56%,差别很大。

三、消费税的作用

消费税是各国税制体系中的一个重要组成部分,在调节经济和聚集收入方面发挥着重要作用。具体表现为:

(一) 促进资源合理配置,正确引导生产消费

消费税是国家促进资源合理配置最重要的宏观调控政策工具之一,其课税对象的选择、税率高低的设计、征税环节的确定等集中体现了国家的产业政策和消费政策。消费税通过税负转嫁传导机制,必将影响消费者的消费支付能力和消费选择决策,从而影响消费结构,引导消费结构合理化,并且通过调节消费需求影响生产结构,进而促进产业结构合理化。

(二) 筹集财政资金,增加财政收入

消费税的课税对象,大多是使用广泛、消费量大、具有传统征收高税习惯的商品,如烟、酒、汽油等。这些商品税源集中,征收简便,税务成本低,财政收入效应大。在许多发达国家和发展中国家,消费税占有重要的财政收入地位。2020年我国国内消费税12 028亿元,占税收总收入的比重为7.79%,位于增值税、企业所得税之后,是我国财政收入的重要支柱①。

(三) 调节社会成员收入,促进公平分配

消费税实行对人们日常消费的基本生活用品和企业生产的绝大多数消费物品不征税,而对高收入者更多消费的奢侈品和高档消费品或高消费行为征高税的原则,使得消费税具有了独特的收入再分配功能,可以在一定程度上削弱和缓解各国普遍存在的贫富悬殊和分配不公问题。消费税的收入再分配功能在具有累退性的间接税中独树一帜。

专栏4-1　奢侈品消费税

奢侈品,一般是指超出人们生存与发展需要的具有稀缺、珍奇和昂贵特点的消费品,也称非生活必需品。在国际上开征奢侈品税早已成潮流,目前已有美国、加拿大、瑞典、澳大利亚、韩国、日本、保加利亚等国实施奢侈品消费税,课征项目包括珠宝、皮草、名表、豪华汽车、船舶及飞机等,税率不一,通常较高,其目的是缩小贫富差距,实现社会公平。随着中国经济的飞速发展,中国已渐成为全球奢侈品消费的主力军,将奢侈品纳入消费税征税范围正被更多地关注与付诸实践。

---

① 数据来源于财政部网站。

第二节 消费税的纳税人、征税范围对象、税率

一、消费税的纳税人及代收代缴义务人

（一）消费税纳税人

视频讲解：消费税的纳税人、征税对象和税率

凡在中华人民共和国境内生产、委托加工和进口应税消费品的单位和个人，以及国务院确定的销售应税消费品的其他单位和个人，均为消费税的纳税义务人。所称“在中华人民共和国境内”，是指生产、委托加工和进口属于应当缴纳消费税的消费品的起运地或者所在地在境内，“单位”是指企业、行政单位、事业单位、军事单位、社会团体及其他单位，“个人”是指个体工商户及其他个人。具体包括以下六类：

（1）在我国境内生产销售应税消费品的单位与个人；

（2）在我国境内委托加工应税消费品的单位与个人；

（3）在我国境内进口或代理进口应税消费品的单位与个人；

（4）在我国境内从事卷烟批发业务的单位与个人；

（5）在我国境内零售金银首饰、钻石及钻石饰品、铂金首饰的单位与个人；

（6）在我国境内将超豪华小汽车销售给消费者的单位和个人。

为加强征收管理，堵塞税收漏洞，保证国家的财政收入，1995 年 1 月 1 日起，金银首饰消费税由生产环节征收改为零售环节征收；2002 年 1 月 1 日起，钻石及钻石饰品消费税由生产、进口环节征收改为零售环节征收；2003 年 5 月 1 日起，铂金首饰消费税由生产、进口环节征收改为零售环节征收。为了适当增加财政收入，合理控制烟产品过度消费，2009 年 5 月 1 日起，对从事卷烟批发业务的单位和个人，在卷烟批发环节又加征了一道消费税。为了引导合理消费，促进节能减排，自 2016 年 12 月 1 日起，对超豪华小汽车在零售环节加征消费税。

（二）消费税代收代缴义务人

为了加强对委托加工应税消费品的税收征管，我国现行消费税法规定，委托加工应税消费品应纳税额实行源泉扣缴，即由受托方在委托方提货时代扣代缴委托方应缴纳的消费税款。但纳税人若委托个人加工应税消费品，则一律于委托方收回后在委托方所在地缴纳消费税。

跨境电子商务零售进口商品的个人作为纳税义务人，电子商务企业、电子商务交易平台企业或物流企业可作为代收代缴义务人。

二、消费税征税范围对象

借鉴国际通行做法，结合我国经济发展水平、产业政策、消费政策、居民消费水平与消费结构及国家财政需要，我国现行消费税征税范围的选择主要考虑以下几个方面：一是过度消费会对人类健康、社会秩序、生态环境造成危害的特殊消费品，如烟、酒、鞭炮和焰火等；二是奢侈品、非生活必需品，如高档化妆品、贵重首饰及珠宝玉石、高档手表等；三是高能耗、重污染及高档消费品，如摩托车、小汽车、游艇、高尔夫球及球具、电池、涂料等；四是不可再生和替代的能源产品及森林

资源产品，如成品油、木制一次性筷子、实木地板等。消费税征税范围随着国家社会经济形势发展和消费税政策变化，也会及时调整。

我国消费税征税范围以税目列举的形式加以规定，1994 年开征时设置了 11 个税目，经多次调整现为 15 个税目，主要包括烟、酒、高档化妆品、贵重首饰及珠宝玉石、鞭炮和焰火、成品油、摩托车、小汽车、高尔夫球及球具、高档手表、游艇、木制一次性筷子、实木地板、电池、涂料。各税目具体征税范围如下：

（一）烟

烟包括卷烟、雪茄烟、烟丝。

1. 卷烟

卷烟是指将各种烟叶切成烟丝，按照配方要求均匀混合，加入糖、酒、香料等辅料，用白色盘纸、棕色盘纸、涂布纸或烟草薄片经机器或手工卷制的普通卷烟和雪茄型卷烟。

2. 雪茄烟

雪茄烟是指以晾晒烟为原料或者以晾晒烟和烤烟为原料，用烟叶或卷烟纸、烟草薄片作为烟支内包皮，再用烟叶作为烟支外包皮，经机器或手工卷制而成的烟草制品。按内包皮所用材料的不同可分为全叶卷雪茄烟和半叶卷雪茄烟。

3. 烟丝

烟丝是指将烟叶切成丝状、粒状、片状、末状或其他形状，再加入辅料，经过发酵、储存，不经卷制即可供销售吸用的烟草制品。烟丝的征税范围包括以烟叶为原料加工生产的不经卷制的散装烟，如斗烟、莫合烟、烟末、水烟、黄红烟丝等。

（二）酒

酒包括白酒、黄酒、啤酒、其他酒。

1. 白酒

白酒是指以高粱、玉米、大米、糯米、大麦、小麦、小米、青稞、白薯（红薯、地瓜）、木薯、马铃薯（土豆）、芋头、山药等各种粮食和薯类为原料，经过糖化、发酵后，采用蒸馏方法酿制的酒。

2. 黄酒

黄酒是指以糯米、粳米、籼米、大米、黄米、玉米、小麦、薯类等为原料，经加温、糖化、发酵、压榨酿制的酒。由于工艺、配料和含糖量的不同，黄酒分为干黄酒、半干黄酒、半甜黄酒、甜黄酒四类。黄酒的征税范围包括各种原料酿制的黄酒和酒度超过 12 度（含 12 度）的土甜酒。

3. 啤酒

啤酒是指以大麦或其他粮食为原料，加入啤酒花，经糖化、发酵、过滤酿制的含有二氧化碳的酒。啤酒按照杀菌方法的不同，可分为熟啤酒和生啤酒或鲜啤酒。啤酒的征税范围包括各种包装和散装的啤酒。无醇啤酒比照啤酒征税。

4. 其他酒

其他酒是指除白酒、黄酒、啤酒以外，酒度在 1 度以上的各种酒。其征税范围包括糠麸白酒、其他原料白酒、土甜酒、复制酒、果木酒、汽酒、药酒等。按照国家标准调味料酒属于调味品，不属于配置酒和泡制酒，对调味料酒不再征收消费税。调味料酒是指以白酒、黄酒或食用酒精为主要原料，添加食盐、植物香辛料等配制加工而成的产品名称标注（在食品标签上标注）为调味料酒的液体调味品。

(三) 高档化妆品

化妆品是日常生活中用于修饰、美化人体表面的用品。2016 年 10 月 1 日起，取消对普通美容、修饰类化妆品征收消费税，将“化妆品”税目名称更名为“高档化妆品”。征收范围包括高档美容、修饰类化妆品，高档护肤类化妆品和成套化妆品。高档美容、修饰类化妆品和高档护肤类化妆品是指生产（进口）环节销售（完税）价格（不含增值税）在 10 元/毫升（克）或 15 元/片（张）及以上的美容、修饰类化妆品和护肤类化妆品。

(四) 贵重首饰及珠宝玉石

贵重首饰及珠宝玉石包括凡是以金、银、白金、宝石、珍珠、钻石、翡翠、玛瑙等高贵稀有物质以及其他金属、人造宝石等制作的各种纯金银首饰及镶嵌首饰和经采掘、打磨、加工的各种珠宝玉石。

1. 金银首饰、铂金首饰和钻石及钻石饰品

金银首饰是指金、银和金基、银基合金首饰，以及金、银和金基、银基合金的镶嵌首饰，不包括镀金（银）、包金（银）首饰，以及镀金（银）、包金（银）的镶嵌首饰。铂金首饰，俗称白金首饰，是以铂金属为原料制作的铂金和铂金基的镶嵌首饰。钻石及钻石饰品为未镶嵌成品钻石和镶嵌钻石的其他贵金属制首饰及其零件、镶嵌钻石的以贱金属为底的包贵金属制首饰、钻石制品。

2. 珠宝玉石

珠宝玉石指钻石、珍珠、松石、青金石、欧泊石、橄榄石、长石、玉、石英、玉髓、石榴石、锆石、尖晶石、黄玉、碧玺、金绿玉、绿柱石、刚玉、琥珀、珊瑚、煤玉、龟甲、合成刚玉、合成宝石、双合石、玻璃仿制品。

宝石坯是经采掘、打磨、初级加工的珠宝玉石半成品，按规定征收消费税。

(五) 鞭炮和焰火

鞭炮，又称爆竹，是用多层纸密裹火药，接以药引线而制成的一种爆炸品。焰火，指烟火剂，一般系包扎品，内装药剂，点燃后烟火喷射，呈各种颜色，有的还变幻成各种景象，分平地小焰火和空中大焰火两类。征税范围包括各种鞭炮、焰火。体育上用的发令纸、鞭炮药引线，不属于本税目征税范围。

(六) 成品油

成品油包括汽油、柴油、石脑油、溶剂油、航空煤油、润滑油、燃料油。

1. 汽油

汽油包括车用汽油、起动汽油和航空汽油。以汽油、汽油组分调和生产的甲醇汽油、乙醇汽油也属于本税目征税范围。

2. 柴油

以柴油、柴油组分调和生产的生物柴油也属于柴油征税范围。

3. 石脑油

石脑油包括除汽油、柴油、航空煤油、溶剂油以外的各种轻质油。非标汽油、重整生成油、拔头油、戊烷原料油、轻裂解料、重裂解料、加氢裂化尾油、芳烃抽余油均属轻质油，属于石脑油征税范围。

4. 溶剂油

溶剂油是指用原油或其他原料加工生产的用于涂料、油漆、食用油、印刷油墨、皮革、农药、橡胶、化妆品生产和机械清洗、胶黏行业的轻质油。橡胶填充油、溶剂油原料，属于溶剂油征税范围。

5. 航空煤油

航空煤油又称喷气燃料，是用原油或其他原料加工生产的用作喷气发动机和喷气推进系统燃料的各种轻质油。

6. 润滑油

润滑油包括矿物性润滑油、矿物性基础油、植物性润滑油、动物性润滑油和化工原料合成润滑油。以植物性、动物性和矿物性基础油（或矿物性润滑油）混合掺配而成的混合性润滑油，不论矿物性基础油（或矿物性润滑油）所占比例高低，均属润滑油的征税范围。变压器油、导热类油等绝缘油类产品不属于应征消费税的润滑油，不征收消费税。

7. 燃料油

腊油、船用重油、常压重油、减压重油、180CTS 燃料油、7 号燃料油、糠醛油、工业燃料、4-6 号燃料油等油品的主要用途是作为燃料燃烧，属于燃料油征税范围。

（七）摩托车

摩托车的征税范围为最大设计车速超过 50 千米/小时、发动机气缸容量 250 毫升（含）以上、空车质量不超过 400 千克（带驾驶室的正三轮车及特种车的空车质量不受此限）的两轮和三轮机动车。

（八）小汽车

小汽车是指由动力装置驱动，具有四个和四个以上车轮的非轨道承载的车辆。包括乘用车、中轻型商用客车、超豪华小汽车。

1. 乘用车

乘用车是指含驾驶员座位在内最多不超过 9 个座位（含）的，在设计和技术特性上用于载运乘客和货物的各类乘用车。

2. 中轻型商用客车

中轻型商用客车是指含驾驶员座位在内的座位数在 10～23 座（含）的在设计和技术特性上用于载运乘客和货物的各类中轻型商用客车。

用排气量小于 1.5 升（含）的乘用车底盘（车架）改装、改制的车辆属于乘用车征税范围。用排气量大于 1.5 升的乘用车底盘（车架）或用中轻型商用客车底盘（车架）改装、改制的车辆属于中轻型商用客车征税范围。驾驶员人数（额定载客）为区间值的（如 8～10 人，17～26 人）小汽车，按其区间值下限人数确定征税范围。

3. 超豪华小汽车

2016 年 12 月 1 日起，对超豪华小汽车，在生产（进口）环节按现行税率征收消费税基础上，在零售环节加征消费税。征收范围为每辆零售价格 130 万元（不含增值税）及以上的乘用车和中轻型商用客车，即乘用车和中轻型商用客车子税目中的超豪华小汽车。

电动汽车、沙滩车、雪地车、卡丁车、高尔夫车不属于消费税征收范围。企业购进货车或厢式货车改装生产的商务车、卫星通信车等专用汽车不属于征税范围。

（九）高尔夫球及球具

高尔夫球及球具是指从事高尔夫球运动所需的各种专用装备，包括高尔夫球、高尔夫球杆及高尔夫球包（袋）等。高尔夫球是指重量不超过 45.93 克、直径不超过 42.67 毫米的高尔夫球运动比赛、练习用球；高尔夫球杆是指被设计用来打高尔夫球的工具，由杆头、杆身和握把三部分组成；高尔夫球包（袋）是指专用于盛装高尔夫球及球杆的包（袋）。高尔夫球杆的杆头、杆身和握把属于本税目的征税范围。

（十）高档手表

高档手表是指销售价格（不含增值税）每只在 10 000 元（含）以上的各类手表。征税范围包括符合以上标准的各类手表。

（十一）游艇

征税范围包括艇身长度大于 8 米（含）小于 90 米（含），内置发动机，可以在水上移动，一般为私人或团体购置，主要用于水上运动和休闲娱乐等非牟利活动的各类机动艇。

（十二）木制一次性筷子

木制一次性筷子，征税范围包括各种规格的木制一次性筷子。未经打磨、倒角的木制一次性筷子属于本税目征税范围。

（十三）实木地板

实木地板的征税范围包括各类规格的实木地板、实木指接地板、实木复合地板及用于装饰墙壁、天棚的侧端面为榫、槽的实木装饰板。未经涂饰的素板属于本税目征税范围。

（十四）电池

电池是一种将化学能、光能等直接转换为电能的装置，一般由电极、电解质、容器、极端，通常还有隔离层组成的基本功能单元，以及用一个或多个基本功能单元装配成的电池组。征税范围包括原电池、蓄电池、燃料电池、太阳能电池和其他电池。

（十五）涂料

涂料是指涂于物体表面能形成具有保护、装饰或特殊性能的固态涂膜的一类液体或固体材料之总称。涂料由主要成膜物质、次要成膜物质等构成。按主要成膜物质涂料可分为油脂类、天然树脂类、酚醛树脂类、沥青类、醇酸树脂类、氨基树脂类、硝基类、过氯乙烯树脂类、烯类树脂类、丙烯酸酯类树脂类、聚酯树脂类、环氧树脂类、聚氨酯树脂类、元素有机类、橡胶类、纤维素类、其他成膜物类等。

三、消费税的税率

（一）税率设计

我国现行消费税根据不同应税消费品档次结构、供求关系、国家政策、消费者承受能力及财政收入需要，采用了多形式、多档次、大落差的税率。现有比例税率、定额税率和复合税率三种税率形式，对供求矛盾比较突出、价格差异较大、计量单位不规范的消费品，选择了价税联动的比例税率，如化妆品、鞭炮和焰火、贵重首饰及珠宝玉石等；对供求基本平衡、价格差异不大、计量单位规范的消费品，选择了定额税率，如黄酒、啤酒、成品油等；为加强征管力度，堵塞偷逃税漏洞，对卷烟和白酒实行了既从价又从量的复合税率（详见表 4-1）。

表 4-1　消费税税目税率表

税目	税率
一、烟	
1. 卷烟	
(1) 甲类卷烟:每标准条调拨价格≥70 元(生产/进口环节)	56%加 0.003 元/支
(2) 乙类卷烟:每标准条调拨价格<70 元(生产/进口环节)	36%加 0.003 元/支
(3) 卷烟(批发环节)	11%加 0.005 元/支
2. 雪茄烟	36%
3. 烟丝	30%
二、酒	
1. 白酒	20%加 0.5 元/500 克(或 500 毫升)
2. 黄酒	240 元/吨
3. 啤酒	
(1) 甲类啤酒:每吨出厂价≥3 000 元	250 元/吨
(2) 乙类啤酒:每吨出厂价<3 000 元	220 元/吨
4. 其他酒	10%
三、高档化妆品	15%
四、贵重首饰及珠宝玉石	
1. 金银首饰、铂金首饰和钻石及钻石饰品	5%
2. 其他贵重首饰和珠宝玉石	10%
五、鞭炮和焰火	15%
六、成品油	
1. 汽油	1.52 元/升
2. 柴油	1.20 元/升
3. 航空煤油	1.20 元/升
4. 石脑油	1.52 元/升
5. 溶剂油	1.52 元/升
6. 润滑油	1.52 元/升
7. 燃料油	1.20 元/升
七、摩托车	
1. 气缸容量(排气量,下同)为 250 毫升	3%
2. 气缸容量在 250 毫升(不含)以上的	10%

续表

税目	税率
八、小汽车	
1. 乘用车	
(1) 气缸容量(排气量,下同)在 1.0 升(含 1.0 升)以下的	1%
(2) 气缸容量在 1.0 升以上至 1.5 升(含 1.5 升)的	3%
(3) 气缸容量在 1.5 升以上至 2.0 升(含 2.0 升)的	5%
(4) 气缸容量在 2.0 升以上至 2.5 升(含 2.5 升)的	9%
(5) 气缸容量在 2.5 升以上至 3.0 升(含 3.0 升)的	12%
(6) 气缸容量在 3.0 升以上至 4.0 升(含 4.0 升)的	25%
(7) 气缸容量在 4.0 升以上的	40%
2. 中轻型商用客车	5%
3. 超豪华小汽车(零售环节)	10%
九、高尔夫球及球具	10%
十、高档手表	20%
十一、游艇	10%
十二、木制一次性筷子	5%
十三、实木地板	5%
十四、电池	4%
十五、涂料	4%

(二) 税率的适用

纳税人生产、加工和进口的应税消费品,应按消费品税目税率表中规定的税率计算纳税。纳税人生产两种以上不同税率应税消费品的,应该分别核算不同税率应税消费品的销售额或销售数量,分别适用对应税率纳税;未分别核算的,按最高税率计征。纳税人若将应税消费品与非应税消费品以及适用税率不同的应税消费品组成成套消费品出售的,应根据组合产制品的销售金额按应税消费品中适用最高税率的消费品税率计征。此外,税法对一些特殊情况下的消费税税率适用做了进一步规定:

1. 进口卷烟消费税比例税率的适用

(1) 每标准条进口卷烟(200 支)确定消费税适用比例税率的价格=(关税完税价格+关税+消费税定额税率)/(1-消费税税率)。其中,关税完税价格和关税为每标准条的关税完税价格及关税税额;消费税定额税率为每标准条(200 支)0.6 元(依据现行消费税定额税率折算而成);消费税税率固定为 36%。

(2) 每标准条进口卷烟(200 支)确定消费税适用比例税率的价格≥70 元人民币的,适用比例税率为 56%;每标准条进口卷烟(200 支)确定消费税适用比例税率的价格<70 元人民币的,适

用比例税率为36%。

非标准条包装卷烟应当折算成标准条包装卷烟的数量，以其实际销售收入计算确定其折算成标准条包装后的实际销售价格，并确定适用的比例税率。折算的实际销售价格高于计税价格的，应按照折算的实际销售价格确定适用比例税率；折算的实际销售价格低于计税价格的，应按照同牌号规格标准条包装卷烟的计税价格和适用税率征税。

我国烟草系统标准计量单位为：

1 标准箱 = 5 标准件 = 250 标准条 = 50 000 支

(3) 进口卷烟消费税定额税率为每标准箱(50 000 支)150 元(依据现行消费税定额税率折算而成)。

2. 兼营卷烟批发与零售的税收处理

纳税人兼营卷烟批发环节和零售业务的，应当分别核算批发和零售环节的销售额、销售数量；未分别核算批发和零售环节销售额、销售数量的，按照全部销售额、销售数量计征批发环节消费税。

专栏 4-2　烟草消费税增税意在促进控烟

中国是世界上主要的香烟消费国之一，目前烟民数量大约为3.5亿人。国内15岁以上的人群吸烟率超1/4，7.4亿非吸烟人群遭受二手烟的危害。利用税收杠杆提高烟草消费税并因此提高烟草价格，是世界公认的最有效的控烟措施之一。世界卫生组织2019年公布的《全球烟草流行报告》显示，2010年至2012年全球178个被调查的国家中，有97个国家提高了烟草产品消费税。世界卫生组织发布的研究数据显示，烟草价格每增长10%，放弃吸烟的成年烟民增长3.7%，放弃吸烟的青少年烟民增长9.3%。

3. 啤酒的税率适用

每吨啤酒出厂价格是指含包装物及包装物押金的销售价格，但不包括供重复使用的塑料周转箱押金。娱乐业、饮食业自制啤酒从高适用税率。

4. 配制酒的税率适用

配制酒(露酒)是指以发酵酒、蒸馏酒或食用酒精为酒基，加入可食用或药食两用的辅料或食品添加剂，进行调配、混合或再加工制成的，并改变了其原酒基风格的饮料酒。

(1) 以蒸馏酒或食用酒精为酒基，酒精度低于38°(含)，具有国家相关部门批准的国食健字或卫食健字文号的配制酒，按"其他酒"10%适用税率征收消费税。蒸馏酒或食用酒精为酒基是指酒基中蒸馏酒或食用酒精的比重超过80%(含)。

(2) 以发酵酒为酒基，酒精度低于20°(含)的配制酒，按"其他酒"10%适用税率征收消费税。以发酵酒为酒基是指酒基中发酵酒的比重超过80%(含)。

(3) 其他配制酒，按消费税税目税率表"白酒"适用税率征收消费税。

第三节 消费税应纳税额的计算

一、消费税应税行为的确定

视频讲解：消费税应税行为的确定

消费税应税行为的确定是正确计算消费税应纳税额的前提。根据《中华人民共和国消费税暂行条例》(2008 年修订)及其实施细则的规定，消费税的应税行为可概括为以下七类：

(一) 生产销售应税消费品

1. 纳税人有偿转让自产应税消费品

纳税人以从购买方取得货币、货物、劳务或其他经济利益为条件转让应税消费品所有权的行为。包括：纳税人直接对外销售自产应税消费品；用自产应税消费品换取生产资料和消费资料；用自产应税消费品支付代扣手续费或销售回扣；用自产应税消费品在销售数量之外另给购货方或中间人作为奖励和报酬等。

2. 纳税人自产自用的应税消费品用于其他方面的

纳税人自产自用的应税消费品，用于连续生产应税消费品的，不纳税；用于其他方面的，于移送使用时纳税。用于连续生产应税消费品，是指纳税人将自产的应税消费品作为直接材料生产最终应税消费品，自产应税消费品构成最终应税消费品的实体。用于其他方面，是指纳税人将自产应税消费品用于生产非应税消费品、在建工程、管理部门、非生产机构、提供劳务、馈赠、赞助、集资、广告、样品、职工福利、奖励等方面。

(二) 委托加工应税消费品

委托加工应税消费品是指由委托方提供原料和主要材料，受托方只收取加工费和代垫部分辅助材料加工的应税消费品。对于由受托方提供原材料生产的应税消费品，或者受托方先将原材料卖给委托方，然后再接受加工的应税消费品，以及由受托方以委托方名义购进原材料生产的应税消费品，不论纳税人在财务上是否作销售处理，都不得作为委托加工应税消费品，而应视为受托方销售自制应税消费品。

委托方将收回的应税消费品，以不高于受托方的计税价格出售的，属于直接出售，不再缴纳消费税；委托方以高于受托方的计税价格出售的，不属于直接出售，需按照规定申报缴纳消费税，在计税时准予扣除受托方已代收代缴的消费税。

(三) 进口应税消费品的行为

为了平衡进口应税消费品和国内生产应税消费品之间的税负，税法规定对进口应税消费品的行为征税。

(四) 批发卷烟的行为

我国自 2009 年 5 月 1 日起，对批发销售所有牌号规格卷烟的行为，征收批发环节的消费税。

(五) 零售金银首饰、钻石及钻石饰品、铂金首饰的行为

金银首饰零售业务是指将金银首饰销售给中国人民银行批准的金银首饰生产、加工、批发、零售单位(简称经营单位)以外的单位和个人的业务。钻石及钻石饰品、铂金首饰零售业务是指将应税首饰销售给从事该首饰生产、加工、批发、零售(以下简称经营单位)以外的单位和个人的业务(另有规定者除外)。下列行为应视同零售业务征税:

(1) 为经营单位以外的单位和个人加工金银首饰、铂金首饰、钻石及钻石饰品。加工包括带料加工、翻新改制、以旧换新等业务,不包括修理、清洗业务。

(2) 经营单位将金银首饰、铂金首饰、钻石及钻石饰品用于馈赠、赞助、集资、广告、样品、职工福利、奖励等方面。

(3) 未经中国人民银行总行批准,经营金银首饰批发业务的单位将金银首饰销售给经营单位。

改为零售环节征收消费税的金银首饰范围仅限于:金、银和金基、银基合金首饰,以及金、银和金基、银基合金的镶嵌首饰。不属于上述范围的应税消费品的首饰,如镀金(银)、包金(银)首饰,以及镀金(银)、包金(银)的镶嵌首饰(简称非金银首饰),仍在生产销售环节征收消费税。

(六) 零售超豪华小汽车

为了引导合理消费,促进节能减排,经国务院批准,在“小汽车”税目下增设“超豪华小汽车”子税目,征收范围为每辆零售价格130万元(不含增值税)及以上的乘用车和中轻型商用客车,即乘用车和中轻型商用客车子税目中的超豪华小汽车。我国自2016年12月1日起,对超豪华小汽车,在生产(进口)环节按现行税率征收消费税基础上,在零售环节加征消费税,税率为10%。对我国驻外使领馆工作人员、外国驻华机构及人员、非居民常住人员、政府间协议规定等应税(消费税)进口自用超豪华小汽车消费税,按照生产(进口)环节税率和零售环节税率(10%)加总计算,由海关代征。

(七) 视同应税消费品的生产行为

工业企业以外的单位和个人的下列行为视为应税消费品的生产行为,按规定征收消费税:

(1) 将外购的消费税非应税产品以消费税应税产品对外销售的;

(2) 将外购的消费税低税率应税产品以高税率应税产品对外销售的。

外购润滑油大包装经简单加工改成小包装或者外购润滑油不经加工只贴商标的行为,视同应税消费品的生产行为;外购电池、涂料大包装改成小包装或者外购电池、涂料不经加工只贴商标的行为,视同应税消费税品的生产行为。发生上述生产行为的单位和个人应按规定申报缴纳消费税。

二、计税依据

虽然我国现行消费税实行从量定额、从价定率及既从价又从量的复合计征三种计税办法,但计税依据依然无外乎应税消费品的销售数量和销售额两种。

(一) 从量定额计征的计税依据

从量定额计征的应税消费品,以应税消费品的销售数量为计税依据。具体为:

视频讲解:消费税的计税依据

(1) 销售应税消费品的,为应税消费品的销售数量。

(2) 自产自用应税消费品的,为应税消费品的移送使用数量。

(3) 委托加工应税消费品的,为纳税人收回的应税消费品数量。

（4）进口应税消费品的，为海关核定的应税消费品进口数量。

我国现行消费税对烟、酒、成品油三个税目中的卷烟、白酒、黄酒、啤酒、汽油、柴油、石脑油、溶剂油、润滑油、燃料油、航空煤油11个子目实行从量定额计征，规定了相应的标准计税单位，卷烟为支，白酒为每500克或500毫升，黄酒、啤酒为吨，所有的成品油为升。由于在实际销售过程中，酒类产品和油类产品体积与重量单位常被混用，为了准确计税，税法具体规定了酒类产品和油类产品体积与重量单位之间的换算标准：

黄酒：1吨=962升

啤酒：1吨=988升

汽油：1吨=1 388升

柴油：1吨=1 176升

航空煤油：1吨=1 246升

石脑油：1吨=1 385升

溶剂油：1吨=1 282升

润滑油：1吨=1 126升

燃料油：1吨=1 015升

（二）从价定率计征的计税依据

从价定率计征的应税消费品，以应税消费品的销售额为计税依据。我国现行消费税和增值税实行交叉征收，消费税为价内税，增值税为价外税，从价计征消费税税基和增值税计税销售额基本一致（除个别特殊情况外），即均是以含有消费税但不含增值税的价格作为计税依据。具体可分为以下几种情况：

1. 对外销售应税消费品

对外销售应税消费品，以纳税人销售应税消费品向购买方收取的全部价款和价外费用为计税依据。价外费用，是指价外向购买方收取的手续费、补贴、基金、集资费、返还利润、奖励费、违约金、滞纳金、延期付款利息、赔偿金、代收款项、代垫款项、包装费、包装物租金、储备费、优质费、运输装卸费以及其他各种性质的价外收费。但下列项目不包括在内：

（1）同时符合以下条件的代垫运输费用：承运部门的运输费用发票开具给购买方的；纳税人将该项发票转交给购买方的。

（2）同时符合以下条件代为收取的政府性基金或者行政事业性收费：由国务院或者财政部批准设立的政府性基金，由国务院或者省级人民政府及其财政、价格主管部门批准设立的行政事业性收费；收取时开具省级以上财政部门印制的财政票据；所收款项全额上缴财政。

2. 自产自用应税消费品

按规定需要征收消费税的，以纳税人生产的同类消费品的销售价格为计税依据，没有同类消费品销售价格的，以组成计税价格为计税依据。同类消费品的销售价格，是指纳税人当月销售的同类消费品的销售价格，如果当月同类消费品各期的销售价格高低不同，应按销售数量加权平均计算。但销售价格明显偏低且无正当理由或无销售价格的，不得列入加权平均计算。如果当月没有发生销售或当月未完结，应按照同类消费品上月或最近月份的销售价格计算纳税。在没有同类产品销售价格可以比照的情况下，自产自用应税消费品按组成计税价格计税。

实行从价定率办法计算纳税的组成计税价格计算公式为：

组成计税价格＝（成本+利润）÷（1−比例税率）

＝成本×（1+成本利润率）÷（1−比例税率）

实行复合计税办法计算纳税的组成计税价格计算公式为：

组成计税价格＝（成本+利润+自产自用数量×定额税率）÷（1−比例税率）

上述组成计税价格公式中的成本是指应税消费品的产品生产成本，利润是指根据应税消费品的全国平均利润率计算的利润。应税消费品全国平均成本利润率由国家税务总局确定（详见表4−2）。

表4−2 应税消费品全国平均成本利润率表

序号	应税消费品	平均成本利润率（%）	序号	应税消费品	平均成本利润率（%）
1	甲类卷烟	10	11	摩托车	6
2	乙类卷烟	5	12	高尔夫球及球具	10
3	雪茄烟	5	13	高档手表	20
4	烟丝	5	14	游艇	10
5	粮食白酒	10	15	木制一次性筷子	5
6	薯类白酒	5	16	实木地板	5
7	其他酒	5	17	乘用车	8
8	高档化妆品	5	18	中轻型商用客车	5
9	鞭炮和焰火	5	19	电池	4
10	贵重首饰及珠宝玉石	6	20	涂料	7

3. 委托加工应税消费品

以受托方同类消费品的销售价格为计税依据，同类消费品的销售价格为受托方（即代收代缴义务人）当月销售的同类消费品的销售价格。如果受托方当月同类应税消费品各期销售价格高低不同，应按销售数量加权平均计算。但销售的应税消费品有下列情况之一的，不得列入加权平均计算：

（1）销售价格明显偏低又无正当理由的；

（2）无销售价格的。

如果受托方当月无同类应税消费品销售或当月未完结，应按照同类消费品上月或最近月份的销售价格计算纳税。没有同类产品销售价格的，则按组成计税价格计算纳税。

实行从价定率办法计算纳税的组成计税价格计算公式为：

组成计税价格＝（材料成本+加工费）÷（1−比例税率）

实行复合计税办法计算纳税的组成计税价格计算公式为：

组成计税价格＝（材料成本+加工费+委托加工数量×定额税率）÷（1−比例税率）

公式中的材料成本是指委托方所提供加工材料的实际成本。委托加工应税消费品的纳税人，必须在委托加工合同上如实注明（或以其他方式提供）材料成本，凡未提供材料成本的，受托方所在地主管税务机关有权核定其材料成本。公式中的加工费是指受托方加工应税消费品向委托方所收取的全部费用(包括代垫辅助材料的实际成本)。

4. 进口应税消费品

进口应税消费品以组成计税价格为计税依据。进口应税消费品,由进口人或其代理人在进口报关时,向进口地海关申报纳税,由报关地海关代征。

实行从价定率办法计算纳税的组成计税价格计算公式为:

组成计税价格=(关税完税价格+关税)÷(1-消费税比例税率)

实行复合计税办法计算纳税的组成计税价格计算公式为:

组成计税价格=(关税完税价格+关税+进口数量×消费税定额税率)÷(1-消费税比例税率)

公式中的关税完税价格是指海关核定的关税计税价格。

5. 特殊规定

(1)含税销售额的计税规定。如果纳税人应税消费品的销售额中未扣除增值税税款或者因不得开具增值税专用发票而发生价款和增值税税款合并收取的,在计算消费税时应将其换算为不含增值税税款的销售额。换算公式为:

应税消费品的销售额=含增值税销售额÷(1+增值税税率或征收率)

(2)包装物押金的计税规定。应税消费品连同包装物销售的,无论包装物是否单独计价,也无论在会计上如何处理,均应并入应税消费品的销售额征收消费税。如果包装物不作价随同产品销售,而是收取押金,此项押金则不应并入应税消费品销售额中征税。但对逾期未收回的包装物不再退还的和已收取一年以上的押金,应并入应税消费品的销售额,按照应税消费品的适用税率征收消费税。销售除啤酒、黄酒外的其他酒类产品而收取的包装物押金,无论是否返还以及会计上如何核算,均应并入当期销售额征税。

(3)自设非独立核算门市部销售的自产应税消费品的计税规定。纳税人通过自设非独立核算门市部销售的自产应税消费品,应当按照门市部对外销售额计征消费税。

(4)自产应税消费品用于其他方面的计税规定。纳税人自产应税消费品用于以物易物、投资入股和抵偿债务等方面,则应当以纳税人同类应税消费品的最高销售价格作为计税依据。

(5)与非应税消费品成套销售的计税规定。纳税人将自产的应税消费品与外购或自产的非应税消费品组成套装销售的,以套装产品的销售额(不含增值税)为计税依据。

(6)外汇计价应税消费品的计税规定。纳税人销售的应税消费品,以人民币以外的货币结算销售额的,应当折合成人民币计算。其销售额的人民币折合率可以选择销售额发生的当天或者当月 1 日的人民币汇率中间价。纳税人应事先确定采用何种折合率,确定后 1 年内不得变更。

(7)白酒销售的计税规定。白酒生产企业销售给销售单位的白酒,其计税价格低于销售单位对外销售价格(不含增值税,下同)70%以下的,税务机关应核定其消费税最低计税价格。销售单位是指专门购进并销售白酒生产企业生产的白酒,且与该白酒生产企业存在关联性质的销售公司、购销公司,以及依据协定价格从白酒生产企业购进白酒,同时承担大部分包装材料等成本费用,并负责销售白酒的包销公司。国家税务总局选择核定消费税计税价格的白酒,核定比例统一确定为 60%。

$$\text{当月该品牌、规格白酒消费税计税价格}=\frac{\text{该品牌、规格白酒销售}}{\text{单位上月平均销售价格}}\times\text{核定比例}$$

已核定最低计税价格的白酒生产企业，实际销售价格高于核定最低计税价格的，按实际销售价格申报纳税；实际销售价格低于核定最低计税价格的，则按核定最低计税价格申报纳税。已核定最低计税价格的白酒，销售单位对外销售价格持续上涨或下降时间达到3个月以上、累计上涨或下降幅度在20%(含)以上的白酒，税务机关重新核定最低计税价格。

白酒生产企业未按规定上报销售单位销售价格的，主管国家税务机关应按照销售单位销售价格征收消费税。

白酒生产企业在销售白酒时，不论采取何种方式或以何种名义收取价款，均应并入白酒的销售额计征消费税，将白酒与其他非应税消费品如酒具组合成套销售，则应按全部销售额计算缴纳白酒消费税。

专栏4-3　白酒消费税改革历程与动态

我国白酒消费税，起征于1994年，实行从价计征。2001年开始实行从价、从量的复合征税方式，粮食类白酒按出厂价的25%、薯类白酒按出厂价的15%征收从价税，然后每斤再征收0.5元从量税。2006年，国家取消了粮食类和薯类白酒的差别税率，统一为20%。2009年，为了防止白酒企业避税，国家规定消费税计税价格如果低于白酒销售单位对外售价的70%，消费税最低计税价格将由税务部门在白酒销售单位对外销售价格50%~70%范围内自行核定。根据《国家税务总局关于部分白酒消费税计税价格核定及相关管理事项的通知》(国税函[2009]416号)，国家税务总局选择核定消费税计税价格的白酒，核定比例统一确定为60%。参照"谁消费，谁交税"的国际惯例及税负水平，我国白酒消费税或在近期推出改革举措，基本思路是将由生产与进口环节征税转向批发与零售环节征税，同时拟实行酒瓶完税标签，该标签类似食品质量QS认证标签，以加强税收征管。

(8) 卷烟销售的计税规定。生产销售的卷烟，以实际销售价格为计税依据。实际销售价格低于核定计税价格的，以核定计税价格为计税依据，未核定计税价格的新牌号、新规格卷烟，按卷烟调拨价格申报纳税。实际销售价格是指卷烟生产企业通过卷烟交易市场与购货方签订的卷烟交易价格。核定计税价格是指税务机关对卷烟生产企业销售的所有牌号、规格的卷烟核定的卷烟消费税最低计税价格，其计算公式为：

$$\text{某牌号、规格卷烟计税价格}=\text{批发环节销售价格}\times(1-\text{适用批发毛利率})$$

公式中卷烟适用的批发毛利率具体标准为：调拨价格满146.15元的一类卷烟为34%，其他一类卷烟29%；二类卷烟25%；三类卷烟25%；四类卷烟20%；五类卷烟15%。一类卷烟是指每标准条(200支，下同)调拨价格满100元的卷烟；二类卷烟是指每标准条调拨价格满70元不满100元的卷烟；三类卷烟是指每标准条调拨价格满30元不满70元的卷烟；四类卷烟是指每标准条调拨价格满16.5元不满30元的卷烟；五类卷烟是指每标准条调拨价格不满16.5元的卷烟。

批发销售的卷烟，以批发环节销售价格(不含增值税)为计税依据。批发环节销售价格，是按照税务机关采集的所有卷烟批发企业在价格采集期内销售的该牌号、规格卷烟的数量、销售额进行加权平均计算的。具体计算公式为：

$$批发环节销售价格=\frac{\sum 该牌号、规格卷烟各采集点的销售额}{\sum 该牌号、规格卷烟各采集点的销售数量}$$

已核定计税价格的卷烟，发生下列情况，由国家税务总局重新核定计税价格：① 卷烟价格调整的；② 卷烟批发毛利率调整的；③ 卷烟批发环节销售价格扣除卷烟批发毛利后，卷烟平均销售价格连续 6 个月高于已核定计税价格 10%，且无正当理由的。

纳税人兼营卷烟批发和零售业务的，应当分别核算批发和零售环节的销售额、销售数量；未分别核算批发和零售环节销售额、销售数量的，按照全部销售额、销售数量计征批发环节消费税。

专栏 4-4　烟草消费税计税方法国际比较

世界卫生组织统计数据显示，统计的全球 186 个国家中有 20 个国家不征收任何形式的卷烟消费税，占 11%，包括阿富汗、伊朗、伊拉克、科威特、马尔代夫、卡塔尔、沙特阿拉伯、阿联酋等；有 166 个国家征收卷烟消费税，其中 56 个国家只对卷烟征收从量消费税，占所统计的 186 个国家的 30%；50 个国家只征收从价消费税，占 27%；60 个国家对卷烟同时征收从量税和从价税，占 32%。另有至少 8 个国家将消费税作为卷烟征税的唯一税种，包括埃及、叙利亚、缅甸、古巴、文莱等。

（9）金银首饰零售的计税规定。带料加工的金银首饰，应按受托方销售同类金银首饰的销售价格确定计税价格征收消费税。没有同类金银首饰销售价格的，按照组成计税价格计算纳税。其组成计税价格的计算公式为：

$$组成计税价格=(材料成本+加工费)\div(1-金银首饰消费税税率)$$

纳税人采用以旧换新（含翻新改制）方式销售的金银首饰，应按实际收取的不含增值税的全部价款确定计税依据征收消费税。纳税人用于馈赠、赞助、集资、广告、样品、职工福利、奖励等方面的金银首饰，应按纳税人销售同类金银首饰的销售价格确定计税依据征收消费税；没有同类金银首饰销售价格的，按照组成计税价格计算纳税。其计算公式为：

$$组成计税价格=购进原价\times(1+利润率)\div(1-金银首饰消费税税率)$$

纳税人为生产企业时，公式中的购进原价为生产成本，利润率一律定为 6%。

（10）跨境电子商务零售进口的计税规定。跨境电子商务零售进口商品的，以实际交易价格（包括货物零售价格、运费和保险费）作为完税价格。跨境电子商务零售进口商品的单次交易限值为人民币 5 000 元，个人年度交易限值为人民币 26 000 元。在限值以内进口的跨境电子商务零售进口商品，关税税率暂设为 0%；进口环节增值税、消费税取消免征税额，暂按法定应纳税额的 70%征收。完税价格超过单次交易限值但低于年度交易限值，且订单下仅一件商品时，可自跨境电商零售渠道进口，按货物税率全额征收关税和进口环节增值税、消费税，交易额计入年度交易总额，但年度交易总额超过年度交易限值的，应按一般贸易管理。跨境电子商务零售进口商品自海关放行之日起 30 日内退货的，可申请退税，并相应调整个人年度交易总额。

三、应纳税额的计算

视频讲解：消费税应纳税额的计算与出口退(免)税

(一) 从量定额计征

应纳税额=应税消费品的销售数量×单位税额

【例 4-1】 某石化厂为增值税一般纳税人,2021 年 4 月生产销售 90 号汽油 500 吨,每吨售价 6 400 元;93 号汽油 700 吨,每吨售价 6 900 元;97 号汽油 1 000 吨,每吨售价 7 400 元;0 号柴油 300 吨,每吨售价 6 300 元。企业下属车队当月耗用自产 97 号汽油 10 吨。试计算该企业当月应纳消费税税额。上述售价均为不含增值税价。

解:(1) 生产销售汽油应纳消费税=(500+700+1 000)×1 388×1. 52=4 641 472(元)。

(2) 生产销售柴油应纳消费税=300×1 176×1. 20=423 360(元)。

(3) 自产自用汽油应纳消费税=10×1 388×1. 52=21 097. 60(元)。

(4) 该企业本月应纳消费税税额=4 641 472+423 360+21 097. 60=5 085 929. 60(元)。

(二) 从价定率计征

应纳税额=应税消费品的销售额×适用税率

【例 4-2】 某化妆品厂为增值税一般纳税人,2021 年 5 月发生下列经济业务:

(1) 销售成套化妆品取得价款 400 000 元(不含增值税);

(2) 端午节发给职工一批新开发的高档化妆品,无同类产品销售价格,产品生产成本为 30 000 元;

(3) 企业将一批由护肤护发品和高档化妆品组装的礼盒送给关系单位,同类产品售价为 20 000 元(不含增值税)。

要求:根据上述资料,计算该企业当月应纳消费税税额。

解:(1) 销售成套化妆品应纳消费税=400 000×15%=60 000(元)。

(2) 发给职工的新产品应纳消费税=[30 000×(1+5%)÷(1-15%)]×15%=5 558. 82(元)。

(3) 对外赠送礼盒应纳消费税=20 000×15%=3 000(元)。

(4) 本月应纳消费税合计=60 000+5 558. 82+3 000=68 558. 82(元)。

(三) 从量定额与从价定率复合计征

应纳税额=销售额×比例税率+销售数量×定额税率

【例 4-3】 某酒厂为增值税一般纳税人,2021 年 6 月生产粮食白酒 1 100 吨,当月对外销售 800 吨,取得销售收入 2 400 万元(不含增值税);将自制白酒 200 吨作为福利分配给职工,市场价 700 万元(不含增值税)。当月收取粮食白酒包装物押金 22. 6 万元,没收上年度收取的白酒包装物押金 8 万元。请问该企业当月应纳多少消费税?

解:(1) 从价计征的消费税税额=[24 000 000+7 000 000+226 000÷(1+13%)]×20%=6 240 000(元)。

(2) 从量计征的消费税税额=(800+200)×2 000×0. 5=1 000 000(元)。

(3) 当月生产销售白酒应纳消费税合计=6 240 000+1 000 000=7 240 000(元)。

【例 4-4】 某进出口经营权的外贸公司为增值税一般纳税人,2021 年 2 月从国外进口卷烟 200 标准箱,其关税完税价格为 1 835 000 元,关税为 367 000 元。计算该批卷烟在进口环节应缴纳的消费税税额。

解：(1) 每条进口卷烟适用比例税率的价格 = [(1 835 000+367 000)÷(200×250)+0.6]÷(1−36%)= 69.75 元<70 元，适用 36%的税率。

(2) 该批进口卷烟应纳消费税税额 =(1 835 000+367 000+200×150)÷(1−36%)×36%+200×150=1 255 500+30 000=1 285 500(元)。

(四) 特殊计算方法

由于某些应税消费品是用外购已税消费品或委托加工已税消费品连续生产出来的，为了体现消费税只对最终应税消费品征税，税不重征的原则，我国现行税法对这些连续生产出来的应税消费品规定了特殊的计税方法。

(1) 纳税人连续生产下列应税消费品，准予从应纳消费税税额中扣除当期生产领用的外购已税消费品的已纳消费税税款。外购已纳税款，含进口环节已缴纳的消费税税款。扣除范围如下：

① 以外购已税烟丝生产的卷烟；

② 以外购已税高档化妆品生产的高档化妆品；

③ 以外购已税珠宝玉石生产的贵重首饰及珠宝玉石；

④ 以外购已税鞭炮、焰火生产的鞭炮和焰火；

⑤ 以外购已税杆头、杆身和握把为原料生产的高尔夫球杆；

⑥ 以外购已税木制一次性筷子为原料生产的木制一次性筷子；

⑦ 以外购已税实木地板为原料生产的实木地板；

⑧ 以外购已税汽油、柴油、石脑油、燃料油、润滑油为原料生产的应税成品油。

单位和个人外购润滑油大包装经简单加工成小包装或外购润滑油不经加工只贴商标的行为，视同应税消费品的生产行为。

从葡萄酒生产企业购进、进口葡萄酒连续生产应税葡萄酒的，准予从葡萄酒消费税应纳税额中扣除所耗用应税葡萄酒已纳消费税税款。

当期准予扣除的外购应税消费品已纳税款的计算公式为：

$$\begin{array}{c}\text{当期准予扣除的外购}\\ \text{应税消费品已纳税款}\end{array}=\begin{array}{c}\text{当期准予扣除的外购应税}\\ \text{消费品买价或数量}\end{array}\times\begin{array}{c}\text{外购应税消费品}\\ \text{适用税率或税额}\end{array}$$

$$\begin{array}{c}\text{当期准予扣除的外购}\\ \text{应税消费品的买价或数量}\end{array}=\begin{array}{c}\text{期初库存的外购应税}\\ \text{消费品的买价或数量}\end{array}+\begin{array}{c}\text{当期购进的应税}\\ \text{消费品的买价或数量}\end{array}-\begin{array}{c}\text{期末库存的外购应税}\\ \text{消费品的买价或数量}\end{array}$$

外购已税消费品的买价是指不包括增值税税款的购入价。需要说明的是，纳税人用外购已税珠宝玉石生产的改在零售环节征收消费税的金银首饰、铂金首饰及钻石饰品，在计税时一律不得扣除外购珠宝玉石的已纳税款。

【例 4-5】 某高档化妆品厂家为增值税一般纳税人，用外购高档化妆品 A 生产高档化妆品 B，2021 年 2 月初库存的高档化妆品买价 500 000 元，本月购进高档化妆品 A 买价为 3 000 000 元，月末库存外购高档化妆品 900 000 元，该厂当月生产高档化妆品 B 的不含税销售额为 3 200 000 元。试计算该厂当月应纳消费税税额(买价均为不含税)。

解:(1) 当月生产高档化妆品 B 耗用外购高档化妆品 A 的买价 = 500 000 + 3 000 000 − 900 000 = 2 600 000(元)。

(2) 当月准予扣除的外购高档化妆品 A 已纳税额 = 2 600 000×15% = 390 000(元)。

(3) 当月销售高档化妆品应纳消费税税额 = 3 200 000×15% − 390 000 = 90 000(元)。

(2) 纳税人连续生产下列应税消费品,准予从应纳消费税税额中扣除当期生产领用委托加工收回的应税消费品已纳消费税税款:

① 以委托加工收回的已税烟丝生产的卷烟;

② 以委托加工收回的已税高档化妆品生产的高档化妆品;

③ 以委托加工收回的已税珠宝玉石生产的贵重首饰及珠宝玉石;

④ 以委托加工收回的已税鞭炮、焰火生产的鞭炮、焰火;

⑤ 以委托加工收回的已税摩托车连续生产应税摩托车(如用外购两轮摩托车改装三轮摩托车);

⑥ 以委托加工收回的已税杆头、杆身和握把为原料生产的高尔夫球杆;

⑦ 以委托加工收回的已税木制一次性筷子为原料生产的木制一次性筷子;

⑧ 以委托加工收回的已税实木地板为原料生产的实木地板;

⑨ 以委托加工收回的已税汽油、柴油、石脑油、燃料油、润滑油为原料生产的应税成品油。

当期准予扣除的委托加工收回应税消费品已纳税款的计算公式为:

当期准予扣除的委托加工应税消费品已纳税款 = 期初库存的委托加工应税消费品已纳税款 + 当期收回的委托加工应税消费品已纳税款 − 期末库存的委托加工应税消费品已纳税款

需要说明的是,纳税人用委托加工的已税珠宝玉石生产的改在零售环节征收消费税的金银首饰、铂金首饰及钻石饰品,在计税时一律不得扣除委托加工收回的珠宝玉石的已纳消费税税款。

【例 4-6】 某卷烟厂为增值税一般纳税人,2021 年 5 月发出价值 20 万元的烟叶,委托另一烟厂加工烟丝,支付加工费 10 万元,增值税 1.6 万元,受托方无同类产品销售价格。企业当月将收回的全部烟丝加工成卷烟。该企业当月销售同一牌号卷烟 35 标准箱,取得含增值税收入 80.2 万元,税务机关核定的该牌号卷烟计税价格为 68 元/标准条。试计算该企业当月应纳消费税税额。

解:(1) 委托加工烟丝应由受托方代扣代缴的消费税税额 = [(200 000 + 100 000) ÷ (1 − 30%)]×30% = 128 571.43(元)。

(2) 该企业当月卷烟每条销售价格 = [802 000÷(1+13%)]÷(35×250) = 81.11(元)。

(3) 该企业当月销售卷烟应纳消费税税额 = 35×50 000×0.003 + [802 000 ÷ (1 + 13%)]×56% − 128 571.43 = 5 250 + 397 451.33 − 128 571.43 = 274 129.9(元)。

(3) 纳税人委托加工收回应税消费品,以高于受托方的计税价格出售的,应当按规定申报缴纳消费税,在计税时准予扣除受托方已代收代缴的消费税税款。

【例 4-7】 某化妆品有限公司为增值税一般纳税人,2021 年 5 月初购进一批原料,一共支付价款 78 300 元(不含税)。公司将收购的这批原料委托某化妆品厂生产加工高档化妆品。加工完毕,公司当月收回,并取得某化妆品厂开具的防伪税控的增值税专用发票,上面注明协议加工费 48 000 元(不含税),其中包含代垫辅助材料 27 000 元。月底,公司在支付加工费和代扣代缴消费税后,直接将这批委托加工的高档化妆品以 180 000 元的价格出售。请计算该公司该项业务应征消费税税额。

解:(1) 委托加工高档化妆品应由受托方代收代缴的消费税组成计税价格=(78 300+48 000)÷(1-15%)=148 588.24(元)。

应由受托方代收代缴的消费税税额=148 588.24×15%=22 288.24(元)。

(2) 该公司委托收回高档化妆品对外销售应补征消费税税额=180 000×15%-22 288.24=4 711.76(元)。

四、减免税

消费税的主要功能是配合国家产业政策和消费政策、实施宏观调控。根据我国宏观经济形势的变化和产业政策、消费政策的调整,为促进资源综合利用和环境保护,推进产业转型升级,现行消费税减免税规定主要有:

(1) 对生产销售达到低污染排放限值的小轿车、越野车和小客车减征 30%的消费税。低污染排放限值是指相当于欧盟指令 94/12/EC、96/69/EC 排放标准(简称欧洲Ⅱ号标准)。

(2) 自 2008 年 3 月 1 日起,对部分成品油进口环节消费税给予享受优惠税率(详见表 4-3)。

表 4-3 成品油进口环节消费税税目税率表

	税则号列	商品名称	税率(元/升)	备注
	27101120	石脑油	0.2	1 千克=1.385 升
	27101130	橡胶溶剂油、油漆溶剂油、抽提溶剂油	0.2	1 千克=1.282 升
	27101991	润滑油	0.2	1 千克=1.126 升
	27101922	5-7 号燃料油	0.1	1 千克=1.015 升
ex	27101929	其他燃料油(蜡油除外)	0.1	蜡油:350℃以下馏出物体积百分比小于 20%,550℃以下馏出物体积百分比大于 80%

注:ex 表示非全税目商品。

(3) 从 2009 年 1 月 1 日起,对利用废弃的动物油和植物油为原料生产的同时符合下列条件的纯生物柴油免征消费税:① 生产原料中废弃的动物油和植物油用量所占比重不低于 70%。② 生产的纯生物柴油符合国家《柴油机燃料调和用生物柴油(BD100)》标准。“废弃的动物油和植物油”的范围为:① 餐饮、食品加工单位及家庭产生的不允许食用的动植物油脂。主要包括泔水油、煎炸废弃油、地沟油和抽油烟机凝析油等。② 利用动物屠宰分割和皮革加工修削的废弃物处理提炼的油脂,以及肉类加工过程中产生的非食用油脂。③ 食用油脂精炼加工过程中产生的脂肪酸、甘油脂及含少量杂质的混合物。主要包括酸化油、脂肪酸、棕榈酸化油、棕榈油脂肪酸、白土油及脱臭馏出物等。④ 油料加工或油脂储存过程中产生的不符合食用标准的油脂。

(4) 从2009年1月1日起,对成品油生产企业在生产成品油过程中,作为燃料、动力及原料消耗掉的自产成品油,免征消费税。对用于其他用途或直接对外销售的成品油照章征收消费税。

(5) 自2018年11月1日至2023年10月31日,对以回收的废矿物油为原料生产的润滑油基础油、汽油、柴油等工业油料免征消费税。废矿物油,是指工业生产领域机械设备及汽车、船舶等交通运输设备使用后失去或降低功效更换下来的废润滑油。

(6) 自2014年1月1日起,对进口的灯用煤油、其他煤油征收消费税,税额为0.8元/升;对进口的含有生物柴油的成品油、不符合国家《柴油机燃料调合用生物柴油(BD100)》标准的生物柴油及其混合物征收消费税,税额为0.8元/升。

(7) 航空煤油暂缓征收消费税。

(8) 石脑油消费税免税。石脑油的征收范围包括除汽油、柴油、航空煤油、溶剂油以外的各种轻质油。

(9) 对用外购或委托加工收回的已税汽油生产的乙醇汽油免税。用自产汽油生产的乙醇汽油,按照生产乙醇汽油所耗用的汽油数量申报纳税。

(10) 对无汞原电池、金属氢化物镍蓄电池(又称氢镍蓄电池或镍氢蓄电池)、锂原电池、锂离子蓄电池、太阳能电池、燃料电池和全钒液流电池免征消费税。

(11) 对施工状态下挥发性有机物(Volatile Organic Compounds,VOC)含量低于420克/升(含)的涂料免征消费税。

(12) 进口环节消费税税额在人民币50元以下的一票货物,免征进口环节消费税。

五、出口退(免)税

国家为了鼓励出口,提高本国产品在国际市场上的竞争能力,参照国际惯例,我国对纳税人出口的应税消费品(国家限制出口的应税消费品除外),也实行退(免)消费税办法。

(一) 出口应税消费品退(免)税政策

1. 出口免税并退税

该政策适用于有出口经营权的外贸企业购进应税消费品直接出口,以及外贸企业受其他外贸企业委托代理出口应税消费品。需要注意的是,外贸企业只有受其他外贸企业委托,代理出口应税消费品才可办理退税。外贸企业受其他企业(主要是非生产性的商贸企业)委托,代理出口应税消费品是不予退(免)税的。

2. 出口免税不退税

该政策适用于有出口经营权的生产性企业自营出口或生产企业委托外贸企业代理出口自产的应税消费品,依据其实际出口数量免征消费税,不予办理退还消费税。这里,免征消费税是指对生产性企业按其实际出口数量免征生产环节的消费税。由于消费税一般实行单环节征税,不同于道道征收的增值税,在免征生产环节的消费税后,该应税消费品应不再含有消费税,因而无须再办理退税。

3. 出口不免税也不退税

该政策适用于除生产企业、外贸企业外的其他企业,具体是指一般商贸企业。这类企业委托外贸企业代理出口应税消费品一律不予退(免)税。

金银首饰、钻石及钻石饰品、铂金首饰消费税改变征收环节后，出口金银首饰、钻石及钻石饰品、铂金首饰由出口退税改为出口不退消费税。

（二）出口退税率的规定

计算出口应税消费品应退消费税的税率或单位税额，依据《中华人民共和国消费税暂行条例》所附“消费税税目税率（税额）表”执行。这是我国现行消费税与增值税在出口退（免）税规定上的一个最重要的区别。当出口的货物是应税消费品时，其退还增值税要按规定的退税率计算；其退还消费税则按该应税消费品所适用的消费税税率计算。企业应将不同消费税税率的出口应税消费品分开核算和申报，凡划分不清适用税率的，一律从低适用税率计算应退消费税税额。

（三）出口应税消费品退税额的计算

（1）属于从价定率计征消费税的应税消费品，应依照外贸企业从工厂购进货物时征收消费税的价格计算应退消费税税款。其计算公式为：

应退消费税税款=出口货物的工厂销售额×税率

上述公式中“出口货物的工厂销售额”为不含增值税的销售价格。

（2）属于从量定额计征消费税的应税消费品，应依货物购进和报关出口的数量计算应退消费税税款。其计算公式为：

应退消费税税款=出口数量×单位税额

（3）属于复合税率计征消费税的应税消费品，应分别计算从价税部分应退税额与从量税部分应退税额，将二者合计作为其应退税款。其计算公式为：

应退消费税款=出口货物的工厂销售额×税率+出口数量×单位税额

（四）出口应税消费品退（免）税的管理

出口应税消费品办理退税后，发生退关或者国外退货，进口时予以免税的，报关出口者必须及时向其所在地主管税务机关申报补缴已退税款。纳税人直接出口的应税消费品办理免税后，发生退关或国外退货，进口时已予以免税的，经所在地主管税务机关批准，可暂不办理补税，待其转为国内销售时，再向其主管税务机关申报补缴消费税。

专栏 4-5 成品油消费税改革若干观点

一是政府应结合成品油消费税以及其他税目税率改革，尽快启动消费税立法工作，全盘推进消费税改革；二是对价格波动大、影响居民生产深刻的应税消费品，在税率设计方面仍应实行从量定额计税，有效避免油价波动所导致的“助涨助跌”和税收政策顺周期调节问题，配合目前设置的价格地板和价格天花板机制，进行精准调节，确保价格在合理范围内波动；三是加大公开透明力度，在提高成品油消费税的同时，将税收的用途、为地方政府转移支付和用于治理环境污染等情况向社会公开，消除公众质疑，得到公众更多理解与支持；四是进一步推动我国成品油税费改革举措，消除二级公路收费，降低车辆运行中国家承诺要取消的其他费用。

第四节　消费税的征收管理

一、纳税时间

（一）纳税义务发生时间

消费税纳税义务发生时间分为以下四种情况：

（1）纳税人销售应税消费品的，按不同的销售结算方式分别为：

① 采取赊销和分期收款结算方式的，为书面合同约定的收款日期的当天，书面合同没有约定收款日期或者无书面合同的，为发出应税消费品的当天；

② 采取预收货款结算方式的，为发出应税消费品的当天；

③ 采取托收承付和委托银行收款方式的，为发出应税消费品并办妥托收手续的当天；

④ 采取其他结算方式的，为收讫销售款或者取得索取销售款凭据的当天。

（2）纳税人自产自用应税消费品的，为移送使用的当天。

（3）纳税人委托加工应税消费品的，为纳税人提货的当天。

（4）纳税人进口应税消费品的，为报关进口的当天。

（二）纳税期限

消费税的纳税期限分别为1日、3日、5日、10日、15日、1个月或者1个季度。纳税人的具体纳税期限，由主管税务机关根据纳税人应纳税额的大小分别核定。不能按照固定期限纳税的，可以按次纳税。

纳税人以1个月或者1个季度为1个纳税期的，自期满之日起15日内申报纳税；以1日、3日、5日、10日、15日为1个纳税期的，自期满之日起5日内预缴税款，于次月1日起10日内申报纳税并结清上月应纳税款。

纳税人进口应税消费品，应当自海关填发进口消费税专用缴款书之日起15日内缴纳税款。

二、纳税环节

我国现行消费税的纳税环节有生产环节、进口环节、批发环节和零售环节。

（一）生产环节

纳税人生产的应税消费品对外销售，由生产者于销售时纳税。生产者自产自用的应税消费品，用于本企业连续生产应税消费品的不征税，用于其他方面的，于移送使用时纳税。委托加工应税消费品，由受托方在向委托方交货时代扣代缴。但纳税人若委托个体经营者加工应税消费品，一律于委托方收回后在委托方所在地缴纳消费税。

（二）进口环节

进口的应税消费品，由进口报关者于报关进口时纳税。

（三）批发环节

我国自2009年5月1日起，除生产环节外，对卷烟批发环节加征一道消费税。

（四）零售环节

金银首饰、钻石及钻石饰品、铂金首饰消费税分别从1995年1月1日、2002年1月1日和

2003 年 5 月 1 日起，由生产环节、进口环节改由零售环节纳税。自 2016 年 12 月 1 日起，对超豪华小汽车在生产（进口）环节按现行税率征收消费税基础上，在零售环节加征消费税。

三、纳税地点

按我国现行分税制财政管理体制，消费税属于中央税，由国家税务机关负责征收和管理。消费税的纳税地点具体分以下四种情况：

（1）纳税人销售的应税消费品及自产自用的应税消费品，除国务院财政、税务主管部门另有规定外，应当向纳税人机构所在地或者居住地的主管税务机关申报纳税。纳税人总分支机构不在同一县（市）的，应当分别向各自机构所在地的主管税务机关申报纳税。但经国家税务总局及所属分局批准，纳税人分支机构应纳消费税，也可由总机构汇总向总机构所在地主管税务机关申报纳税。

（2）纳税人到外县（市）销售或委托外县（市）代销自产应税消费品的，于应税消费品销售后，向机构所在地或者居住地主管税务机关申报税款。

（3）委托加工的应税消费品，受托方为个人的，由委托方向其机构所在地或者居住地主管税务机关申报纳税；受托方为企业等单位的，由受托方向机构所在地或者居住地的主管税务机关报缴税款。

（4）进口的应税消费品，由进口人或由其代理人向报送地海关申报纳税。此外，个人携带或者邮寄进境的应税消费品，连同关税由海关一并计征。

本章小结

1. 消费税是世界各国普遍开征的一个税种，根据征税范围的大小，包括一般消费税与特种消费税。我国对消费品课税古而有之，从未间断。

2. 我国现行消费税属于特种消费税，是对在我国境内从事生产、委托加工和进口应税消费品的单位和个人，就其销售额或销售数量，在特定环节征收的一种税，具有征税项目的选择性、征税环节的单一性、计征方法的灵活性、税率（税额）差异大的特点。随着改革推进，目前对批发、零售特定消费品的单位和个人，也被纳入了征收范围。

3. 消费税属于中央税，是国家重要的宏观调控政策工具，在配合产业政策与消费政策、促进资源配置、引导生产消费、调节收入分配、筹集财政资金等方面发挥着重要作用。

4. 我国消费税主要对高能耗、高污染、高档消费品征税，现有烟、酒、鞭炮和焰火、高档化妆品、成品油、贵重首饰及珠宝玉石、高尔夫球及球具、高档手表、游艇、木制一次性筷子、实木地板、摩托车、小汽车、电池、涂料 15 个税目。

5. 消费税根据不同应税消费品的特性与调控需要，采用比例税率、定额税率和复合税率三种税率形式，对纳税人生产销售、委托加工、进口应税消费品及批发卷烟、零售金银首饰、钻石及钻石饰品、铂金首饰、超豪华小汽车等应税消费品征税。

6. 消费税计税依据分别为应税消费品的销售数量和销售额两种。自产自用应税消费品用于连续生产应税消费品的，不征税；用于其他方面的，于移送时征税。委托加工应税消费品一般由受托方在委托方收回时代收代缴消费税。两者计税时，若无同类产品价格参照，按组成计税价格计税。

7. 消费税一般为单环节征税,除卷烟在生产与批发环节同时征税、超豪华小汽车在生产(进口)与零售环节同时征税外,其他都只是在生产、委托加工、进口或零售环节征税。以外购已税消费品或委托加工收回已税消费品生产销售应税消费品,计税时准予扣除当期生产耗用应税消费品的已纳消费税。

8. 消费税实行出口退税政策,退税率即为消费税税率。按我国现行分税制财政管理体制有关规定,消费税属于中央税。

综合练习

一、重要概念

消费税　综合消费税　特种消费税　从价定率计税　从量定额计税　复合计税　委托加工　自产自用　组成计税价格

二、思考题

1. 消费税有哪些分类?不同类型的消费税有什么特点与作用?我国现行消费税的目标定位与立法宗旨是什么?

2. 现行消费税纳税人、征税对象、税率设计原则是什么?具体是如何规定的?

3. 委托加工和自产自用应税消费品如何计征消费税?为什么这样规定?

4. 现行消费税的计税依据是什么?其应纳税额是如何计算的?与增值税计税方法有什么不同?

5. 现行消费税的纳税环节、纳税义务发生时间、纳税地点和报缴方法是如何规定的?为什么对卷烟产品实行双环节征税?

三、计算题

1. 某珠宝厂为增值税一般纳税人,当月发生如下经济业务:

(1) 购进珠宝坯,取得增值税专用发票上注明价款 200 万元,本月货到并验收入库。

(2) 生产领用当期购进的 80 万元珠宝坯,并全部形成珠宝成品(成本 100 万元)。

(3) 销售珠宝成品,开具增值税专用发票,注明的销售额为 120 万元。

(4) 领用珠宝成品(成本价为 20 万元,按同类产品销售价计 30 万元)用于金银镶嵌首饰。

(5) 零售金银镶嵌首饰,开具普通发票,销售额为 20 万元;零售钻石饰品,开具普通发票,销售额为 15 万元;零售铂银镶嵌首饰,开具普通发票,销售额为 10 万元。

(6) 批发销售金银镶嵌首饰,开具增值税专用发票,注明的销售额为 30 万元。

要求:请计算该珠宝厂当月应纳消费税。

2. 某卷烟厂为增值税一般纳税人,当月发生如下经济业务:

(1) 销售 A 卷烟 100 箱,每箱售价 19 800 元(不含增值税)。

(2) 销售 B 卷烟 200 箱,每箱售价 16 250 元(不含增值税)。

(3) 销售 C 卷烟的价格经常变动,上旬销售 75 箱,销售价 13 750 元;中旬销售 60 箱,销售价 13 250 元;下旬销售 85 箱,销售价 15 000 元。

(4) 将 A 卷烟 20 箱以每箱 15 000 元的价格销售给某供应商(不含增值税)。

(5) 用 B 卷烟 8 箱作为礼品赠送。

(6) 将 C 卷烟 10 箱抵偿债务。

(7) 期初库存已税烟丝 400 000 元,本期购进已税烟丝 600 000 元,期末库存已税烟丝 350 000 万元。

（8）受托加工一批与B同类的卷烟10箱，收到原材料130 000元，收取加工费20 000元，垫付辅助材料费10 000元。

要求：请计算该卷烟厂当月应纳、应扣多少消费税。

3. 某酒厂为增值税一般纳税人，当月发生以下经济业务：

（1）销售自制白酒36吨，每吨售价4.5万元（不含增值税），另收取包装物押金（单独核算）2.4万元。

（2）销售以外购白酒和自产糠麸白酒勾兑的散装酒5吨，不含税单价每吨3.2万元，其中外购白酒3吨，价税共计4.6万元，取得增值税专用发票，全部用于勾兑并销售。

（3）用自产白酒10吨，等价换取酿酒所用原材料，货物已发出。

（4）生产套装礼品白酒20吨，不含税单价每吨8.5万元，当月全部销售。

（5）自制白酒春节前馈赠他人3吨，发给本厂职工6吨。

（6）生产销售自制黄酒300吨，取得销售收入450万元，包装物押金5万元。

（7）生产销售自制啤酒160吨，取得不含税销售收入80万元，包装物押金3万元。另没收上年收取的逾期包装物押金1.34万元。

要求：请计算该企业当月应纳多少消费税。

4. 某摩托车厂为增值税一般纳税人，当月发生以下经济业务：

（1）销售给特约经销商A型号摩托车60辆，气缸容量为300毫升，出厂价（不含税，下同）每辆15 800元，另收取包装费和售后服务费每辆1 130元。

（2）销售给某使用单位B型号摩托车40辆，气缸容量为250毫升，每辆9 500元，并代办托运，请运输单位向使用单位开具了6 000元的运输发票转交给使用单位。

（3）销售给特约经销商C型号摩托车50辆，气缸容量为200毫升，出厂价每辆4 800元。

（4）将B型号摩托车10辆以出厂价销售给本厂售后服务部使用。

（5）购进一批生产原材料，已支付货款和运费，取得的增值税专用发票上注明的税款为180 000元，但尚未到货。

（6）购进一批零部件，已付款并验收入库，取得的增值税专用发票上注明的税款为40 000元。

（7）购买办公用品等20 000元，未取得增值税专用发票。

要求：请计算该企业当月应纳增值税及消费税额。

5. 某石化炼油厂为增值税一般纳税人，当月发生以下经济业务：

（1）生产销售92号汽油500吨，每吨售价6 000元（不含税，下同）；95号汽油700吨，每吨售价6 500元；97号汽油1 000吨，每吨售价7 400元。

（2）生产销售0号柴油300吨，每吨售价5 000元；5号柴油500吨，每吨售价4 300元。

（3）生产销售石脑油600吨，4 850元/吨；240号航空煤油200吨，3 100元/吨。

（4）用外购已税润滑油为原料生产销售润滑油150吨，7 650元/吨；本月外购已税润滑油100吨，6 200元/吨，上月结转库存70吨，本月月末库存30吨。

（5）企业本月耗用自产92号汽油30吨。

（6）本月允许抵扣进项税额为2 314 081元。

要求：假定上述相关票据均在当月通过主管税务机关认证。试计算该企业本月应纳增值税和消费税。

计算题参考答案

延展阅读

[1] 刘昆. 我国的中央和地方财政关系，财政部官网，2020-08-13.

[2] 杨晓姝,唐金萍,王有兴. 消费税改革与地方财力均衡——基于后移征收环节与调整收入划分的双重视角分析[J]. 财政研究,2020(10):89-101.

[3] 白彦锋,唐盟,郭焦锋. 绿色税收体系下的成品油消费税改革再思考[J]. 税务研究,2018(11):11-14.

[4] 马蔡琛,朱旭阳."以税控烟"视角的烟草税制改革[J]. 税务研究,2017(09):40-46.

[5] 叶金育. 污染产品课税:从消费税到环境税[J]. 中国政法大学学报,2017(05):101-111,160.

[6] 计金标,应涛,刘建梅. 提振国内居民消费、促进"双循环"的税收政策研究[J]. 税务研究,2020(11):5-10.

第五章

关　　税

本章学习目标

1. 了解关税的概念、特点与分类
2. 熟悉关税的纳税人、征税范围、税率等税制要素规定
3. 掌握关税的不同计税办法及应纳税额计算
4. 熟悉关税的征管规定
5. 了解船舶吨税的概念、征税范围、纳税人、税率等税制要素规定

为促进跨境电子商务零售进口行业的健康发展，营造公平竞争的市场环境，2019 年我国将跨境电子商务零售进口商品的单次交易限额由人民币 2 000 元提高至 5 000 元，年度交易限额由人民币 20 000 元提高至 26 000 元。完税价格超过 5 000 元单次交易限额但低于 26 000 元年度交易限额，且订单下仅一件商品时，可以自跨境电商零售渠道进口，按照货物税率全额征收关税和进口环节增值税、消费税，交易额计入年度交易总额，但年度交易总额超过年度交易限额的，应按一般贸易管理。关于该政策，网上有各种不同的声音：有人说，无论是代购还是出国旅游，以后只要带东西回国超过价值 5 000 元人民币就得缴税了；有人说，这个政策对海外代购的影响是微乎其微的。

美国四大计算机巨头——戴尔、惠普、微软和英特尔于 2019 年 6 月 19 日发布联合声明，反对美国时任总统特朗普提出的将笔记本和平板电脑列入对中国商品加征进口关税的名单。戴尔、惠普和微软的笔记本和可拆卸平板电脑占有美国市场份额的 52%。这些企业认为，拟议中的关税计划将增加在美国市场销售的笔记本电脑的成本。

2019 年 6 月 27 日报道，美国取消对印度的普遍优惠制待遇后，印度对 28 项美国商品提高关税。美国时任总统特朗普 6 月 27 日要求印度撤回本月实施的报复性关税，称“无法接受”这些关税。

你了解上述新闻事件吗？你了解关税吗？

第一节　关税概述

一、关税的概念

关税是主权国家海关对进出境的货物和物品，就其进出口流转额征收的一种税。所谓“境”指关境，又称海关境域或关税领域，是一个主权国家行使关税权力的领土界域，而“国境”则是指一个主权国家行使行政权力的领土界域。通常情况下，一国关境与国境是一致的，包括国家全部的领土、领海、领空。因此，关税又常被称为对进出国境的货物和物品征收的一种税。但当一个国家在国境内设立了自由港、自由贸易区时，这些区域就进出口关税而言处在关境之外，这时，该国家的关境小于国境。而若几个国家结成关税同盟，组成一个共同的关境，实施统一的关税法令和进出口税则，这些国家彼此之间货物和物品进出国境不征收关税，又会使这些国家的关境大于国境。我国的香港和澳门地区回归后仍保持自由港地位，我国的关境小于国境。

关税是一个非常古老的税种。欧洲的关税最早产生于公元前500多年的古希腊时期。我国关税的历史比欧洲更为久远，可以追溯到秦汉时期。鸦片战争后，我国的关税自主权逐渐丧失，直至1930年5月才部分恢复。1949年中华人民共和国成立后，我国取消了列强在我国的一切关税特权，收回了海关的管理权，实行了完全独立自主的关税政策。1951年4月，我国颁布了《中华人民共和国暂行海关法》①、《中华人民共和国海关进出口税则》(以下简称《海关进出口税则》)、《中华人民共和国海关进出口税则暂行实施条例》和《税则注释》，建立了中国统一的关税政策。1987年1月，全国人民代表大会常务委员会通过《中华人民共和国海关法》。2003年11月23日，国务院颁布《中华人民共和国进出口关税条例》，该条例于2004年1月1日起施行。2006年5月1日起施行的《中华人民共和国海关审定进出口货物完税价格办法》加上由海关总署印发的《中华人民共和国海关进出口税则》《中华人民共和国海关关于入境旅客行李物品和个人邮递物品征收进口税办法》等规章、制度、文件共同构成了我国现行的关税法律制度体系。

二、关税的特点

(一) 以进出关境的货物和物品为征税对象

关税是对特定货物和物品途经海关通道进出口进行的征税，属于特定环节的流转税，既区别于一般对商品交换或提供劳务取得收入而课征的其他增值税、销售税等，也不同于以取得所得或拥有财产而课征的所得税或财产税。

(二) 一般由海关管理机构代表国家征收

关税的征收管理一般独立于其他国内税收②，不是由国内的税务机构如我国的国家税务局实施，也不是由财政部门负责征收，而是由专门负责进出口事务管理的海关总署及其所属机构具体管理和征收。

---

① 这部海关法到1987年6月底终止执行。

② 世界上也有国家的税务局既负责一般税收的征收也负责关税的征收，如英国等。

（三）具有涉外统一性，执行统一的国家对外经济政策

国家征收关税不单纯是为了满足政府财政上的需要，更重要的是利用关税来贯彻执行统一的对外经济政策，实现国家的政治经济目的。世界上许多国家通过制定和调整关税税率来调节进出口贸易。在出口方面，通过低税、免税和退税来鼓励商品出口；在进口方面，通过税率的高低、减免来调节商品的进口。

（四）实行复式税则

复式税则又称多栏税则，这种税则在一个税目下有两个或两个以上的税率，对来自不同国家的进口商品使用不同的税率征税。复式税则中有一般税率（又称普通税率）与协定税率（又称优惠税率）之分，简称两栏税率。两栏税率是为表示与本国有贸易互惠协定的国家和与本国没有这种协定的国家的税率差别，以便实现某种经济、政治等方面的目的。复式税则还可设置三栏、四栏乃至更多栏的税率，分别适用于不同国家和地区。

三、关税的分类

（一）根据征税货物流向进行分类

1. 进口关税

进口关税，是指海关在境外货物和物品进口时所课征的关税。现今世界各国的关税，主要是征收进口关税。征收进口关税的目的在于保护本国市场和增加财政收入。

2. 出口关税

出口关税，是指海关在本国货物和物品出口时所课征的关税。

3. 过境关税

过境关税，即转口关税，是指对运经本国国境销往第三国的货物和物品征收的关税。

（二）根据征税目的进行分类

1. 财政关税

财政关税，也称收入关税，是指以增加财政收入为主要目的而征收的关税。

2. 保护关税

保护关税，是指以保护本国经济发展为主要目的而征收的关税。

（三）根据计征方法进行分类

1. 从价关税

从价关税，是指以货物的价格为计征标准而计算征收的关税。从价关税是关税的主要征收形式。

2. 从量关税

从量关税，即以货物的数量、重量、体积、容量等计量单位为计税标准，以每计量单位货物的应征税额为税率。

3. 复合关税

复合关税，是指对同一种进口货物采用从价、从量两种标准同时课征的一种关税，即征收时两种税率合并计征。

4. 选择关税

选择关税，是指在税则中对同一货物或物品规定从价税率和从量税率，在征税时可由海关选择其中一种计征。一般是选择税额较高的一种。选择的基本原则是,在物价上涨时,使用从价税;在物价下跌时,使用从量税。

5. 滑准关税

滑准关税,是指根据货物的不同价格适用不同税率的一类特殊的从价关税。它是一种关税税率随进口货物价格由高至低而由低至高设置计征关税的方法。

(四)根据税负轻重进行分类

1. 优惠关税

优惠关税,是指一国对特定的受惠国商品给予关税优惠待遇,使用比普通税率较低的优惠税率,一般可分为特定优惠关税、普遍优惠关税、最惠国待遇。特定优惠关税是指某一国家对另一国家或某些国家对另外一些国家的进口商品给予特定优惠关税待遇,其他国家不得享受的一种关税制度。普遍优惠关税是指发达国家对发展中国家或地区输入的商品,特别是制成品和半制成品,普遍给予优惠的关税制度。最惠国待遇是指缔约国一方现在或将来给予任何第三国的一切优惠待遇,同样也适用于对方。

2. 加重关税

加重关税,也称歧视性关税,是指对某些输出国、生产国的进口货物,因某种原因(如歧视、报复、保护和经济方面的需要等,使用比正常税率较高的税率所征收的关税。在歧视关税中,使用较多的是反倾销税、反补贴税和报复关税三种形式。反倾销税,是指针对实行倾销的进口商品而征收的一种进口附加税。加征反倾销税,必须基于进口国的有关反倾销法律和法规,并经国内、国际有关部门认定其进口产品倾销行为属实而且对本国经济已构成损害,方可采用。反补贴税,是指对于直接或间接接受外国政府奖金、补贴或津贴的外国进口货物和物品所征收的一种进口附加税。反补贴税征收的目的是抵消进口商品因出口国政府的补贴在降低成本方面获得的好处,使其无法在进口国市场上低价竞销,以保护国内同类产品的生产。报复关税,是指为报复他国对本国出口商品的不公正、不平等待遇而对来自该国的进口货物加重征收的一种临时附加税。报复关税是各国间开展贸易战所采用的最主要手段。

四、关税的作用

(一)维护国家主权和利益

关税是一国主权的象征,同时是协调国家间政治、经济、文化、外交等关系的重要工具和国家贸易谈判的重要砝码,关税政策直接关系到国与国之间的主权和经济利益。目前,关税已成为各国政府维护本国政治、经济权益,乃至进行国际经济斗争的一个重要武器。我国根据平等互利和对等原则,通过关税复式税则的运用等方式,争取国家间的关税互惠并反对他国对我国进行关税歧视,促进对外经济技术交往,扩大对外经济合作。

(二)保护和促进本国产业的发展

关税政策,是由该国的经济发展水平、产业结构状况、国际贸易收支状况以及参与国际经济竞争的能力等多种因素决定的。国际上许多发展经济学家认为,自由贸易政策不适合发展中国家的情况。相反,这些国家为了顺利地发展民族经济,实现工业化,必须实行保护关税政策。我国作为发展中国家,一直十分重视利用关税保护本国的幼稚工业,促进进口替代工业发展,关税在保护和促进本国工农业生产的发展方面发挥了重要作用。

（三）调节国民经济和对外贸易

关税是国家的重要经济杠杆，通过税率的高低和关税的减免，可以影响进出口规模，调节国民经济活动。如调节出口产品和出口产品生产企业的利润水平，有意识地引导各类产品的生产，调节进出口商品数量和结构，可促进国内市场商品的供需平衡，保护国内市场的物价稳定。

（四）筹集国家财政收入

从世界大多数国家的情况来看，关税收入在整个财政收入中的比重不大，并呈下降趋势。但在一些发展中国家，尤其是那些国内工业不发达、工商税源有限、国民经济主要依赖于某种或某几种初级资源产品出口，以及国内许多消费品主要依赖进口的国家，征收进出口关税仍然是它们取得财政收入的重要渠道之一。多数发展中国家的关税占到税收总收入的 20%。2018 年我国关税全年收入总额 2 848 亿元，占全国税收收入的 1.82%。①

专栏 5-1　关税贸易摩擦

各国为争夺商品市场一直进行着激烈的竞争，从 19 世纪 70 年代德俄关税大战到 20 世纪 80 年代美日关税大战，税收竞争犹如没有硝烟的战争。伴随着经济全球化进程加快，各国之间的经济竞争日益加剧，贸易摩擦层出不穷。

中美贸易摩擦由来已久，从 20 世纪 80 年代的微观贸易摩擦，到 90 年代贸易摩擦的政治化，再到 21 世纪的宏观贸易摩擦。特别是，2018 年 3 月美国主动挑起的贸易摩擦格外引人注目，美国政府分别对 340 亿美元、160 亿美元和 2 000 亿美元中国输美商品加征 25%、25%和 10%的关税。中国政府分别予以反制，中美贸易摩擦持续升级。面对美国发起的贸易摩擦，中国也做出了霸气回应："中国不希望发生贸易摩擦，也不会主动挑起贸易摩擦，但是我们不惧怕贸易摩擦，也不会躲避贸易摩擦"。

面对美国发起的贸易摩擦，我国还是应该做好自己。要继续加强培育优势产业，优化贸易结构；拓展国内市场，降低外贸依存度；走出口市场多元化道路，加强与其他国家的经贸往来；引导企业加大研发投入，提高产品的科技含量及附加值；优化进出口结构，实现贸易结构与产业结构的良性互动。

第二节　关税的征税范围对象、纳税人及税率

一、关税的征税范围对象

我国关税的征税范围对象包括国家准许进出口的货物、进境物品，法律、行政法规另有规定的除外。货物，是指贸易性商品；物品，是指入境旅客随身携带的行李物品、个人邮递物品、各种运输工具上的服务人员携带进口的自用物品、馈赠物品以及其他方式进境的个人物品。对从境

① 数据来源：国家税务总局网站。

外采购进口的原产于中国境内的货物，海关也要依照《海关进出口税则》征收进口关税。具体地说，除国家规定享受减免税的货物外，所有进口货物和少数出口货物均属于关税的征税范围。

关税的具体征税对象范围由进出口税则详细列示。进出口税则是一国政府根据国家关税政策和经济政策，通过一定的立法程序制定公布实施的应税进出口货物和物品的关税税率表。进出口关税则以税率表为主体，通常还包括实施税则的法令、使用税则的有关说明和附录等。《中华人民共和国海关法》是我国海关凭以征收关税的法律依据，《海关进出口税则》是我国关税政策的具体体现。我国现行税则包括《中华人民共和国进出口关税条例》《中华人民共和国海关进出口税则》，以及“进口商品从量税、复合税、滑准税税目税率表”“进口商品关税配额税目税率表”“进口商品税则暂定税率表”“出口商品税则暂定税率表”“非全税目信息技术产品税率表”等附录。

（一）进口货物的征税范围

我国2015年版《海关进出口税则》将进口商品分设22类98章。这22类具体包括：活动物；植物产品；动、植物油、脂及其分解产品；食品；饮料、酒及醋；烟草、烟草及烟草代用品的制品；矿产品；化学工业及其相关工业的产品；塑料及其制品；橡胶及其制品；生皮、皮革、毛皮及其制品；鞍具及挽具；旅行用品、手提包及类似容器；动物肠线（蚕胶丝除外）制品，等等。

（二）出口货物的征税范围

为鼓励商品出口，发展对外贸易，我国对出口商品一般不征关税，国家仅对少数资源性产品及易于竞相杀价、盲目进口、需要规范出口秩序的半制成品征收出口关税。2002年版《海关进出口税则》对36种商品计征出口关税，主要是鳗鱼苗、部分有色金属矿砂及其精矿、生锑、磷、氟钽酸钾、苯、山羊板皮、部分铁合金、钢铁废碎料、铜和铝原料及其制品、镍锭、锌锭、锑锭等。2015年5月1日起，我国调整部分产品出口关税，具体如下：取消钢铁颗粒粉末、稀土、钨、钼等产品的出口关税；对铝加工材等产品出口实施零税率。2016年1月起中国对磷酸等商品不再征收出口关税。

（三）入境旅客行李物品和个人邮递等物品的征税范围

入境旅客行李物品和个人邮递等物品的征税范围由《中华人民共和国海关关于入境旅客行李物品和个人邮递物品征收进口税办法》及“入境旅客行李物品和个人邮递物品征收进口税税率表”具体规定。目前被列举征税的应税物品有：烟、酒；纺织品及其制成品；摄像机、摄录一体机、数码相机及其他电器用具；照相机、自行车、手表、钟表（含有配件、附件）、化妆品；书报、刊物、教育专用电影片、幻灯片、原版录音带、录像带；金、银及制品；食品、饮料和其他商品。

二、我国关税的纳税义务人

关税纳税人，包括进口货物的收货人、出口货物的发货人、进出境物品的所有人。进出口货物的收、发货人是依法取得对外贸易经营权，并进口或者出口货物的法人或者其他社会团体。进出境物品的所有人包括该物品的所有人和推定为所有人的人。一般情况下，对于携带进境的物品，推定其携带人为所有人；对分离运输的行李，推定相应的进出境旅客为所有人；对以邮递方式进境的物品，推定其收件人为所有人；以邮递或其他运输方式出境的物品，推定其寄件人或托运人为所有人。

三、我国关税的税目、税率

（一）我国关税税目

我国关税的税目和税率由《海关进出口税则》规定。《海关进出口税则》是根据世界海关组织（WCO）发布《商品名称及编码协调制度》（HS）而制定的。《商品名称及编码协调制度》是一部科学、系统的国际贸易商品分类体系，是国际上多个商品分类目录协调的产物，适合于与国际贸易有关的多方面的需要，如海关、统计、贸易、运输、生产等，成为国际贸易商品分类的一种标准语言。它包括三个主要部分：归类总规则、进口关税税率表、出口关税税率表。其中，归类总规则是进出口货物分类的具有法律效力的原则和方法。《海关进出口税则》中的商品分类目录，由类、章、项目、一级子目和二级子目五个等级、八位数码组成。按照税则归类总规则及其归类方法，每一种商品都能找到一个最适合的对应税目。2015 年版税则税目总数为 8 285 个。

（二）我国关税税率

我国关税有从价计征、从量计征、复合计征和滑准计征四种形式，大部分进出口货物和物品采用从价计征方式，关税的税率形式也相应有比例税率、定额税率、复合税率和滑准税率，具体可分为进口关税税率、出口关税税率、特别关税和行邮物品税率。

1. 进口关税税率

自 2002 年 1 月 1 日起，我国进口税则设有最惠国税率、协定税率、特惠税率、普通税率、关税配额税率等。此外，对进口货物在一定期限内可以实行暂定税率。

（1）最惠国税率适用原产于与我国共同适用最惠国待遇条款的 WTO 成员方或地区的进口货物，或原产于与我国签订有相互给予最惠国待遇条款的双边贸易协定的国家或地区的进口货物，以及原产于我国境内的进口货物。

（2）协定税率适用原产于与我国参加的含有关税优惠条款的区域性贸易协定的有关缔约方的进口货物，如曼谷协定税率。

（3）特惠税率适用原产于与我国签订有特殊优惠关税协定的国家或地区的进口货物，如曼谷协定特惠税率。

（4）普通税率适用原产于上述国家或地区以外的其他国家或地区的进口货物。

不同税率的运用是以进口货物的原产地为标准的。我国原产地规定基本上采用了全部产地生产标准、实质性加工标准两种国际上通用的原产地标准。全部产地生产标准，是指进口货物完全在一个国家内生产或制造，生产或制造国即为该货物的原产地。实质性加工标准是适用于确定有两个或两个以上国家参与生产的产品的原产国的标准。其基本含义是：经过几个国家加工、制造的进口货物，以最后一个对货物进行经济上可以视为实质性加工的国家作为有关货物的原产国。实质性加工，是指产品加工后，在进出口税则中四位数税号一级的税则归类已经有了改变，或者加工增值部分所占新产品总值的比例已超过 30% 的。

此外，按照国家规定实行关税配额管理的进口货物，如对部分进口农产品和化肥产品实行关税配额制度：关税配额内的，适用较低的关税配额税率；关税配额外的，其税率的适用按上述税率形式的规定执行，适用较高的配额外税率。

根据经济发展需要，国家对部分进口原材料、零部件、农药原药和中间体、乐器及生产设备实行暂定税率。适用最惠国税率的进口货物有暂定税率的，应当适用暂定税率；适用协定税率、特惠税率的进口货物有暂定税率的，应当从低适用税率；适用普通税率的进口货物，不适用暂定税率。

我国自2019年1月1日起对706项商品实施进口暂定税率；取消14项信息技术产品进口暂定税率，同时缩小1项进口暂定税率适用范围。继续对小麦等8类商品实施关税配额管理，税率不变。其中，对尿素、复合肥、磷酸氢铵3种化肥的关税配额税率继续实施1%的进口暂定税率。继续对配额外进口的一定数量棉花实施滑准税，并进行适当调整。为鼓励先进技术设备、关键零部件和能源原材料进口，适度支持一般消费品进口，综合考虑国内产业与科技发展、对外贸易需要，对进口暂定税率进行了适当调整。

依据我国与有关国家或地区签署的协议，自2019年1月1日起，对我国与新西兰、秘鲁、哥斯达黎加、瑞士、冰岛、韩国、澳大利亚、格鲁吉亚以及亚太贸易协定国家的协定税率进一步降低，对原产于中国香港、中国澳门的产品全面实施零关税。

2. 出口关税税率

目前我国仅对少数资源性产品及易于竞相杀价，需要规范出口秩序的半制成品征收出口关税。与进口关税税率一样，出口关税税率也规定有暂定税率。与进口暂定税率一样，出口暂定税率优先适用于出口税则中规定的出口税税率。未订有出口关税税率的货物，不征出口关税。我国自2019年1月1日起继续对铬铁等108项出口商品征收出口关税或实行出口暂定税率，税率维持不变，取消94项出口暂定税率。

3. 特别关税

特别关税包括报复性关税、反倾销税与反补贴税、保障性关税。报复性关税，是指对违反与我国签订或者共同参加的贸易协定及相关协定，对我国在贸易方面采取禁止、限制、加征关税或者其他影响正常贸易的国家或地区所采取的一种进口附加税。反倾销税与反补贴税，是指我国海关对外国的倾销货物，在征收关税的同时附加征收的一种特别关税，其目的在于抵消他国的补贴。保障性关税，是指当某类货物进口量剧增，对我国相关产业带来巨大威胁或损害时，按照WTO有关规则，采取的一般保障措施，主要是采取提高关税的形式。

4. 行邮物品税率

从2018年11月1日起我国行邮物品税率进行下调，将进境物品进口税率由15%、30%和60%三档调整为15%、25%和50%。此次涉及降税的物品税号占税号总数的69.7%。

第三节　关税应纳税额的计算

一、关税的计税依据

我国关税有从价计征、从量计征、复合计征和滑准计征四种形式，但计税依据仅有两种形式，即应税货物和物品的完税价格和数量。从量税是依据商品的数量、重量、容量、长度和面积等计量单位为标准来征收关税的，特点是不因商品价格的涨落而改变税额，计算比较简单。我国大部分进出口货物和物品采用从价计征方式，以完税价格为计税依据。本书重点介绍一般情况下进出口货物完税价格的计税方法。

我国纳税人进出口货物的完税价格由我国海关依据2014年2月1日起实施的《中华人民共和国海关审定进出口货物完税价格办法》（简称《完税价格办法》）审定。

（一）一般进口货物的完税价格

根据《完税价格办法》的规定，一般贸易进口货物的完税价格确定方法有两种：对能确定成交价格的进口货物，其完税价格由海关以成交价格为基础审定；对不能确定成交价格的进口货物，其完税价格由海关依法估定。

1. 以成交价格为基础的完税价格

进口货物的完税价格，由海关以该货物的成交价格为基础审查确定，并应当包括货物运抵中华人民共和国境内输入地点起卸前的运输及其相关费用、保险费。我国境内输入地为入境海关地，包括内陆河、江口岸，一般为第一口岸。货物的货价以成交价格为基础。进口货物的成交价格是指卖方向中华人民共和国境内销售该货物时，买方为进口该货物向卖方实付、应付并按照规定调整后的价款总额，包括直接支付的价款和间接支付的价款。进口货物的成交价格，因有不同的成交条件而有不同的价格形式。常用的价格条款有FOB、CFR、CIF三种。FOB是"船上交货"价格术语的简称。这一价格术语是指卖方在合同规定的装运港把货物装上买方指定的船上，并负责货物装上船上为止的一切费用和风险，又称离岸价格。CFR是"成本加运费"的价格术语简称，又称离岸加运费价格。这一术语是指卖方负责将合同规定的货物装上买方指定运往目的港的船上，负责货物装上船上为止的一切费用和风险，并支付运费。CIF是"成本加运费、保险费"的价格术语简称，习惯上又称到岸价格。这一价格术语是指卖方负责将合同规定的货物装上买方指定运往目的港的船上，办理保险手续，并支付运费和保险费。

2. 由海关估定的完税价格

《完税价格办法》规定，进口货物的成交价格不符合成交价格条件，或者成交价格不能确定的，海关经了解有关情况，并与纳税义务人进行价格磋商后，依次以下列方法审查确定该货物的完税价格：相同货物成交价格估价方法；类似货物成交价格估价方法；倒扣价格估价方法；计算价格估价方法及其他合理方法确定的价格为基础，估定完税价格。同时，纳税义务人向海关提供有关资料后，可以提出申请，颠倒倒扣价格方法和计算价格方法的适用次序。

（1）相同或者类似货物成交价格估价方法。

该方法是指海关以与进口货物同时或者大约同时向中华人民共和国境内销售的相同货物的成交价格为基础，审查确定进口货物的完税价格的估价方法。

按照相同或者类似货物成交价格估价方法的规定审查确定进口货物的完税价格时，应当使用与该货物具有相同商业水平且进口数量基本一致的相同或者类似货物的成交价格。使用上述价格时，应当以客观量化的数据资料，对该货物与相同或者类似货物之间由于运输距离和运输方式不同而在成本和其他费用方面产生的差异进行调整。

在没有这一成交价格的情况下，可以使用不同商业水平或者不同进口数量的相同或者类似货物的成交价格。使用上述价格时，应当依据客观量化的数据资料，对因商业水平、进口数量、运输距离和运输方式不同而在价格、成本和其他费用方面产生的差异作出调整。

按照相同或者类似货物成交价格估价方法审查确定进口货物的完税价格时，应当首先使用同一生产商生产的相同或者类似货物的成交价格。没有同一生产商生产的相同或者类似货物的成交价格的，可以使用同一生产国或者地区其他生产商生产的相同或者类似货物的成交价格。

如果有多个相同或者类似货物的成交价格,应当以最低的成交价格为基础审查确定进口货物的完税价格。

(2) 倒扣价格估价方法。

该方法是指海关以进口货物、相同或者类似进口货物在境内的销售价格为基础,扣除境内发生的有关费用后,审查确定进口货物完税价格的估价方法。该销售价格应当同时符合下列条件:是在该货物进口的同时或者大约同时,将该货物、相同或者类似进口货物在境内销售的价格;是按照货物进口时的状态销售的价格;是在境内第一销售环节销售的价格;是向境内无特殊关系方销售的价格;按照该价格销售的货物合计销售总量最大。

按照倒扣价格估价方法审查确定进口货物完税价格的,下列各项应当扣除:

① 同等级或者同种类货物在境内第一销售环节销售时,通常的利润和一般费用(包括直接费用和间接费用)以及通常支付的佣金。

② 货物运抵境内输入地点起卸后的运输及其相关费用、保险费。

③ 进口关税、进口环节海关代征税及其他国内税。

按照本条的规定确定扣除的项目时,应当使用与国内公认的会计原则相一致的原则和方法。

(3) 计算价格估价方法。

该方法是指海关以各项费用的总和为基础,审查确定进口货物完税价格的估价方法。计算价格所含的各项费用包括:生产该货物所使用的料件成本和加工费用;向境内销售同等级或者同种类货物通常的利润和一般费用(包括直接费用和间接费用);该货物运抵境内输入地点起卸前的运输及相关费用、保险费。

(4) 其他合理方法。

海关在采用合理方法确定进口货物的完税价格时,根据客观、公平、统一的原则,以客观量化的数据资料为基础审查确定进口货物完税价格的估价方法。但不得使用以下价格:境内生产的货物在境内的销售价格;可供选择的价格中较高的价格;货物在出口地市场的销售价格;以计算价格方法规定的有关各项之外的价值或者费用计算的相同或者类似货物的价格;出口到第三国或者地区的货物的销售价格;最低限价或者武断、虚构的价格。

(二) 特殊进口货物的完税价格

1. 加工贸易进口料件或者其制成品

加工贸易进口料件或者其制成品应当征税的,海关按照以下规定审查确定完税价格:

(1) 进口时应当征税的进料加工进口料件,以该料件申报进口时的成交价格为基础审查确定完税价格。

(2) 进料加工进口料件或者其制成品(包括残次品)内销时,海关以料件原进口成交价格为基础审查确定完税价格。料件原进口成交价格不能确定的,海关以接受内销申报的同时或者大约同时进口的与料件相同或者类似的货物的进口成交价格为基础审查确定完税价格。

(3) 来料加工进口料件或者其制成品(包括残次品)内销时,海关以接受内销申报的同时或者大约同时进口的与料件相同或者类似的货物的进口成交价格为基础审查确定完税价格。

(4) 加工企业内销加工过程中产生的边角料或者副产品,以海关审查确定的内销价格作为完税价格。

加工贸易内销货物的完税价格按照以上规定仍然不能确定的,由海关按照合理的方法审查确定。

2. 保税区出口加工区内的货物

保税区(Bonded Area),也称保税仓库区,级别低于综合保税区。这是一国海关设置的或经海关批准注册、受海关监督和管理的可以较长时间存储商品的区域,也是经国务院批准设立的、海关实施特殊监管的经济区域。

保税区出口加工区内的加工企业申报内销加工贸易制成品时,海关以接受内销申报的同时或者大约同时进口的与制成品相同或者类似货物的进口成交价格为基础审查确定完税价格。

保税区内的加工企业内销的进料加工制成品中,如果含有从境内采购的料件,海关以制成品所含从境外购入的料件原进口成交价格为基础审查确定完税价格。料件原进口成交价格不能确定的,海关以接受内销申报的同时或者大约同时进口的与料件相同或者类似货物的进口成交价格为基础审查确定完税价格。

保税区内的加工企业内销的来料加工制成品中,如果含有从境内采购的料件,海关以接受内销申报的同时或者大约同时进口的与制成品所含从境外购入的料件相同或者类似货物的进口成交价格为基础审查确定完税价格。

3. 运往境外修理的货物

运往境外修理的机械器具、运输工具或者其他货物,出境时已向海关报明,并在海关规定的期限内复运进境的,应当以境外修理费和料件费为基础审查确定完税价格。

4. 运往境外加工的货物

运往境外加工的货物,出境时已向海关报明,并在海关规定期限内复运进境的,应当以境外加工费和料件费以及该货物复运进境的运输及其相关费用、保险费为基础审查确定完税价格。

5. 暂时进境的货物

对于经海关批准的暂时进境的货物,应当按照一般进口货物估价办法的规定,估定完税价格。

6. 租赁方式进口货物

租赁方式进口的货物中,以租金方式对外支付的租赁货物,在租赁期间以海关审查确定的租金作为完税价格,利息应当予以计入;留购的租赁货物以海关审查确定的留购价格作为完税价格;承租人申请一次性缴纳税款的,经海关同意,按照一般进口货物估价方法的规定估定完税价格。

7. 留购的进口货样

对于境内留购的进口货样/展览品和广告陈列品,以海关审定的留购价格作为完税价格。

8. 予以补税的减免税货物

减税或免税进口的货物需补税时,应当以海关审定的该货物原进口时的价格,扣除折旧部分作为完税价格。

9. 以其他方式进口的货物

以易货贸易、寄售、捐赠、赠送等其他方式进口的货物,应当按照一般进口货物估价办法的规定,估定完税价格。

(三)进口货物完税价格中运费、保险费的计算

进口货物的运费,应当按照实际支付的费用计算。如果进口货物的运费无法确定,海关应当按照该货物的实际运输成本或者该货物进口同期运输行业公布的运费率(额)计算运费。运输工具作为进口货物,利用自身动力进境的,海关在审查确定完税价格时,不再另行计入运费。

进口货物的保险费,应当按照实际支付的费用计算。如果进口货物的保险费无法确定或者未实际发生,海关应当按照“货价+运费”两者总额的0.3%计算保险费。其计算公式如下:

$$保险费=(货价+运费)\times 0.3\%$$

邮运进口的货物,应当以邮费作为运输及其相关费用、保险费。

以境外边境口岸价格条件成交的铁路或者公路运输进口货物,海关应当按照境外边境口岸价格的1%计算运输及其相关费用、保险费。

(四)出口货物的完税价格

1. 以成交价格为基础的完税价格

出口货物的完税价格由海关以该货物的成交价格为基础审查确定,并应当包括货物运至中华人民共和国境内输出地点装载前的运输及其相关费用、保险费。

出口货物的成交价格是指该货物出口销售时,卖方为出口该货物应当向买方直接收取和间接收取的价款总额。

但是,下列税收、费用不计入出口货物的完税价格:出口关税;在货物价款中单独列明的货物运至中华人民共和国境内输出地点装载后的运输及其相关费用、保险费;在货物价款中单独列明由卖方承担的佣金。

2. 以海关估价为基础的完税价格

出口货物的成交价格不能确定的,海关经了解有关情况,并与纳税义务人进行价格磋商后,依次以下列价格审查确定该货物的完税价格:

(1)同时或者大约同时向同一国家或者地区出口的相同货物的成交价格。

(2)同时或者大约同时向同一国家或者地区出口的类似货物的成交价格。

(3)根据境内生产相同或者类似货物的成本、利润和一般费用(包括直接费用和间接费用)、境内发生的运输及其相关费用、保险费计算所得的价格。

(4)按照合理方法估定的价格。

(五)完税价格的审定

(1)纳税义务人向海关申报时,应当如实向海关提供发票、合同、提单、装箱清单等单证。如果海关认为有必要,要如实提供与货物买卖有关的支付凭证,以及证明申报价格真实、准确的其他商业单证、书面资料和电子数据。价格调整项目需要分摊计算的,纳税义务人应当根据客观量化的标准进行分摊,并同时向海关提供分摊的依据。

(2)海关为审查申报价格的真实性、准确性,可以查阅、复制与进出口货物有关的合同、发票、账册、结付汇凭证、单据、业务函电、录音录像制品和其他反映买卖双方关系及交易活动的商业单证、书面资料和电子数据;可以向进出口货物的纳税义务人及与其有资金往来或者有其他业务往来的公民、法人或者其他组织调查与进出口货物价格有关的问题;可以对进出口货物进行查验或者提取货样进行检验或者化验;可以进入纳税义务人的生产经营场所、货物存放场所,检查与进出口活动有关的货物和生产经营情况;经直属海关关长或者其授权的隶属海关关长批准,凭“中华人民共和国海关账户查询通知书”及有关海关工作人员的工作证件,可以查询纳税义务人在银行或者其他金融机构开立的单位账户的资金往来情况,并向银行业监督管理机构通报有关情况；可以向税务部门查询、了解与进出口货物有关的缴纳国内税情况。

（3）海关对申报价格的真实性、准确性有疑问时，或者认为买卖双方之间的特殊关系影响成交价格时，应当制发“中华人民共和国海关价格质疑通知书”（简称“价格质疑通知书”），将质疑的理由书面告知纳税义务人或者其代理人，纳税义务人或者其代理人应当自收到“价格质疑通知书”之日起5个工作日内，以书面形式提供相关资料或者其他证据，证明其申报价格真实、准确或者双方之间的特殊关系未影响成交价格。

（4）海关有理由认为买卖双方之间的特殊关系影响成交价格时，应当书面将怀疑的理由告知进出口货物的收发货人，要求其以书面形式做进一步说明，提供资料或其他证据，证明双方之间的关系未影响成交价格。自海关书面通知发出之日起15日内，进口货物的收货人未能提供进一步说明，或海关审核所提供的资料或证据后，仍有理由认为买卖双方的关系影响成交价格时，海关可以不接受其申报价格，并按照一般进口货物海关估价方法估定完税价格。

（5）海关不接受申报价格，按照相同货物或类似货物成交价格的规定估定完税价格时，为获得合适的相同或类似进出口货物的成交价格，可以与进出口货物的纳税义务人进行价格磋商。

（6）进出口货物的收发货人可以提供书面申请，要求海关就如何确定其进出口货物的完税价格作出书面说明。

（7）海关为确定进出口货物的完税价格需要推迟作出估价决定时，进出口货物的收发货人可以在依法向海关提供担保后，先行提取货物。海关对于实行担保放行的货物，应当自具保之日起90日内核查完毕，并将核查结果通知进出口货物收发货人。

二、关税应纳税额的计算方法

关税应纳税额计算有如下公式：

（一）从价计税应纳税额

关税税额=进（出）口应税品的数量×单位完税价格×适用税率

（二）从量计税应纳税额

关税税额=进（出）口应税品数量×单位货物税额

（三）复合计税应纳税额

关税税额=进（出）口应税品数量×单位货物税额+应税进（出）口货物数量×单位完税价格×适用税率

（四）滑准税应纳税额

关税税额=进（出）口应税品数量×单位完税价格×滑准税税率

【例5-1】 某公司2019年7月从日本进口铁盘条10万吨，其成交价格为CIF上海新港125 000美元。计算应征关税税款。

已知海关填发税款缴款书之日的外汇牌价：

100美元=687.26人民币元（买入价）

100美元=697.18人民币元（卖出价）

解：税款计算如下：

（1）审核申报价格，符合“成交价格”条件，确定进口关税税款税率为10%。

（2）根据填发税款缴款书日的外汇牌价，将货价折算成人民币。

当天外汇汇价为：

$$外汇买卖中间价\ 100\ 美元=(687.26+697.18)/2=692.22(元)$$

$$完税价格=125\ 000\times692.22=86\ 527\ 500(元)$$

（3）应征关税税款 $=86\ 527\ 500\times10\%=8\ 652\ 750$（元）。

【例 5-2】 某公司 2019 年 6 月进口美国产蓝带牌啤酒 600 箱，每箱 24 瓶，每瓶容积 500 毫升，价格为到岸价格 3 000 美元。计算应纳关税（征税日人民币与美元的外汇折算率为 1∶6.47，适用优惠税率 3 元/升）。

解：应纳关税税额 $=600\times24\times500/1\ 000\times3=21\ 600$（元）。

注：1 000 是把 500 毫升化为 0.5 升。

【例 5-3】 某公司 2019 年 6 月进口 2 台日本产电视摄像机，价格为到岸价格 13 000 美元。计算应纳关税（征税日人民币与美元的外汇折算率为 1∶6.5，适用优惠税率为：每台完税价格高于 5 000 美元的，从量税为每台 13 280 元，再征从价税 3%）。

解：应纳关税税额 $=2\times13\ 280+13\ 000\times6.5\times3\%=26\ 560+2\ 535=29\ 095$（元）。

第四节　关税的征收管理

一、关税减免

关税减免是贯彻国家关税政策的一项重要措施。关税减免一般分为法定减免、特定减免和临时减免。

（一）法定减免

（1）下列进出口货物，免征关税：关税税额在人民币 50 元以下的货物；无商业价值的广告品和货样；外国政府、国际组织无偿赠送的物资；在海关放行前损失的货物；进出境运输工具装载的途中必需的燃料、物料和饮食用品。因品质或者规格原因，出口货物（进口货物）自出口之日（进口之日）起 1 年内原状复运出境（进境）的，不征收出口（进口）关税。

（2）经海关批准暂时进境或者暂时出境的下列货物，在进境或者出境时纳税义务人向海关缴纳相当于应纳税款的保证金或者提供其他担保的，可以暂不缴纳关税，并应当自进境或者出境之日起 6 个月内复运出境或者复运进境；经纳税义务人申请，海关可以根据海关总署的规定延长复运出境或者复运进境的期限：在展览会、交易会、会议及类似活动中展示或者使用的货物；文化、体育交流活动中使用的表演、比赛用品；进行新闻报道或者摄制电影、电视节目使用的仪器、设备及用品；开展科研、教学、医疗活动使用的仪器、设备及用品；在上述所列活动中使用的交通工具及特种车辆；货样；供安装、调试、检测设备时使用的仪器、工具；盛装货物的容器；其他用于非商业目的的货物。

（3）有下列情形之一的，纳税义务人自缴纳税款之日起 1 年内，可以申请退还关税，并应当以书面形式向海关说明理由，提供原缴款凭证及相关资料：已征进口关税的货物，因品质或者规格原因，原状退货复运出境的；已征出口关税的货物，因品质或者规格原因，原状退货复运进境，并已重新缴纳因出口而退还的国内环节有关税收的;已征出口关税的货物,因故未装运出口,申报退关的。

(二)特定减免

(1)科教用品。对科学研究机构和学校,不以营利为目的,在合理数量范围内进口国内不能生产的科学研究或者教学的,免征进口关税和进口环节增值税、消费税。

(2)残疾人专用品。为支持残疾人的康复工作,国务院制定了《残疾人专用品免征进口税收暂行规定》,对规定的残疾人个人专用品,免征进口关税和进口环节增值税、消费税;对康复、福利机构、假肢厂和荣誉军人康复医院进口国内不能生产的、该规定明确的残疾人专用品,免征进口关税和进口环节增值税。

(3)扶贫、慈善性捐赠物资。境外自然人、法人或者其他组织等境外捐赠人,无偿向经国务院主管部门依法批准成立的,以人道救助和发展扶贫、慈善事业为宗旨的社会团体以及国务院有关部门和各省、自治区、直辖市人民政府捐赠的,直接用于扶贫、慈善事业的物资,免征进口关税和进口环节增值税。

(4)加工贸易产品、边境贸易进口物资等的减免关税规定。

(三)临时减免

除以上两项减免税之外,国务院运用一案一批原则,针对某个单位、某类商品、某个项目或某批进出口货物的特殊情况,给予特别照顾,临时给予的减免。

二、关税缴纳

(1)申报时间。进口货物自运输工具申报进境之日起 14 日内;出口货物在运抵海关监管区后装货的 24 小时以前。

(2)纳税期限。关税的纳税义务人或其代理人,应在海关填发税款缴纳证之日起 15 日内向指定银行缴纳。

(3)不能按期缴纳税款,经海关总署批准,可延期缴纳,但最长不得超过 6 个月。

三、关税强制执行

这主要有两种形式:

(一)征收关税滞纳金

关税滞纳金金额=滞纳关税税额×滞纳金征收比率(0.05%)×滞纳天数

(二)强制征收

如纳税义务人自海关填发缴款书之日起 3 个月仍未缴纳税款,经海关关长批准,海关可以采取强制扣缴、变价抵缴等强制措施。

四、关税退还

如遇下列情况之一,可自缴纳税款之日起 1 年内,书面声明理由,连同原纳税收据向海关申请退税,并加计同期银行活期存款利率计算的利息:

(1)因海关误征,多纳税款的。

(2)海关核准免验进口的货物,在完税后,发现有短卸情况,经海关审查认可的。

（3）已征出口关税的货物，因故未装运出口，申报退关，经海关查验属实的。

对已征出口关税的出口货物和已征进口关税的进口货物，因货物品种或规格原因原状复运进境或出境的，经海关查验属实的，也应退还已征关税。

五、关税补征和追征

关税补征，是因非纳税人违反海关规定造成的少征或漏征关税，关税补征期为缴纳税款或货物放行之日起1年内。

关税追征，是因纳税人违反海关规定造成少征或漏征关税，关税追征期为进出口货物完税之日或货物放行之日起3年内，并加收0.05%的滞纳金。

六、关税纳税争议

在纳税义务人同海关发生纳税争议时，可以向海关申请复议，但同时应当在规定期限内按海关核定的税额缴纳关税，逾期则构成滞纳，海关有权按规定采取强制执行措施。

第五节　船舶吨税

船舶吨税，简称吨税，是海关对进出一国港口的外籍船舶按其净吨位征收的一种税。它是一国船舶使用了另一国家的助航设施而向该国缴纳的一种税费，专项用于海上航标的维护、建设和管理。这一税种为世界多数国家所开征，其征税根据是外籍船舶使用了本国港口及助航设备，具有使用费的性质。在有些国家该税被称为灯塔税，属于行为税类。

视频讲解：
船舶吨税

我国船舶吨税是对在中国港口行驶的外国籍船舶、外商租用的中国籍船舶，以及中外合营企业使用的中外国籍船舶，按照船舶注册的净吨位征收的一种关税。船舶吨税的法律依据是2018年7月1日起施行的《中华人民共和国船舶吨税法》。船舶吨税由海关代交通部征收，海关征收后就地上缴中央国库。经国务院批准，自2001年1月1日起将船舶吨税纳入中央预算管理，全部上交中央国库，不再作为预算外资金管理，成为国家中央财政收入的重要来源之一。

一、船舶吨税征收范围和纳税人

自中国境外港口进入中国境内港口的船舶征收船舶吨税，以应税船舶负责人为纳税人。

二、船舶吨税的计税依据、税率与计算

船舶吨税以船舶注册净吨位为计税依据，拖船和非机动驳船分别按相同净吨位船舶税率的50%计征。注册净吨位是指船舶能够装载旅客或货物的船舶容量。吨税采用定额税率，按船舶净吨位的大小分等级设置单位税额，分30日、90日和1年三种不同的税率，并实行复式税率，具体分为两类：普通税率和优惠税率。船舶吨税税目税率如表5-1所示。

表 5-1 船舶吨税税目税率表

<table>
<tr><th rowspan="3">税目
(按船舶净吨位划分)</th><th colspan="6">税率(元/净吨)</th><th rowspan="3">备注</th></tr>
<tr><th colspan="3">普通税率
(按执照期限划分)</th><th colspan="3">优惠税率
(按执照期限划分)</th></tr>
<tr><th>1年</th><th>90日</th><th>30日</th><th>1年</th><th>90日</th><th>30日</th></tr>
<tr><td>不超过 2 000 净吨</td><td>12.6</td><td>4.2</td><td>2.1</td><td>9.0</td><td>3.0</td><td>1.5</td><td rowspan="4">1. 拖船按照发动机功率每千瓦折合净吨位 0.67 吨
2. 无法提供净吨位证明文件的游艇,按照发动机功率每千瓦折合净吨位 0.05 吨
3. 拖船和非机动驳船分别按相同净吨位船舶税率的 50%计征税款</td></tr>
<tr><td>超过 2 000 净吨,但不超过 10 000 净吨</td><td>24.0</td><td>8.0</td><td>4.0</td><td>17.4</td><td>5.8</td><td>2.9</td></tr>
<tr><td>超过 10 000 净吨,但不超过 50 000 净吨</td><td>27.6</td><td>9.2</td><td>4.6</td><td>19.8</td><td>6.6</td><td>3.3</td></tr>
<tr><td>超过 50 000 净吨</td><td>31.8</td><td>10.6</td><td>5.3</td><td>22.8</td><td>7.6</td><td>3.8</td></tr>
</table>

船舶吨税按“船舶吨位证书”中净吨位(直接输入计算机自动计征)计征。其计税公式为:

应纳税额=应税船舶净吨位×适用税率

三、船舶吨税的免税优惠

下列船舶免征吨税:应纳税额在人民币 50 元以下的船舶;自境外以购买、受赠、继承等方式取得船舶所有权的初次进口到港的空载船舶;吨税执照期满后 24 小时内不上下客货的船舶;非机动船舶(不包括非机动驳船);捕捞、养殖渔船;避难、防疫隔离、修理、改造、终止运营或者拆解,并不上下客货的船舶;军队、武装警察部队专用或者征用的船舶;警用船舶;依照法律规定应当予以免税的外国驻华使领馆、国际组织驻华代表机构及其有关人员的船舶;国务院规定的其他船舶。

四、船舶吨税的征收管理

(一) 征收机关

吨税由海关负责征收。海关征收吨税应当制发缴款凭证。

(二) 纳税期限

吨税纳税义务发生时间为应税船舶进入港口的当日。应税船舶在吨税执照期满后尚未离开港口的,应当申领新的吨税执照,自上一次执照期满的次日起续缴吨税。应税船舶负责人应当自海关填发吨税缴款凭证之日起 15 日内向指定银行缴清税款。未按期缴清税款的,自滞纳税款之日起,按日加收滞纳税款 0.05%的滞纳金。

本章小结

1. 关税是一国政府根据其法律规定,对通过其关境的进出口货物课征的一类税收的总称。一般实行复合税制,执行统一的国家对外经济政策,由海关管理机构代表国家征税,在维护国家主权和利益、保护和促进本国产业发展、调节国民经济和对外贸易及筹集财政收入等方面发挥着重要作用。

2. 关税根据征税货物流向可划分为进口关税、出口关税和过境关税；根据征税目的可分为财政关税和保护关税；根据计征方法可分为从价关税、从量关税、复合关税、选择关税、滑准关税；根据税负轻重可分为优惠关税和加重关税。

3. 我国关税的征税对象范围包括国家准许进出口的货物、进境物品，但法律、行政法规另有规定的除外。关税的具体征对象范围由进出口关税税则详细列示。我国关税纳税人，包括进口货物的收货人、出口货物的发货人、进出境物品的所有人。

4. 我国大部分进出口货物和物品采用从价计征方式，以完税价格为计税依据，也有部分采用从量、复合计征形式。我国关税的税率又可分为进口关税税率、出口关税税率、特别关税和行邮物品税率。进口关税税率设有最惠国税率、协定税率、特惠税率、普通税率、关税配额税率等，在一定期限内可以实行暂定税率。

5. 进出口货物的完税价格是指海关根据有关规定进行审定或估定后通过估价确定的价格。进口货物的完税价格一般为进口商在该货物销售国港口运至进口国时实付或应付的 CIF 价格；出口货物的完税价格一般为出口商将货物运至出口港装货以前所有的费用作为计价基础的价格，即 FOB 价格。

6. 我国原产地规定基本上采用了“全部产地生产标准”“实质性加工标准”两种国际上通用的原产地标准。我国关税减免主要有法定减免税、特定减免税和临时减免税。

7. 我国关税应纳税额计算方法为：从价计税应纳关税税额=进（出）口应税品的数量×单位完税价格×适用税率；从量计税应纳关税税额=进（出）口应税品数量×单位货物税额；复合计税应纳关税税额=进（出）口应税品数量×单位货物税额+进（出）口应税品数量×单位完税价格×适用税率；滑准税应纳关税税额=进（出）口应税品数量×单位完税价格×滑准税税率。

8. 我国船舶吨税是对在中国港口行驶的外国籍船舶、外商租用的中国籍船舶，以及中外合营企业使用的中外国籍船舶，按照船舶注册的净吨位征收的一种关税，以应税船舶负责人为纳税人。由海关代交通部征收。船舶吨税的税目是按照船舶净吨位划分的，而税率分为普通税率和优惠税率两种。

综合练习

一、重要概念

财政关税　保护关税　复合关税　选择关税　滑准关税　加重关税　优惠关税　最惠国待遇
特定优惠关税　普遍优惠关税　反倾销关税　反补贴关税　报复关税　保障性关税　关税税则
关税暂定税率　关税完税价格　船舶吨税

二、思考题

1. 什么是关税？
2. 关税有哪些特点？
3. 现阶段我国关税有哪些作用？
4. 我国关税的税率是如何设置和适用的？
5. 我国现在有哪些特别关税？如何运用？

6. 我国进口货物原产地的确定有哪些标准？

7. 什么是关税完税价格？进出口货物和物品的完税价格如何确定？

8. 什么是船舶吨税？

三、计算题

计算题参考答案

1. 某外贸进出口公司从日本进口一批空调，境外成交价格为 1 500 万元，起卸前运输费用 60 万元，保险费用 17 万元，装卸费用 28 万元，卖给买方的正常回扣为 5 万元，进口后的基建、安装、装配、调试和技术指导费 10 万元。假设该批空调适用的进口关税税率为 20%，请计算该公司进口该批货物应纳的进口关税税额。

2. 某丝绸进出口公司出口生丝一批，成交价格为 550 万元，其中支付给国外中介人佣金 10 万元，支付生丝的包装费 40 万元。假设生丝出口关税税率为 10%，请计算该公司出口该批生丝应纳出口关税税额。

延展阅读

[1] 周密. 美国加征关税增加全球经济下行压力[J]. 中国远洋海运，2019(06):24-25.

[2] 吴明. 自由贸易园区境内关外政策研究[J]. 科学发展，2019(06):48-58.

[3] 马弘，秦若冰. 贸易平衡与关税对等：中美经贸之辨[J]. 国际商务研究，2021，42(04)：30-46.

[4] 王平，曹亮，祝文娟，朱小明. 进口关税削减与企业全要素生产率——基于中国企业微观数据的实证研究[J]. 宏观经济研究，2015(8):48-64.

[5] 冯然. 我国跨境电子商务关税监管问题的研究[J]. 国际经贸探索，2015(2):77-85.

[6] Baozhuang Niu, Zihao Mu, Kanglin Chen. Quality spillover, tariff, and multinational firms' local sourcing strategies[J]. International Transactions in Operational Research. 2019(6).

第六章

企业所得税

本章学习目标

1. 了解企业所得税的概念、特点与作用
2. 熟悉企业所得税的征税范围、纳税人、税率等税制要素规定
3. 掌握企业所得税应纳税所得额和应纳税额的计算
4. 熟悉企业所得税的优惠政策、征管与申报规定

企业所得税是以企业取得的生产经营所得和其他所得为征税对象所征收的一种税，是规范和处理国家与企业分配关系的重要形式。在我国现行税制中，企业所得税是仅次于增值税的第二大税种，在企业纳税活动中占有重要地位，具有很大的纳税筹划空间。自 2008 年 1 月 1 日起施行《中华人民共和国企业所得税法》(2018 年第 2 次修订)后，该税种对我国整个税收体系的架构和改革产生了深远影响，也在企业经济活动中扮演着较为重要的角色。企业所得税法及其税收优惠政策的实施，对于完善社会主义市场经济体制、促进各类企业公平竞争、促进经济结构调整、协调区域发展、优化外资利用结构等具有重大意义和深远影响。党的二十大报告强调，要坚持以推动高质量发展为主题，着力提升产业链供应链韧性，支持中小微企业发展，建设现代化产业体系，构建新的增长引擎。

第一节　企业所得税概述

一、企业所得税的历史沿革

企业所得税是对企业的纯收益(所得)课征的一种税收，类似于国外的公司所得税或法人所得税。英国早在 1909 年就开征了公司所得税。目前，世界上有 160 多个国家或地区开征了公司所得税。

视频讲解：企业所得税概述

我国开征企业所得税的历史不长。1936 年国民政府公布了《所得税暂行条例》，于 1937 年正式实施。新中国成立后，1950 年 1 月，政务院颁布了《全国税政实施要则》，把对企业征收的所得税并入工商业税，同时开征了薪给报酬所得税和存款利息所得税两个税种。但是，此时的所得税还不是一个独立的税种。直

到1958年实行工商税制改革,所得税才从工商业税中分离出来,定名为工商所得税。这是新中国成立后所得税作为一个独立税种的标志,为以后的所得税制建立打下了基础。

1980年9月,我国颁布了《中华人民共和国中外合资经营企业所得税法》,这是我国第一部真正意义上的企业所得税法。1981年12月,我国颁布了《中华人民共和国外国企业所得税法》。这两部税法的颁布标志着我国建立起了有别于内资企业所得税制度的涉外企业所得税制度。

1983年,国务院在全国试行国营企业"利改税",一改新中国成立后实行了30多年的国营企业向国家上缴利润的做法,要求国营企业向国家缴纳企业所得税。1984年9月,国务院颁布了《中华人民共和国国营企业所得税条例(草案)》和《国营企业调节税征收办法》,规定实行独立经济核算的国营企业为企业所得税的纳税人,大中型企业实行55%的比例税率,另按一定比例征收调节税;小型企业等适用10%至55%的8级超额累进税率。经过两年的"利改税",全面征收国营企业所得税,成为我国企业所得税走向规范化的重要里程碑。

1985年4月,国务院颁布了《中华人民共和国集体企业所得税暂行条例》,统一了城乡集体企业的企业所得税,实行10%至55%的8级超额累进税率。原来对集体企业征收的工商所得税同时停止执行。1988年6月,国务院颁布了《中华人民共和国私营企业所得税暂行条例》。

1991年,将原有的两部涉外企业所得税法合并为《中华人民共和国外商投资企业和外国企业所得税法》,简化和完善了我国的涉外企业所得税制度,但有别于内资企业所得税的特点继续加以保持。

1993年12月,为统一内资企业所得税,国务院颁布了《中华人民共和国企业所得税暂行条例》,将原来的国营企业所得税、集体企业所得税、私营企业所得税制度加以合并,较好地解决了不同所有制企业的税负不公问题,理顺了国家与内资企业的分配关系,促进了内资企业经营机制的转换,但有别于外资企业所得税的特点继续存在。

2007年3月16日,第十届全国人民代表大会第五次会议通过了《中华人民共和国企业所得税法》(简称《企业所得税法》),并于2008年1月1日起实施。2007年12月6日,国务院批准了《中华人民共和国企业所得税法实施条例》(简称《企业所得税法实施条例》)。至此,我国内、外资企业两套不同的企业所得税制度并存的局面宣告结束。同时,企业所得税法的实施,为我国的内、外资企业提供统一的企业所得税税收待遇,在促进企业公平竞争、鼓励企业"走出去"等方面发挥了前所未有的作用。

2017年2月,全国人民代表大会常务委员会通过了《关于修改〈中华人民共和国企业所得税法〉的决定》第一次修正,对企业所得税法第九条进行了修正,明确了超过年度利润总额12%的部分公益性捐赠,准予结转以后三年内在计算应纳税所得额时扣除。

2018年12月,全国人民代表大会常务委员会通过了《关于修改〈中华人民共和国电力法〉等四部法律的决定》第二次修正,对企业所得税法第五十一条进行了修正,明确了符合条件的非居民企业可以自主选择,取消了经税务机关审核批准的规定。

2019年4月,中华人民共和国国务院令(第714号)公布,对《中华人民共和国企业所得税法实施条例》相关条款进行修正,使其规定与《中华人民共和国企业所得税法》完全保持一致。

二、企业所得税的特点

(一) 量能负担

企业所得税是对企业的生产经营所得和其他所得征收的,企业的税收负担水平与纳税人的所得直接相关,所得多的多征,所得少的少征,无所得的不征,真正体现了量能负担的原则。因而,企业所得税被誉为“良性税种”。

(二) 纳税人与负税人一致

企业所得税属于直接税,纳税人缴纳的企业所得税一般不易转嫁,常常由纳税人自己负担。

(三) 纳税人是有应税所得的企业、组织

企业所得税的纳税人包括企业但不限于企业。多年来,我国企业所得税的纳税人就已经包括了有生产经营所得和其他所得的其他组织,如事业单位、社会团体、基金会等。

《企业所得税法》规定,在中华人民共和国境内,企业和其他取得收入的组织(以下统称企业)为企业所得税的纳税人,依照本法的规定缴纳企业所得税。

(四) 征税方式

企业所得税实行按年计算、分期预缴、年终汇算清缴的征税方式。企业会计核算是按年度进行的,企业所得税也按年计算。企业所得税征税方式与会计核算保持协调一致,既有利于企业所得税征收,也可以降低企业所得税的征纳成本。但从满足财政支出的日常需要出发,必须尽可能做到税款均衡入库,以及从加强企业所得税日常管理考虑,税款必须分期预缴。

三、企业所得税的作用

(一) 筹集财政收入

企业所得税是现代税制中的一个重要税种。我国企业所得税税收收入不仅总额越来越大,而且在整个税收收入中所占的比重呈现逐年提高的趋势(见表 6-1)。

表 6-1 2010—2020 年我国企业所得税税收收入占税收总收入的比重 单位:亿元

指标	2010 年	2011 年	2012 年	2013 年	2014 年	2015 年	2016 年	2017 年	2018 年	2019 年	2020 年
税收总收入	73 211	89 738	100 614	110 531	119 158	124 922	130 360	144 369	156 400	157 992	154 310
企业所得税	12 844	16 770	19 655	22 427	24 632	27 133	28 851	32 117	35 322	37 300	36 424
比重(%)	17.5	18.7	19.5	20.3	20.7	21.72	22.13	22.25	22.58	23.61	23.60

资料来源:国家统计局。表中企业所得税收入为内外资企业所得税收入。

(二) 调节资源配置

企业所得税是一个良性税种,除了可以体现量能负担原则外,还可以根据产业政策导向,通过对不同产业设置不同的税收优惠政策来调节产业结构,促进资源的合理配置。

(三) 促进经济稳定

经济学理论已经证实,企业所得税本身具有“内在稳定器”的功能,可以促进经济稳定发展。再加上企业所得税有减免税、低税率、加计扣除、加速折旧、投资抵免、减计收入等众多措施,企业所得税可以作为国家宏观调控的一个重要工具。这一工具的使用,不仅能够促进我国产业结构的调整,而且能够促进我国经济平稳较快发展。

第二节 企业所得税的纳税人、征税对象、税率

一、企业所得税的纳税人

视频讲解：企业所得税三要素

在中华人民共和国境内，企业和其他取得收入的组织（以下统称企业）为企业所得税的纳税人。依照中国法律、行政法规成立的个人独资企业、合伙企业不是企业所得税的纳税人。

"在中华人民共和国境内"包含三种情形：第一，按照中国法律、行政法规成立的企业或组织；第二，依照外国（地区）法律成立，但在中国境内设立机构、场所，并且该机构、场所的实际管理机构所在地被认定是在中国境内；第三，依照外国（地区）法律成立且实际管理机构不在中国境内，但在中国境内设立机构、场所的，或者在中国境内未设机构、场所，但有来源于中国境内所得的企业或者组织。

企业和其他取得收入的组织，具体包括国有企业、集体企业、私营企业（不包括个人独资、合伙企业）、联营企业、股份制企业、外商投资企业、事业单位、社会团体、民办非企业单位、基金会、外国商会、农民专业合作社，以及在中国境内设立机构、场所从事生产经营，或虽未设立机构、场所但有来源于中国境内所得的外国公司、企业和其他经济组织。此外，除上述公司、企业、事业单位、社会团体、民办非企业单位以外，还包括从事生产经营活动的其他组织。

（1）国有企业，是指生产资料属于全体劳动者所有，依法注册、登记的公有制企业或者生产经营组织。

（2）集体企业，是指生产资料归劳动者集体所有，依法注册、登记的城镇集体企业和乡镇集体企业。

（3）私营企业（2000 年 1 月 1 日起，不包括个人独资企业、合伙企业），是指生产资料属于私人所有，按照原《中华人民共和国私营企业暂行条例》的规定注册、登记的营利性经济组织。

（4）联营企业，是指生产资料归联营各方所有，共同经营、共享收益的营利性经济组织。

（5）股份制企业，是指全部注册资本由全体股东出资，并以股份形式构成，按有关法规规定注册、登记的企业。

（6）外商投资企业，是指中外合资经营企业、中外合作经营企业、外商独资企业。

（7）事业单位，是指依据《事业单位登记管理暂行条例》的规定成立的事业单位。

（8）社会团体，是指依据《社会团体登记管理条例》的规定成立的社会团体。

（9）民办非企业单位，是指依据《民办非企业单位登记管理暂行条例》的规定成立的民办非企业单位。

（10）基金会，是指依据《基金会登记管理条例》的规定成立的基金会。

（11）外国商会，是指依据《外国商会管理暂行规定》的规定成立的外国商会。

（12）农民专业合作社，是指依据《中华人民共和国农民专业合作社法》的规定成立的农民专业合作社。

（13）外国公司（企业），是指依据外国（地区）法律成立的公司（企业）。

(14) 从事经营活动的其他组织，是指经国家有关部门批准，依据中国法律注册、登记的事业单位、社会团体等组织。

(15) 在中国境内设立机构、场所从事生产经营中的“机构、场所”。依据《企业所得税法实施条例》的规定，在中国境内设立机构、场所从事生产经营中的“机构、场所”是指：

① 管理机构、营业机构、办事机构；

② 工厂、农场、开采自然资源的场所；

③ 提供劳务的场所；

④ 从事建筑、安装、装配、修理、勘探等工程作业的场所；

⑤ 其他从事生产经营活动的机构、场所。

非居民企业委托营业代理人在中国境内从事生产经营活动的，包括委托单位或者个人经常代其签订合同，或者储存、交付货物等，该营业代理人视为非居民企业在中国境内设立的机构、场所。

《企业所得税法》规定，企业分为居民企业和非居民企业。

关于居民企业的认定标准，国际税收上通常有以下一些标准：一是登记注册地标准。即在某个国家按照该国法律的规定注册登记成立的。这种登记注册是为获得法人资格的登记注册。二是实际管理机构所在地标准。如果一个企业或者组织的实际管理机构所在地被认定是在某一国家，按照这一标准，该企业或者组织通常被认定是该国的居民企业。三是总机构所在地标准。根据这一标准，公司的总机构设在哪个国家，公司就为哪个国家的居民企业。已废止的《中华人民共和国外商投资企业和外国企业所得税法》中就曾采用这一标准。四是资本控制标准。即以控制公司选举权股份的股东是否为本国居民来判定其法人居民公司身份。五是主要经营活动所在地标准。即根据公司的主要经营活动所在地是否在一国境内来判定该公司是否属于该国居民企业。

我国企业所得税法对居民企业的认定所采用的标准是登记注册地或实际管理机构所在地双重标准。居民企业是指依法在中国境内成立，或者依照外国(地区)法律成立但实际管理机构在中国境内的企业。依法在中国境内成立的企业，包括依照中国法律、行政法规在中国境内成立的企业、事业单位、社会团体以及其他取得收入的组织。依照外国(地区)法律成立的企业，包括依照外国(地区)法律成立的企业和其他取得收入的组织。所谓实际管理机构，是指对企业的生产经营、人员、账务、财产等实施实质性全面管理和控制的机构。

非居民企业是指依照外国(地区)法律成立且实际管理机构不在中国境内，但在中国境内设立机构、场所的，或者在中国境内未设立机构、场所，但有来源于中国境内所得的企业。

有必要指出的是，上述所称个人独资企业、合伙企业，是指依照中国法律、行政法规规定成立的个人独资企业、合伙企业，不包括按照外国(地区)法律规定成立的个人独资企业、合伙企业。也就是说，按照外国(地区)法律规定成立的个人独资企业、合伙企业，如果其在中国境内取得所得，即使其实际管理机构所在地不在中国境内，但按照来源地税收管辖权，仍构成我国企业所得税的纳税人。

二、企业所得税的征税对象

(一) 企业所得税征税对象确定的原则

企业所得税的征税对象是所得，即纯收益。

对于居民企业来讲,所得包括来源于我国境内、境外的所得。对于非居民企业来讲,企业所得税征税对象的确定要相对复杂。

非居民企业在中国境内设立机构、场所的,应当就其所设机构、场所取得的来源于中国境内的所得,以及发生在中国境外但与其所设机构、场所有实际联系的所得,缴纳企业所得税。非居民企业在中国境内未设立机构、场所的,或者虽设立机构、场所但取得的所得与其所设机构、场所没有实际联系的,应当就其来源于中国境内的所得缴纳企业所得税。

由此不难看出,非居民企业发生在中国境外的所得是否构成我国企业所得税的征税对象,关键在于识别该所得与其设在我国境内的机构、场所是否存在实际联系。实际联系是指非居民企业在中国境内设立的机构、场所拥有据以取得所得的股权、债权,以及拥有、管理、控制据以取得所得的财产等。

(二)企业所得税的征税对象

企业所得税的征税对象是纳税人从事生产经营所得和其他所得,包括销售货物所得、提供劳务所得、转让财产所得、股息红利等权益性投资所得、利息所得、租金所得、特许权使用费所得、接受捐赠所得和其他所得。

(三)境内所得和境外所得的划分

我国企业所得税的纳税人分为居民企业和非居民企业,居民企业负无限纳税义务,非居民企业负有限纳税义务。所谓无限纳税义务,是指对居民企业来源于境内、境外的所得征收企业所得税;所谓有限纳税义务,是指对非居民企业仅就其来源于境内的所得征收企业所得税。因此,准确划分境内所得和境外所得直接关系到非居民企业纳税义务的界定,显得十分必要。《企业所得税法》和《企业所得税法实施条例》对此做了明确的规定。

(1)销售货物所得,按照交易活动发生地确定。

(2)提供劳务所得,按照劳务发生地确定。

(3)转让财产所得,不动产转让所得按照不动产所在地确定;动产转让所得按照转让动产的企业或者机构、场所所在地确定;权益性投资资产转让所得按照被投资企业所在地确定。

(4)股息红利等权益性投资所得,按照分配所得的企业所在地确定。

(5)利息所得、租金所得、特许权使用费所得,按照负担或者支付所得的企业或者机构、场所所在地确定。

(6)其他所得,由国务院财政、税务主管部门确定。

三、企业所得税的税率

(一)居民企业的基本税率

我国企业所得税的基本税率为25%。

(二)非居民企业的税率

非居民企业在中国境内设立机构、场所的,应当就其所设机构、场所取得的来源于中国境内的所得,以及发生在中国境外但与其所设机构、场所有实际联系的所得,缴纳企业所得税。该所得适用税率为25%。

非居民企业在中国境内未设立机构、场所的,或者虽设立机构、场所但取得的所得与其所设机构、场所没有实际联系的,应当就其来源于中国境内的所得缴纳企业所得税。税法同时规定这类所得适用税率为 20%，但在税收优惠中规定按 10%的低税率征收。

（三）优惠税率

为了照顾小型微利企业和国家需要重点扶持的高新技术企业的发展，我国企业所得税法对小型微利企业和国家需要重点扶持的高新技术企业给予了税率上的优惠。符合条件的小型微利企业，减按 20%的税率征收企业所得税；国家需要重点扶持的高新技术企业，减按 15%的税率征收企业所得税。

第三节　企业所得税的确定

企业所得税的计税依据是应纳税所得额。准确计算企业应纳税所得额是正确计算企业所得税的前提。

一、企业所得税的一般规定

企业应纳税所得额的计算，以权责发生制为原则，税法和国务院财政、税务主管部门另有规定的除外。所谓权责发生制，是指以实际收取现金的权利和支付现金的义务是否发生为标志来确认本期的收入、费用及债权、债务。具体而言，凡是当期已经实现的收入和已经发生或应当负担的费用，不论款项是否收付，都应当作为当期的收入和费用；凡是不属于当期的收入和费用，即使款项已经在当期收付，也不应当作为当期的收入和费用。

视频讲解：企业所得税的一般规定与收入总额（1）

按照企业所得税法的规定，应纳税所得额为企业每一纳税年度的收入总额，减除不征税收入、免税收入、各项扣除以及允许弥补以前年度亏损后的余额，为应纳税所得额。其计算公式为：

应纳税所得额＝收入总额－不征税收入－免税收入－税前扣除额－允许弥补以前年度亏损

在实际工作中，企业应纳税所得额的计算通常以会计核算的结果（即利润总额）为基础进行一系列的纳税调整。按照企业所得税法的规定，在计算应纳税所得额时，企业财务、会计处理办法与税收法律、行政法规的规定不一致的，应当依照税收法律、行政法规的规定计算。因此，在税务与财务、会计制度规定不一致的时候，企业计算应纳税所得额时，要在会计利润总额的基础上按照税法的规定进行纳税调整，并按调整后的应纳税所得额计算缴纳企业所得税。

二、企业所得税的收入总额

（一）收入总额的界定

《企业所得税法》规定，企业以货币形式和非货币形式从各种来源取得的收入，为收入总额。企业取得收入的货币形式，包括现金、存款、应收账款、应收票据、准备持有至到期的债券投资以及债务的豁免等。企业取得收入的非货币形式，包括固定资产、生物资产、无形资产、股权投资、存货、不准备持有至到期的债券投资、劳务以及有关权益等。企业以非货币形式取得的收入，应当按照公允价值确定收入额。公允价值是指按照市场价格确定的价值。

按照收入来源不同，企业所得税法将收入总额分为以下九类：

（1）销售货物收入，是指企业销售商品、产品、原材料、包装物、低值易耗品以及其他存货取得的收入。

（2）提供劳务收入，是指企业从事建筑安装、修理修配、交通运输、仓储租赁、金融保险、邮电通信、咨询经纪、文化体育、科学研究、技术服务、教育培训、餐饮住宿、中介代理、卫生保健、社区服务、旅游、娱乐、加工以及其他劳务服务活动取得的收入。

（3）转让财产收入，是指企业转让固定资产、生物资产、无形资产、股权、债权等财产取得的收入。

（4）股息、红利等权益性投资收益，是指企业因权益性投资从被投资方取得的收入。

（5）利息收入，是指企业将资金提供给他人使用但不构成权益性投资，或者因他人占用本企业资金取得的收入，包括存款利息、贷款利息、债券利息、欠款利息等收入。

（6）租金收入，是指企业提供固定资产、包装物或者其他资产的使用权取得的收入。

（7）特许权使用费收入，是指企业提供专利权、非专利技术、商标权、著作权以及其他特许权的使用权取得的收入。

（8）接受捐赠收入，是指企业接受的来自其他企业、组织或者个人无偿给予的货币性资产、非货币性资产。

（9）其他收入，是指企业取得的除第（1）项至第（8）项收入外的其他收入，包括企业资产溢余收入、逾期未退包装物押金收入、确实无法偿付的应付款项、已作坏账损失处理后又收回的应收款项、债务重组收入、补贴收入、违约金收入、汇兑收益等。

（二）收入总额实现的确认

1. 销售货物收入

（1）销售收入的确认原则。在计算应纳税所得额时，销售收入的确认原则是：税收法律、行政法规有明确规定的，依照税收法律、行政法规的规定进行处理；税收法律、行政法规没有规定的，可以依照企业财务、会计处理办法的规定进行处理，但前提是不能与税收法律、行政法规相抵触。

（2）特殊事项的确认。企业发生非货币性资产交换，以及将货物、财产用于捐赠、偿债、赞助、集资、广告、样品、职工福利或者利润分配等用途的，应当视同销售货物、转让财产或者提供劳务，但国务院财政、税务主管部门另有规定的除外。

① 企业发生下列情形的处置资产，除将资产转移至境外以外，由于资产所有权属在形式和实质上均不发生改变，可作为内部处置资产，不视同销售确认收入，相关资产的计税基础延续计算。

a. 将资产用于生产、制造、加工另一产品；

b. 改变资产形状、结构或性能；

c. 改变资产用途（如自建商品房转为自用或经营）；

d. 将资产在总机构及其分支机构之间转移；

e. 上述两种或两种以上情形的混合；

f. 其他不改变资产所有权属的用途。

② 企业将资产移送他人的下列情形，因资产所有权属已发生改变而不属于内部处置资产，应按规定视同销售确定收入。

a. 用于市场推广或销售；

b. 用于交际应酬；

c. 用于职工奖励或福利；

d. 用于股息分配；

e. 用于对外捐赠；

f. 其他改变资产所有权属的用途。

③ 企业发生视同销售确定收入时，除另有规定外，应按照被移送资产的公允价值确定销售收入。

（3）具体政策规定。根据《企业所得税法》及《企业所得税法实施条例》规定的原则和精神，企业所得税收入确认的政策有如下规定：

① 除企业所得税法及实施条例另有规定外，企业销售收入的确认，必须遵循权责发生制原则和实质重于形式原则。

② 企业销售商品同时满足下列条件的，应确认收入的实现：商品销售合同已经签订，企业已将商品所有权相关的主要风险和报酬转移给购货方；企业对已售出的商品既没有保留通常与所有权相联系的继续管理权，也没有实施有效控制；收入的金额能够可靠地计量；已发生或将发生的销售方的成本能够可靠地核算。

③ 符合上款收入确认条件，采取下列商品销售方式的，应按以下规定确认收入实现时间：

a. 销售商品采用托收承付方式的，在办妥托收手续时确认收入。

b. 销售商品采取预收款方式的，在发出商品时确认收入。

c. 销售商品需要安装和检验的，在购买方接受商品以及安装和检验完毕时确认收入。如果安装程序比较简单，可在发出商品时确认收入。

d. 销售商品采用支付手续费方式委托代销的，在收到代销清单时确认收入。

④ 采用售后回购方式销售商品的，销售的商品按售价确认收入，回购的商品作为购进商品处理。有证据表明不符合销售收入确认条件的，如以销售商品方式进行融资，收到的款项应确认为负债，回购价格大于原售价的，差额应在回购期间确认为利息费用。

⑤ 销售商品以旧换新的，销售商品应当按照销售商品收入确认条件确认收入，回收的商品作为购进商品处理。

⑥ 企业为促进商品销售而在商品价格上给予的价格扣除属于商业折扣，商品销售涉及商业折扣的，应当按照扣除商业折扣后的金额确定销售商品收入金额。

债权人为鼓励债务人在规定的期限内付款而向债务人提供的债务扣除属于现金折扣，销售商品涉及现金折扣的，应当按扣除现金折扣前的金额确定销售商品收入金额，现金折扣在实际发生时作为财务费用扣除。

企业因售出商品的质量不合格等原因而在售价上给的减让属于销售折让；企业因售出商品质量、品种不符合要求等原因而发生的退货属于销售退回。企业已经确认销售收入的售出商品发生销售折让和销售退回，应当在发生当期冲减当期销售商品收入。

（4）企业以买一赠一等方式组合销售本企业商品的，不属于捐赠，应将总的销售金额按各项商品的公允价值的比例来分摊确认各项的销售收入。

2. 提供劳务收入

（1）收入的确认方法。

企业受托加工制造大型机械设备、船舶、飞机等，以及从事建筑、安装、装配工程业务或者提供劳务等,持续时间超过12个月的,按照纳税年度内完工进度或者完成的工作量确认收入的实现。

企业确定提供劳务交易的完工进度,可以选用下列方法:一是已完成工作的测量;二是已经提供的劳务占应提供劳务总量的比例;三是已经发生的成本占估计总成本的比例。

(2)收入金额的确认。

① 企业应当按照从接受劳务方已收或应收的合同或协议价款确定提供劳务收入总额。

② 企业受托加工制造大型机械设备、船舶、飞机等,以及从事建筑、安装、装配工程业务或者提供劳务等,持续时间超过12个月的,应当在纳税年度结束时按照提供劳务收入总额乘以完工进度扣除以前会计期间累计已确认提供劳务收入后的金额,确认当期提供劳务收入。同时,按照提供劳务估计总成本乘以完工进度扣除以前会计期间累计已确认劳务成本后的金额,结转当期劳务成本。

③ 企业提供劳务,但不按照纳税年度内完工进度或者完成的工作量确认收入的,应当分下列情况处理:已经发生的劳务成本预计能够得到补偿的,按照已经发生的劳务成本金额确认提供劳务收入,并按相同金额结转劳务成本;已经发生的劳务成本预计不能够得到补偿的,可暂不确认提供劳务收入,但也不将已经发生的劳务成本计入当期损益,待已经发生的劳务成本确定不能得到补偿时,再经主管税务机关核定作为损失扣除。

④ 企业与其他企业签订的合同或协议包括销售商品和提供劳务时,销售商品部分和提供劳务部分能够区分且能够单独计量的,应当将销售商品的部分作为销售商品处理,将提供劳务的部分作为提供劳务处理。销售商品部分和提供劳务部分不能够区分,或虽能区分但不能够单独计量的,应当将销售商品部分和提供劳务部分全部作为销售商品处理。

(3)特殊事项的确认。

企业将劳务用于捐赠、偿债、赞助、集资、广告、样品、职工福利和利润分配,应当视同提供劳务,按上述规定确认收入。

(4)具体政策规定。

企业在各个纳税期末,提供劳务交易的结果能够可靠估计的,应采用完工进度(完工百分比)法确认提供劳务收入。

① 提供劳务交易的结果能够可靠估计,是指同时满足下列条件:一是收入的金额能够可靠地计量;二是交易的完工进度能够可靠地确定;三是交易中已发生和将发生的成本能够可靠地核算。

② 企业提供劳务完工进度的确定,可选用下列方法:一是已完成工作的测量;二是已提供劳务占劳务总量的比例;三是发生成本占总成本的比例。

③ 企业应按照从接受劳务方已收或应收的合同或协议价款确定劳务收入总额,根据纳税期末提供劳务收入总额乘以完工进度扣除以前纳税年度累计已确认提供劳务收入后的金额,确认为当期劳务收入。同时,按照提供劳务估计总成本乘以完工进度扣除以前纳税期间累计已确认劳务成本后的金额,结转为当期劳务成本。

④ 下列提供劳务满足收入确认条件的,应按规定确认收入:

a. 安装费。应根据安装完工进度确认收入。安装工作是商品销售附带条件的,安装费在确认商品销售实现时确认收入。

b. 宣传媒介的收费。应在相关的广告或商业行为出现于公众面前时确认收入。广告的制作费,应根据制作广告的完工进度确认收入。

c. 软件费。为特定客户开发软件的收费,应根据开发的完工进度确认收入。

d. 服务费。包含在商品售价内可区分的服务费,在提供服务的期间分期确认收入。

e. 艺术表演、招待宴会和其他特殊活动的收费。在相关活动发生时确认收入。收费涉及几项活动的,预收的款项应合理分配给每项活动,分别确认收入。

f. 会员费。申请入会或加入会员,只允许取得会籍,所有其他服务或商品都要另行收费的,在取得该会员费时确认收入。申请入会或加入会员后,会员在会员期内不再付费就可得到各种服务或商品,或者以低于非会员的价格销售商品或提供服务的,该会员费应在整个受益期内分期确认收入。

g. 特许权费。属于提供设备和其他有形资产的特许权费,在交付资产或转移资产所有权时确认收入;属于提供初始及后续服务的特许权费,在提供服务时确认收入。

h. 劳务费。长期为客户提供重复的劳务收取的劳务费,在相关劳务活动发生时确认收入。

3. 转让财产收入

当企业转让财产的同时满足下列条件时,应当确认转让财产收入:一是企业获得已实现经济利益或潜在的经济利益的控制权;二是与交易相关的经济利益能够流入企业;三是相关的收入和成本能够合理地计量。

企业应当按照从财产受让方已收或应收的合同或协议价款确定转让财产收入金额。企业发生非货币性资产交换,以及将财产用于捐赠、偿债、赞助、集资、广告、样品、职工福利和利润分配,应当视同转让财产,按以上规定确认收入。

视频讲解:企业所得税的一般规定与收入总额(2)

4. 股息、红利等权益性投资收益

(1) 收入实现时间的确认。股息、红利等权益性投资收益,除国务院财政、税务主管部门另有规定外,按照被投资方作出利润分配决定时间确认收入的实现。

(2) 金额的确认。股息、红利等权益性投资收益,是指企业因权益性投资从被投资方取得的收入。

5. 利息收入

利息收入按照合同约定的债务人应付利息的日期确认收入的实现。

6. 租金收入

租金收入按照合同约定的承租人应付租金的日期确认收入的实现。但如果交易合同或协议中规定租赁期限跨年度,且租金提前一次性支付的,根据收入与费用配比原则,出租人可在租赁期内,分期均匀计入相关年度收入。出租方如为在我国境内设有机构场所且采取据实申报缴纳企业所得的非居民企业,也执行这一规定。

7. 特许权使用费收入

特许权使用费收入,按照合同约定的特许权使用人应付特许权使用费的日期确认收入的实现。

8. 接受捐赠收入

接受捐赠收入,按照实际收到捐赠资产时确认收入的实现。

9. 其他收入

采取产品分成方式取得收入的,按照企业分得产品的日期确认收入的实现,其收入额按照产品的公允价值确定。

企业发生非货币性资产交换，以及将货物、财产、劳务用于捐赠、偿债、赞助、集资、广告、样品、职工福利或者利润分配等用途的，应当视同销售货物、转让财产或者提供劳务，但国务院财政、税务主管部门另有规定的除外。

需要注意的是，企业将货物、财产、劳务用于在建工程、管理部门及非生产性机构，在计算企业所得税时，不作为视同销售处理。

三、不征税收入

《企业所得税法》规定，收入总额中的下列收入为不征税收入：

（1）财政拨款。税法所称的财政拨款，是指各级政府对纳入预算管理的事业单位、社会团体等组织拨付的财政资金，但国务院和国务院财政、税务主管部门另有规定的除外。

（2）行政事业性收费、政府性基金。税法所称的行政事业性收费，是指企业根据法律法规等有关规定，按照国务院规定程序批准，在实施社会公共管理，以及在向公民、法人或者其他组织提供特定公共服务过程中，向特定对象收取并纳入财政管理的费用。政府性基金，是指企业依照法律、行政法规等有关规定，代政府收取的具有专项用途的财政资金。

（3）国务院规定的其他不征税收入。税法所称国务院规定的其他不征税收入，是指企业取得的，由国务院财政、税务主管部门规定专项用途并经国务院批准的财政性资金。

四、企业所得税的免税收入[1]

企业的下列收入为免税收入：

（1）国债利息收入。

（2）符合条件的居民企业之间的股息、红利等权益性投资收益。

（3）在中国境内设立机构、场所的非居民企业从居民企业取得与该机构、场所有实际联系的股息、红利等权益性投资收益。

（4）符合条件的非营利性组织的收入。

五、企业所得税的税前扣除

视频讲解：企业所得税的税前扣除项目（1）

企业所得税是对企业取得的纯收益征收的，确定和计算企业所得税税前扣除项目是准确计算企业所得税应纳税额的重要基础。

（一）税前扣除的界定

纳税人发生的与取得应税收入无直接相关的成本、费用、税金和损失等项目，税法上通常称为不允许税前扣除项目。如企业支付的税收滞纳金、企业所得税税款，在计算企业所得税时是不允许税前扣除的。

企业实际发生的与取得收入有关的、合理的支出，包括成本、费用、税金、损失和其他支出，准予在计算应纳税所得额时扣除（以下简称税前扣除项目）。

---

① 免税收入属于税收优惠范畴，本应该放在本章第五节中一并讲解，但出于方便读者对企业应纳税所得额计算公式的完整性认知考虑，仅将《企业所得税法》中所规定的免税收入在此做一简单罗列，更详细的税收优惠内容安排在本章第五节中介绍。

（二）税前扣除的原则

我国《企业所得税法》规定的税前扣除应遵循的原则，除了前述的权责发生制原则外，还包括以下原则：

1. 真实性原则

真实性是税前扣除的首要原则。真实性是指除税法规定的企业已经发生的支出可以加计扣除外，如加计扣除费用，其他任何税前扣除都必须是已经实际发生的。真实性原则一般要求企业未实际发生的支出不得税前扣除，如会计上允许企业按照有关规定合理确认预计负债，税法上认为会计上确认的预计负债不属于实际发生因而不允许税前扣除。真实性原则涵盖了会计的确定性原则，比确定性原则更加具有约束力。如企业一笔支出带有部分虚假成分，但取得了相关的发票，显然，该企业的这笔支出符合确定性原则，但违反了真实性原则。

2. 相关性原则

相关性是指纳税人税前扣除的支出从性质和根源上必须与取得应税收入相关，而不能仅仅从结果上考察与取得应税收入相关。如企业的回扣支出，就不符合税法所规定的相关性原则，因而不得税前扣除。因为回扣支出并非是取得应税收入必须发生的。从性质上讲，一旦支付的回扣落入个人腰包，很可能破坏市场经济秩序。

3. 合理性原则

合理性是指可纳入税前扣除额的支出应是必要和正常的，计算和分配的方法应该符合一般的经营常规。税前扣除的支出应能在体现真实性、相关性的基础上符合合理性的要求。但在真实性无法得到保证时，往往也需要借助合理性或相关性加以判定。

合理性的判定标准主要是看发生的支出在计算和分配方法上是否符合生产经营活动常规。生产经营活动常规，如企业工资薪金水平与同区域、同行业的工资薪金水平是否差距过大，企业高层管理人员与普通员工的工资薪金水平差距是否合理，企业发生的业务招待费与所成交的业务额或业务的利润率是否基本吻合，等等。

（三）税前扣除的范围和具体规定

1. 税前扣除的基本范围

（1）成本，是指企业在生产经营活动中发生的销售成本、销货成本、业务支出以及其他耗费。

（2）费用，是指企业在生产经营活动中发生的销售费用、管理费用和财务费用，已经计入成本的有关费用除外。

（3）税金，是指企业发生的除企业所得税和允许抵扣的增值税以外的各项税金及其附加。

（4）损失，是指企业在生产经营活动中实际发生的、与取得应税收入有关的资产损失，包括现金损失，存款损失，坏账损失，贷款损失，股权投资损失，固定资产和存货的盘亏、毁损、报废、被盗损失，自然灾害等不可抗力因素造成的损失以及其他损失。对此，现行税收政策做了更加清晰的分类，主要包括两类：一类是实际资产损失；另一类是法定资产损失。实际资产损失是指企业在实际处置、转让上述资产过程中发生的合理损失。法定资产损失是指企业虽未实际处置、转让上述资产，但符合规定条件经计算确认的损失。

企业资产损失按其申报内容和要求的不同，分为清单申报和专项申报两种申报形式。

（5）其他支出，是指除成本、费用、税金、损失外，企业在生产经营活动中发生的与生产经营活动有关的、合理的支出。

2. 税前扣除的具体规定

（1）工资薪金支出。企业发生的合理的工资薪金支出，准予扣除。工资薪金是指企业每一纳税年度支付给在本企业任职或者受雇的员工的所有现金或者非现金形式的劳动报酬，包括基本工资、奖金、津贴、补贴、年终加薪、加班工资，以及与员工任职或者受雇有关的其他支出。

（2）工会经费、职工教育经费、职工福利费。工会经费、职工教育经费、职工福利费是企业经营中为满足职工的集体生活需要、提高职工职业技能所发生的支出，基本上属于职工福利性质的支出。

企业拨缴的职工工会经费，不超过工资薪金总额2%的部分，准予扣除。实际操作中，只要企业拨缴的职工工会经费，不超过工资薪金总额2%，并且取得已正确填开套印有财政部票据监制章的工会经费拨缴款专用收据的，应准予税前扣除。

自2018年1月1日起，除国务院财政、税务主管部门另有规定外，企业发生的职工教育经费支出，不超过工资薪金总额8%的部分，准予在计算企业所得税应纳税所得额时扣除；超过部分，准予在以后纳税年度结转扣除。应该注意的是，如果企业没有实际发生职工教育经费支出，而是采取预提，则不允许税前扣除。

企业发生的职工福利费支出，不超过工资薪金总额14%的部分，准予扣除。这一规定既是对我国外商投资企业和外国企业所得税原有政策的保留，也是吸收我国会计的有关规定的结果。自2007年1月1日起我国施行的《企业会计准则》《企业财务通则》均规定，企业不再计提职工福利费。

（3）社会保险支出。企业依照国务院有关主管部门或者省级人民政府规定的范围和标准为职工缴纳的基本养老保险费、基本医疗保险费、失业保险费、工伤保险费、生育保险费等基本社会保险费和住房公积金，准予扣除。

企业缴纳的补充养老保险费、补充医疗保险费，在国务院财政、税务主管部门规定的范围和标准内，准予扣除。

除企业依照国家有关规定为特殊工种职工支付的人身安全保险费和国务院财政、税务主管部门规定可以扣除的其他商业保险费外，企业为其投资者或者职工支付的商业保险费，不得扣除。

（4）借款费用。企业在生产经营活动中发生的合理的不需要资本化的借款费用，准予扣除。

企业为购置、建造固定资产、无形资产和经过12个月以上的建造才能达到预定可销售状态的存货发生借款的，在有关资产购置、建造期间发生的合理的借款费用，应当作为资本性支出计入有关资产的成本，即所谓的借款费用资本化。除此之外，其他借款费用一般不予资本化，这主要体现了借款费用是否资本化与借款期间长短无关系而是与借款的使用有密切关系。同时要注意的是，企业为购置、建造固定资产、无形资产和经过12个月以上的建造才能达到预定可销售状态的存货，如果非正常中断且中断时间较长的，其中断期间发生的借款费用不予资本化，直接在发生当期扣除。但如果发生的中断是使资产达到可使用状态所必需的程序，则中断期间发生的借款费用，应予以资本化。企业在筹建期间发生的长期借款费用，除购置固定资产发生的长期借款费用计入固定资产成本外，其他的长期借款费用计入开办费。

企业在生产经营活动中发生的下列利息支出，准予扣除：

① 非金融企业向金融企业借款的利息支出、金融企业的各项存款利息支出和同业拆借利息

支出、企业经批准发行债券的利息支出；

② 非金融企业向非金融企业借款的利息支出，不超过按照金融企业同期同类贷款利率计算的数额的部分。

此外，应当注意两个问题：一是企业由于投资者投资未到位而发生的利息支出是否税前扣除的问题；二是关于企业关联方利息支出税前扣除的标准。

（5）汇兑损失。企业在货币交易中，以及纳税年度终了将人民币以外的货币性资产、负债按照期末即期人民币汇率中间价折算为人民币时产生的汇兑损失，除已经计入有关资产成本以及与向所有者进行利润分配相关的部分外，准予扣除。

（6）业务招待费。企业发生的与生产经营活动有关的业务招待费，按照发生额的60%扣除，但最高不得超过当年销售（营业）收入的0.5%。

业务招待费通常是由商业招待和个人消费混合而成的，其中个人消费的部分属于非经营性支出，不应该税前扣除。因此，就需要对业务招待费进行一定的比例限制。但商业招待和个人消费之间通常是难以划分的，国际上的处理办法一般是在两者之间人为规定一个划分比例。如意大利规定，业务招待费的30%属于商业招待可在税前扣除，加拿大为80%，美国为50%。借鉴国际做法，结合现行按销售收入比例限制扣除的经验，根据有关专家学者从严掌握的意见，新企业所得税法采取了两者结合的策略，将业务招待费扣除比例规定为发生额的60%，同时规定最高不得超过当年销售（营业）收入的0.5%。

视频讲解：企业所得税的税前扣除项目（2）

企业在筹建期间，发生的与筹办活动有关的业务招待费支出，可按实际发生额的60%计入企业筹办费，并按有关规定在税前扣除。

（7）广告费、业务宣传费。一般性规定：企业每一纳税年度发生的符合条件的广告费和业务宣传费，除国务院财政、税务主管部门另有规定外，不超过当年销售（营业）收入15%的部分，准予扣除；超过部分，准予在以后纳税年度结转扣除。

特殊性规定：① 对化妆品制造或销售、医药制造和饮料制造（不含酒类制造）企业发生的广告费和业务宣传费支出，不超过当年销售（营业）收入30%的部分，准予扣除；超过部分，准予在以后纳税年度结转扣除。② 对签订广告费和业务宣传费分摊协议（以下简称分摊协议）的关联企业，其中一方发生的不超过当年销售（营业）收入税前扣除限额比例内的广告费和业务宣传费支出可以在本企业扣除，也可以将其中的部分或全部按照分摊协议归集至另一方扣除。另一方在计算本企业广告费和业务宣传费支出企业所得税税前扣除限额时，可将按照上述办法归集至本企业的广告费和业务宣传费不计算在内。③ 烟草企业的烟草广告费和业务宣传费支出一律不得在计算应纳税所得额时扣除。这些特殊性规定暂时规定有效期至2025年12月31日止。

（8）准备金。未经核定的准备金支出不得税前扣除。未经核定的准备金支出是指不符合国务院财政、税务主管部门规定的各项资产减值准备、风险准备等准备金支出。

（9）租赁支出。企业根据生产经营活动的需要租入固定资产支付的租赁费，按照以下方法扣除：

① 以经营租赁方式租入固定资产发生的租赁费，按照租赁期限均匀扣除；

② 以融资租赁方式租入固定资产发生的租赁费，按照规定构成融资租入固定资产价值的部分应当提取折旧费用，分期扣除。

(10) 企业提取的专项基金。企业按照法律、行政法规有关规定提取的用于环境保护、生态恢复等专项资金,准予扣除。上述专项资金提取以后改变用途的,不得扣除。

(11) 财产保险支出。企业参加财产保险,按照规定缴纳的保险费,准予扣除。

(12) 劳动保护支出。企业发生的合理的劳动保护支出,准予扣除。

企业根据劳动保护法等有关法律、法规的规定,确因工作需要为雇员配备或提供工作服、手套、安全保护用品、防暑降温用品支出,一般可以据实扣除。但由于我国地域辽阔,地区差异较大,部分项目的税前扣除标准通常由省、自治区、直辖市主管税务机关制定。

(13) 营业机构内部往来。企业之间支付的管理费、企业内营业机构之间支付的租金和特许权使用费,以及非银行企业内营业机构之间支付的利息,不得扣除。非居民企业在中国境内设立的机构、场所,就其中国境外总机构发生的与该机构、场所生产经营有关的费用,能够提供总机构出具的费用汇集范围、定额、分配依据和方法等证明文件,并合理计算分摊的,准予扣除。

企业之间支付的管理费,不允许税前扣除的规定是有条件限制的。企业之间既可包括总分支机构之间,也包括母子公司之间。对于总分支机构之间支付的管理费,由于总分支机构在企业所得税法上属于同一纳税主体,需要汇总纳税。因此,总分支机构之间支付的管理费完全属于内部往来,当然也就不能税前扣除。对于母子公司之间支付的管理费,如果母子公司分别属于独立法人,一般情况下也是不允许税前扣除的。但对于确实发生提供管理服务的管理费,应按照独立企业之间公平交易原则确定管理服务的价格,可以作为企业正常的劳务费用在税前扣除。

企业内营业机构之间支付的租金和特许权使用费,以及非银行企业内营业机构之间支付的利息,不得税前扣除。主要理由是:一是同一纳税主体内部的支付行为并未改变该纳税主体的纳税能力;二是同一纳税主体需要汇总纳税,如果允许税前扣除,即一方作为费用,另一方作为收入,在汇总纳税时相互抵消,在税前扣除也就没有任何实际意义了。

(14) 公益性捐赠支出。企业发生的公益性捐赠支出,在年度利润总额 12%以内的部分,准予在计算应纳税所得额时扣除。超过年度利润总额 12%的部分,准予结转以后三年内在计算应纳税所得额时扣除。企业在对公益性捐赠支出计算扣除时,应先扣除以前年度结转的捐赠支出,再扣除当年发生的捐赠支出。

年度利润总额,是指企业按照国家统一会计制度的规定计算的年度会计利润。公益性捐赠,是指企业通过县级以上人民政府及其部门,或者通过省级以上人民政府有关部门认定的公益性社会团体,用于《中华人民共和国公益事业捐赠法》规定的公益事业的捐赠。

为支持脱贫攻坚,财政部、国家税务总局和国务院扶贫办联合出台了企业扶贫捐赠支出的所得税税前扣除政策。自 2019 年 1 月 1 日至 2022 年 12 月 31 日,企业通过公益性社会组织或者县级(含县级)以上人民政府及其组成部门和直属机构,用于目标脱贫地区的扶贫捐赠支出,准予在计算企业所得税应纳税所得额时据实扣除。"目标脱贫地区"包括 832 个国家扶贫开发工作重点县、集中连片特困地区县(新疆阿克苏地区 6 县 1 市享受片区政策)和建档立卡贫困村。企业同时发生扶贫捐赠支出和其他公益性捐赠支出,在计算公益性捐赠支出年度扣除限额时,符合上述条件的扶贫捐赠支出不计算在内。企业在 2015 年 1 月 1 日至 2018 年 12 月 31 日期间已发生的符合上述条件的扶贫捐赠支出,尚未在计算企业所得税应纳税所得额时扣除的部分,可执行上述企业所得税政策。

【例6-1】 某企业在2021年通过市民政局向我国南方某灾区捐赠货币性资产共计100万元,2021年该企业按照国家统一会计制度的规定计算的年度会计利润总额(即会计利润表中的利润总额)为700万元。请计算该企业2021年允许税前扣除的公益性捐赠支出额。

解:根据企业所得税法的规定,上述捐赠符合税法规定的公益性捐赠,应按税法规定的扣除比例计算其扣除限额。

公益性捐赠扣除限额=700×12%=84(万元)

由于实际捐赠额(100万元)大于扣除限额(84万元),按扣除限额扣除。

所以,该企业2021年允许税前扣除的公益性捐赠支出额应为84万元。

(15) 手续费及佣金支出。

① 企业发生与生产经营有关的手续费及佣金支出。

a. 保险企业。保险企业发生与其经营活动有关的手续费及佣金支出,不超过当年全部保费收入扣除退保金等后余额的18%(含本数)的部分,在计算应纳税所得额时准予扣除;超过部分,允许结转以后年度扣除。人身保险企业按当年全部保费收入扣除退保金等后余额的10%计算限额。

b. 其他企业。按与具有合法经营资格中介服务机构或个人(不含交易双方及其雇员、代理人和代表人等)所签订服务协议或合同确认的收入金额的5%计算限额。

② 企业应与具有合法经营资格中介服务企业或个人签订代办协议或合同,并按国家有关规定支付手续费及佣金。除委托个人代理外,企业以现金等非转账方式支付的手续费及佣金不得在税前扣除。企业为发行权益性证券支付给有关证券承销机构的手续费及佣金不得在税前扣除。

③ 企业不得将手续费及佣金支出计入回扣、业务提成、返利、进场费等费用。

④ 企业已计入固定资产、无形资产等相关资产的手续费及佣金支出,应当通过折旧、摊销等方式分期扣除,不得在发生当期直接扣除。

⑤ 企业支付的手续费及佣金不得直接冲减服务协议或合同金额,并如实入账。

⑥ 企业应当如实向当地主管税务机关提供当年手续费及佣金计算分配表和其他相关资料,并依法取得合法真实凭证。

(四) 不允许税前扣除项目

(1) 向投资者支付的股息、红利等权益性投资收益款项。

(2) 企业所得税税款。

(3) 税收滞纳金。

(4) 罚金、罚款和被没收财物的损失。

(5) 不允许税前扣除的捐赠支出(非公益性捐赠、不允许税前扣除的公益性捐赠支出)。

(6) 赞助支出(企业发生的与生产经营活动无关的各种非广告性质支出)。

(7) 未经核定的准备金支出(不符合国务院财政、税务主管部门规定的各项资产减值准备、风险准备等准备金支出)。

(8) 与取得收入无关的其他支出。

此外,企业对外投资期间,投资资产的成本在计算应纳税所得额时不得扣除。

六、企业所得税的亏损及其弥补

视频讲解：企业所得税的亏损弥补及资产税务处理

税法所称的亏损，是指企业根据《企业所得税法》及其实施条例的规定将每一纳税年度的收入总额减除不征税收入、免税收入和各项扣除后小于零的数额。

企业纳税年度发生的亏损，准予向以后年度结转，用以后年度的所得弥补，但结转年限最长不得超过五年。① 因此，企业以前年度有亏损的，在规定的期限内，企业可以按规定用税前所得加以弥补，弥补后仍有所得，便是应纳税所得额。如果弥补后仍有亏损，可继续按照上述规定进行处理。

正确理解税法上的亏损应注意以下两点：一是税法所称的亏损不同于会计上的利润总额为负数；二是税收实务中企业的亏损往往需要遵循税收法规、规章规定的程序予以确认，方可向以后年度结转，用以后年度的税前所得弥补。

七、企业所得税的资产的税务处理

资产的税务处理，主要包括资产的分类、确认、计价、扣除和处置等方面的内容。基于资产在税务处理上的特殊性，既可能涉及收入总额，又可能涉及扣除问题，因此，税法往往将其作为一个独立的部分加以规定。其主要目的是通过对资产进行分类，区分资本性支出和收益性支出，确定税前扣除项目和不允许税前扣除项目，正确计算应纳税所得额。

（一）资产及其分类

1. 资产的定义

资产是指企业过去的交易或者事项形成的、由企业拥有或者控制的、预期会给企业带来经济利益的资源。该资源如果同时满足以下条件，属于应当列入资产负债表的资产。否则，属于不应当列入资产负债表的资产。

（1）与该资源有关的经济利益很可能流入企业。

（2）该资源的成本或者价值能够可靠地计量。

2. 资产的特点

（1）资产是由企业过去的交易或者事项包括购买、生产、建造行为或其他交易或者事项形成的。预期在未来发生的交易或者事项不形成资产。

（2）资产是由企业拥有或者控制的，企业享有某项资源的所有权，或者虽然不享有某项资源的所有权，但该资源能为企业所控制。

（3）资产最重要的特征是，预期会给企业带来经济利益，具有直接或者间接导致现金和现金等价物流入企业的潜力。

3. 资产的分类

企业的各项资产，包括固定资产、生产性生物资产、无形资产、长期待摊费用、投资资产、存货等。

（二）资产的计价原则

企业的各项资产，以历史成本为计税基础。企业持有各项资产期间产生资产增值或者减值，

---

① 自2018年1月1日起，当年具备高新技术企业或科技型中小企业资格（以下统称资格）的企业，其具备资格年度之前5个年度发生的尚未弥补完的亏损，准予结转以后年度弥补，最长结转年限由5年延长至10年。

除国务院财政、税务主管部门规定可以确认损益外，不得调整该资产的计税基础。

历史成本原则是指以历史成本作为资产的计税基础。所谓历史成本，是指企业取得该项资产时实际发生的支出。历史成本原则符合成本补偿要求，也有利于税收征管，是我国税法一贯主张和坚持的原则。

资产的计税基础是指企业收回资产账面价值过程中，计算应纳税所得额时按照税法规定可以自应税经济利益中抵扣的金额。负债的计税基础是指负债的账面价值减去未来期间计算应纳税所得额时按照税法规定可予以抵扣的金额。

（三）固定资产的税务处理

1. 固定资产的确认

固定资产是指企业为生产产品、提供劳务、出租或者经营管理而持有的、使用时间超过 12 个月的非货币性资产，包括房屋、建筑物、机器、机械、运输工具以及其他与生产经营活动有关的设备、器具、工具等。

2. 固定资产的计价

固定资产按照以下方法确定计税基础：

（1）外购的固定资产，以购买价款和支付的相关税费以及直接归属于使该资产达到预定用途发生的其他支出为计税基础。

（2）自行建造的固定资产，以竣工结算前发生的支出为计税基础。

（3）融资租入的固定资产，以租赁合同约定的付款总额和承租人在签订租赁合同过程中发生的相关费用为计税基础；租赁合同未约定付款总额的，以该资产的公允价值和承租人在签订租赁合同过程中发生的相关费用为计税基础。

（4）盘盈的固定资产，以同类固定资产的重置完全价值为计税基础。

（5）通过捐赠、投资、非货币性资产交换、债务重组等方式取得的固定资产，以该资产的公允价值和支付的相关税费为计税基础。

（6）改建的固定资产，除对已足额提取折旧的固定资产改建、租入固定资产的改建外，以改建过程中发生的改建支出增加计税基础。

3. 固定资产的折旧

（1）固定资产的折旧范围。

在计算应纳税所得额时，企业按照规定计算的固定资产折旧，准予扣除。下列固定资产不得计算折旧在税前扣除：

① 房屋、建筑物以外未投入使用的固定资产；

② 以经营租赁方式租入的固定资产；

③ 以融资租赁方式租出的固定资产；

④ 已足额提取折旧仍继续使用的固定资产；

⑤ 与经营活动无关的固定资产；

⑥ 单独估价作为固定资产入账的土地；

⑦ 其他不得计算折旧扣除的固定资产。

（2）固定资产的折旧方法。

固定资产按照直线法计算的折旧，准予扣除。

企业应当从固定资产使用月份的次月起计算折旧;停止使用的固定资产,应当从停止使用月份的次月起停止计算折旧。

企业应当根据固定资产的性质和使用情况,合理确定固定资产的预计净残值。固定资产的预计净残值一经确定,不得变更。

从事开采石油、天然气等矿产资源的企业,在开始商业性生产之前发生的费用和有关固定资产的折耗、折旧方法,由国务院财政、税务主管部门另行规定。

(3) 固定资产计算折旧的最低年限。

除国务院财政、税务主管部门另有规定外,固定资产计算折旧的最低年限如下:

① 房屋、建筑物,为 20 年;

② 飞机、火车、轮船、机器、机械和其他生产设备,为 10 年;

③ 与生产经营活动有关的器具、工具、家具等,为 5 年;

④ 飞机、火车、轮船以外的运输工具,为 4 年;

⑤ 电子设备,为 3 年。

企业的固定资产由于技术进步等原因,确需加速折旧的,可以缩短折旧年限或者采取加速折旧的方法。《企业所得税法实施条例》对此做了进一步的规定,可以采取缩短折旧年限或者采取加速折旧的方法的固定资产,包括:① 由于技术进步,产品更新换代较快的固定资产;② 常年处于强震动、高腐蚀状态的固定资产。

采取缩短折旧年限方法的,最低折旧年限不得低于上述规定折旧年限的 60%;采取加速折旧方法的,可以采取双倍余额递减法或者年数总和法。

企业在 2018 年 1 月 1 日至 2023 年 12 月 31 日期间新购进的设备、器具,单位价值不超过 500 万元的,允许一次性计入当期成本费用在计算应纳税所得额时扣除,不再分年度计算折旧。

4. 固定资产的处置

企业转让资产,该项资产的净值,准予在计算应纳税所得额时扣除。《企业所得税法实施条例》规定,资产的净值(财产净值)是指有关资产、财产的计税基础减除已经按照规定扣除的折旧、折耗、摊销、准备金等后的余额。

损失是指企业在生产经营活动中发生的固定资产盘亏、毁损、报废损失,减除责任人赔偿和保险赔款后的余额,依照国务院财政、税务主管部门的规定扣除。企业已经作为损失处理的资产,在以后纳税年度全部收回或者部分收回时,应当计入当期收入。

(四) 生产性生物资产的税务处理

1. 生产性生物资产的确认

生产性生物资产,是指为生产农产品、提供劳务或者出租等而持有的生物资产,包括经济林、薪炭林、产畜和役畜等。

2. 生产性生物资产的计价

生产性生物资产按照以下方法确定计税基础:

(1) 外购生产性生物资产,以购买价款和支付的相关税费为计税基础。

(2) 通过捐赠、投资、非货币性资产交换、债务重组等方式取得的生产性生物资产,以该资产的公允价值和支付的相关税费为计税基础。

至于通过自行营造或繁殖方式取得的生产性生物资产,其在自行营造或繁殖过程中发生的支出是可以直接计入当期损益的,这一点与企业会计准则的规定是不一致的。

3. 生产性生物资产的折旧

生产性生物资产按照直线法计算的折旧,准予扣除。

企业应当从生产性生物资产投入使用月份的次月起计算折旧;停止使用的生产性生物资产,应当从停止使用月份的次月起停止计算折旧。

企业应当根据生产性生物资产的性质和使用情况,合理确定生产性生物资产的预计净残值。生产性生物资产的预计净残值一经确定,不得变更。

生产性生物资产计算折旧的最低年限如下:

(1) 林木类生产性生物资产,为 10 年。

(2) 畜类生产性生物资产,为 3 年。

4. 生产性生物资产的处置

生产性生物资产出售时,应当将处置收入扣除其计税基础和相关费用后的余额计入当期应纳税所得额。

生产性生物资产发生了盘亏或死亡、毁损造成的损失,减除责任人赔偿和保险赔款后的余额,依照国务院财政、税务主管部门的规定扣除。

(五) 无形资产的税务处理

1. 无形资产的确认

无形资产是指企业为生产产品、提供劳务、出租或者经营管理而持有的、没有实物形态的非货币性长期资产,包括专利权、商标权、著作权、土地使用权、非专利技术、商誉等。

2. 无形资产的计价

无形资产按照以下方法确定计税基础:

(1) 外购的无形资产,以购买价款、支付的相关税费以及直接归属于使该资产达到预定用途发生的其他支出为计税基础。

(2) 自行开发的无形资产,以开发过程中该资产符合资本化条件后至达到预定用途前发生的支出为计税基础。

(3) 通过捐赠、投资、非货币性资产交换、债务重组等方式取得的无形资产,以该资产的公允价值和支付的相关税费为计税基础。

3. 无形资产的摊销

(1) 无形资产的摊销范围。下列无形资产不得计算摊销费用扣除:① 自行开发的支出已在计算应纳税所得额时扣除的无形资产;② 自创商誉;③ 与经营活动无关的无形资产;④ 其他不得计算摊销费用扣除的无形资产。

另外,外购商誉的支出,在企业整体转让或者清算时,准予扣除。也就是说,在正常经营期间,外购商誉不能摊销费用扣除。

(2) 无形资产的摊销方法。在计算应纳税所得额时,企业按照规定计算的无形资产摊销费用,准予扣除。即无形资产按照直线法计算的摊销费用,准予扣除。无形资产的摊销年限不得低于 10 年。

作为投资或者受让的无形资产,有关法律规定或者合同约定使用年限的,可以按照规定或者约定的使用年限分期摊销。

4. 无形资产的处置

企业出售无形资产，应当将取得的价款与该无形资产计税基础的差额计入当期应纳税所得额。

（六）长期待摊费用的税务处理

在计算应纳税所得额时，企业发生的下列支出作为长期待摊费用，按照规定摊销的，准予扣除：

（1）已足额提取折旧的固定资产的改建支出。

（2）租入固定资产的改建支出。

（3）固定资产的大修理支出。

（4）其他应当作为长期待摊费用的支出。

固定资产的改建支出是指改变房屋或建筑物结构、延长使用年限等发生的支出，与固定资产的大修理支出有较大的区别。固定资产的大修理支出，是指同时符合下列条件的支出：① 修理支出达到取得固定资产时的计税基础 50%以上；② 修理后固定资产的使用年限延长 2 年以上。

对于房屋、建筑物而言，其发生的改建支出，除了已足额提取折旧的固定资产的改建支出、租入固定资产的改建支出（仅指经营租赁方式）这两种情况外，均应以改建过程中发生的改建支出增加其计税基础，在《企业所得税法实施条例》规定的固定资产尚可使用年限内计提折旧，其中，延长固定资产使用年限的，还应延长折旧年限。

固定资产的大修理支出，应按税法有关长期待摊费用的规定进行处理，即按照固定资产尚可使用年限分期摊销。

其他应当作为长期待摊费用的支出，自支出发生月份的次月起分期摊销，摊销年限不得低于 3 年。

开办费的税务处理，新税法中开（筹）办费未明确列作长期待摊费用，企业可以在开始经营之日的当年一次性扣除，也可以按照新税法有关长期待摊费用的处理规定处理，但一经选定，不得改变。

（七）投资资产的税务处理

投资资产是指企业对外进行权益性投资和债权性投资形成的资产。投资资产按照以下方法确定成本：一是通过支付现金方式取得的投资资产，以购买价款为成本；二是通过支付现金以外的方式取得的投资资产，以该资产的公允价值和支付的相关税费为成本。

企业对外投资期间，投资资产的成本在计算应纳税所得额时不得扣除。

企业在转让或者处置投资资产时，投资资产的成本准予扣除。

企业购买的文物、艺术品用于收藏、展示、保值增值的，作为投资资产进行税务处理。文物、艺术品资产在持有期间，计提的折旧、摊销费用，不得税前扣除。

自 2011 年 7 月 1 日起，投资企业从被投资企业撤回或减少投资，其取得的资产中，相当于初始出资的部分，应确认为投资收回；相当于被投资企业累计未分配利润和累计盈余公积按减少实收资本比例计算的部分，应确认为股息所得；其余部分确认为投资资产转让所得。被投资企业发生的经营亏损，由被投资企业按规定结转弥补；投资企业不得调整减低其投资成本，也不得将其确认为投资损失。

（八）存货的税务处理

存货是指企业持有以备出售的产品或者商品、处在生产过程中的在产品、在生产或者提供劳务过程中耗用的材料和物料等。存货按照以下方法确定成本：

（1）通过支付现金方式取得的存货，以购买价款和支付的相关税费为成本。

（2）通过支付现金以外的方式取得的存货，以该存货的公允价值和支付的相关税费为成本。

（3）生产性生物资产收获的农产品，以产出或者采收过程中发生的材料费、人工费和分摊的间接费用等必要支出为成本。

企业使用或者销售存货，按照规定计算的存货成本，准予在计算应纳税所得额时扣除。企业使用或者销售的存货的成本计算方法，可以在先进先出法、加权平均法、个别计价法中选用一种。计价方法一经选用，不得随意变更。

由此可见，税法实际上不允许采用后进先出法，这与企业会计准则是相一致的。

（九）企业重组中资产的税务处理

除国务院财政、税务主管部门另有规定外，企业在重组过程中，应当在交易发生时确认有关资产的转让所得或者损失，相关资产应当按照交易价格重新确定计税基础。

（1）企业重组是指企业在日常经营活动以外发生的法律结构或经济结构重大改变的交易，包括企业法律形式改变、债务重组、股权收购、资产收购、合并、分立等。

① 企业法律形式改变，是指企业注册名称、住所以及企业组织形式等的简单改变，但符合本通知规定其他重组的类型除外。

② 债务重组，是指在债务人发生财务困难的情况下，债权人按照其与债务人达成的书面协议或者法院裁定书，就其债务人的债务做出让步的事项。

③ 股权收购，是指一家企业（以下称为收购企业）购买另一家企业（以下称为被收购企业）的股权，以实现对被收购企业控制的交易。收购企业支付对价的形式包括股权支付、非股权支付或两者的组合。

④ 资产收购，是指一家企业（以下称为受让企业）购买另一家企业（以下称为转让企业）实质经营性资产的交易。受让企业支付对价的形式包括股权支付、非股权支付或两者的组合。

⑤ 合并，是指一家或多家企业（以下称为被合并企业）将其全部资产和负债转让给另一家现存或新设企业（以下称为合并企业），被合并企业股东换取合并企业的股权或非股权支付，实现两个或两个以上企业的依法合并。

⑥ 分立，是指一家企业（以下称为被分立企业）将部分或全部资产分离转让给现存或新设的企业（以下称为分立企业），被分立企业股东换取分立企业的股权或非股权支付，实现企业的依法分立。

（2）股权支付是指企业重组中购买、换取资产的一方支付的对价中，以本企业或其控股企业的股权、股份作为支付的形式；非股权支付，是指以本企业的现金、银行存款、应收款项、本企业或其控股企业股权和股份以外的有价证券、存货、固定资产、其他资产以及承担债务等作为支付的形式。

（3）企业重组的税务处理区分不同条件分别适用一般性税务处理规定和特殊性税务处理规定。

（4）企业重组，除适用特殊性税务处理规定以外，按以下规定进行税务处理：

① 企业由法人转变为个人独资企业、合伙企业等非法人组织，或将登记注册地转移至中华

人民共和国境外（包括港、澳、台地区），应视同企业进行清算、分配，股东重新投资成立新企业。企业的全部资产以及股东投资的计税基础均应以公允价值为基础确定。

企业发生其他法律形式简单改变的，可直接变更税务登记，除另有规定外，有关企业所得税纳税事项（包括亏损结转、税收优惠等权益和义务）由变更后企业承继，但因住所发生变化而不符合税收优惠条件的除外。

② 企业债务重组，相关交易应按以下规定处理：

a. 以非货币资产清偿债务，应当分解为转让相关非货币性资产、按非货币性资产公允价值清偿债务两项业务，确认相关资产的所得或损失。

b. 发生债权转股权的，应当分解为债务清偿和股权投资两项业务，确认有关债务清偿所得或损失。

c. 债务人应当按照支付的债务清偿额低于债务计税基础的差额，确认债务重组所得；债权人应当按照收到的债务清偿额低于债权计税基础的差额，确认债务重组损失。

d. 债务人的相关所得税纳税事项原则上保持不变。

③ 企业股权收购、资产收购重组交易，相关交易应按以下规定处理：

a. 被收购方应确认股权、资产转让所得或损失。

b. 收购方取得股权或资产的计税基础应以公允价值为基础确定。

c. 被收购企业的相关所得税事项原则上保持不变。

④ 企业合并，当事各方应按下列规定处理：

a. 合并企业应按公允价值确定接受被合并企业各项资产和负债的计税基础。

b. 被合并企业及其股东都应按清算进行所得税处理。

c. 被合并企业的亏损不得在合并企业结转弥补。

⑤ 企业分立，当事各方应按下列规定处理：

a. 被分立企业对分立出去的资产应按公允价值确认资产转让所得或损失。

b. 分立企业应按公允价值确认接受资产的计税基础。

c. 被分立企业继续存在时，其股东取得的对价应视同被分立企业分配进行处理。

d. 被分立企业不再继续存在时，被分立企业及其股东都应按清算进行所得税处理。

e. 企业分立相关企业的亏损不得相互结转弥补。

（5）企业重组同时符合下列条件的，适用特殊性税务处理规定：

① 具有合理的商业目的，且不以减少、免除或者推迟缴纳税款为主要目的。

② 被收购、合并或分立部分的资产或股权比例符合本通知规定的比例。

③ 企业重组后的连续 12 个月内不改变重组资产原来的实质性经营活动。

④ 重组交易对价中涉及股权支付金额符合本通知规定比例。

⑤ 企业重组中取得股权支付的原主要股东，在重组后连续 12 个月内不得转让所取得的股权。

（6）企业重组符合特殊性税务处理条件的，交易各方对其交易中的股权支付部分，可以按以下规定进行特殊性税务处理：

① 企业债务重组确认的应纳税所得额占该企业当年应纳税所得额 50%以上，可以在 5 个纳税年度的期间内，均匀计入各年度的应纳税所得额。

企业发生债权转股权业务，对债务清偿和股权投资两项业务暂不确认有关债务清偿所得或损失，股权投资的计税基础以原债权的计税基础确定。企业的其他相关所得税事项保持不变。

② 股权收购，收购企业购买的股权不低于被收购企业全部股权的50%，且收购企业在该股权收购发生时的股权支付金额不低于其交易支付总额的85%，可以选择按以下规定处理：

a. 被收购企业的股东取得收购企业股权的计税基础，以被收购股权的原有计税基础确定。

b. 收购企业取得被收购企业股权的计税基础，以被收购股权的原有计税基础确定。

c. 收购企业、被收购企业的原有各项资产和负债的计税基础和其他相关所得税事项保持不变。

③ 资产收购，受让企业收购的资产不低于转让企业全部资产的50%，且受让企业在该资产收购发生时的股权支付金额不低于其交易支付总额的85%，可以选择按以下规定处理：

a. 转让企业取得受让企业股权的计税基础，以被转让资产的原有计税基础确定。

b. 受让企业取得转让企业资产的计税基础，以被转让资产的原有计税基础确定。

④ 股权、资产划转。对100%直接控制的居民企业之间，以及受同一或相同多家居民企业100%直接控制的居民企业之间按账面净值划转股权或资产，凡具有合理商业目的，不以减少、免除或者推迟缴纳税款为主要目的，股权或资产划转后连续12个月内不改变被划转股权或资产原来实质性经营活动，且划出方企业和划入方企业均未在会计上确认损益的，可以选择按以下规定进行特殊性税务处理：

a. 划出方企业和划入方企业均不确认所得。

b. 划入方企业取得被划转股权或资产的计税基础，以被划转股权或资产的原账面净值确定。

c. 划入方企业取得的被划转资产，应按其原账面净值计算折旧扣除。

⑤ 企业合并，企业股东在该企业合并发生时取得的股权支付金额不低于其交易支付总额的85%，以及同一控制下且不需要支付对价的企业合并，可以选择按以下规定处理：

a. 合并企业接受被合并企业资产和负债的计税基础，以被合并企业的原有计税基础确定。

b. 被合并企业合并前的相关所得税事项由合并企业承继。

c. 可由合并企业弥补的被合并企业亏损的限额=被合并企业净资产公允价值×截至合并业务发生当年末国家发行的最长期限的国债利率。

d. 被合并企业股东取得合并企业股权的计税基础，以其原持有的被合并企业股权的计税基础确定。

⑥ 企业分立，被分立企业所有股东按原持股比例取得分立企业的股权，分立企业和被分立企业均不改变原来的实质经营活动，且被分立企业股东在该企业分立发生时取得的股权支付金额不低于其交易支付总额的85%，可以选择按以下规定处理：

a. 分立企业接受被分立企业资产和负债的计税基础，以被分立企业的原有计税基础确定。

b. 被分立企业已分立出去资产相应的所得税事项由分立企业承继。

c. 被分立企业未超过法定弥补期限的亏损额可按分立资产占全部资产的比例进行分配，由分立企业继续弥补。

d. 被分立企业的股东取得分立企业的股权（以下简称新股），如需部分或全部放弃原持有的被分立企业的股权（以下简称旧股），新股的计税基础应以放弃旧股的计税基础确定。如不需放弃旧股，则其取得新股的计税基础可从以下两种方法中选择确定：直接将新股的计税基础确定为零;或者以被分立企业分立出去的净资产占被分立企业全部净资产的比例先调减原持有的旧股的计税基础,再将调减的计税基础平均分配到新股上。

⑦ 重组交易各方按规定对交易中股权支付暂不确认有关资产的转让所得或损失的,其非股权支付仍应在交易当期确认相应的资产转让所得或损失,并调整相应资产的计税基础。

非股权支付对应的资产转让所得或损失=(被转让资产的公允价值-被转让资产的计税基础)×(非股权支付金额÷被转让资产的公允价值)

(7) 企业发生涉及中国境内与境外之间(包括港、澳、台地区)的股权和资产收购交易,除应符合上述规定的条件外,还应同时符合下列条件,才可选择适用特殊性税务处理规定:

① 非居民企业向其100%直接控股的另一非居民企业转让其拥有的居民企业股权,没有因此造成以后该项股权转让所得预提税负担变化,且转让方非居民企业向主管税务机关书面承诺在3年内(含3年)不转让其拥有受让方非居民企业的股权;

② 非居民企业向与其具有100%直接控股关系的居民企业转让其拥有的另一居民企业股权;

③ 居民企业以其拥有的资产或股权向其100%直接控股的非居民企业进行投资;

④ 财政部、国家税务总局核准的其他情形。

(8) 居民企业以其拥有的资产或股权向其100%直接控股关系的非居民企业进行投资,其资产或股权转让收益如选择特殊性税务处理,可以在10个纳税年度内均匀计入各年度应纳税所得额。

(9) 在企业吸收合并中,合并后的存续企业性质及适用税收优惠的条件未发生改变的,可以继续享受合并前该企业剩余期限的税收优惠,其优惠金额按存续企业合并前一年的应纳税所得额(亏损计为零)计算。

在企业存续分立中,分立后的存续企业性质及适用税收优惠的条件未发生改变的,可以继续享受分立前该企业剩余期限的税收优惠,其优惠金额按该企业分立前一年的应纳税所得额(亏损计为零)乘以分立后存续企业资产占分立前该企业全部资产的比例计算。

(10) 企业在重组发生前后连续12个月内分步对其资产、股权进行交易,应根据实质重于形式原则将上述交易作为一项企业重组交易进行处理。

(11) 企业发生符合规定的特殊性重组条件并选择特殊性税务处理的,当事各方应在该重组业务完成当年企业所得税年度申报时,向主管税务机关提交书面备案资料,证明其符合各类特殊性重组规定的条件。企业未按规定书面备案的,一律不得按特殊重组业务进行税务处理。

(12) 对企业在重组过程中涉及的需要特别处理的企业所得税事项,由国务院财政、税务主管部门另行规定。

八、预提所得税应纳税所得额的确定

《企业所得税法》规定,非居民企业在中国境内未设立机构、场所,或者虽设立机构、场所但取得的所得与其所设机构、场所没有实际联系的,应当就其来源于中国境内的所得按20%的税率缴纳企业所得税,并按照下列方法计算其应纳税所得额:

(1) 股息、红利等权益性投资收益和利息、租金、特许权使用费所得,以收入全额为应纳税所得额。

(2) 转让财产所得,以收入全额减除财产净值后的余额为应纳税所得额。

(3) 其他所得,参照前两项规定的方法计算应纳税所得额。

九、非货币性资产及其投资的税务处理

非货币性资产，是指现金、银行存款、应收账款、应收票据以及准备持有至到期的债券投资等货币性资产以外的资产。非货币性资产投资，限于以非货币性资产出资设立新的居民企业，或将非货币性资产注入现存的居民企业。非货币性资产及其投资的税务处理政策规定如下：

（1）实行查账征收的居民企业（简称企业）以非货币性资产对外投资确认的非货币性资产转让所得，可自确认非货币性资产转让收入年度起不超过连续 5 个纳税年度的期间内，分期均匀计入相应年度的应纳税所得额，按规定计算缴纳企业所得税。

（2）企业以非货币性资产对外投资，应对非货币性资产进行评估并按评估后的公允价值扣除计税基础后的余额，计算确认非货币性资产转让所得。

（3）企业以非货币性资产对外投资，应于投资协议生效并办理股权登记手续时，确认非货币性资产转让收入的实现。关联企业之间发生的非货币性资产投资行为，投资协议生效后 12 个月内尚未完成股权变更登记手续的，于投资协议生效时，确认非货币性资产转让收入的实现。

（4）企业以非货币性资产对外投资而取得被投资企业的股权，应以非货币性资产的原计税成本为计税基础，加上每年确认的非货币性资产转让所得，逐年进行调整。被投资企业取得非货币性资产的计税基础，应按非货币性资产的公允价值确定。

（5）企业在对外投资 5 年内转让上述股权或投资收回的，应停止执行递延纳税政策，并就递延期内尚未确认的非货币性资产转让所得，在转让股权或投资收回当年的企业所得税年度汇算清缴时，一次性计算缴纳企业所得税；企业在计算股权转让所得时，可按规定将股权的计税基础一次调整到位。

企业在对外投资 5 年内注销的，应停止执行递延纳税政策，并就递延期内尚未确认的非货币性资产转让所得，在注销当年的企业所得税年度汇算清缴时，一次性计算缴纳企业所得税。

（6）企业发生非货币性资产投资，如果也同时符合企业重组规定的特殊性税务处理条件的，可由企业选择其中一项政策执行，且一经选择，不得改变。

第四节　企业所得税的计算

一、企业所得税应纳税额的计算

（一）企业所得税应纳税额的计算公式

企业的应纳税所得额乘以适用税率，减去依照税法关于税收优惠的规定减免和抵免的税额后的余额，为应纳税额。应纳税额的计算公式为：

应纳税额＝应纳税所得额×适用税率－减免税额－抵免税额
＝（收入总额－不征税收入－免税收入－税前扣除额－允许弥补以前年度亏损）×适用税率－减免税额－抵免税额

视频讲解：企业所得税应纳税额的计算

实际工作中，应纳税所得额可在会计利润总额的基础上通过纳税调整得出。

（二）企业所得税应纳税额计算举例

1. 居民企业应纳税额计算举例

【例 6-2】 某股份有限公司 2021 年度实现销售收入 2 000 万元，取得其持有的国库券利息收入 100 万元，营业外收入 200 万元。实际发生各项成本费用共计 1 100 万元，其中，合理的工资薪金总额 220 万元，业务招待费 110 万元，有工会经费拨缴款专用收据的工会经费 12 万元，职工福利费 20 万元，职工教育经费 20 万元，税收滞纳金 20 万元，提取的各项未经审核的准备金支出为 80 万元。该公司当年应纳的企业所得税税额是多少？

解：第一步，计算该公司的应税收入总额。

按税法的规定，国债利息收入属于免税收入，所以，该公司的应税收入总额 = 2 000 + 200 = 2 200（万元）。

第二步，计算公司税前扣除额。

按税法的规定，下列项目的税前扣除如下：

合理的工资薪金可以计入税前扣除额，即合理的工资薪金总额 220 万元可以计入税前扣除额。

工会经费按工资薪金总额的 2% 扣除，220×2% = 4.4（万元），12 万元>4.4 万元，所以，只能按 4.4 万元计入税前扣除额。

职工教育经费按工资薪金总额的 8% 扣除，扣除限额 = 220×8% = 17.6（万元），20 万元>17.6 万元，所以，只能按照 17.6 万元计入税前扣除额；超过部分，准予在以后纳税年度结转扣除。

企业发生的职工福利费支出，不超过工资薪金总额 14% 的部分，准予扣除。220×14% = 30.8（万元），20 万元<30.8 万元，企业发生的职工福利费支出 20 万元可以全部计入税前扣除额。

业务招待费只能按实际发生额的 60% 扣除，但最高不得超过当年销售收入的 0.5%，110×60% = 66（万元），2 000×0.5% = 10（万元），66 万元>10 万元，所以，只能按照 10 万元计入税前扣除额。

企业支付的税收滞纳金 20 万元按规定不得计入税前扣除额。

企业提取的各项未经审核的准备金支出 80 万元，不得计入税前扣除额。

税前扣除额 = 1 100 −（110 − 10）−（12 − 4.4）−（20 − 17.6）− 20 − 80 = 890（万元）

第三步，计算应纳税所得额。

应纳税所得额 = 收入总额 − 不征税收入 − 免税收入 − 税前扣除额 − 允许弥补以前年度亏损 = 2 200 − 890 = 1 310（万元）

第四步，确定税率。

根据已知的条件，该公司 2021 年度适用税率为 25%。

第五步，计算应纳税额。

该公司 2021 年度应纳企业所得税税额 = 应纳税所得额×适用税率 = 1 310×25% = 327.5（万元）

【例 6-3】 某股份有限公司 2021 年度按照国家统一会计制度计算的会计利润总额 1 000 万元。本年度主营业务收入 1 900 万元，其他业务收入 100 万元，取得其持有的国库券利息收入 300 万元，营业外收入 200 万元。实际发生各项成本费用共计 1 500 万元，其中：合理的工资薪金总额 300 万元；业务招待费 100 万元；广告费和业务宣传费合计 310 万元；当年 1 月 1 日起，向非金融机构贷款 100 万元用于补充流动资金，贷款期限为 1 年，年利率为 8%，金融企业同期同类贷款利率为 6%；有工会经费拨缴款专用收据的工会经费支出 10 万元，职工福利费 50 万元，职工教育经费 20 万元；由于违法经营被工商行政部门罚款 20 万元；提取的各项未经审核的准备金支出为 100 万元；企业以现金支付符合公益性捐赠支出 150 万元；非广告性赞助支出 12.5 万元。假设该公司当年无其他纳税调整事项，问其当年应纳的企业所得税税额是多少？（假定该企业"应付福利费"科目年初无余额，无以前年度未弥补亏损。）

解：第一步，需要进行纳税调整的项目金额。

国库券利息收入 300 万元，属于免税收入，应做纳税调减处理。

业务招待费 100 万元，按税法的规定，100×60%＝60（万元），但最高限额为 2 000×0.5%＝10（万元），所以，应做纳税调增 90 万元（100－10）处理。

广告费和业务宣传费合计 310 万元，按税法的规定，2 000×15%＝300（万元），所以，应做纳税调增 10 万元处理；超过部分（10 万元）准予在以后纳税年度结转扣除。

财务费用中的利息费用 100×8%＝8（万元），按税法的规定，允许扣除的标准为 100×6%＝6 万元，所以，2 万元（8－6）应做纳税调增处理。

工会经费支出 10 万元，按税法的规定，300×2%＝6（万元），所以，4 万元（10－6）应做纳税调增处理。

职工福利费 50 万元，按税法的规定，300×14%＝42（万元），所以，8 万元（50－42）应做纳税调增处理。

职工教育经费 20 万元，按税法的规定，扣除限额＝300×8%＝24（万元），实际发生额 20 万元<扣除限额 24 万元，无须纳税调整。

由于违法经营被工商行政部门罚款 20 万元，不得在税前扣除，应全额做纳税调增处理。

提取的各项未经审核的准备金支出为 100 万元，不得在税前扣除，应全额做纳税调增处理。

企业以现金支付符合公益性捐赠支出 150 万元，按税法的规定，扣除限额＝1 000×12%＝120 万元，超过部分（30 万元）应做纳税调增处理。

非广告性赞助支出 12.5 万元，不得在税前扣除，应全额做纳税调增处理。

综上所述，应做如下纳税调整：

纳税调增金额＝90+10+2+4+8+20+100+30+12.5＝276.5（万元）

纳税调减金额＝300（万元）

第二步，计算应纳税所得额。

应纳税所得额＝利润总额＋纳税调增金额－纳税调减金额

＝1 000+276.5－300＝976.5（万元）

第三步，确定税率。

该公司 2021 年度适用税率为 25%。

第四步，计算企业所得税应纳税额。

应纳税额＝应纳税所得额×适用税率＝976.5×25%＝244.125（万元）

2. 非居民企业应纳税额计算举例

【例 6-4】　某外国企业在中国境内设立一分公司，该分公司在中国境内独立开展经营活动，2021 年度该分公司在中国境内取得营业收入 500 万元。发生的成本费用 260 万元，其中，利息费用超过税法规定的标准额 10 万元需要做纳税调整，由于违法经营被工商行政管理机关罚款 30 万元，别无其他纳税调整项目。假设该分公司不享受税收优惠，则该公司 2021 年应在中国缴纳多少企业所得税？

解：新税法规定，非居民企业在中国境内设立机构、场所的，应当就其所设机构、场所取得的来源于中国境内的所得，以及发生在中国境外但与其所设机构、场所有实际联系的所得，缴纳企业所得税。

该分公司应纳税所得额 = 500 −（260 − 10 − 30）= 280（万元）

由于该分公司不享受税收优惠，该公司 2021 年应在中国缴纳企业所得税税额 = 280×25% = 70（万元）

【例 6-5】 某外国公司 2021 年与中国一企业签订一项技术转让协议，该外国公司在中国境内虽设立机构、场所，但转让事宜与该机构、场所没有任何实际联系。合同约定技术转让费 400 万元（不含增值税），则该外国公司应为该笔技术转让费在中国缴纳多少企业所得税？

解：税法规定，非居民企业在中国境内未设立机构、场所的，或者虽设立机构、场所但取得的所得与其所设机构、场所没有实际联系的，应当就其来源于中国境内的所得缴纳企业所得税。

接受技术的中国企业应代扣代缴该外国公司的企业所得税 = 400×10% = 40（万元）

二、境外所得税收抵免的计算

视频讲解：企业所得税境外所得税收抵免的计算

税收抵免法是一种较好地缓解国际重复征税的方法。税收抵免法是指一国政府在对本国纳税人来源于境外所得征税时，在优先承认其他国家的来源地税收管辖权的前提下，以本国纳税人在国外缴纳税款冲抵本国税收的方法。当然抵免已在境外缴纳的企业所得税税额时，应当提供中国境外税务机关出具的税款所属年度的有关纳税凭证。

从适用对象的不同进行划分，税收抵免可以分为直接抵免和间接抵免。

（一）直接抵免

直接抵免，是指一国对同一纳税人直接缴纳和负担的外国税收，从本国应纳税额中给予的抵免。直接抵免的适用对象是跨国总分支机构。直接抵免从形式上可以分为全额抵免和普通抵免。所谓全额抵免，是指同一纳税人直接缴纳和负担的外国税收，可以全额从本国应纳税额中给予抵免。所谓普通抵免，是指同一纳税人直接缴纳和负担的外国税收，从本国应纳税额中给予的抵免一般不得超过境外所得按本国税率计算出的抵免限额。我国企业所得税法规定的直接抵免就是普通抵免而非全额抵免。

企业取得的下列所得已在境外缴纳的所得税税额，可以从其当期应纳税额中抵免，抵免限额为该项所得依照本法规定计算的应纳税额；超过抵免限额的部分，可以在以后 5 个年度内，用每年度抵免限额抵免当年应抵税额后的余额进行抵补：① 居民企业来源于中国境外的应税所得；② 非居民企业在中国境内设立机构、场所，取得发生在中国境外但与该机构、场所有实际联系的应税所得。

抵免限额是指企业来源于中国境外的所得，依照企业所得税法及其实施条例的规定计算的应纳税额。企业可以选择按国家（地区）分别计算（即“分国（地区）不分项”），或者不按国家（地区）汇总计算（即“不分国（地区）不分项”）其来源于境外的应纳税所得额，分别计算其可抵免境外所得税税额和抵免限额。上述方式一经选择，5 年内不得改变。其计算公式如下：

$$\text{抵免限额} = \text{中国境内、境外所得按税法规定计算的应纳税总额} \times \text{来源于某国（地区）的应纳税所得额} \div \text{中国境内、境外应纳税所得总额}$$

上式中：中国境内、境外所得按税法规定计算的应纳税总额=中国境内、境外所得总额×基本税率（25%）。

企业取得的境外所得已在境外缴纳的所得税税款，是指应该缴纳并实际缴纳的所得税税款，不包括纳税后又得到补偿或者由他人代为承担的税款，也不包括企业由于计算失误或其他原因多缴纳的税款。除税收协定另有规定外，境外所得在境外实际享受的税收优惠，一般也不给予税收饶让抵免。

（二）间接抵免

间接抵免是指一国对本国母公司下属的具有独立法人身份的境外经济实体，间接在国外缴纳的税款，按予以认定的份额，从母公司应纳税额中予以抵免。一般说来，间接抵免适用于本国居民企业，而不适用于非居民企业和个人。

居民企业从其直接或者间接控制的外国企业分得的来源于中国境外的股息、红利等权益性投资收益，外国企业在境外实际缴纳的所得税税额中属于该项所得负担的部分，可以作为该居民企业的可抵免境外所得税税额，在规定的抵免限额内抵免。

直接控制是指居民企业直接持有外国企业20%以上股份；间接控制是指居民企业以间接持股方式持有外国企业20%以上股份。具体认定办法由国务院财政、税务主管部门另行制定。

本层企业由上一层企业负担的税额=本层企业就利润和投资收益所实际缴纳和按税法规定计算负担的税额×本层企业向上一层企业分配的股息红利额÷本层企业所得税后利润额

（三）计算举例

1. 直接抵免计算举例

【例 6-6】　中国居民企业A在某国设有一分公司B，2021年A企业来自中国境内的应纳税所得额为2 000万元，A企业适用所得税税率为25%，分公司B的应纳税所得额折合人民币为1 000万元，B公司境外所得适用的税率为30%，已在来源国缴纳300万元的企业所得税，税后所得为700万元。假定A企业当年无减免税额和其他抵免税额，按照分国（地区）不分项计算规则，则A企业2021年应在中国缴纳企业所得税税额是多少？

解：（1）计算应纳税总额。

$$\begin{aligned}\text{中国境内、境外所得按税法规定计算的应纳税总额} &= \text{中国境内、境外所得总额}\times\text{基本税率}(25\%)\\ &=(2\ 000+1\ 000)\times 25\%=750(\text{万元})\end{aligned}$$

（2）计算抵免限额。

$$\begin{aligned}\text{抵免限额} &= \text{中国境内、境外所得按税法规定计算的应纳税总额}\times\text{来源于某国(地区)的应纳税所得额}\div\text{中国境内、境外应纳税所得总额}\\ &=750\times 1\ 000\div(2\ 000+1\ 000)=250(\text{万元})\end{aligned}$$

由于B已在来源国缴纳300万元，超过抵免限额，所以，只能按250万元抵免。

（3）计算A企业2021年应在中国缴纳企业所得税税额。

$$\text{应纳税额}=(2\ 000+1\ 000)\times 25\%-250=500(\text{万元})$$

2. 间接抵免计算举例

【例 6-7】　中国居民企业A拥有设立在某国的B企业40%的有表决权股份，2021年境内所得为2 000万元，收到B企业分回股息900万元，A企业适用税率为25%，B企业实现应纳税所得额 5 000 万元，适用 20%的税率，该国规定的股息预提所得税税率为 10%。假定 B 企业按适用税率在该国已经实际缴纳了企业所得税，且 A 企业当年无减免税额和其他抵免税额，则 A 企业 2021 年应在中国缴纳企业所得税税额是多少？

解：B 企业应支付给 A 企业的股息 = 900÷(1-10%) = 1 000(万元)

B 企业应支付给 A 企业股息缴纳的预提所得税 = 1 000×10% = 100(万元)

B 企业当年实现的税后利润 = 5 000×(1-20%) = 4 000(万元)

B 企业由上一层企业 A 负担的税额 = B 企业就利润和投资收益所实际缴纳和按税法规定计算负担的税额 × B 企业向上一层企业 A 分配的股息红利额 ÷ B 企业所得税后利润额

= 5 000×20%×1 000÷4 000 = 250(万元)

B 企业支付给 A 企业的股息还原后所得 = 1 000+250 = 1 250(万元)

A 企业收到 B 企业分回股息已在该国纳税 = 100+250 = 350(万元)

抵免限额 = 1 250×25% = 312.5(万元)，312.5 万元<350 万元，所以，允许抵免税额为 312.5 万元

A 企业 2021 年应在中国缴纳企业所得税税额 = (2 000+1 250)×25%-312.5 = 500(万元)

三、企业清算

(一) 企业清算的含义

企业清算是指企业因某种原因终止时，清理企业财产、收回债权、清偿债务并分配剩余财产的行为。清算按其产生原因可以分为解散清算、撤销清算和破产清算。解散清算是指企业根据公司章程的规定、股东会(股东大会)的决议以及合并或者分立需要，在企业解体时进行的清算；撤销清算是指由于企业违反有关法律法规规定，被依法撤销时进行的清算；破产清算是指企业被宣告破产后，根据破产法的规定进行的清算。

(二) 被清算企业的所得税处理

企业依法清算时，应当以清算期间作为一个纳税年度。企业应当在办理注销登记前，就其清算所得向税务机关申报并依法缴纳企业所得税。这就意味着，除免税重组外，依照法律法规、章程协议终止经营或应税重组中取消纳税人资格的企业，均应按照有关规定进行清算，并就清算所得计算缴纳企业所得税。

清算所得是指企业的全部资产可变现价值或者交易价格减除资产净值、清算费用、相关税费等后的余额。

实际上，清算所得不仅是指企业的全部资产可变现价值或者交易价格减除资产的计税基础、清算费用、相关税费等后的余额，还要加上债务清偿损益的金额。清算所得的计算公式如下：

清算所得 = 全部资产可变现价值或者交易价格-各项资产的计税基础-清算费用-相关税费+债务清偿损益

式中：清算费用是指支付给清算组成员和聘请工作人员的报酬，清算财产的管理、变卖及分配所需要的费用，清算过程中支付的诉讼费用、仲裁费用及公告费用，清算过程中为了维护债权人和股东的合法权益支付的其他费用。

相关税费是指企业在清算过程中产生的计入成本费用的除企业所得税以外的税费。

债务清偿损益是指企业清算期间在清偿债务时所发生的收益或损失。一般情况下，对于因债权人原因确实无法归还的债务应作为收入，增加清算所得。

企业清算期间，正常的生产、经营活动已经终止，企业所得税优惠政策的适用对象已经不复存在，因而清算期间税收优惠政策一律停止，企业应就清算所得按税法规定的基本税率（25%）缴纳企业所得税。

清算所得应纳所得税税额＝清算所得×基本税率（25%）

【例 6-8】 某企业 2021 年 8 月营业期满后终止经营，进行解散清算。企业全部资产可变现价值 2 000 万元，全部资产的账面价值为 1 200 万元，全部资产的计税基础为 1 350 万元，未分配利润 110 万元，清算费用支出 45 万元，相关税费 50 万元，债务清偿收益 10 万元，实收资本账户余额 200 万元。计算该企业清算所得应纳所得税额。

解：(1) 清算所得＝2 000－1 350－45－50＋10－110－200＝255（万元）。

(2) 清算所得应纳所得税额＝255×25%＝63.75（万元）。

（三）被清算企业的股东分回财产的所得税处理

投资方企业从被清算企业分得的剩余资产，其中相当于从被清算企业累计未分配利润和累计盈余公积中应当分得的部分，应当确认为股息所得；剩余资产扣除上述股息所得后的余额，超过或者低于投资成本的部分，应当确认为投资转让所得或者损失。

投资方企业从被清算企业分得的剩余资产可以分为两部分：一部分是作为股息的，按新税法的规定，符合条件的居民企业之间的股息、红利等权益性投资收益属于免税收入；另一部分是作为企业的投资转让所得或损失的，这部分所得不得享受免税待遇。作为股息的是从被清算企业分得的剩余资产中相当于从被清算企业累计未分配利润和累计盈余公积中应当分得的部分；作为企业的投资转让所得或损失的是剩余资产扣除上述股息所得后的余额中超过或者低于投资成本的部分。

税法意义上企业清算后可以向所有者分配的剩余资产，是指企业全部资产的可变现价值或交易价格减除清算费用，职工的工资、社会保险费用和法定补偿金，结清税款，清偿公司债务后的剩余财产。用公式表示如下：

剩余资产＝全部资产的可变现价值或交易价格－清算费用
－职工的工资、社会保险费用和法定补偿金－结清前未交税费
－相关税费－清算所得应纳所得税额－公司其他债务

第五节　企业所得税的优惠

一、企业所得税优惠的原则

（一）以产业优惠为主、地区优惠为辅的原则

在过去，我国企业所得税采用了以地区优惠为主、产业优惠为辅的原则，导致地区税负不公，产业结构不合理问题十分突出。如一些原设在优惠区域之外的企业为了享受地区优惠纷纷将总部迁往优惠区域或到优惠区域注册，不仅规避了税收，套取了税收优惠，而且导致地区差异进一步扩大。为此，新的企业所得税法对原税收优惠进行适当调整，实行了以产业优惠为主、地区优惠为辅的税收优惠格局。

视频讲解：企业所得税的优惠

(二)以间接优惠为主、直接优惠为辅的原则

间接优惠方式主要是指加速折旧、投资抵免、费用加计扣除等。直接优惠方式主要是指定期减免税、降低税率等。在过去,我国企业所得税主要采用以直接优惠为主、间接优惠为辅的税收优惠格局,这种优惠方式比较单一,如定期减免税优惠,企业为了享受优惠,往往在优惠期满以后注销原企业,注册新企业来套取税收优惠。目前国际上吸引外资的税收政策工具以间接优惠为主,其效果明显好于减免税等直接优惠形式。因此,新企业所得税法以加速折旧、加计扣除、投资抵免等间接税收优惠为主,辅以一定的直接优惠形式。

二、企业所得税优惠的方式

(一)免税收入

新企业所得税首次采用了"免税收入"的概念,将国债利息收入、股息红利等权益性投资收益和非营利组织的收入等确定为免税收入。

(二)减计收入

对企业综合利用资源取得的收入,按收入的一定比例计入应税收入。

(三)加速折旧

企业的固定资产由于技术进步等原因,确需加速折旧的,可以缩短折旧年限或采取加速折旧的方法。

(四)加计扣除

对企业为开发新技术、新产品、新工艺发生的研究开发费用和企业安置残疾人员及其他国家鼓励安置的就业人员所支付的工资,实行加计扣除的优惠政策。

(五)降低税率

对符合条件的小型微利企业,减按20%的税率征收企业所得税;对国家需要重点扶持的高新技术企业,减按15%的税率征收企业所得税。

(六)定期减免税

对企业从事农、林、牧、渔业项目的所得,从事公共基础设施项目投资经营的所得,从事环境保护、节能节水项目的所得,技术转让所得,予以减免税优惠。

(七)投资抵免

投资抵免,是指企业在计算企业所得税应纳税额时,按照符合条件的投资额的一定比例从企业当年的应纳税额中抵免的税收优惠。投资抵免属于一种间接税收优惠,任何企业只有其投资符合税法规定的条件,才可享受该税收优惠。这一税收优惠的实施,体现了国家产业政策的导向作用,有利于产业结构的调整。

三、企业所得税优惠的主要内容

(一)国债利息收入、权益性投资收益和非营利组织的收入的优惠

税法规定企业的下列收入为免税收入:

(1)国债利息收入。国债利息收入是指企业持有国务院财政部门发行的国债取得的利息收入。

(2)符合条件的居民企业之间的股息、红利等权益性投资收益。符合条件的居民企业之间的股息、红利等权益性投资收益是指居民企业直接投资于其他居民企业取得的投资收益，不包括连续持有居民企业公开发行并上市流通的股票不足12个月取得的投资收益。

（3）在中国境内设立机构、场所的非居民企业从居民企业取得与该机构、场所有实际联系的股息、红利等权益性投资收益，但不包括连续持有居民企业公开发行并上市流通的股票不足12个月取得的投资收益。

（4）符合条件的非营利组织的收入。符合条件的非营利组织，是指同时符合下列条件的组织：

① 依法履行非营利组织登记手续；

② 从事公益性或者非营利性活动；

③ 取得的收入除用于与该组织有关的、合理的支出外，全部用于登记核定或者章程规定的公益性或者非营利性事业；

④ 财产及其孳息不用于分配；

⑤ 按照登记核定或者章程的规定，该组织注销后的剩余财产用于公益性或者非营利性目的，或者由登记管理机关转赠给与该组织性质、宗旨相同的组织，并向社会公告；

⑥ 投入人对投入该组织的财产不保留或者享有任何财产权利；

⑦ 工作人员工资福利开支控制在规定的比例内，不变相分配该组织的财产。

前款规定的非营利组织的认定管理办法由国务院财政、税务主管部门会同国务院有关部门制定。

符合条件的非营利组织的收入，不包括非营利组织从事营利性活动取得的收入，但国务院财政、税务主管部门另有规定的除外。

（二）农业项目优惠

企业的下列所得，可以免征、减征企业所得税：

1. 免征企业所得税的项目

（1）蔬菜、谷物、薯类、油料、豆类、棉花、麻类、糖料、水果、坚果的种植；

（2）农作物新品种的选育；

（3）中药材的种植；

（4）林木的培育和种植；

（5）牲畜、家禽的饲养；

（6）林产品的采集；

（7）灌溉、农产品初加工、兽医、农技推广、农机作业和维修等农、林、牧、渔服务业项目；

（8）远洋捕捞。

2. 减半征收企业所得税的项目

（1）花卉、茶以及其他饮料作物和香料作物的种植；

（2）海水养殖、内陆养殖。

企业从事国家限制和禁止发展的项目，不得享受减半征收的企业所得税优惠。

（三）公共基础设施项目优惠

从事国家重点扶持的公共基础设施项目投资经营的所得可以免征、减征企业所得税。

国家重点扶持的公共基础设施项目，是指《公共基础设施项目企业所得税优惠目录》规定的港口码头、机场、铁路、公路、城市公共交通、电力、水利等项目。

企业从事前款规定的国家重点扶持的公共基础设施项目的投资经营的所得，自项目取得第一笔生产经营收入所属纳税年度起，第一年至第三年免征企业所得税，第四年至第六年减半征收企业所得税。

企业承包经营、承包建设和内部自建自用规定的项目，不得享受免征、减征企业所得税的优惠。

企业同时从事不在《公共基础设施项目企业所得税优惠目录》范围的生产经营项目取得的所得，应与享受优惠的公共基础设施项目经营所得分开核算，并合理分摊企业的期间共同费用；没有单独核算的，不得享受上述企业所得税优惠。期间共同费用的合理分摊比例可以按照投资额、销售收入、资产额、人员工资等参数确定。上述比例一经确定，不得随意变更。凡属特殊情况需要改变的，需报主管税务机关核准。

需要注意的是，上述享受减免税优惠的项目，在减免税期限内转让的，受让方自受让之日起，可以在剩余期限内享受规定的减免税优惠；减免税期限届满后转让的，受让方不得就该项目重复享受减免税优惠。

（四）环境保护、节能节水项目优惠

从事符合条件的环境保护、节能节水项目的所得可以免征、减征企业所得税。

符合条件的环境保护、节能节水项目，包括公共污水处理、公共垃圾处理、沼气综合开发利用、节能减排技术改造、海水淡化等。项目的具体条件和范围由国务院财政、税务主管部门会同国务院有关部门制定，报国务院批准后公布施行。

企业从事符合条件的环境保护、节能节水项目的所得，自项目取得第一笔生产经营收入所属纳税年度起，第一年至第三年免征企业所得税，第四年至第六年减半征收企业所得税。

需要注意的是，上述享受减免税优惠的项目，在减免税期限内转让的，受让方自受让之日起，可以在剩余期限内享受规定的减免税优惠；减免税期限届满后转让的，受让方不得就该项目重复享受减免税优惠。

（五）技术转让所得优惠

企业符合条件的技术转让所得可以免征、减征企业所得税。

符合条件的技术转让所得免征、减征企业所得税，是指一个纳税年度内，居民企业技术转让所得不超过500万元的部分，免征企业所得税；超过500万元的部分，减半征收企业所得税。

（1）享受减免企业所得税优惠的技术转让应符合以下条件：① 享受优惠的技术转让主体是企业所得税法规定的居民企业；② 技术转让属于财政部、国家税务总局规定的范围；③ 境内技术转让经省级以上科技部门认定；④ 向境外转让技术经省级以上商务部门认定；⑤ 国务院税务主管部门规定的其他条件。

（2）符合条件的技术转让所得应按以下方法计算：

技术转让所得=技术转让收入-技术转让成本-相关税费

技术转让收入是指当事人履行技术转让合同后获得的价款，不包括销售或转让设备、仪器、零部件、原材料等非技术性收入。不属于与技术转让项目密不可分的技术咨询、技术服务、技术培训等收入，不得计入技术转让收入。

技术转让成本是指转让的无形资产的净值，即该无形资产的计税基础减除在资产使用期间按照规定计算的摊销扣除额后的余额。

相关税费是指技术转让过程中实际发生的有关税费，包括除企业所得税和允许抵扣的增值税以外的各项税金及其附加、合同签订费用、律师费等相关费用及其他支出。

（3）享受技术转让所得减免企业所得税优惠的企业，应单独计算技术转让所得，并合理分摊企业的期间费用；没有单独计算的，不得享受技术转让所得企业所得税优惠。

（4）企业发生技术转让，应在纳税年度终了后至报送年度纳税申报表以前，向主管税务机关办理减免税备案手续。

（六）小型微利企业优惠

2019 年 1 月 1 日至 2022 年 12 月 31 日，对小型微利企业年应纳税所得额不超过 100 万元的部分，减按 12.5%计入应纳税所得额，按 20%的税率缴纳企业所得税；对年应纳税所得额超过 100 万元但不超过 300 万元的部分，减按 50%计入应纳税所得额，按 20%的税率缴纳企业所得税。

（七）民族自治地方优惠

民族自治地方的自治机关对本民族自治地方的企业应缴纳的企业所得税中属于地方分享的部分，可以决定减征或者免征。自治州、自治县决定减征或者免征的，须报省、自治区、直辖市人民政府批准。

对民族自治地方内国家限制和禁止行业的企业，不得减征或者免征企业所得税。

（八）研究开发费用优惠

企业开发新技术、新产品、新工艺发生的研究开发费用，可以在计算应纳税所得额时加计扣除。

研究开发费用的加计扣除，是指企业为开发新技术、新产品、新工艺发生的研究开发费用，未形成无形资产计入当期损益的，在按照规定据实扣除的基础上，按照研究开发费用的 75%加计扣除；形成无形资产的，按照无形资产成本的 175%摊销。

另外，制造业企业开展研发活动中实际发生的研发费用，未形成无形资产计入当期损益的，在按规定据实扣除的基础上，自 2021 年 1 月 1 日起，再按照实际发生额的 100%在税前加计扣除；形成无形资产的，自 2021 年 1 月 1 日起，按照无形资产成本的 200%在税前摊销。

制造业企业，是指以制造业业务为主营业务，享受优惠当年主营业务收入占收入总额的比例达到 50%以上的企业。制造业的范围按照《国民经济行业分类》（GB/T 4574—2021）确定，如国家有关部门更新《国民经济行业分类》，从其规定。收入总额按照《企业所得税法》第六条规定执行。

委托境外进行研发活动所发生的费用，按照费用实际发生额的 80%计入委托方的委托境外研发费用。委托境外研发费用不超过境内符合条件的研发费用 2/3 的部分，可以按规定在企业所得税前加计扣除。

（九）安置特殊人员就业优惠

企业安置残疾人员及国家鼓励安置的其他就业人员所支付的工资，可以在计算应纳税所得额时加计扣除。

企业安置残疾人员所支付的工资的加计扣除，是指企业安置残疾人员的，在按照支付给残疾职工工资据实扣除的基础上，按照支付给残疾职工工资的 100%加计扣除。残疾人员的范围适用

《中华人民共和国残疾人保障法》的有关规定。

企业安置国家鼓励安置的其他就业人员所支付的工资的加计扣除办法,由国务院另行规定。

(十)创业投资优惠

创业投资企业从事国家需要重点扶持和鼓励的创业投资,可以按投资额的一定比例抵扣应纳税所得额。

税法所称的抵扣应纳税所得额,是指创业投资企业采取股权投资方式投资于未上市的中小高新技术企业2年以上的,可以按照其投资额的70%在股权持有满2年的当年抵扣该创业投资企业的应纳税所得额;当年不足抵扣的,可以在以后纳税年度结转抵扣。

(十一)固定资产加速折旧优惠

1. 固定资产加速折旧的一般性规定

(1)固定资产加速折旧的条件。企业的固定资产由于技术进步等原因,确需加速折旧的,可以缩短折旧年限或者采取加速折旧的方法。可以采取缩短折旧年限或者采取加速折旧的方法的固定资产包括:① 由于技术进步,产品更新换代较快的固定资产。② 常年处于强震动、高腐蚀状态的固定资产。

(2)固定资产加速折旧的方法。采取缩短折旧年限方法的,最低折旧年限不得低于实施条例规定折旧年限的60%;采取加速折旧方法的,可以采取双倍余额递减法或者年数总和法。

2. 固定资产加速折旧的特殊性规定

(1)对生物药品制造业,专用设备制造业,铁路、船舶、航空航天和其他运输设备制造业,计算机、通信和其他电子设备制造业,仪器仪表制造业,信息传输、软件和信息技术服务业六大行业的企业2014年1月1日后新购进的固定资产(包括自行建造),允许按不低于企业所得税法规定折旧年限的60%缩短折旧年限,或选择采取双倍余额递减法或年数总和法进行加速折旧。对上述六个行业的小型微利企业2014年1月1日后新购进的研发和生产经营共用的仪器、设备,单位价值不超过100万元的,允许一次性计入当期成本费用在计算应纳税所得额时扣除,不再分年度计算折旧;单位价值超过100万元的,允许按不低于企业所得税法规定折旧年限的60%缩短折旧年限,或选择采取双倍余额递减法或年数总和法进行加速折旧。

(2)对所有行业企业2014年1月1日后新购进的专门用于研发的仪器、设备,单位价值不超过100万元的,允许一次性计入当期成本费用在计算应纳税所得额时扣除,不再分年度计算折旧;单位价值超过100万元的,可缩短折旧年限或采取加速折旧的方法。

(3)对所有行业企业持有的单位价值不超过5 000元的固定资产,允许一次性计入当期成本费用在计算应纳税所得额时扣除,不再分年度计算折旧。企业在2013年12月31日前持有的单位价值不超过5 000元的固定资产,其折余价值部分,2014年1月1日以后可以一次性在计算应纳税所得额时扣除。

上述(1)至(3)条规定之外的企业固定资产加速折旧所得税处理问题,继续按照企业所得税法及其实施条例和现行税收政策规定执行。

(十二)资源综合利用项目优惠

企业综合利用资源,生产符合国家产业政策规定的产品所取得的收入,可以在计算应纳税所得额时减计收入。

所谓减计收入,是指企业以《资源综合利用企业所得税优惠目录》规定的资源作为主要原材料，生产国家非限制和禁止并符合国家和行业相关标准的产品取得的收入，减按 90% 计入收入总额。

企业以《资源综合利用企业所得税优惠目录》规定的资源作为主要原材料，是指企业在进行产品生产过程中，原材料占生产产品材料的比例不低于《资源综合利用企业所得税优惠目录》规定的标准。

（十三）投资抵免优惠

企业购置用于环境保护、节能节水、安全生产等专用设备的投资额，可以按一定的比例实行税额抵免。

企业购置并实际使用《环境保护专用设备企业所得税优惠目录》《节能节水专用设备企业所得税优惠目录》和《安全生产专用设备企业所得税优惠目录》规定的环境保护、节能节水、安全生产等专用设备的，该专用设备的投资额的 10% 可以从企业当年的应纳税额中抵免；当年不足抵免的，可以在以后 5 个纳税年度结转抵免。

享受企业所得税优惠的环境保护、节能节水、安全生产等专用设备，应当是企业实际购置并自身实际投入使用的专用设备；企业购置上述专用设备在 5 年内转让、出租的，应当停止享受企业所得税优惠，并补缴已经抵免的企业所得税税款。

购置并实际使用的环境保护、节能节水和安全生产专用设备，包括承租方企业以融资租赁方式租入的，并在融资租赁合同中约定租赁期届满时租赁设备所有权转移给承租方企业，且符合规定条件的上述专用设备。凡融资租赁期届满后租赁设备所有权未转移至承租方企业的，承租方企业应停止享受抵免企业所得税优惠，并补缴已经抵免的企业所得税税款。

《环境保护专用设备企业所得税优惠目录》《节能节水专用设备企业所得税优惠目录》和《安全生产专用设备企业所得税优惠目录》，已由国务院财政、税务主管部门会同有关部门共同制定并报国务院批准公布实施。

企业同时从事适用不同企业所得税待遇的项目的，其优惠项目应当单独计算所得，并合理分摊企业的期间费用；没有单独计算的，不得享受企业所得税优惠。

自 2009 年 1 月 1 日起，增值税一般纳税人购进固定资产发生的进项税额可从其销项税额中抵扣。如增值税进项税额允许抵扣，其专用设备投资额不再包括增值税进项税额；如增值税进项税额不允许抵扣，其专用设备投资额应为增值税专用发票上注明的价税合计金额。

企业购买专用设备取得普通发票的，其专用设备投资额为普通发票上注明的金额。

（十四）非居民企业所得优惠

非居民企业在中国境内未设立机构、场所的，或者虽设立机构、场所但取得的所得与其所设机构、场所没有实际联系的，应当就其来源于中国境内的所得，减按 10% 的税率缴纳企业所得税。下列所得可以免征企业所得税：

（1）外国政府向中国政府提供贷款取得的利息所得。

（2）国际金融组织向中国政府和居民企业提供优惠贷款取得的利息所得。

（3）经国务院批准的其他所得。

（十五）自然灾害、突发事件的优惠

除上述税收优惠外，《企业所得税法》还授权国务院可以根据国民经济和社会发展的需要，或者由于突发事件等原因对企业经营活动产生重大影响的，制定企业所得税专项优惠政策，报全国人民代表大会常务委员会备案。

值得注意的是，企业同时从事适用不同企业所得税待遇的项目的，其优惠项目应当单独计算所得，并合理分摊企业的期间费用；没有单独计算的，不得享受企业所得税优惠。

第六节 企业所得税的源泉扣缴

一、企业所得税源泉扣缴的主要内容

视频讲解：企业所得税的源泉扣缴

非居民企业在中国境内未设立机构、场所的，或者虽设立机构、场所但取得的所得与其所设机构、场所没有实际联系的，应当就其来源于中国境内的所得缴纳企业所得税。

对非居民企业取得上述所得应缴纳的所得税，实行源泉扣缴，以支付人为扣缴义务人。税款由扣缴义务人在每次支付或者到期应支付时，从支付或者到期应支付的款项中扣缴。

对非居民企业取得上述所得，适用的所得税税率为20%。《企业所得税法实施条例》规定，对非居民企业取得上述所得，减按10%的税率征收企业所得税，但下列所得可以免征企业所得税：外国政府向中国政府提供贷款取得的利息所得；国际金融组织向中国政府和居民企业提供优惠贷款取得的利息所得；经国务院批准的其他所得。

依照企业所得税法对非居民企业应当缴纳的企业所得税实行源泉扣缴的规定，其应纳税所得额的具体规定如下：

（1）股息、红利等权益性投资收益和利息、租金、特许权使用费所得，以收入全额为应纳税所得额。

（2）转让财产所得，以收入全额减除财产净值后的余额为应纳税所得额。

（3）其他所得，参照前两项规定的方法计算应纳税所得额。

【例6-9】 某非居民企业在中国境内未设立机构、场所，但在上海拥有一房产，2021年6月将该房产进行转让，转让收入为1 000万元（不含增值税），该房产的原值（计税基础）是800万元。假设已提折旧600万元，请问该非居民企业应该缴纳的预提所得税是多少？

解：房产净值=800-600=200（万元）

应纳税所得额=1 000-200=800（万元）

应纳所得税额=800×10%=80（万元）

二、企业所得税源泉扣缴的管理

（一）源泉扣缴义务人的确定

非居民企业在中国境内未设立机构、场所的，或者虽设立机构、场所但取得的所得与其所设机构、场所没有实际联系的，其来源于中国境内的所得缴纳企业所得税，实行源泉扣缴，以支付人为扣缴义务人。税款由扣缴义务人在每次支付或者到期应支付时，从支付或者到期应支付的款项中扣缴。所谓支付，是指包括现金支付、汇拨支付、转账支付和权益兑价支付等货币支付和非货币支付。到期应支付的款项,是指支付人按照权责发生制原则应当计入相关成本、费用的应付款项。支付人,是指依照有关法律规定或者合同约定对非居民企业直接负有支付相关款项义务的单位或者个人。

对非居民企业在中国境内取得工程作业和劳务所得应缴纳的所得税,税务机关可以指定工程价款或者劳务费的支付人为扣缴义务人。企业所得税法规定的可以指定扣缴义务人的情形包括:

(1) 预计工程作业或者提供劳务期限不足一个纳税年度,且有证据表明不履行纳税义务的。

(2) 没有办理税务登记或者临时税务登记,且未委托中国境内的代理人履行纳税义务的。

(3) 未按照规定期限办理企业所得税纳税申报或者预缴申报的。

(二) 未依法扣缴的或者无法履行扣缴义务的规定

扣缴义务人(包括法定源泉扣缴义务人和指定源泉扣缴义务人)未依法扣缴或者无法履行扣缴义务的,由纳税人在所得发生地缴纳。纳税人未依法缴纳的,税务机关可以从该纳税人在中国境内其他收入项目的支付人应付的款项中,追缴该纳税人的应纳税款。纳税人在中国境内其他收入,是指该纳税人在中国境内取得的其他各种来源的收入。

所得发生地的判断原则,应遵循本章第二节关于境内所得和境外所得的划分标准。纳税人在中国境内存在多处所得发生地的,由纳税人选择其中之一申报缴纳企业所得税。

税务机关在追缴该纳税人应纳税款时,应当将追缴理由、追缴数额、缴纳期限和缴纳方式等告知该纳税人。

(三) 源泉扣缴的申报缴纳

扣缴义务人每次代扣的税款,应当自代扣之日起 7 日内缴入国库,并向所在地的税务机关报送扣缴企业所得税报告表。

代扣之日,是指扣缴义务人发生扣缴义务之日,在向纳税人支付所得时扣缴税款的,为扣缴义务人向纳税人支付有关款项之日;在向纳税人到期应支付所得时扣缴的,为扣缴义务人相关支付责任的到期之日。

对国内支付人按合同规定应在本期支付给外国企业的利息、租金、特许权使用费等费用,已计入本期企业的成本、费用,但由于种种原因,未实际支付上述款项,均应在实际到期应支付时根据税法规定代扣代缴相关税款。到期应支付,是指按权责发生制原则已将上述费用计入与支付人生产经营活动相关的成本、费用中。

值得注意的是,实行源泉扣缴并不意味着改变纳税人及其纳税义务。如果合同中约定由国内企业负担本应由外国企业负担税款的,则应将不含税收入换算为含税收入后计算征税。

专栏 6-1　“关联关系”的概念

《中华人民共和国公司法》(简称《公司法》)中也有“关联关系”的概念,但其不同于税法中的“关联关系”。《公司法》第 216 条规定:“关联关系,是指公司控股股东、实际控制人、董事、监事、高级管理人员与其直接或者间接控制的企业之间的关系,以及可能导致公司利益转移的其他关系。但是,国家控股的企业之间不仅因为同受国家控股而具有关联关系。”

《公司法》关于“关联关系”的界定与税法的界定不同，由于公司法和税法是两个不同的法律领域，因此，公司法的相关规定不能直接用于税法之上。《公司法》所规定的“国家控股的企业之间不仅因为同受国家控股而具有关联关系”并不能直接适用于税法，因此，税法有必要对此问题进行重申，否则，国家控股的企业之间就都构成了关联关系。

第七节 企业所得税的特别纳税调整

一、企业所得税特别纳税调整的主要内容

视频讲解：企业所得税的特别纳税调整

企业所得税特别纳税调整的主要内容包括关联方业务往来、独立交易原则、转让定价及其调整方法、受控外国企业规则、资本弱化及其纳税调整、成本分摊协议、预约定价协议和一般反避税条款等。

（一）关联方业务往来

《企业所得税法》所称的关联方，是指与企业有下列关联关系之一的企业、其他组织或者个人：① 在资金、经营、购销等方面存在直接或者间接的控制关系；② 直接或者间接地同为第三者控制；③ 在利益上具有相关联的其他关系。

（二）独立交易原则

税法所称的独立交易原则，是指没有关联关系的交易各方，按照公平成交价格和营业常规进行业务往来遵循的原则。

独立交易原则在关联方业务往来税收管理中主要起两个方面的作用：一是作为判定关联企业与关联方之间的业务往来是否合理的参照物，即从税收角度看关联交易是否存在侵蚀税收收入问题；二是独立交易原则成为转让定价调整的基本税制原则。《经济合作与发展组织关于对所得和财产避免双重征税的协定范本》和《联合国关于对所得和财产避免双重课税的协定范本》均将独立交易原则作为税收上判定关联交易是否需要调整和如何调整的重要标准。由此不难看出，独立交易原则是转让定价税制的核心，这一点对于具有转让定价税制的国家来讲概莫能外，足见独立交易原则在转让定价税制中的核心地位。

企业与其关联方之间的业务往来，不符合独立交易原则而减少企业或者其关联方应纳税收入或者所得额的，税务机关按照合理方法调整。企业与其关联方共同开发、受让无形资产，或者共同提供、接受劳务发生的成本，在计算应纳税所得额时应当按照独立交易原则进行分摊。

根据上述规定，关联企业各个经济实体之间的业务往来，包括转让财产、提供财产所有权、提供劳务、融通资金等类型的业务往来，在税收处理上，都应该按照独立交易原则进行。关联企业之间的业务往来如果不按照独立企业交易原则进行交易，税务机关按照税法的规定有权参照没有关联关系所达成交易的价格进行调整。

需要强调的是，特别纳税调整只有同时满足两个条件，税务机关才有权进行特别纳税调整，否则，不应该实施特别纳税调整：一是不符合独立交易原则；二是该交易造成了减少企业或者关

联方应纳税收入或者所得额。

（三）转让定价及其调整方法

企业与其关联方之间的业务往来，不符合独立交易原则而减少企业或者其关联方应纳税收入或者所得额的，税务机关按照合理方法调整。合理方法主要包括：

（1）可比非受控价格法，是指以非关联方之间进行的与关联交易相同或类似业务活动所收取的价格作为关联交易的公平成交价格的方法。

可比性分析应特别考察关联交易与非关联交易在交易资产或劳务的特性、合同条款及经济环境上的差异。

关联交易与非关联交易之间在有形资产的购销、转让、使用，无形资产的转让和使用，融通资金，提供劳务等方面存在重大差异的，应就该差异对价格的影响进行合理调整，无法合理调整的，应根据本章规定选择其他合理的转让定价方法。

可比非受控价格法可以适用于所有类型的关联交易。

（2）再销售价格法，是指以关联方购进商品再销售给非关联方的价格减去可比非关联交易毛利后的金额作为关联方购进商品的公平成交价格的方法。其计算公式如下：

$$\text{公平成交价格}=\text{再销售给非关联方的价格}\times(1-\text{可比非关联交易毛利率})$$

$$\text{可比非关联交易毛利率}=\frac{\text{可比非关联交易毛利}}{\text{可比非关联交易收入净额}}\times100\%$$

再销售价格法通常适用于再销售者未对商品进行改变外形、性能、结构或更换商标等实质性增值加工的简单加工或单纯购销业务。

（3）成本加成法，是以关联交易发生的合理成本加上可比非关联交易毛利作为关联交易的公平成交价格的方法。其计算公式如下：

$$\text{公平成交价格}=\text{关联交易的合理成本}\times(1+\text{可比非关联交易成本加成率})$$

$$\text{可比非关联交易成本加成率}=\frac{\text{可比非关联交易毛利}}{\text{可比非关联交易成本}}\times100\%$$

成本加成法通常适用于有形资产的购销、转让和使用，劳务提供或资金融通的关联交易。

（4）交易净利润法，是以可比非关联交易的利润率指标确定关联交易的净利润的方法。利润率指标包括资产收益率、销售利润率、完全成本加成率、贝里比率等。

交易净利润法通常适用于有形资产的购销、转让和使用，无形资产的转让和使用以及劳务提供等关联交易。

（5）利润分割法，是根据企业与其关联方对关联交易合并利润的贡献计算各自应该分配的利润额。利润分割法分为一般利润分割法和剩余利润分割法。

一般利润分割法根据关联交易各参与方所执行的功能、承担的风险以及使用的资产，确定各自应取得的利润。

剩余利润分割法将关联交易各参与方的合并利润减去分配给各方的常规利润的余额作为剩余利润，再根据各方对剩余利润的贡献程度进行分配。

可比性分析应特别考察交易各方执行的功能、承担的风险和使用的资产，成本、费用、所得和资产在各交易方之间的分摊，会计处理，确定交易各方对剩余利润贡献所使用信息和假设条件的可靠性等。

利润分割法通常适用于各参与方关联交易高度整合且难以单独评估各方交易结果的情况。

(6) 其他符合独立交易原则的方法。

(四) 受控外国企业规则

受控外国企业规则是防止受控外国企业避税的一种税收管理制度,其根本宗旨是对居民国的居民企业控制的,对设在低税国的外国企业保留利润不做分配或做不合理分配,延迟缴纳居民国税收的避税行为进行控制管理。美国于1962年通过了受控外国公司(CFC)税法,随后,德国、加拿大、日本、法国、英国等大部分经济合作与发展组织(OECD)成员也纷纷制定了受控外国公司税法。

由居民企业,或者由居民企业和中国居民控制的设立在实际税负明显低于税法规定税率水平(25%)的国家(地区)的企业,并非由于合理的经营需要而对利润不做分配或者减少分配的,上述利润中应归属于该居民企业的部分,应当计入该居民企业的当期收入。

"中国居民"一词的含义,是税法上的概念,不是民法中居民的含义。中国居民,是指根据《中华人民共和国个人所得税法》的规定,就其从中国境内、境外取得的所得在中国缴纳个人所得税的个人。

控制包括:① 居民企业或者中国居民直接或者间接单一持有外国企业10%以上有表决权股份,且由其共同持有该外国企业50%以上股份;② 居民企业,或者居民企业和中国居民持股比例没有达到第①项规定的标准,但在股份、资金、经营、购销等方面对该外国企业构成实质控制。

实际税负明显低于企业所得税法规定税率水平,是指低于企业所得税法规定税率(25%)的50%。

境外中资企业是指由中国境内的企业或企业集团作为主要控股投资者,在境外依据外国(地区)法律注册成立的企业。境外中资企业同时符合以下条件的,根据企业所得税法的规定,应判定其为实际管理机构在中国境内的居民企业(以下称非境内注册居民企业),并实施相应的税收管理,就其来源于中国境内、境外的所得征收企业所得税:① 企业负责实施日常生产经营管理运作的高层管理人员及其高层管理部门履行职责的场所主要位于中国境内;② 企业的财务决策(如借款、放款、融资、财务风险管理等)和人事决策(如任命、解聘和薪酬等)由位于中国境内的机构或人员决定,或需要得到位于中国境内的机构或人员批准;③ 企业的主要财产、会计账簿、公司印章、董事会和股东会议纪要档案等位于或存放于中国境内;④ 企业1/2以上(含1/2)有投票权的董事或高层管理人员经常居住于中国境内。

境外中资企业被判定为非境内注册居民企业的,按照企业所得税法以及受控外国企业管理的有关规定,不视为受控外国企业,但其所控制的其他受控外国企业仍应按照有关规定进行税务处理。

(五) 资本弱化及其纳税调整

企业从其关联方接受的债权性投资与权益性投资的比例超过规定标准而发生的利息支出,不得在计算应纳税所得额时扣除。

债权性投资,是指企业直接或者间接从关联方获得的,需要偿还本金和支付利息或者需要以其他具有支付利息性质的方式予以补偿的融资。企业间接从关联方获得的债权性投资包括:① 关联方通过无关联第三方提供的债权性投资;② 无关联第三方提供的、由关联方担保且负有连带责任的债权性投资；③ 其他间接从关联方获得的具有负债实质的债权性投资。

权益性投资，是指企业接受的不需要偿还本金和支付利息，投资人对企业净资产拥有所有权的投资。具体项目包括企业投资人对企业投入资本以及形成的资本公积金、盈余公积金和未分配利润等。

（六）成本分摊协议

企业与其关联方共同开发、受让无形资产，或者共同提供、接受劳务发生的成本，在计算应纳税所得额时应当按照独立交易原则进行分摊。

企业可以按照独立交易原则与其关联方分摊共同发生的成本，达成成本分摊协议。企业与其关联方分摊成本时，应当按照成本与预期收益相配比的原则进行分摊，并在税务机关规定的期限内，按照税务机关的要求报送有关资料。企业与其关联方分摊成本时违反规定的，其自行分摊的成本不得在计算应纳税所得额时扣除。

企业应当自协议达成之日起 60 日内，将协议报送税务机关。企业应当在达成协议时准备与其关联业务往来有关的费用标准、计算方法和说明等同期资料，按规定加以保存，并应在税务机关要求时在规定日期之内提供上述资料。

（七）预约定价协议

企业可以向税务机关提出与其关联方之间业务往来的定价原则和计算方法，税务机关与企业协商、确认后，达成预约定价协议。

预约定价协议，是指企业就其未来年度关联交易的定价原则和计算方法，向税务机关提出申请，与税务机关按照独立交易原则协商、确认后达成的协议。

（八）一般反避税条款

企业实施其他不具有合理商业目的的安排而减少其应纳税收入或者所得额的，税务机关有权按照合理方法调整。

税法所称的不具有合理商业目的，是指以减少、免除或者推迟缴纳税款为主要目的。

二、企业所得税特别纳税调整的管理

（一）特别纳税调整有关资料的管理

企业向税务机关报送年度企业所得税纳税申报表时，应当就其与关联方之间的业务往来，附送年度关联业务往来报告表。税务机关在进行关联业务调查时，企业及其关联方，以及与关联业务调查有关的其他企业，应当按照规定提供相关资料。

（二）核定应纳税所得额

（1）企业不提供与其关联方之间业务往来资料，或者提供虚假、不完整资料，未能真实反映其关联业务往来情况的，税务机关有权依法核定其应纳税所得额。

（2）国家税务总局《关于印发〈企业所得税核定征收办法〉（试行）的通知》对居民企业核定征收企业所得税的办法做出了规定。

（三）特别纳税调整的法律责任

税务机关依照规定做出纳税调整，需要补征税款的，应当补征税款，并按照规定，自税款所属纳税年度的次年 6 月 1 日起至补缴税款之日止的期间，按日加收利息。按该规定加收的利息，不得在计算应纳税所得额时扣除。

利息应当按照税款所属纳税年度中国人民银行公布的与补税期间同期的人民币贷款基准利率加5个百分点计算。但对于已按规定提供有关资料的，可以只按规定的人民币贷款基准利率计算利息。

企业与其关联方之间的业务往来，不符合独立交易原则，或者企业实施其他不具有合理商业目的安排的，税务机关有权在该业务发生的纳税年度起10年内，进行纳税调整。

专栏6-2　BEPS行动计划

BEPS（税基侵蚀和利润转移，Base Erosion and Profit Shifting）是当前全球最热门的税务议题之一。BEPS行动计划是二十国集团（G20）领导人在2013年圣彼得堡峰会委托经济合作与发展组织（OECD）启动实施的国际税收改革项目，旨在修改国际税收规则，遏制跨国企业规避全球纳税义务、侵蚀各国税基的行为。目前，BEPS项目吸纳了80多个国家的意见，其中包括34个OECD成员、所有G20成员以及40多个发展中国家。在此项国际税改中，中国以OECD合作伙伴身份平等参与BEPS行动计划，与OECD成员享有同等权利和义务。目前，国家税务总局正在全面修订《特别纳税调整实施办法》，这将是我国全面借鉴BEPS最新研究成果，并结合我国实际制定的反避税操作指南。

第八节　企业所得税的征收管理

企业所得税的征收管理除按《企业所得税法》的规定外，依照《中华人民共和国税收征收管理法》的规定执行。

视频讲解：企业所得税的征收管理

一、企业所得税的纳税地点

（一）居民企业的纳税地点

除税收法律、行政法规另有规定外，居民企业以企业登记注册地为纳税地点。但登记注册地在境外的，以实际管理机构所在地为纳税地点。居民企业在中国境内设立不具有法人资格的营业机构的，应当汇总计算并缴纳企业所得税。

（二）非居民企业的纳税地点

非居民企业的纳税地点的确定，与其是否在中国境内设立机构、场所有密切关系。

非居民企业在中国境内设立机构、场所的，应当就其所设机构、场所取得的来源于中国境内的所得，以及发生在中国境外但与其所设机构、场所有实际联系的所得，缴纳企业所得税。非居民企业取得上述所得，以机构、场所所在地为纳税地点。非居民企业在中国境内设立两个或者两个以上机构、场所的，符合国务院税务主管部门规定条件的，可以选择由其主要机构、场所汇总缴纳企业所得税。

非居民企业在中国境内未设立机构、场所的，或者虽设立机构、场所但取得的所得与其所设机构、场所没有实际联系的，应当就其来源于中国境内的所得缴纳企业所得税。非居民企业取得上述所得，以扣缴义务人所在地为纳税地点。

（三）汇总、合并纳税的纳税地点

居民企业在中国境内设立不具有法人资格的营业机构的，应当汇总计算并缴纳企业所得税。企业汇总计算并缴纳企业所得税时，应当统一核算应纳税所得额，具体办法可参见《国家税务总局关于印发〈跨地区经营汇总纳税企业所得税征收管理暂行办法〉的通知》的规定。

合并纳税，是指母公司在合并其子公司年度企业所得税纳税申报表的基础上，统一计算年度应纳税所得额、应纳所得税额，统一申报缴纳企业所得税。由于母公司、子公司分别具有法人资格，各自具有纳税主体，所以，税法规定，除国务院另有规定外，企业之间不得合并缴纳企业所得税。

二、企业所得税纳税申报和税款缴纳

（一）纳税年度的规定

企业所得税实行按年计算、分期预缴、年终汇算清缴的征收办法。企业所得税按纳税年度计算。纳税年度自公历 1 月 1 日起至 12 月 31 日止。企业在一个纳税年度中间开业，或者终止经营活动，使该纳税年度的实际经营期不足 12 个月的，应当以其实际经营期为一个纳税年度。企业依法清算时，应当以清算期间作为一个纳税年度。

（二）企业所得税预缴申报

企业所得税虽然按年计算，但为了满足财政支出的日常需要，促使税款均衡入库，加强企业所得税的日常管理，企业所得税采取分期预缴的方式征收。一般是根据企业应纳税额的大小，采取按月或按季度预缴。相应地，企业所得税纳税申报可分为预缴申报和年度汇算清缴。

企业所得税分月或者分季预缴，企业应当自月份或者季度终了之日起 15 日内，向税务机关报送预缴企业所得税纳税申报表，预缴税款。企业所得税分月或者分季预缴，由税务机关具体核定。

企业根据规定分月或者分季预缴企业所得税时，应当按照月度或者季度的实际利润额预缴；按照月度或者季度的实际利润额预缴有困难的，可以按照上一纳税年度应纳税所得额的月度或者季度平均额预缴，即按照上一纳税年度应纳税所得额的 1/12 或 1/4 计算预缴，或者按照经税务机关认可的其他方法预缴。预缴方法一经确定，该纳税年度内不得随意变更。

纳税人实行核定应税所得率方式的，按下列规定申报纳税：

（1）主管税务机关根据纳税人应纳税额的大小确定纳税人按月或者按季预缴，年终汇算清缴。预缴方法一经确定，一个纳税年度内不得改变。

（2）纳税人应依照确定的应税所得率计算纳税期间实际应缴纳的税额，进行预缴。按实际数额预缴有困难的，经主管税务机关同意，可按上一年度应纳税额的 1/12 或 1/4 预缴，或者按经主管税务机关认可的其他方法预缴。

（3）纳税人预缴税款或年终进行汇算清缴时，应按规定填写“中华人民共和国企业所得税月（季）度预缴纳税申报表（B 类）”，在规定的纳税申报时限内报送主管税务机关。

纳税人实行核定应纳所得税税额方式的，按下列规定申报纳税：

（1）纳税人在应纳所得税税额尚未确定之前，可暂按上年度应纳所得税税额的 1/12 或 1/4 预缴，或者按经主管税务机关认可的其他方法，按月或按季分期预缴。

（2）在应纳所得税税额确定以后，减除当年已预缴的所得税税额，余额按剩余月份或季度均分，以此确定以后各月或各季的应纳税额，由纳税人按月或按季填写“中华人民共和国企业所得税月（季）度预缴纳税申报表（B类）”，在规定的纳税申报期限内进行纳税申报。

（3）纳税人年度终了后，在规定的时限内按照实际经营额或实际应纳税额向税务机关申报纳税。申报额超过核定经营额或应纳税额的，按申报额缴纳税款；申报额低于核定经营额或应纳税额的，按核定经营额或应纳税额缴纳税款。

（三）汇算清缴

企业应当自年度终了之日起5个月内，向税务机关报送年度企业所得税纳税申报表，并汇算清缴，结清应缴应退税款。

企业在年度中间终止经营活动的，应当自实际经营终止之日起60日内，向税务机关办理当期企业所得税汇算清缴。

企业应当在办理注销登记前，就其清算所得向税务机关申报并依法缴纳企业所得税。

（四）企业所得税申报资料

企业在报送企业所得税纳税申报表时，应当按照规定附送财务报告和其他有关资料。

企业在纳税年度内无论盈利或者亏损，都应当依照企业所得税法规定的期限，向税务机关报送预缴企业所得税纳税申报表、年度企业所得税纳税申报表、财务会计报告和税务机关规定应当报送的其他有关资料。

（五）企业所得税的货币单位

企业所得税应以人民币为货币单位计算。企业的所得以人民币以外的货币计算的，应当折合成人民币计算并缴纳税款。

企业所得为人民币以外的货币计算的，预缴企业所得税时，应当按照月度或者季度最后一日的人民币汇率中间价，折合成人民币计算应纳税所得额。年度终了汇算清缴时，对已经按照月度或者季度预缴税款的，不再重新折合计算，只就该纳税年度内未缴纳企业所得税的部分，按照纳税年度最后一日的人民币汇率中间价，折合成人民币计算应纳税所得额。

经税务机关检查确认，企业少计或者多计前款规定的所得的，应当按照检查确认补税或者退税时的上一个月最后一日的人民币汇率中间价，将少计或者多计的所得折合成人民币计算应纳税所得额，再计算应补缴或者应退的税款。

（六）跨地区经营汇总纳税企业所得税征收管理

1. 汇总纳税原则性规定

居民企业在中国境内跨地区（指跨省、自治区、直辖市和计划单列市，下同）设立不具有法人资格的营业机构、场所（以下称分支机构）的，该居民企业为汇总纳税企业（以下称企业）。居民企业在同一省、自治区、直辖市和计划单列市内跨地、市（区、县）设立不具有法人资格营业机构、场所的，其企业所得税征收管理办法，由各省、自治区、直辖市和计划单列市税务部门制定。具体如下：

企业实行“统一计算、分级管理、就地预缴、汇总清算、财政调库”的企业所得税征收管理办法。

统一计算，是指企业总机构统一计算包括企业所属各个不具有法人资格的营业机构、场所在内的全部应纳税所得额、应纳税额。

分级管理，是指总机构、分支机构所在地的主管税务机关都有对当地机构进行企业所得税管理的责任，总机构和分支机构应分别接受机构所在地主管税务机关的管理。

就地预缴，是指总机构、分支机构应按本办法的规定，分月或分季分别向所在地主管税务机关申报预缴企业所得税。

汇总清算,是指在年度终了后,总机构负责进行企业所得税的年度汇算清缴,统一计算企业的年度应纳所得税税额,抵减总机构、分支机构当年已就地分期预缴的企业所得税税款后,多退少补税款。

财政调库,是指财政部定期将缴入中央国库的跨地区总分机构企业所得税待分配收入,按照核定的系数调整至地方金库。

总机构和具有主体生产经营职能的二级分支机构,就地分期预缴企业所得税。二级分支机构及其下属机构均由二级分支机构集中就地预缴企业所得税。二级分支机构,是指汇总纳税企业依法设立并领取非法人营业执照(登记证书),且总机构对其财务、业务、人员等直接进行统一核算和管理的分支机构。但对下列八种情况的分支机构无须就地预缴企业所得税:

(1) 未纳入中央和地方分享范围的企业的分支机构无须就地预缴企业所得税。缴纳所得税未纳入中央和地方分享范围的企业包括铁路运输企业(包括广铁集团和大秦铁路公司)、国有邮政企业、中国工商银行股份有限公司、中国农业银行、中国银行股份有限公司、国家开发银行、中国农业发展银行、中国进出口银行、中央汇金投资有限责任公司、中国建设银行股份有限公司、中国建银投资有限责任公司、中国石油天然气股份有限公司、中国石油化工股份有限公司以及海洋石油天然气企业(包括港、澳、台和外商投资、外国海上石油天然气企业)等。

(2) 三级及以下分支机构不就地预缴企业所得税。三级及以下分支机构不就地预缴企业所得税,但其经营收入、职工工资和资产总额统一记入二级分支机构。

(3) 总机构设立具有独立生产经营职能部门,且具有独立生产经营职能部门的经营收入、职工工资和资产总额与管理职能部门分开核算的,可将具有独立生产经营职能的部门视同一个分支机构,就地预缴企业所得税。具有独立生产经营职能部门与管理职能部门的经营收入、职工工资和资产总额不能分开核算的,具有独立生产经营职能的部门不得视同一个分支机构,不就地预缴企业所得税。

(4) 不具有主体生产经营职能,且在当地不缴纳增值税的产品售后服务、内部研发、仓储等企业内部辅助性的二级及以下分支机构,不就地预缴企业所得税。

(5) 上年度认定为小型微利企业的,其分支机构不就地预缴企业所得税。

(6) 新设立的分支机构,设立当年不就地预缴企业所得税。

(7) 撤销的分支机构在撤销当年剩余期限内应分摊的企业所得税税款由总机构缴入中央国库。

(8) 企业在中国境外设立的不具有法人资格的营业机构,不就地预缴企业所得税。

企业计算分期预缴的所得税时,其实际利润额、应纳税额及分摊因素数额,均不包括其在中国境外设立的营业机构。

2. 税款预缴和汇算清缴

总机构和具有主体生产经营职能的二级分支机构需要就地分期(按月或者季度)预缴企业所得税;在规定期限内按实际利润额预缴有困难的,经总机构所在地主管税务机关认可,可以按照上一年度应纳税所得额的1/12或1/4,由总机构、分支机构就地预缴企业所得税。预缴方式一经确定,当年度不得变更。

税款的预缴应当根据当期实际利润额,按照规定的预缴分摊方法计算总机构和分支机构的企业所得税预缴额。

总机构按以下公式计算分摊税款：

$$总机构分摊税款=汇总纳税企业当期应纳所得税税额\times 50\%$$

分支机构按以下公式计算分摊税款：

$$所有分支机构分摊税款总额=汇总纳税企业当期应纳所得税税额\times 50\%$$

$$某分支机构分摊税款=所有分支机构分摊税款总额\times 该分支机构分摊比例$$

总机构应按照上年度分支机构的营业收入、职工薪酬和资产总额三个因素计算各分支机构分摊所得税税款的比例；三级及以下分支机构，其营业收入、职工薪酬和资产总额统一记入二级分支机构；三因素的权重依次为0.35、0.35、0.30。计算公式如下：

$$某分支机构分摊比例=\frac{该分支机构营业收入}{各分支机构营业收入之和}\times 0.35+\frac{该分支机构职工薪酬}{各分支机构职工薪酬之和}\times 0.35+\frac{该分支机构资产总额}{各分支机构资产总额之和}\times 0.30$$

以上公式中，分支机构仅指需要就地预缴的分支机构，该税款分摊比例按上述方法一经确定后，当年不做调整。

分支机构营业收入，是指分支机构销售商品、提供劳务、让渡资产使用权等日常经营活动实现的全部收入。其中，生产经营企业分支机构营业收入是指生产经营企业分支机构销售商品、提供劳务、让渡资产使用权等取得的全部收入。金融企业分支机构营业收入是指金融企业分支机构取得的利息、手续费、佣金等全部收入。保险企业分支机构营业收入是指保险企业分支机构取得的保费等全部收入。

分支机构职工薪酬，是指分支机构为获得职工提供的服务而给予各种形式的报酬以及其他相关支出。

分支机构资产总额，是指分支机构在经营活动中实际使用的应归属于该分支机构的资产合计额。

上年度分支机构的营业收入、职工薪酬和资产总额，是指分支机构上年度全年的营业收入、职工薪酬数据和上年度12月31日的资产总额数据，是依照国家统一会计制度的规定核算的数据。

一个纳税年度内，总机构首次计算分摊税款时采用的分支机构营业收入、职工薪酬和资产总额数据，与此后经过中国注册会计师审计确认的数据不一致的，不做调整。

【例6-10】 总部设在浙江省杭州市的某公司，该公司总部具有独立生产经营职能部门与管理职能部门的营业收入、职工薪酬和资产总额不能分开核算。在宁波、温州各有一分公司，均具有主体生产经营职能，且在当地缴纳增值税。假设总部及其分支机构的有关情况如表6-2所示。

表6-2 该企业总部及其分支机构的有关情况

单位：万元

机构	2021年1—6月利润总额	2020年营业收入	2020年职工薪酬	2020年资产总额
总部	1 000	5 000	400	20 000
宁波分公司	800	3 000	200	10 000
温州分公司	200	2 000	200	10 000
合计	2 000	10 000	800	40 000

根据表 6-2，请计算 2021 年 1—6 月份各机构在当地预缴企业所得税税款。

解：(1) 总分支机构利润总额 = 1 000+800+200 = 2 000(万元)。

(2) 总分支机构的企业所得税预缴额 = 2 000×25% = 500(万元)。

(3) 总机构的企业所得税预缴额 = 500×50% = 250(万元)。

(4) 所有分支机构分摊税款总额 = 500×50% = 250(万元)。

其中：宁波分公司应分摊所得税税款的比例 $=\frac{\text{该分支机构营业收入}}{\text{各分支机构营业收入之和}}\times 0.35+\frac{\text{该分支机构职工薪酬}}{\text{各分支机构职工薪酬之和}}\times 0.35+\frac{\text{该分支机构资产总额}}{\text{各分支机构资产总额之和}}\times 0.30=\frac{3\ 000}{5\ 000}\times 0.35+\frac{200}{400}\times 0.35+\frac{10\ 000}{20\ 000}\times 0.30=0.6\times 0.35+0.5\times 0.35+0.5\times 0.30=0.535$。

温州分公司应分摊所得税税款的比例 $=\frac{\text{该分支机构营业收入}}{\text{各分支机构营业收入之和}}\times 0.35+\frac{\text{该分支机构职工薪酬}}{\text{各分支机构职工薪酬之和}}\times 0.35+\frac{\text{该分支机构资产总额}}{\text{各分支机构资产总额之和}}\times 0.30=\frac{2\ 000}{5\ 000}\times 0.35+\frac{200}{400}\times 0.35+\frac{10\ 000}{20\ 000}\times 0.30=0.4\times 0.35+0.5\times 0.35+0.5\times 0.30=0.465$。

(5) 宁波分公司在当地的企业所得税预缴额 = 250×0.535 = 133.75(万元)。

(6) 温州分公司在当地的企业所得税预缴额 = 250×0.465 = 116.25(万元)。

3. 征收管理

汇总纳税企业总机构和分支机构应依法办理税务登记，接受所在地主管税务机关的监督和管理。

总机构应将其所有二级及以下分支机构信息报其所在地主管税务机关备案，内容包括分支机构名称、层级、地址、邮编、纳税人识别号及企业所得税主管税务机关名称、地址和邮编。

分支机构应将其总机构、上级分支机构和下属分支机构信息报其所在地主管税务机关备案，内容包括总机构、上级机构和下属分支机构名称、层级、地址、邮编、纳税人识别号及企业所得税主管税务机关名称、地址和邮编。

上述备案信息发生变化的，除另有规定外，应在内容变化后 30 日内报总机构和分支机构所在地主管税务机关备案，并办理变更税务登记。

分支机构注销税务登记后 15 日内，总机构应将分支机构注销情况报所在地主管税务机关备案，并办理变更税务登记。

税务机关应将汇总纳税企业总机构、分支机构的税务登记信息、备案信息、总机构出具的分支机构有效证明情况及分支机构审核鉴定情况、企业所得税月(季)度预缴纳税申报表和年度纳税申报表、汇总纳税企业分支机构所得税分配表、财务报表(或年度财务状况和营业收支情况)、企业所得税款入库情况、资产损失情况、税收优惠情况、各分支机构参与企业年度纳税调整情况的说明、税务检查及查补税款分摊和入库情况等信息，定期分省汇总上传至国家税务总局跨地区经营汇总纳税企业管理信息交换平台。

本章小结

1. 企业所得税是指对在中国境内的企业和其他取得收入的组织,包括各类企业、事业单位、社会团体、民办非企业单位和从事经营活动的其他组织就其所得征收的一种税。依照中国法律、行政法规成立的个人独资企业、合伙企业不征收企业所得税。

2. 企业所得税纳税人分为居民企业和非居民企业。

3. 企业应税所得,包括销售货物所得、提供劳务所得、转让财产所得、股息红利等权益性投资所得、利息所得、租金所得、特许权使用费所得、接受捐赠所得和其他所得。

4. 企业所得税税率分为法定税率和优惠税率两类。

5. 企业每一纳税年度的收入总额,减除不征税收入、免税收入、税前扣除以及允许弥补的以前年度亏损后的余额,为应纳税所得额。

6. 应纳所得税税额,是指企业的应纳税所得额乘以适用税率,减除依照《企业所得税法》关于税收优惠的规定减免和抵免的税额后的余额。企业取得境外所得计税时的抵免分为直接抵免和间接抵免两种。

7. 企业同时从事适用不同企业所得税待遇的项目的,其优惠项目应当单独计算所得,并合理分摊企业的期间费用;没有单独计算的,不得享受企业所得税优惠。

8. 在中国境内未设立机构、场所的,或者虽设立机构、场所但取得的所得与其所设机构、场所没有实际联系的非居民企业,就其取得的来源于中国境内的所得应缴纳的所得税,实行源泉扣缴。

9. 企业与其关联方之间的业务往来,不符合独立交易原则而减少企业或者其关联方应纳税收入或者所得额的,税务机关有权按照合理方法调整。

10. 居民企业以企业登记注册地为纳税地点。但登记注册地在境外的,以实际管理机构所在地为纳税地点。

综合练习

一、重要概念

企业所得税　居民企业　非居民企业　收入总额　应纳税所得额　不征税收入　免税收入　源泉扣缴　预提所得税　特别纳税调整　成本分摊协议　预约定价协议

二、思考题

1. 企业所得税的特点是什么?

2. 企业所得税的纳税人、征税对象、税率是如何规定的?

3. 在计算企业所得税时,哪些项目可以税前扣除?哪些项目不允许税前扣除?

4. 企业所得税的优惠政策主要体现在哪些方面?

5. 企业所得税源泉扣缴的规定是什么?

6. 为什么要进行特别纳税调整?如何进行特别纳税调整?

7. 企业所得税的征收方式有哪些?

8. 如何进行企业所得税的纳税申报?

9. 跨地区经营汇总缴纳企业所得税的规定是什么？

三、计算题

1. 某企业当年全年取得收入总额为 3 000 万元，与收入相关的成本、费用、税金等共计 2 800 万元；“营业外支出”中列支 35 万元，其中，通过希望工程基金委员会向某灾区捐款 10 万元，直接向某贫困地区捐赠 5 万元，非广告性赞助 20 万元。该企业全年应缴纳多少企业所得税？

2. 某国有企业当年境内应税所得额 2 000 万元，其在 A、B 两国设有分支机构，A 国分公司当年应税所得额为 600 万元，其中生产经营所得为 500 万元，A 国税率为 30%，实纳所得税税额为 150 万元，特许权使用费所得 100 万元，A 国的税率为 20%，实纳所得税税额为 20 万元。B 国分公司当年应纳税所得额为 400 万元，B 国税率为 20%，实纳所得税税额为 80 万元。已知该国有企业适用税率为 25%，请分别采用“分国（地区）不分项”和“不分国（地区）不分项”两种计算方法计算该企业本年度应纳所得税税额。

3. 某机械制造企业，当年实现收入总额 2 000 万元（其中包括主营业务收入 1 500 万元、其他业务收入 300 万元、购买国库券利息收入 100 万元、营业外收入 100 万元）；发生各项支出共计 1 000 万元，其中包括：实际发生并计入成本费用中合理的工资薪金总额 200 万元、业务招待费 100 万元、职工福利费 50 万元、职工教育经费 20 万元、工会经费 10 万元；计入“营业外支出”账户中的税收滞纳金 10 万元；提取未经核定的各项准备金支出 100 万元（已通过“资产减值准备”账户核算）。另外，企业当年 12 月购置环境保护专用设备 500 万元，购置完毕即投入使用。假定企业以前年度无未弥补亏损，问：该企业当年应纳的企业所得税税额是多少？

计算题参考答案

延展阅读

[1] 胡立升，庞凤喜，刘紫斌，刘畅．世界银行营商环境报告纳税指标及我国得分情况分析[J]. 税务研究，2019(01)：80-85.

[2] 王军．新时代下企业所得税改革的思考——基于人民观、风险观和整体观的认知[J]. 税务研究，2018(12)：55-59.

[3] 邓勇，王海勇．中国所得税制改革四十年：回顾和展望[J]. 税务研究，2018(10)：14-21.

[4] 范子英，赵仁杰．财政职权、征税努力与企业税负[J]. 经济研究，2020(04)：101-117.

[5] 田彬彬，陶东杰，李文健．税收任务、策略性征管与企业实际税负[J]. 经济研究，2020(08)：121-136.

[6] 曹润林，陈海林．税收负担、税制结构对经济高质量发展的影响[J]. 税务研究，2021(01)：126-133.

第七章

个人所得税

本章学习目标

1. 掌握个人所得税的概念、纳税人、所得来源地的确定
2. 掌握应税所得项目、税率及每个税目的应纳税额计算
3. 掌握特殊问题中的常用计算，熟悉特殊事项的适用税目
4. 掌握减免税规定，了解征收管理规定

个人所得税改革是近年来全国热议的话题之一。2018 年 8 月 31 日，第十三届全国人民代表大会常务委员会第五次会议通过了《关于修改〈中华人民共和国个人所得税法〉的决定》。2018 年 12 月 18 日，李克强签署国务院令，公布了修订后的《中华人民共和国个人所得税法实施条例》，该条例自 2019 年 1 月 1 日起施行。修改后的《中华人民共和国个人所得税法》建立了分类与综合相结合的个人所得税混合征收制度，对部分劳动性所得实行综合征税，优化调整了税率结构，提高了综合所得的基本减除费用标准，设立了专项附加扣除项目，并相应健全了个人所得税的征管制度。党的二十大报告强调，要完善分配制度，加大税收的调节力度，特别是要完善个人所得税制度，保护合法收入，调节过高收入，取缔非法收入，规范收入分配秩序。

第一节　个人所得税概述

一、个人所得税的概念

视频讲解：个人所得税概述

个人所得税是对个人（自然人）取得的各项应税所得征收的一种税，它体现了国家与个人之间的分配关系。

个人所得税 1799 年首创于英国，此后世界各国相继仿效，开征此税种。到目前为止，世界上已有 140 多个国家和地区开征了个人所得税。第二次世界大战后，西方各国个人所得税的发展较快，长期稳居各税之首位，其收入数额占税收收入总额的比例大多在 30%以上，甚至某些国家在个别年份，还达到 40%以上。相对来说，低收入国家的个人所得税所占比例相对较低，大多数国家在 10%以下。

我国对个人所得的征税,最早可追溯到国民党统治时期,当时曾正式开征过薪给报酬所得税等税种。新中国成立初期,政务院于 1950 年年初颁布的《全国税政实施要则》也明确规定对个人所得征收两税,即“存款利息所得税”和“薪给报酬所得税”。由于我国当时实行的是低工资制度,居民工薪收入低,而且居民除了工薪之外,也很少有其他来源的收入,因此极少有人能达到征税标准,故薪给报酬所得税始终未能征收。同时,由于居民个人少有存款,存款利息所得税也收入甚微。后来,由于银行国有化等原因,存款利息所得税也在 1959 年停止征收。自此至党的十一届三中全会前的这段时间,我国一直没有再开征过个人所得税类的税种。

党的十一届三中全会以后,我国实行对外开放、对内搞活政策,为了适应外籍人员在我国取得收入日益增多,以及国内高收入者逐渐增加的情况,考虑到我国在国外从事经济活动和其他劳务的人员及华侨,均按所在国的税法向当地政府缴纳个人所得税,因此,本着维护国家权益、增加财政收入及平等互利的原则,我国于 1980 年 9 月制定并公布了《中华人民共和国个人所得税法》。该税法在 1986 年年底以前对中外籍人员均适用。同时,为了更好地调节个体工商户的收入水平,保护其合法权益,国务院于 1986 年发布并实施了《中华人民共和国城乡个体工商户所得税暂行条例》,改变了新中国成立以后一直对个体工商业户的生产经营所得征收工商所得税的做法。1987 年,针对国内一部分人收入提高过快、来源多元化的现象,考虑到 1980 年设立的对中外籍人员均适用的个人所得税制的立法基本上已不适应我国居民的实际收入水平,为了更好地调节社会成员间的收入水平,1987 年又开征了个人收入调节税。至此,我国个人所得税体系对不同个人、不同收入项目分别征收不同税种的“三税鼎立”的局面基本形成。这些税收法律、法规的施行,对于增加财政收入、促进对外经济技术交流与合作、缓解社会分配不公的矛盾等都发挥了积极的作用。

随着经济的发展和改革开放的深化,特别是社会主义市场经济体制的确立,原“三税鼎立”的分配格局已不再适应形势发展的需要,税政不统一,税负过重且有失公平,税基过窄且征管手段落后等问题都较为突出。针对上述问题,1993 年 10 月 31 日第八届全国人民代表大会常务委员会第四次会议通过了《关于修改〈中华人民共和国个人所得税法〉的决定》,同时公布了第一次修正后的《中华人民共和国个人所得税法》,将原个人所得税、个人收入调节税、个体工商户所得税合并为个人所得税,并确定从 1994 年 1 月 1 日起实施。1999 年 8 月 30 日,第九届全国人民代表大会常务委员会第十一次会议通过了第二次修正的《中华人民共和国个人所得税法》。2000 年 9 月,财政部、国家税务总局根据《国务院关于个人独资企业和合伙企业征收所得税问题的通知》,制定了《关于个人独资企业和合伙企业投资者征收个人所得税的规定》,明确从 2000 年 1 月 1 日起,个人独资企业和合伙企业投资者将依法缴纳个人所得税。2005 年 10 月 27 日第十届全国人民代表大会常务委员会第十八次会议通过了《关于修改〈中华人民共和国个人所得税法〉的决定》,同时公布了第三次修正后的《中华人民共和国个人所得税法》。此后,2007 年 6 月 29 日第十届全国人民代表大会常务委员会第二十八次会议、2007 年 12 月 29 日第十届全国人民代表大会常务委员会第三十一次会议又分别对《中华人民共和国个人所得税法》进行了第四、第五次修正。2011 年 6 月 30 日,第十一届全国人民代表大会常务委员会第二十一次会议再一次修正通过了《中华人民共和国个人所得税法》,并规定自 2011 年 9 月 1 日起施行。2018 年 8 月 31 日,第十三届全国人民代表大会常务委员会第五次会议通过了《关于修改〈中华人民共和国个人所得税法〉的决定》并公布了第七次修正后的《中华人民共和国个人所得税法》,自 2019 年 1

月 1 日起施行。

二、个人所得税制度模式的国际比较与选择

国际上个人所得税的税制模式，一般分为综合所得税制、分类所得税制和分类综合所得税制三种。

（一）综合所得税制

综合所得税制，是指把纳税人在一个纳税年度内的各项所得逐项汇总相加，并按税法规定减去不予计征的项目及法定扣除费用，然后按统一的累进税率计算征收的一种所得税制。它的优点在于能很好地体现所得税“量能负担”的税收原则，税负公平，对纳税人的收入分配具有明显的调节作用。缺点是这种税制一般较为复杂，征税条件较高，除了要求纳税人有较强的纳税意识外，还要求税务部门具备了解和掌握纳税人所有收入信息的能力。此外，还必须具有现代化的税收征管和稽查手段。

（二）分类所得税制

分类所得税制，是指将纳税人的所得按一定方式分成若干类别，每一类别都按税法规定不同的标准和税率进行扣除和计算税款的一种所得税制度。其优点在于可以根据不同类别的所得确定相应的税收政策和征税方法，征收简单，缺点在于这种税制不能按照纳税人的真正纳税能力征税，税负有欠公平。

（三）分类综合所得税制

分类综合所得税制，也称混合所得税制，具体执行中通常有两种形式：一是对某些所得先分类征收，再在年终时把这些已税所得与其他所得汇总计算，凡全年所得额超过一定限额以上的，即按规定的累进税率计算全年应纳税所得额，并对已经缴纳的分类所得税额，准予在全年应纳税所得税额内抵扣。二是将部分所得项目分项课征所得税，部分项目综合课征所得税。这种税制模式，兼有分类所得税制与综合所得税制之长，既能覆盖所有个人收入，避免分类所得税制可能出现的漏洞，提高税收征管效率，同时也符合按纳税能力负担的原则，能提高税收的合理性与公平性。

我国现行的个人所得税制度，出于调节居民收入、控制税源、便于对不同所得区别征税的考虑，采用了分类与综合相结合的个人所得税混合所得税制。

专栏 7-1　各国个人所得税制模式比较

从世界各国开征个人所得税的情况来看，多数发达国家如美国、英国、澳大利亚、瑞典等国都采用综合所得税制。美国的联邦个人所得税制度是世界上最复杂、最完备的所得税制度之一，其征税范围主要包括各种劳务报酬所得、经营所得、财产处置所得、利息股息收入、租赁所得、特许权使用费收入、退职年金、分居津贴等 15 项所得，原则上把个人所有的收入都纳入了个人所得税的征税范围。其计税程序为先汇总计算纳税人在一个纳税年度里的总收入，然后在总收入中扣除不予计列项目、与纳税人生产经营活动有关的费用和个人生计费用（如个人宽免或抚养宽免），计算出应纳税所得额，最后按统一的超额累进税率计算征税。

发展中国家如拉美、非洲和中东地区的一些国家则大多数采用分类综合所得税制，对某些项目如工资薪金所得、利息及股息所得等按分类所得计算缴税；再对已纳税款在全年应纳的综合所得税额内抵扣。

相比较而言，目前世界上只有极少数国家如韩国采用分类所得税制。另外，我国香港特别行政区也采用此种制度。不过，韩国的个人所得税制度也并非完全典型的分类所得税制，因为纳税人的绝大部分收入如劳务所得、利息所得、股息所得、不动产所得、经营所得等都汇总为综合性收入，按统一的扣除标准和税率综合计税。之所以称其为分类所得税制，是因为综合性收入与另外三项收入，即退职金收入、资本所得、森林所得这四项所得有各自的税基与税率，采用分别计税的办法。另外，我国香港的个人所得税制对于纳税人的物业租金收入、薪俸收入及经营所得也按照不同的标准和扣除方法分别征收物业税、薪俸税和利得税，因此从这个角度上看其实行的是分类所得税制。但同时，香港特别行政区政府又规定了纳税人可选择另一种个人所得税课税法，即个人入息课税法，而个人入息课税法则是一种典型的综合计税法。因此在香港，纳税人可根据个人收入、盈利情况选择对自己有利的课税方法。这种做法将征纳双方通过税收制度紧密联系在一起，具有促使纳税人学法、知法、懂法的积极作用。

三、个人所得税的特点

个人所得税是对个人的应税所得征税，除了具有所得税的一般特点以外，还具有其特殊性。我国现行个人所得税有以下四个特点。

（一）实行分类综合所得税制

据前所述，世界各国采用的个人所得税制不外乎三种类型，即分类所得税制、综合所得税制和分类综合所得税制。2019 年 1 月 1 日起，我国开始实行分类与综合相结合的个人所得税混合所得税制，也即分类综合所得税制，把个人应税所得划分成九类，分别采用不同的费用减除规定、不同的税率和不同的计税方法。同时，对其中的部分劳动性所得实行综合征税。这样做，一方面可以通过广泛地采用源泉扣缴的方法，加强税收征管，简化纳税手续，方便征纳双方；另一方面又可以对不同的个人所得按不同征收方法计征，有利于体现国家政策。

（二）多种税率形式并用

实行分类综合所得税制一方面有利于源泉扣缴法的运用，另一方面又有利于体现不同的税收政策，能够对不同类型的收入采用不同的税率计征。在分类综合所得税制条件下，由于个人税收负担不能直接依据某项所得水平的高低来确定，因此，目前我国个人所得税存在多种税率形式。有比例税率，有累进税率，有减征优惠，形成了集多种税率形式和多种税负水平于一体的税率结构。

（三）实行不同的费用扣除方式

个人所得的确定与企业所得的确定一样，都需要从取得的收入中扣除相应的成本费用。然而，由于个人取得收入过程中发生的费用包括生计费用、赡养费用、经营费用等多项费用，同时，个人在确定所得时又不可能像企业一样进行规范的收入、成本费用核算，因此，目前我国个人所得税在征收时按分类综合所得税制的要求，就不同所得类型确定了不同的费用扣除方式，如定额扣除、定率扣除、限定据实扣除、据实扣除、对消极所得不扣除费用等多种方法，并引入了专项附加扣除政策。定额扣除法，有利于保证收入较低的个人最低生活费用和其他必要费用的需要。定率扣除法，有利于保证收入较高的个人所发生的较高的必要费用得到补偿。

（四）采用源泉扣缴和自行申报两种征纳方法

尽管分类综合所得税制有利于广泛推行源泉课征制度，但是在同类所得被不同源泉课征者扣缴时，就会产生多重费用扣除和降低税率征收造成税负不公平的问题，而且在不存在源泉扣缴者的情况下，同样也会造成税负不公平问题。因此，按分类综合所得税制的要求，对符合源泉课征要求的所得项目必须由源泉扣缴者扣缴税款；对不能使用源泉扣缴方法、扣缴税款不彻底和未扣缴税款的所得项目，就必须要求纳税人自行申报纳税。这既是税收征管的要求，也是不断提高纳税人纳税意识的要求。

四、个人所得税的作用

（一）组织国家财政收入

与其他税种一样，个人所得税也具有为国家筹集财政收入的作用。1994 年，我国仅征收个人所得税 73 亿元，2018 年增加到 13 871.87 亿元。1994—2018 年，个人所得税收入占 GDP 的比重由 0.15%上升至 1.54%，占税收收入的比重由 1.4%上升至 8.86%。虽然我国目前个人所得税收入在国家税收总额中的占比还比较低，远远达不到发达国家的水平，但随着经济的不断发展、个人所得税制的日益健全、征管力度的加大及纳税人纳税意识的不断增强，个人所得税作为我国收入潜力最大的税种，在筹集财政收入方面必将发挥越来越重要的作用。

（二）调节个人收入水平，促进社会分配公平化

改革开放以来，特别是社会主义市场经济体制的确立，我国个人之间的收入差距正在不断拉大，城乡之间、地区之间、行业之间及社会不同群体、不同职业构成之间收入分配差距越来越悬殊，而这种差距其中有很大一部分是由经济转轨时期体制不完善而引起的。征收个人所得税，本着公平税负的原则，能够把高收入者的一部分收入转化为国家所有，这在客观上有利于缓和社会分配不公的矛盾。同时，由于个人所得税具有费用扣除额及税率方面的规定，因此对低收入者可保证维持其基本的生活需要，而对高收入者来说也不至于因纳税而损害其生产经营和工作的积极性。

（三）熨平经济的波动，促进经济的稳定增长

"内在稳定"是现代所得税制度对经济变动的弹性反应。个人所得税的累进税率具有"内在稳定器"功能。当经济处于繁荣时期，个人收入增加，个人所得税税基扩大，应纳税所得自动进入较高边际税率，税收自动增长，社会总需求自动随之减少，对经济发展和通货膨胀起到自动抑制作用；当经济处于萧条时期，个人所得税税基缩小，应纳税所得自动退回较低边际税率，税收收入的自然减少会削弱经济衰退的压力，有利于维持经济总需求的规模。不仅如此，政府还可以通过提高或降低个人所得税税率、拓宽或削减其税基等方式，增加或减少个人所得税收入，有意识地对经济施加影响。

（四）增加劳动力供给，提高就业水平

税收对劳动力供给，即对就业的影响主要通过个人所得税来实现。具体表现在：一方面征税会减少个人的可支配收入,要求人们提高工作时间,以弥补收入的不足;另一方面,政府通过税收资金的再分配,可以扩大投资,提供就业机会;同时,也可以采取税收优惠措施,鼓励投资,同样起到增加就业的机会。所以说征税从总体上有利于增加劳动力供给。在个人收入主要来源于工资收入,且工资水平基本不变的前提下,政府征收所得税会使个人的休闲与劳动的相对价格发生变化。随着劳动价格的降低,导致个人必须增加劳动时间,减少休闲时间,以补充可支配收入上的损失。

第二节　个人所得税的征收制度

一、个人所得税的纳税人

个人所得税纳税人的确定一般取决于一国采用的税收管辖原则。税收管辖原则通常分两类,即属人主义原则与属地主义原则。从世界各国的具体情况看,有的国家和地区采用属人主义原则,而有的国家和地区则采用属地主义原则。目前,国际上普遍的做法是把这两种征收原则结合起来,对本国公民或居民采用属人主义原则征税,对非本国公民或本国非居民采用属地主义原则征税。按照国际通行的做法,我国现行个人所得税纳税人的确定也是按照上述两种原则来确定。当前,我国个人所得税的纳税义务人,包括中国公民、个体工商户、个人独资企业、合伙企业投资者、在中国有所得的外籍人员(包括无国籍人员,下同)和香港、澳门、台湾同胞。上述纳税义务人依据住所和居住时间两个标准,划分为居民纳税人和非居民纳税人,分别承担不同的纳税义务。

视频讲解:个人所得税的纳税人

(一)居民纳税人

根据个人所得税法的规定,凡符合下列条件之一的,为居民纳税义务人:

(1)在中国境内有住所的个人。即因户籍、家庭、经济利益关系,而在中国境内习惯性居住的个人。习惯性居住,是指个人因学习、工作、探亲等原因消除之后,没有理由在其他地方继续居留时,所要回到的地方,而不是指实际居住或在某一个特定时期内的居住地。在税收意义上,习惯性居住是判定纳税义务人是居民或非居民的一个法律意义上的标准。如个人因学习、工作、探亲、旅游等原因而在中国境外居住,这些原因消除之后,必须回到中国境内居住的,那么,中国就是该人的习惯性居住地。对居民的确定,加上"住所"的条件,可以将因公或其他原因到境外工作的人员纳入征税范围,堵塞了征收漏洞,也符合国际惯例。

(2)在中国境内无住所而在一个纳税年度内在中国境内居住累计满183天的个人。其中一个纳税年度是指自公历1月1日起至12月31日止。另外,在计算累计居住天数时,在中国境内停留的当天满24小时的,计入境内居住天数;不足24小时的,不计入境内居住天数。

需要注意的是,我国现行税法中关于"中国境内"的概念,是指中国大陆地区,目前还不包括香港、澳门和台湾地区。

(二)非居民纳税人

非居民纳税人,是指不符合居民纳税人判定标准(条件)的纳税义务人。根据个人所得税法的规定,凡符合下列条件之一的属于非居民纳税义务人:

（1）在中国境内无住所又不居住但有来源于中国境内所得的个人。这种在中国境内没有住所又没有来中国的外籍人员、华侨或香港、澳门和台湾同胞，他们从中国境内取得所得的形式一般是由于资金、技术或财产在中国境内被使用而获取的。

（2）在中国境内无住所，并且在一个纳税年度内在中国境内居住累计不满183天的个人。一般是指由于短期行为来华的外籍人员、华侨或香港、澳门和台湾同胞，如承包工程中短期作业的个人，到中国境内演出或表演的演员或运动员等。

（三）个体工商户、个人独资企业和合伙企业纳税人的确定

个体工商户以业主为个人所得税纳税义务人。

个人独资企业和合伙企业投资者也为个人所得税的纳税义务人。个人独资企业以投资者为纳税义务人，合伙企业以每一个合伙人为纳税义务人。

（四）纳税人纳税义务的确定

1. 居民纳税人纳税义务的确定

按照国际惯例，居民纳税人负有无限纳税义务。因此，我国税法规定，凡是中国居民纳税人，其所取得的应纳税所得，无论是来源于中国境内还是中国境外任何地方，都要在中国境内缴纳个人所得税，即对本国居民纳税人取得来源于全世界范围的所得实施征税权。

此外，为了有利于发展对外经济合作，贯彻从宽从简的原则，我国个人所得税法对居民纳税人的境外所得征税时，做了从宽的规定：在中国境内无住所的个人一个纳税年度在中国境内累计居住满183天的，如果此前六年在中国境内每年累计居住天数都满183天而且没有任何一年单次离境超过30天，该纳税年度来源于中国境内、境外所得应当缴纳个人所得税；如果此前六年的任一年在中国境内累计居住天数不满183天或者单次离境超过30天，该纳税年度来源于中国境外且由境外单位或者个人支付的所得，免予缴纳个人所得税。

此处所称此前六年，是指该纳税年度的前一年至前六年的连续六个年度，此前六年的起始年度自2019年（含）以后年度开始计算。在中国境内居住累计满183天的任一年度中有一次离境超过30天的，其在中国境内居住累计满183天的年度的连续年限重新起算。按此规定，2024年（含）之前，所有无住所个人在境内居住年限都不满六年，其取得境外支付的境外所得都能享受免税优惠。此外，自2019年起任一年度如果有单次离境超过30天的情形，此前连续年限“清零”，重新计算。

2. 非居民纳税人纳税义务的确定

非居民纳税人仅负有限纳税义务，即仅就来源于中国境内的所得纳税。

但对在中国境内无住所的个人，在一个纳税年度内在中国境内居住累计不超过90天的，其来源于中国境内的所得，由境外雇主支付并且不由该雇主在中国境内的机构、场所负担的部分，免予缴纳个人所得税。

（五）所得来源的确定

所谓从中国境内取得的所得，是指来源于中国境内的所得；所谓从中国境外取得的所得，是指来源于中国境外的所得。根据《个人所得税法实施条例》第3条，除国务院财政部、税务主管部门另有规定外，下列所得，不论支付地点是否在中国境内，均为来源于中国境内的所得：

（1）因任职、受雇、履约等在中国境内提供劳务取得的所得。

（2）将财产出租给承租人在中国境内使用而取得的所得。

(3) 许可各种特许权在中国境内使用而取得的所得。

(4) 转让中国境内的不动产或者在中国境内转让其他财产取得的所得。

(5) 从中国境内企业、事业单位、其他组织以及居民个人取得的利息、股息、红利所得。

(六) 扣缴义务人

扣缴义务人，是指向个人支付所得的单位或者个人。扣缴义务人应当依法办理全员全额扣缴申报。扣缴义务人每月或者每次预扣、代扣的税款，应当在次月十五日内缴入国库，并向税务机关报送“个人所得税扣缴申报表”。

(七) 纳税人范围确定的社会政策目标

作为税制的基本要素之一，个人所得税纳税人的选择问题直接影响到一国的经济增长效率和收入分配的公平性。一般来说，一国总是从社会的经济状况和政府的政策目标，来确定个人所得税纳税人的范围。从社会的经济状况看，随着经济的发展、个人收入水平的提高，世界上绝大多数国家的个人所得税纳税主体已从少数的高收入阶层转向广大的中等收入阶层；从政府的政策目标来看，各国个人所得税也已从一味地追求公平目标而转向追求效率目标。我国改革开放以后，个人收入分配较改革开放前有了很大的变化，一方面是个人收入呈多元化及快速增长的趋势；另一方面是个人收入差距越来越大，且公民对合法、公正的收入差距有了很大的包容度。因此，政府的政策目标已经可以从追求公平转向追求公平与效率并重，政府应该并可以拓宽个人所得税纳税人的确定范围，并辅之以现代化的征管手段，来扩大个人所得税的调节面，加强个人所得税的调节力度。

二、个人所得税的征税对象

个人所得税以纳税人取得的个人所得为征税对象。由于个人所得的范围很广，各国在征税时确定为征税对象的所得内容也有一定区别。我国个人所得税根据我国个人所得的具体情况，以及国际的一般做法，采取了列举具体项目进行征税的做法。凡是列举征税的项目才征税，没有列举的则不征税。目前，我国个人所得税的具体项目主要包括以下九项，其中：居民个人取得第（一）项至第（四）项所得（以下称为综合所得），按纳税年度合并计算个人所得税；非居民个人取得第（一）项至第（四）项所得，按月或者按次分项计算个人所得税。纳税人取得下列第（五）项至第（九）项所得，分别计算个人所得税。

视频讲解：个人所得税的征税对象

(一) 工资、薪金所得

工资、薪金所得，是指个人因任职或者受雇取得的工资、薪金、奖金、年终加薪、劳动分红、津贴、补贴以及与任职或者受雇有关的其他所得。

1. 工资、薪金所得涵盖范围

一般来说，工资、薪金所得属于非独立个人劳动所得。所谓非独立个人劳动，是指个人所从事的是由他人指定、安排并接受管理的劳动，工作或服务于公司、工厂、行政事业单位的人员（私营企业主除外）均为非独立劳动者。除工资、薪金以外，奖金、年终加薪、劳动分红、津贴、补贴也被确定为工资、薪金范畴。其中，年终加薪、劳动分红不分种类和取得情况，一律按工资、薪金所得课税。奖金是指所有具有工资性质的奖金，免税奖金的范围在税法中另有规定。此外，还有一些所得的发放被视为取得工资、薪金所得的情形。例如，公司职工取得的用于购买企业国有股权的劳动分红，应按“工资、薪金所得”项目计征个人所得税；出租汽车经营单位对出租车驾驶员采取单车承包或承租方式运营，出租车驾驶员从事客货运营取得的收入，按工资、薪金所得项目征税。

2. 个人取得的津贴、补贴，不计入工资、薪金所得的项目

根据我国目前个人收入的构成情况，下列不属于工资、薪金性质的补贴、津贴或者不属于纳税人本人工资、薪金所得项目的收入，不予征税：

（1）独生子女补贴。

（2）托儿补助费。

（3）执行公务员工资制度未纳入基本工资总额的补贴、津贴差额和家属成员的副食品补贴。

（4）差旅费津贴、误餐补助。

（5）外国来华留学生，领取的生活津贴费、奖学金，不属于工资、薪金范畴，不征个人所得税。

3. 关于基本养老保险费、基本医疗保险费、失业保险费、住房公积金征税问题

企事业单位和个人超过规定的比例和标准缴付的基本养老保险费、基本医疗保险费和失业保险费，应将超过部分并入个人当期的工资、薪金收入，计征个人所得税。单位和个人超过职工本人上一年度月平均工资（月平均工资不得超过职工工作地所在设区城市上一年度职工月平均工资的 3 倍，具体标准按照各地有关规定执行）12% 的幅度的比例和标准缴付的住房公积金，应将超过部分并入个人当期的工资、薪金收入，计征个人所得税。

4. 关于个人取得公务交通、通信补贴收入征税问题

个人因公务用车和通信制度改革而取得的公务用车、通信补贴收入，扣除一定标准的公务费用后，按照工资、薪金所得项目计征个人所得税。按月发放的，并入当月工资、薪金所得计征个人所得税；不按月发放的，分解到所属月份并与该月份工资、薪金所得合并后计征个人所得税。公务费用的扣除标准，由省级税务部门根据纳税人公务交通、通信费用的实际发生情况调查测算，报经省级人民政府批准后确定，并报国家税务总局备案。

5. 对按照国务院规定发给的政府特殊津贴和国务院规定免纳个人所得税的补贴、津贴，免予征收个人所得税

（二）劳务报酬所得

劳务报酬所得，是指个人独立从事各种非雇用的劳务所取得的所得，包括从事设计、装潢、安装、制图、化验、测试、医疗、法律、会计、咨询、讲学、翻译、审稿、书画、雕刻、影视、录音、录像、演出、表演、广告、展览、技术服务、介绍服务、经纪服务、代办服务以及其他劳务取得的所得。

自 2004 年 1 月 20 日起，对商品营销活动中，企业和单位对其营销业绩突出的非雇员以培训班、研讨会、工作考察等名义组织旅游活动，通过免收差旅费、旅游费对个人实行的营销业绩奖励（包括实物、有价证券等），应根据所发生费用的全额作为该营销人员当期的劳务收入，按照“劳务报酬所得”项目征收个人所得税，并由提供上述费用的企业和单位代扣代缴。

个人由于担任董事职务所取得的董事费收入，属于劳务报酬所得性质，按照劳务报酬所得项目征收个人所得税，但仅适用于个人担任公司董事、监事，且不在公司任职、受雇的情形。

（三）稿酬所得

稿酬所得，是指个人因其作品以图书、报刊等形式出版、发表而取得的所得。这里所说的作品，包括文学作品、书画作品、摄影作品以及其他作品。作者去世后，财产继承人取得的遗作稿酬，亦应征收个人所得税。

将稿酬所得独立划归一个征税项目，而对不以图书、报刊形式出版、发表的翻译、审稿、书画所得归为劳务报酬所得，主要是考虑了出版、发表作品的特殊性。第一，它是一种依靠较高智力创作的精神产品；第二，它具有普遍性；第三，它与社会主义精神文明和物质文明密切相关；第四，它的报酬相对偏低。因此，稿酬所得应当与一般劳务报酬相对区别，并给予适当的优惠照顾。

（四）特许权使用费所得

特许权使用费所得，是指个人提供专利权、商标权、著作权、非专利技术以及其他特许权的使用权取得的所得。提供著作权的使用权取得的所得，不包括稿酬所得。

提供著作权的使用权取得的所得，不包括稿酬所得，但对于作者将自己的文字作品手稿原件或复印件公开拍卖（竞价）取得的所得，属于提供著作权的使用所得，应按特许权使用费所得项目征收个人所得税。

专利权，是由国家专利主管机关依法授予专利申请人或其权利继承人在一定期间内实施其发明创造的专有权。对于专利权，许多国家只将提供他人使用取得的所得，列入特许权使用费，而将转让专利权所得列为资本利得税的征税对象。我国没有开征资本利得税，故将个人提供和转让专利权取得的所得，都列入特许权使用费所得征税。

商标权，即商标注册人享有的商标专用权。著作权，即版权，是作者依法对文学作品享有的专有权。个人提供或转让商标权、著作权、专有技术或技术秘密、技术诀窍取得的所得，应当依法缴纳个人所得税。

（五）经营所得

经营所得包括：

（1）个体工商户从事生产、经营活动取得的所得，个人独资企业投资人、合伙企业的个人合伙人来源于境内注册的个人独资企业、合伙企业生产、经营的所得。

（2）个人依法从事办学、医疗、咨询以及其他有偿服务活动取得的所得。

（3）个人对企业、事业单位承包经营、承租经营以及转包、转租取得的所得。

（4）个人从事其他生产、经营活动取得的所得。

个体工商户和从事生产、经营的个人，取得与生产、经营活动无关的各项应税所得，应按规定分别计算征收个人所得税。

个人独资企业、合伙企业的个人投资者以企业资金为本人、家庭及其相关人员支付与企业生产经营无关的消费性支出及购买汽车、住房等财产性支出，视为企业对个人投资者的利润分配，并入投资者个人的生产、经营所得，依照“个体工商户的生产经营所得”项目计征个人所得税。

从事个体出租车运营的出租车驾驶员取得的收入，按“个体工商户的生产、经营所得”项目缴纳个人所得税。

出租车属个人所有，但挂靠出租汽车经营单位或企事业单位，驾驶员向挂靠单位缴纳管理费的，或出租汽车经营单位将出租车所有权转移给驾驶员的，出租车驾驶员从事客货运营取得的收入，比照“个体工商户的生产、经营所得”项目征税。

个人对企事业单位的承包、承租经营所得是指个人承包经营、承租经营以及转包、转租取得的所得。个人对企事业单位的承包、承租经营形式较多，分配方式也不尽相同。大体可以分两类:一类是个人对企事业单位承包、承租经营后,工商登记改变为个体工商户。这类承包、承租经营所得,应按个体工商户的生产、经营所得项目征收个人所得税,不再征收企业所得税;另一类是个人对企事业单位承包、承租经营后,工商登记仍为企业的,不论其分配方式如何,均应先按照企业所得税的有关规定缴纳企业所得税。承包、承租经营者按照合同(协议)规定取得的所得,依照个人所得税法的有关规定缴纳个人所得税。具体为:① 承包、承租人对企业经营成果不拥有所有权,仅按合同规定取得一定所得的,应按"工资、薪金所得"项目征税。② 承包、承租人按合同规定只向发包方、出租人交纳一定的费用,交纳承包、承租费后的企业经营成果归承包、承租人所有的,其取得的所得,按照"个体工商户的生产、经营所得"项目征税。

(六) 利息、股息、红利所得

利息、股息、红利所得,是指个人拥有债权、股权等而取得的利息、股息、红利所得。

利息,是指个人拥有债券而取得的利息,包括存款利息、贷款利息和各种债券的利息。按税法规定,个人取得的利息所得,除国债和国家发行的金融债券利息外,应当依法缴纳个人所得税。

股息、红利,是指个人拥有股权取得的股息、红利。按照一定的比率对每股发给的息金叫股息;公司、企业应分配的利润,按股份分配的叫红利。

除个人独资企业、合伙企业以外的其他企业的个人投资者,以企业资金为本人、家庭成员及其他相关人员支付与企业经营无关的消费性支出及购买汽车、住房等财产性支出,视为企业对个人投资者的红利分配,依照"利息、股息、红利所得"项目计征个人所得税。

纳税年度内个人投资者从其投资企业(个人独资企业、合伙企业除外)借款,在该纳税年度终了后既不归还,又未用于企业生产经营的,其未归还的借款可视为企业对个人投资者的红利分配,依照"利息、股息、红利所得"项目计征个人所得税。

(七) 财产租赁所得

财产租赁所得,是指个人出租不动产、机器设备、车船以及其他财产取得的所得。

个人取得的财产转租收入,属于"财产租赁所得"项目的征税范围,由财产转租人缴纳个人所得税。在确认纳税义务人时,应以产权凭证为依据;对无产权凭证的,由主管税务机关根据实际情况确定。产权所有人死亡,在未办理产权继承手续期间,该财产出租而有租金收入的,以领取租金的个人为纳税义务人。

(八) 财产转让所得

财产转让所得,是指个人转让有价证券、股权、合伙企业中的财产份额、不动产、机器设备、车船以及其他财产取得的所得。考虑到我国股市的实际情况和股票转让收益的特殊性,国家决定在近年内对股票转让所得暂不征收个人所得税。但自 2019 年 1 月 1 日开始,对股票转让所得征收个人所得税的办法,由国务院另行规定,并报全国人民代表大会常务委员会备案。

除此之外,转让其他财产的所得,应当依法缴纳个人所得税。具体规定如下:

1. 关于量化资产股份转让

对集体所有制企业改制为股份合作制企业,对职工个人以股份形式取得的量化资产,暂缓征收个人所得税;待个人转让股份时,就其转让收入额减除个人取得股份实际支付的费用和合理转让费用后的余额,按"财产转让所得"项目计征个人所得税。

2. 关于个人出售住房所得

根据个人所得税法的规定，个人出售自有住房取得的所得应按照“财产转让所得”项目征收个人所得税。

（1）个人出售自有住房的应纳税所得额，按下列原则确定：

个人出售除已购公有住房以外的其他自有住房，其应纳税所得额按照个人所得税法的有关规定确定。

个人出售已购公有住房，其应纳税所得额为个人出售已购公有住房的销售价，减除住房面积标准的经济适用房价款、原支付超过住房面积标准的房价款、向财政或原产权单位缴纳的所得收益以及税法规定的合理费用后的余额。

已购公有住房，是指城镇职工根据国家和县级（含县级）以上人民政府有关城镇住房制度改革政策规定，按照成本价（或标准价）购买的公有住房。

经济适用住房价格按县级（含县级）以上地方人民政府规定的标准确定。

职工以成本价（或标准价）出资的集资合作建房、安居工程住房、经济适用住房以及拆迁安置住房，比照已购公有住房确定应纳税所得额。

（2）企事业单位将自建住房以低于购置或建造成本价格销售给职工的个人所得税的征税，有以下规定：

① 根据住房制度改革政策的有关规定，国家机关、企事业单位及其他组织（以下简称单位）在住房制度改革期间，按照所在地县级以上人民政府规定的房改成本价格向职工出售公有住房，职工因支付的房改成本价格低于房屋建造成本价格或市场价格而取得的差价收益，免征个人所得税。

② 除上述符合规定情形外，根据《中华人民共和国个人所得税法》及其实施条例的有关规定，单位按低于购置或建造成本价格出售住房给职工，职工因此而少支出的差价部分，属于个人所得税应税所得，应按照“工资、薪金所得”项目缴纳个人所得税。

所谓差价部分，是指职工实际支付的购房价款低于该房屋的购置或建造成本价格的差额。

③ 对职工取得的上述应税所得，比照《国家税务总局关于调整个人取得全年一次性奖金等计算征收个人所得税方法问题的通知》（国税发〔2005〕9号）规定的全年一次性奖金的征税办法，计算征收个人所得税，即先将全部所得数额除以12，按其商数并根据个人所得税法规定的税率表确定适用的税率和速算扣除数，再根据全部所得数额、适用的税率和速算扣除数，按照税法规定计算征税。

3. 关于个人通过网络销售虚拟货币取得的收入

个人通过网络收购玩家的虚拟货币，加价后向他人出售取得的收入，属于个人所得税应税所得，应按照“财产转让所得”项目计算缴纳个人所得税。

（九）偶然所得

偶然所得，是指个人得奖、中奖、中彩以及其他偶然性质的所得。

得奖，是指参加各种有奖竞赛活动，取得名次得到的奖金；中奖、中彩，是指参加各种有奖活动，如有奖销售、有奖储蓄，或者购买彩票，经过规定程序，抽中、摇中号码而取得的奖金。偶然所得应缴纳的个人所得税税款，一律由发奖单位或机构代扣代缴。

个人取得的其他所得，难以界定应纳税所得项目的，由国务院税务主管部门确定。

三、个人所得税的税率

（一）个人所得税税率选择的政策目标

视频讲解：个人所得税的税率

税率是决定税收负担的重要因素，税率水平的高低不仅直接影响着纳税人税后可支配收入的多少，而且关系到政府的一些政策目标能否顺利实现。对于个人所得税而言，可供选择的税率形式通常有累进税率和比例税率两种。而政府的政策目标也不外乎经济稳定、经济增长、社会分配公平化等方面。

凯恩斯主义者从稳定经济、平抑经济周期波动的目标出发，主张个人所得税应该实行累进税率。供给学派信奉萨伊定理“供给能够创造自己的需求”，认为企业家精神是经济增长的关键所在，过高的边际税率、过多的管制将抑制人们的创业、工作热情，使得人们宁可选择休闲而不愿意去工作。其代表人物、南加利福尼亚大学经济学家阿瑟·拉弗对税率与政府财政收入之间的关系提出了如下解释（即所谓“拉弗曲线”）：税率上升到达某一临界点之前，财政收入将随着税率上升而增长，但增长率递减；到达某一临界点之后，税率上升将导致财政收入递减。因此，如果经济位于这一点之后，降低税率将增加政府财政收入，推动预算平衡。1996 年诺贝尔经济学奖得主之一米尔利斯认为，政府对纳税人征税肯定会产生替代效应，政府税收收入的多少主要依赖于平均税率，而替代效应的大小则取决于边际税率。因此，如果降低高收入者的边际税率，也不会减少他人缴纳税收的数量。基于此理论，他大胆地提出了应对中等收入者实行最高税率，而对最高收入者却应实行边际税率为零的税率政策。也有为数不少的学者如阿尔文·拉布什卡等人认为与高累进、高边际的税率制度相比，单一比例税率能减少逃税、避税和税收服从的成本，促进经济稳定增长。

（二）我国现行个人所得税税率

我国现行个人所得税对不同的个人所得项目，规定了不同的税率。

（1）综合所得，适用 3%～45%的七级超额累进税率（见表 7-1）。居民个人每一纳税年度内取得综合所得包括：工资、薪金所得，劳务报酬所得，稿酬所得和特许权使用费所得。

表 7-1 综合所得适用的个人所得税税率表

级数	全年应纳税所得额	税率（%）	速算扣除数
1	不超过 36 000 元的	3	0
2	超过 36 000 元至 144 000 元的部分	10	2 520
3	超过 144 000 元至 300 000 元的部分	20	16 920
4	超过 300 000 元的部分至 420 000 元的部分	25	31 920
5	超过 420 000 元的部分至 660 000 元的部分	30	52 920
6	超过 660 000 元的部分至 960 000 元的部分	35	85 920
7	超过 960 000 元的部分	45	181 920

注：① 上表所称全年应纳税所得额是指依照《中华人民共和国个人所得税法》第 6 条的规定，居民个人取得综合所得以每一纳税年度收入额减除费用六万元以及专项扣除、专项附加扣除和依法确定的其他扣除后的余额；

② 非居民个人取得工资、薪金所得，劳务报酬所得，稿酬所得和特许权使用费所得，依照本表按月换算后计算应纳税额。

（2）经营所得，适用5%～35%的五级超额累进税率（见表7-2）。

表7-2　经营所得适用的个人所得税税率表

级数	全年应纳税所得额	税率（%）	速算扣除数
1	不超过30 000元的	5	0
2	超过30 000元至90 000元的部分	10	1 500
3	超过90 000元至300 000元的部分	20	10 500
4	超过300 000元至500 000元的部分	30	40 500
5	超过500 000元的部分	35	65 500

注：上表中所称全年应纳税所得额是指依照《中华人民共和国个人所得税法》第六条的规定，以每一纳税年度的收入总额减除成本、费用以及损失后的余额。

（3）其他所得适用税率。

利息、股息、红利所得，财产租赁所得，财产转让所得和偶然所得，适用比例税率，税率为20%。

自2001年1月1日起，个人按市场价格出租的居民住房所得适用10%的税率。

第三节　个人所得税的减免优惠

一、免税项目

（一）下列各项个人所得，免征个人所得税

（1）省级人民政府、国务院部委和中国人民解放军军以上单位，以及外国组织、国际组织颁发的科学、教育、技术、文化、卫生、体育、环境保护等方面的奖金。

（2）国债和国家发行的金融债券利息。国债利息，是指个人持有中华人民共和国财政部发行的债券而取得的利息；国家发行的金融债券利息，是指个人持有经国务院批准发行的金融债券而取得的利息。

（3）按照国家统一规定发给的补贴、津贴。按照国家统一规定发给的补贴、津贴，是指按照国务院规定发给的政府特殊津贴、院士津贴、资深院士津贴，以及国务院规定免纳个人所得税的其他补贴、津贴。

（4）福利费、抚恤金、救济金。福利费，是指根据国家有关规定，从企业、事业单位、国家机关、社会团体提留的福利费或者工会经费中支付给个人的生活补助费；所说的救济金，是指各级人民政府民政部门支付给个人的生活困难补助费。

下列收入不属于免税的福利费范围，应当并入工资、薪金收入计征个人所得税：① 从超出国家规定的比例或基数计提的福利费、工会经费中支付给个人的各种补贴、补助。② 从福利费和工会经费中支付给单位职工的人人有份的补贴、津贴。③ 单位为个人购买汽车、住房、电子计算机等不属于临时性生活困难补助性质的支出。

（5）保险赔款。

（6）军人的转业费、复员费、退役金。

（7）按照国家统一规定发给干部、职工的安家费、退职费、基本养老金或者退休费、离休费、离休生活补助费。

（8）依照有关法律规定应予免税的各国驻华使馆、领事馆的外交代表、领事官员和其他人员的所得，即依照《中华人民共和国外交特权与豁免条例》和《中华人民共和国领事特权与豁免条例》规定免税的所得。

（9）中国政府参加的国际公约、签订的协议中规定免税的所得。

（10）国务院规定的其他免税所得。国务院规定的其他免税所得的规定，由国务院报全国人民代表大会常务委员会备案。

（二）个人所得税免税的其他规定

（1）个体工商户或个人专营种植业、养殖业、饲养业、捕捞业，其经营项目属于农业税（包括农业特产税）、牧业税征税范围的，不征收个人所得税。

（2）以下项目暂予免征个人所得税：

① 外籍个人以非现金形式或实报实销形式取得的住房补贴、伙食补贴、搬迁费、洗衣费。

② 外籍个人按合理标准取得的境内、外出差补贴。

③ 外籍个人取得的探亲费、语言训练费、子女教育费等，经当地税务机关审核批准为合理的部分。

④ 个人举报、协查各种违法、犯罪行为而获得的奖金。

⑤ 个人办理代扣代缴税款手续，按规定取得的扣缴手续费。

⑥ 个人转让自用达五年以上并且是唯一的家庭生活用房取得的所得。

⑦ 对达到离休、退休年龄，但确因工作需要，适当延长离休退休年龄的高级专家（指享受国家发放的政府特殊津贴的专家、学者），其在延长离休退休期间的工资、薪金所得，视同退休工资、离休工资免征个人所得税。

⑧ 外籍个人从外商投资企业取得的股息、红利所得。

⑨ 凡符合下列条件之一的外籍专家取得的工资、薪金所得可免征个人所得税：

a. 根据世界银行专项贷款协议由世界银行直接派往我国工作的外国专家；

b. 联合国组织直接派往我国工作的专家；

c. 为联合国援助项目来华工作的专家；

d. 援助国派往我国专为该国无偿援助项目工作的专家；

e. 根据两国政府签订文化交流项目来华工作两年以内的文教专家，其工资、薪金所得由该国负担的；

f. 根据我国大专院校国际交流项目来华工作两年以内的文教专家，其工资、薪金所得由该国负担的；

g. 通过民间科研协定来华工作的专家，其工资、薪金所得由该国政府机构负担的。

（3）乡、镇以上（含乡、镇）人民政府或经县以上（含县）人民政府主管部门批准成立的有机构、有章程的见义勇为基金会或类似组织，奖励见义勇为者的奖金或者奖品，经主管税务机关批准，免征个人所得税。

(4) 自 2008 年 10 月 9 日起,对储蓄存款利息所得暂免征收个人所得税。即储蓄存款在 1999 年 10 月 31 日前孳生的利息所得,不征收个人所得税;储蓄存款在 1999 年 11 月 1 日至 2007 年 8 月 14 日孳生的利息所得,按照 20%的比例税率征收个人所得税;储蓄存款在 2007 年 8 月 15 日至 2008 年 10 月 8 日孳生的利息所得,按照 5%的比例税率征收个人所得税;储蓄存款在 2008 年 10 月 9 日后(含 10 月 9 日)孳生的利息所得,暂免征收个人所得税。

(5) 对个人购买体育彩票中奖收入,凡一次中奖收入不超过 1 万元的,暂免征收个人所得税;超过 1 万元的,按税法规定全额征收个人所得税。

(6) 国有企业职工,从破产企业取得的一次性安置费收入,免予征收个人所得税。

(7) 个人因与用人单位解除劳动关系而取得的一次性补偿收入(包括用人单位发放的经济补偿金、生活补助费和其他补助费用),其收入在当地上年职工平均工资 3 倍数额以内的部分,免征个人所得税;超过的部分计算征收个人所得税。

(8) 企事业单位按照国家或省(自治区、直辖市)人民政府规定的缴费比例或办法实际缴付的基本养老保险费、基本医疗保险费、失业保险费、住房公积金,免征个人所得税;个人实际领(支)取原提存的基本养老保险金、基本医疗保险金、失业保险金和住房公积金时,免征个人所得税。

(9) 国家机关及其工作人员违法行使职权,侵犯公民的合法权益,造成损害的,对受害人依法取得的赔偿金不予征税。

(10) 个人转让上市公司股票取得的所得暂免征收个人所得税。自 2008 年 10 月 9 日起,对证券市场个人投资者取得的证券交易结算资金利息所得,暂免征收个人所得税,即证券市场个人投资者的证券交易结算资金在 2008 年 10 月 9 日后(含 10 月 9 日)孳生的利息所得,暂免征收个人所得税。

(11) 持有 B 股或海外股(包括 H 股)的外籍个人,从发行该 B 股或海外股的中国境内企业所取得的股息(红利)所得,暂免征收个人所得税。

(12) 股权分置改革中非流通股股东通过对价方式向流通股股东支付的股份、现金等收入,暂免征收流通股股东应缴纳的个人所得税。

(13) 股份制企业用资本公积金转增股本不属于股息、红利性质的分配,对个人取得的转增股本数额,不作为个人所得,不征收个人所得税。

(14) 个人从公开发行和转让市场取得的上市公司股票,持股期限超过 1 年的,股息红利所得暂免征收个人所得税。自 2015 年 9 月 8 日起,个人从公开发行和转让市场取得的上市公司股票,持股期限在 1 个月以内(含 1 个月)的,其股息红利所得全额计入应纳税所得额;持股期限在 1 个月以上至 1 年(含 1 年)的,暂减按 50%计入应纳税所得额。

(15) 对被拆迁人按照国家有关城镇房屋拆迁管理办法规定的标准取得的拆迁补偿款,免征个人所得税。

(16) 个人取得单张有奖发票奖金所得不超过 800 元(含 800 元)的,暂免征收个人所得税;个人取得单张有奖发票奖金所得超过 800 元的,应全额按照个人所得税法规定的“偶然所得”项目征收个人所得税。

(17) 自 2006 年 6 月 1 日起,对保险营销员佣金中的展业成本即营销费,不征收个人所得税;对佣金中的劳务报酬部分,扣除实际缴纳的营业税金及附加后,依照税法有关规定计算征收个人所得税。保险营销员的佣金由展业成本和劳务报酬构成。根据目前保险营销员展业的实际情况，佣金展业成本的比例暂定为40%。

(18) 以下情形的房屋产权无偿赠与，对当事双方不征收个人所得税：

① 房屋产权所有人将房屋产权无偿赠与配偶、父母、子女、祖父母、外祖父母、孙子女、外孙子女、兄弟姐妹；

② 房屋产权所有人将房屋产权无偿赠与对其承担直接抚养或者赡养义务的抚养人或者赡养人；

③ 房屋产权所有人死亡，依法取得房屋产权的法定继承人、遗嘱继承人或者受遗赠人。

(19) 对个人取得的2012年及以后年度发行的地方政府债券利息收入，免征个人所得税。

二、减税项目

有下列情形之一的，可以减征个人所得税，具体幅度和期限由各省、自治区、直辖市人民政府规定，并报同级人民代表大会常务委员会备案：

(1) 残疾、孤老人员和烈属的所得。

(2) 因自然灾害遭受重大损失的。

国务院可以规定其他减税情形，报全国人民代表大会常务委员会备案。

上述经省级人民政府批准可以减征个人所得税的残疾、孤老人员和烈属的所得仅限于劳动所得，具体所得项目为：工资、薪金所得，个体工商户的生产经营所得，对企事业单位的承包经营、承租经营所得，劳务报酬所得，稿酬所得，特许权使用费所得。其他所得不能减征个人所得税。

第四节 个人所得税应纳税所得额的确定

视频讲解：个人所得税应纳税所得额的确定

个人所得税的计税依据是纳税人取得的应纳税所得额。应纳税所得额是个人取得的每项收入所得减去税法规定的扣除项目、扣除金额之后的余额。

个人所得的形式，包括现金、实物、有价证券和其他形式的经济利益。所得为实物的，应当按照取得的凭证上所注明的价格计算应纳税所得额；无凭证的实物或者凭证上所注明的价格明显偏低的，参照市场价格核定应纳税所得额。所得为有价证券的，根据票面价格和市场价格核定应纳税所得额。所得为其他形式的经济利益的，参照市场价格核定应纳税所得额。各项所得的计算，以人民币为单位。所得为人民币以外货币的，按照办理纳税申报或者扣缴申报的上一月最后一日人民币汇率中间价，折合成人民币计算应纳税所得额。年度终了后办理汇算清缴的，对已经按月、按季或者按次预缴税款的人民币以外货币所得，不再重新折算；对应当补缴税款的所得部分，按照上一纳税年度最后一日人民币汇率中间价，折合成人民币计算应纳税所得额。

一、个人所得税应纳税所得额的确定的相关规定

（一）基本规定

由于个人所得税的应税项目不同，并且取得某项所得所需费用也不相同，因此，计算个人所得税应纳税所得额，需按照不同应税项目收入额减去税法规定的费用减除标准分别进行计算。

我国个人所得税的扣除项目采取分项确定、分类扣除的方法，具体有定额、定率和会计核算三种扣除办法。其中，一是对综合所得采用定额扣除的办法；二是对经营所得，涉及生产、经营及有关成本或费用的支出，采取会计核算办法扣除有关成本、费用或规定的必要费用；三是对财产租赁所得，采取定额和定率相结合的扣除办法；四是利息、股息、红利所得和偶然所得，因不涉及必要费用的支付，所以规定不得扣除任何费用。

（二）每次收入的确定

目前，我国个人所得税法对纳税义务人的征税方法主要分为三种：一是按年计征，如经营所得、居民个人取得的综合所得；二是按月计征，如非居民个人取得的工资、薪金所得；三是按次计征，如利息、股息、红利所得，财产租赁所得，偶然所得和非居民个人取得的劳务报酬所得，稿酬所得，特许权使用费所得等。在按次征收的情况下，由于扣除费用依据每次应纳税所得额的大小，分别规定了定额和定率两种标准。因此，税法中对收入确定中的“每次”，进行了如下划分：

（1）劳务报酬所得、稿酬所得、特许权使用费所得，属于一次性收入的，以取得该项收入为一次；属于同一项目连续性收入的，以一个月内取得的收入为一次。

① 稿酬所得，以每次出版、发表取得的收入为一次。具体又可细分为：同一作品再版取得的所得，应视作另一次稿酬所得计征个人所得税；同一作品先在报刊上连载，然后再出版，或先出版，再在报刊上连载的，应视为两次稿酬所得征税，即连载作为一次，出版作为另一次，计征个人所得税；同一作品在报刊上连载取得收入的，以连载完成后取得的所有收入合并为一次，计征个人所得税；同一作品在出版和发表时，以预付稿酬或分次支付稿酬等形式取得的稿酬收入，应合并计算为一次；同一作品出版、发表后，因添加印数而追加稿酬的，应与以前出版、发表时取得的稿酬合并计算为一次，计征个人所得税。

② 特许权使用费所得，以某项使用权的一次转让所取得的收入为一次。一个纳税义务人，可能不仅拥有一项特许权利，每一项特许权的使用权也可能不止一次地向他人提供。因此，对特许权使用费所得的“次”的界定，明确为每一项使用权的每次转让所取得的收入为一次。如果该次转让取得的收入是分笔支付的，则应将各笔收入相加为一次的收入，计征个人所得税。

（2）财产租赁所得，以一个月内取得的收入为一次。

（3）利息、股息、红利所得，以支付利息、股息、红利时取得的收入为一次。

（4）偶然所得，以每次收入为一次。

二、居民个人综合所得应纳税所得额的确定

居民个人的综合所得，包括居民个人的工资薪金所得以及劳务报酬所得、稿酬所得、特许权使用费所得。其中，劳务报酬所得、稿酬所得、特许权使用费所得以收入减除20%的费用后的余额为收入额，稿酬所得的收入额减按70%计算。

综合所得以每一纳税年度的收入额减除费用60 000元以及专项扣除、专项附加扣除和依法确定的其他扣除后的余额，为应纳税所得额。

应纳税所得额=年收入额-60 000-专项扣除/专项附加扣除/依法确定的其他扣除

（1）专项扣除，包括居民个人按照国家规定的范围和标准缴纳的基本养老保险、基本医疗保险、失业保险等社会保险费和住房公积金等。

（2）专项附加扣除，是指个人所得税法规定的子女教育、继续教育、大病医疗、住房贷款利

息、住房租金、赡养老人、3 岁以下婴幼儿照护七项专项附加扣除。个人所得税专项附加扣除遵循公平合理、利于民生、简便易行的原则，同时，根据教育、医疗、住房、养老等民生支出变化情况，还将对专项附加扣除范围和标准进行调整。

① 子女教育。纳税人的子女接受全日制学历教育的相关支出，按照每个子女每月 1 000 元的标准定额扣除。学历教育包括义务教育（小学、初中教育）、高中阶段教育（普通高中、中等职业、技工教育）、高等教育（大学专科、大学本科、硕士研究生、博士研究生教育）。年满 3 岁至小学入学前处于学前教育阶段的子女，按照每个子女每月 1 000 元的标准定额扣除。父母可以选择由其中一方按扣除标准的 100% 扣除，也可以选择由双方分别按扣除标准的 50% 扣除，具体扣除方式在一个纳税年度内不能变更。纳税人子女在中国境外接受教育的，纳税人应当留存境外学校录取通知书、留学签证等相关教育的证明资料备查。

② 继续教育。纳税人在中国境内接受学历（学位）继续教育的支出，在学历（学位）教育期间按照每月 400 元定额扣除。同一学历（学位）继续教育的扣除期限不能超过 48 个月。纳税人接受技能人员职业资格继续教育、专业技术人员职业资格继续教育的支出，在取得相关证书的当年，按照 3 600 元定额扣除。个人接受本科及以下学历（学位）继续教育，符合扣除条件的，可以选择由其父母扣除，也可以选择由本人扣除。纳税人接受技能人员职业资格继续教育、专业技术人员职业资格继续教育的，应当留存相关证书等资料备查。

③ 大病医疗。在一个纳税年度内，纳税人发生的与基本医保相关的医药费用支出，扣除医保报销后个人负担（指医保目录范围内的自付部分）累计超过 15 000 元的部分，由纳税人在办理年度汇算清缴时，在 80 000 元限额内据实扣除。纳税人发生的医药费用支出可以选择由本人或者其配偶扣除；未成年子女发生的医药费用支出可以选择由其父母一方扣除。纳税人应当留存医药服务收费及医保报销相关票据原件（或者复印件）等资料备查。医疗保障部门应当向患者提供在医疗保障信息系统记录的本人年度医药费用信息查询服务。

④ 住房贷款利息。纳税人本人或者配偶单独或者共同使用商业银行或者住房公积金个人住房贷款为本人或者其配偶购买中国境内住房，发生的首套住房贷款利息支出，在实际发生贷款利息的年度，按照每月 1 000 元的标准定额扣除，扣除期限最长不超过 240 个月。纳税人只能享受一次首套住房贷款的利息扣除。所称首套住房贷款，是指购买住房享受首套住房贷款利率的住房贷款。经夫妻双方约定，可以选择由其中一方扣除，具体扣除方式在一个纳税年度内不能变更。夫妻双方婚前分别购买住房发生的首套住房贷款，其贷款利息支出，婚后可以选择其中一套购买的住房，由购买方按扣除标准的 100% 扣除，也可以由夫妻双方对各自购买的住房分别按扣除标准的 50% 扣除，具体扣除方式在一个纳税年度内不能变更。纳税人应当留存住房贷款合同、贷款还款支出凭证备查。

⑤ 住房租金。纳税人在主要工作城市没有自有住房而发生的住房租金支出，可以按照以下标准定额扣除：直辖市、省会（首府）城市、计划单列市以及国务院确定的其他城市，扣除标准为每月 1 500 元；除第一项所列城市以外，市辖区户籍人口超过 100 万的城市，扣除标准为每月 1 100元；市辖区户籍人口不超过 100 万的城市，扣除标准为每月 800 元。纳税人的配偶在纳税人的主要工作城市有自有住房的，视同纳税人在主要工作城市有自有住房。市辖区户籍人口，以国家统计局公布的数据为准。所谓的主要工作城市，是指纳税人任职受雇的直辖市、计划单列市、副省级城市、地级市（地区、州、盟）全部行政区域范围；纳税人无任职受雇单位的，为受理其

综合所得汇算清缴的税务机关所在城市。夫妻双方主要工作城市相同的，只能由一方扣除住房租金支出。住房租金支出由签订租赁住房合同的承租人扣除。纳税人及其配偶在一个纳税年度内不能同时分别享受住房贷款利息和住房租金专项附加扣除。纳税人应当留存住房租赁合同、协议等有关资料备查。

⑥ 赡养老人。纳税人赡养一位及以上被赡养人的赡养支出，统一按照以下标准定额扣除：纳税人为独生子女的，按照每月 3 000 元的标准定额扣除；纳税人为非独生子女的，由其与兄弟姐妹分摊每月 3 000 元的扣除额度，每人分摊的额度不能超过每月 1 500 元。可以由赡养人均摊或者约定分摊，也可以由被赡养人指定分摊。约定或者指定分摊的须签订书面分摊协议，指定分摊优先于约定分摊。具体分摊方式和额度在一个纳税年度内不能变更。本办法所称被赡养人是指年满 60 岁的父母，以及子女均已去世的年满 60 岁的祖父母、外祖父母。

⑦ 3 岁以下婴幼儿照护。为婴幼儿出生的当月至年满 3 周岁的前一个月。纳税人照护 3 岁以下婴幼儿子女的相关支出，在计算缴纳个人所得税前按照每名婴幼儿每月 2 000 元的标准定额扣除。具体扣除方式上，可选择由夫妻一方按扣除标准的 100%扣除，也可选择由夫妻双方分别按扣除标准的 50%扣除。监护人不是父母的，也可以按上述政策规定扣除。

纳税人享受 3 岁以下婴幼儿照护专项附加扣除，应当填报配偶及子女的姓名、身份证件类型（如居民身份证、子女出生医学证明等）及号码，以及本人与配偶之间扣除分配比例等信息。

纳税人需要留存的备查资料包括：子女的出生医学证明等。

（3）依法确定的其他扣除，包括个人缴付符合国家规定的企业年金、职业年金，个人购买符合国家规定的商业健康保险、税收递延型商业养老保险的支出，以及国务院规定可以扣除的其他项目。

专项扣除、专项附加扣除和依法确定的其他扣除，以居民个人一个纳税年度的应纳税所得额为限额；一个纳税年度扣除不完的，不得结转以后年度扣除。

三、经营所得应纳税所得额的确定

经营所得，以每一纳税年度的收入总额减除成本、费用以及损失后的余额，为应纳税所得额。

所称成本、费用，是指生产、经营活动中发生的各项直接支出和分配计入成本的间接费用以及销售费用、管理费用、财务费用；所称损失，是指生产、经营活动中发生的固定资产和存货的盘亏、毁损、报废损失，转让财产损失，坏账损失，自然灾害等不可抗力因素造成的损失以及其他损失。

取得经营所得的个人，没有综合所得的，计算其每一纳税年度的应纳税所得额时，应当减除费用 60 000 元、专项扣除、专项附加扣除以及依法确定的其他扣除，专项附加扣除在办理汇算清缴时减除。

（一）个体工商户生产、经营所得应纳税所得额的确定

个体工商户应纳税所得额的计算，以权责发生制为原则。属于当期的收入和费用，不论款项是否收入，均作为当期的收入和费用；不属于当期的收入和费用，即使款项已在当期收入，均不作为当期收入和费用。

1. 应纳税所得额的确定

个体工商户的生产、经营所得，以每一纳税年度的收入总额，减除成本、费用、税金、损失、其他支出以及允许弥补的以前年度亏损后的余额，为应纳税所得额。

2. 计税的基本规定

（1）收入总额，是指个体工商户从事生产经营以及与生产经营有关的活动取得的货币形式和非货币形式的各项收入，包括销售货物收入、提供劳务收入、转让财产收入、利息收入、租金收入、接受捐赠收入、其他收入。其他收入包括个体工商户资产溢余收入、逾期一年以上的未退包装物押金收入、确实无法偿付的应付款项、已作坏账损失处理后又收回的应收款项、债务重组收入、补贴收入、违约金收入、汇兑收益等。

（2）成本，是指个体工商户在生产经营活动中发生的销售成本、销货成本、业务支出以及其他耗费。

费用，是指个体工商户在生产经营活动中发生的销售费用、管理费用和财务费用，已经计入成本的有关费用除外。

税金，是指个体工商户在生产经营活动中发生的除个人所得税和允许抵扣的增值税以外的各项税金及其附加。

损失，是指个体工商户在生产经营活动中发生的固定资产和存货的盘亏、毁损、报废损失，转让财产损失，坏账损失，自然灾害等不可抗力因素造成的损失以及其他损失。个体工商户发生的损失，减除责任人赔偿和保险赔款后的余额，参照财政部、国家税务总局有关企业资产损失税前扣除的规定扣除。个体工商户已经作为损失处理的资产，在以后纳税年度又全部收回或者部分收回时，应当计入收回当期的收入。

其他支出，是指除成本、费用、税金、损失外，个体工商户在生产经营活动中发生的与生产经营活动有关的、合理的支出。

亏损，是指个体工商户依照本办法规定计算的应纳税所得额小于零的数额。个体工商户纳税年度发生的亏损，准予向以后年度结转，用以后年度的生产经营所得弥补，但结转年限最长不得超过五年。

个体工商户发生的支出应当区分收益性支出和资本性支出。收益性支出在发生当期直接扣除；资本性支出应当分期扣除或者计入有关资产成本，不得在发生当期直接扣除。支出，是指与取得收入直接相关的支出。

除税收法律法规另有规定外，个体工商户实际发生的成本、费用、税金、损失和其他支出，不得重复扣除。

（3）个体工商户下列支出不得扣除：① 个人所得税税款；② 税收滞纳金；③ 罚金、罚款和被没收财物的损失；④ 不符合扣除规定的捐赠支出；⑤ 赞助支出，即个体工商户发生的与生产经营活动无关的各种非广告性质支出；⑥ 用于个人和家庭的支出；⑦ 与取得生产经营收入无关的其他支出；⑧ 国家税务总局规定不准扣除的支出。

（4）个体工商户生产经营活动中，应当分别核算生产经营费用和个人、家庭费用。对于生产经营与个人、家庭生活混用难以分清的费用，其40%视为与生产经营有关费用，准予扣除。

个体工商户使用或者销售存货，按照规定计算的存货成本，准予在计算应纳税所得额时扣除。个体工商户转让资产，该项资产的净值，准予在计算应纳税所得额时扣除。

3. 扣除项目及标准

（1）工薪支出。个体工商户实际支付给从业人员的、合理的工资薪金支出，准予扣除。个体工商户业主的工资薪金支出不得税前扣除。个体工商户业主的费用扣除标准为 60 000 元/年（5 000元/月）。

（2）保险费支出。个体工商户按照国务院有关主管部门或者省级人民政府规定的范围和标准为其业主和从业人员缴纳的基本养老保险费、基本医疗保险费、失业保险费、生育保险费、工伤保险费和住房公积金，准予扣除。

个体工商户为从业人员缴纳的补充养老保险费、补充医疗保险费，分别在不超过从业人员工资总额5%标准内的部分据实扣除；超过部分，不得扣除。

个体工商户业主本人缴纳的补充养老保险费、补充医疗保险费，以当地（地级市）上年度社会平均工资的3倍为计算基数，分别在不超过该计算基数5%标准内的部分据实扣除；超过部分，不得扣除。

除个体工商户依照国家有关规定为特殊工种从业人员支付的人身安全保险费和财政部、国家税务总局规定可以扣除的其他商业保险费外，个体工商户业主本人或者为从业人员支付的商业保险费，不得扣除。

个体工商户参加财产保险，按照规定缴纳的保险费，准予扣除。

（3）借款费用。个体工商户在生产经营活动中发生的合理的不需要资本化的借款费用，准予扣除。

个体工商户为购置、建造固定资产、无形资产和经过12个月以上的建造才能达到预定可销售状态的存货发生借款的，在有关资产购置、建造期间发生的合理的借款费用，应当作为资本性支出计入有关资产的成本，并依照本办法的规定扣除。

个体工商户在生产经营活动中发生的下列利息支出，准予扣除：① 向金融企业借款的利息支出；② 向非金融企业和个人借款的利息支出，不超过按照金融企业同期同类贷款利率计算的数额的部分。

个体工商户在货币交易中，以及纳税年度终了时将人民币以外的货币性资产、负债按照期末即期人民币汇率中间价折算为人民币时产生的汇兑损失，除已经计入有关资产成本部分外，准予扣除。

（4）三项经费。个体工商户向当地工会组织拨缴的工会经费、实际发生的职工福利费支出、职工教育经费支出分别在工资薪金总额的2%、14%、2.5%的标准内据实扣除。

职工教育经费的实际发生数额超出规定比例当期不能扣除的数额，准予在以后纳税年度结转扣除。

个体工商户业主本人向当地工会组织缴纳的工会经费、实际发生的职工福利费支出、职工教育经费支出，以当地（地级市）上年度社会平均工资的3倍为计算基数，分别在2%、14%、2.5%规定比例内据实扣除。

（5）业务招待费。个体工商户发生的与生产经营活动有关的业务招待费，按照实际发生额的60%扣除，但最高不得超过当年销售（营业）收入的5‰。

业主自申请营业执照之日起至开始生产经营之日止所发生的业务招待费，按照实际发生额的60%计入个体工商户的开办费。

（6）广告费和业务宣传费。个体工商户每一纳税年度发生的与其生产经营活动直接相关的广告费和业务宣传费不超过当年销售（营业）收入15%的部分，可以据实扣除；超过部分，准予在以后纳税年度结转扣除。

（7）租赁费。个体工商户根据生产经营活动的需要租入固定资产支付的租赁费，按照以下方法扣除：① 以经营租赁方式租入固定资产发生的租赁费支出，按照租赁期限均匀扣除；② 以融资租赁方式租入固定资产发生的租赁费支出，按照规定构成融资租入固定资产价值的部分应当提取折旧费用，分期扣除。

(8) 捐赠支出。个体工商户通过公益性社会团体或者县级以上人民政府及其部门，用于《中华人民共和国公益事业捐赠法》规定的公益事业的捐赠，捐赠额不超过其应纳税所得额30%的部分可以据实扣除。财政部、国家税务总局规定可以全额在税前扣除的捐赠支出项目，按有关规定执行。个体工商户直接对受益人的捐赠不得扣除。

(9) 个体工商户研究开发新产品、新技术、新工艺所发生的开发费用，以及研究开发新产品、新技术而购置单台价值在10万元以下的测试仪器和试验性装置的购置费准予直接扣除；单台价值在10万元以上(含10万元)的测试仪器和试验性装置，按固定资产管理，不得在当期直接扣除。

(10) 其他规定：

个体工商户代其从业人员或者他人负担的税款，不得税前扣除。

个体工商户按照规定缴纳的摊位费、行政性收费、协会会费等，按实际发生数额扣除。

个体工商户发生的合理的劳动保护支出，准予扣除。

个体工商户自申请营业执照之日起至开始生产经营之日止所发生符合本办法规定的费用，除为取得固定资产、无形资产的支出，以及应计入资产价值的汇兑损益、利息支出外，作为开办费，个体工商户可以选择在开始生产经营的当年一次性扣除，也可自生产经营月份起在不短于3年期限内摊销扣除，但一经选定，不得改变。开始生产经营之日为个体工商户取得第一笔销售(营业)收入的日期。个体工商户资产的税务处理，参照企业所得税相关法律、法规和政策规定执行。

(二) 个人独资企业和合伙企业生产、经营所得应纳税所得额的确定

1. 应纳税所得额的确定

个人独资企业的投资者以全部生产经营所得为应纳税所得额；合伙企业的投资者按照合伙企业的全部生产经营所得和合伙协议约定的分配比例确定应纳税所得额。合伙协议没有约定分配比例的，以全部生产经营所得和合伙人数量平均计算每个投资者的应纳税所得额。上述所称生产经营所得，包括企业分配给投资者个人的所得和企业当年留存的所得(利润)。对个人独资企业和合伙企业自然人投资者的生产经营所得依法计征个人所得税时，个人独资企业和合伙企业是自然人投资者本人的，费用扣除标准确定为60 000元/年(5 000元/月)。

个人独资企业和合伙企业以每一纳税年度的收入总额减除成本、费用以及损失后的余额，作为投资者个人的生产经营所得。收入总额，是指企业从事生产经营以及与生产经营有关的活动所取得的各项收入，包括商品(产品)销售收入、营运收入、劳务服务收入、工程价款收入、财产出租或转让收入、利息收入、其他业务收入和营业外收入。

2. 计税的基本规定

个人独资企业和合伙企业的生产经营所得，其个人所得税应纳税款的计算有以下两种方法。

(1) 查账征收。个人独资企业和合伙企业的生产经营所得，采用查账征收方法计算个人所得税的，其应纳税所得额的确定比照个体工商户的生产、经营所得应纳税所得额的确定。

① 个人独资企业和合伙企业投资者本人的费用扣除标准统一确定为60 000元/年(5 000元/月)。投资者的工资不得在税前扣除。

② 企业向其从业人员实际支付的合理的工资、薪金支出，允许在税前据实扣除。

③ 投资者及其家庭发生的生活费用不允许在税前扣除。投资者及其家庭发生的生活费用

与企业生产经营费用混合在一起,并且难以划分的,全部视为投资者个人及其家庭发生的生活费用,不允许在税前扣除。

④ 企业生产经营和投资者及其家庭生活共用的固定资产,难以划分的,由主管税务机关根据企业的生产经营类型、规模等具体情况,核定准予在税前扣除的折旧费用的数额或比例。

⑤ 企业拨缴的工会经费、发生的职工福利费、职工教育经费支出分别在工资薪金总额2%、14%、2.5%的标准内据实扣除。

⑥ 企业每一纳税年度发生的广告费和业务宣传费用不超过当年销售(营业)收入15%的部分,可据实扣除;超过部分,准予在以后纳税年度结转扣除。

⑦ 企业每一纳税年度发生的与其生产经营业务直接相关的业务招待费支出,按照发生额的60%扣除,但最高不得超过当年销售(营业)收入的5‰。

⑧ 企业计提的各种准备金不得扣除。

⑨ 投资者兴办两个或两个以上企业的(包括参与兴办,下同),年度终了时,应汇总从所有企业取得的应纳税所得额,据此确定适用税率并计算缴纳应纳税款。但其个人费用,由投资者选择在其中一个企业的生产经营所得中扣除。投资者兴办两个或两个以上企业的,企业的年度经营亏损不能跨企业弥补。

(2) 核定征收。有下列情形之一的,主管税务机关应采取核定征收方式征收个人所得税:

① 企业依照国家有关规定应当设置但未设置账簿的。

② 企业虽设置账簿,但账目混乱或者成本资料、收入凭证、费用凭证残缺不全,难以查账的。

③ 纳税人发生纳税义务,未按照规定的期限办理纳税申报,经税务机关责令限期申报,逾期仍不申报的。

核定征收方式,包括定额征收、核定应税所得率征收以及其他合理的征收方式。

实行核定应税所得率征收方式的,应纳所得税额的计算公式如下:

应纳税所得额=收入总额×应税所得率

或 =成本费用支出额÷(1-应税所得率)×应税所得率

个人所得税应税所得率如表7-3所示。

表7-3 个人所得税应税所得率表

行业	应税所得率(%)
工业、交通运输业、商业	5~20
建筑业、房地产开发业	7~20
饮食服务业	7~25
娱乐业	20~40
其他行业	10~30

企业经营多业的,无论其经营项目是否单独核算,均应根据其主营项目确定其适用的应税所得率。

实行核定征税的投资者,不能享受个人所得税的优惠政策。

（三）对企事业单位承包、承租经营所得应纳税所得额的确定

对企事业单位承包经营、承租经营所得，以每一纳税年度的收入总额，减除必要费用后的余额，为应纳税所得额。每一纳税年度的收入总额，是指纳税义务人按照承包经营、承租经营合同规定分得的经营利润和工资、薪金性质的所得；所说的减除必要费用，是指按年减除60 000元。

四、财产租赁所得应纳税所得额的确定

财产租赁所得，每次收入不超过4 000元的，减除费用800元；4 000元以上的，减除20%的费用，其余额为应纳税所得额。

财产租赁所得中所指的每次，是指以一个月内取得的收入为一次。

在确定财产租赁的应纳税所得额时，纳税人在出租财产过程中缴纳的税金和教育附加费，可持完税凭证，从其财产租赁收入中扣除，准予扣除的项目除了规定的费用和有关税、费外，还准予扣除能够提供有效、准确凭证，证明由纳税人负担的该出租财产实际开支的修缮费用。允许扣除的修缮费用，以800元为限，一次扣除不完的，准予在下一次继续扣除，直至扣完为止。

五、财产转让所得应纳税所得额的确定

财产转让所得，按照一次转让财产的收入额减除财产原值和合理费用后的余额计算应纳税所得额。

应纳税所得额=收入总额-财产原值-合理费用

财产原值，是指：

（1）有价证券，为买入价以及买入时按照规定交纳的有关费用。

（2）建筑物，为建造费或者购进价格以及其他有关费用。

（3）土地使用权，为取得土地使用权所支付的金额，开发土地的费用以及其他有关费用。

（4）机器设备、车船，为购进价格、运输费、安装费以及其他有关费用。

其他财产，参照前款规定的方法确定财产原值。

纳税人未提供完整、准确的财产原值凭证，不能按照本条规定的方法确定财产原值的，由主管税务机关核定财产原值。

合理费用，是指卖出财产时按照规定支付的有关税费。

六、利息、股息、红利所得和偶然所得应纳税所得额的确定

利息、股息、红利所得和偶然所得，以每次收入额为应纳税所得额。利息、股息、红利所得，以支付利息、股息红利时取得的收入为一次。偶然所得，以每次取得该项收入为一次。

股份制企业在分配股息、红利时，以股票形式向股东个人支付应得的股息、红利（即派发红股），应以派发红股的股票票面金额为收入额，按利息、股息、红利项目计征个人所得税。

自2015年9月8日起，我国实施上市公司股息红利差别化个人所得税政策。

（1）个人从公开发行和转让市场取得的上市公司股票，持股期限在1个月以内（含1个月）的，其股息红利所得全额计入应纳税所得额；

（2）持股期限在1个月以上至1年（含1年）的，暂减按50%计入应纳税所得额；

（3）持股期限超过1年的，股息红利所得暂免征收个人所得税。

七、应纳税所得额确定的其他规定

（1）个人将其所得对教育、扶贫、济困等公益慈善事业进行捐赠，捐赠额未超过纳税人申报的应纳税所得额30%的部分，可以从其应纳税所得额中扣除；国务院规定对公益慈善事业捐赠实行全额税前扣除的，从其规定。

（2）两个或者两个以上的个人共同取得同一项目收入的，应当对每个人取得的收入分别按照税法规定减除费用后计算纳税。

（3）居民个人从中国境内和境外取得的综合所得、经营所得，应当分别合并计算应纳税额；从中国境内和境外取得的其他所得，应当分别单独计算应纳税额。

（4）对受赠人无偿受赠房屋计征个人所得税时，其应纳税所得额为房地产赠与合同上标明的赠与房屋价值减除赠与过程中受赠人支付的相关税费后的余额。赠与合同标明的房屋价值明显低于市场价格或房地产赠与合同未标明赠与房屋价值的，税务机关可依据受赠房屋的市场评估价格或采取其他合理方式确定受赠人的应纳税所得额。

受赠人转让受赠房屋的，以其转让受赠房屋的收入减除原捐赠人取得该房屋的实际购置成本以及赠与和转让过程中受赠人支付的相关税费后的余额，为受赠人的应纳税所得额，依法计征个人所得税。受赠人转让受赠房屋价格明显偏低且无正当理由的，税务机关可以依据该房屋的市场评估价格或其他合理方式确定的价格核定其转让收入。

（5）非居民个人的工资、薪金所得，以每月收入额减除费用5 000元后的余额为应纳税所得额；劳务报酬所得、稿酬所得、特许权使用费所得，以每次收入额为应纳税所得额。

第五节　个人所得税应纳税额的计算

一、居民个人综合所得应纳税额的计算

依照税法规定的适用税率和费用扣除标准，居民个人综合所得应纳税额的计算，应当遵照以下步骤及方法：

视频讲解：个人所得税应纳税额的计算

首先，工资、薪金所得全额计入收入额；劳务报酬所得、特许权使用费所得的收入为实际取得劳务报酬、特许权使用费收入的80%；稿酬所得的收入额在扣除20%费用的基础上，再减按70%计入收入额。

其次，居民个人的综合所得，以每一纳税年度的收入额减除费用60 000元以及专项扣除、专项附加扣除和依法确定的其他扣除之后的余额，为应纳税所得额。

最后，居民个人综合所得应纳税额的计算公式为：

应纳税额＝全年应纳税所得额×适用税率－速算扣除数

＝（全年收入额－60 000元－社保、住房公积金费用－享受的专项附加扣除－享受的其他扣除）×适用税率－速算扣除数

【例7-1】　假定某居民纳税人2021年扣除“四险一金”后共取得含税工资收入12万元，除住房贷款专项附加扣除外，该纳税人不享受其余专项附加扣除和税法规定的其他扣除。请计算

其当年应纳个人所得税税额。

解：应纳税所得额＝120 000－60 000－12 000＝48 000（万元）

应纳税额＝应纳税所得额×税率－速算扣除数

＝48 000×10%－2 520＝2 280（元）

二、经营所得应纳税额的计算

经营所得应纳税额的计算公式为：

应纳税额＝全年应纳税所得额×适用税率－速算扣除数

＝（全年收入总额－成本、费用以及损失）×适用税率－速算扣除数

三、利息、股息、红利所得，偶然所得应纳税额的计算

利息、股息、红利所得以及偶然所得以个人每次取得的收入额为应纳税所得额，不得从中扣除任何费用。其计算公式为：

应纳税额＝应纳税所得额×20%

【例 7-2】 王某 2021 年 9 月购买福利彩票获得中奖所得 500 万元，王某拿出其中的 50 万元通过希望工程基金会捐赠给西部山区的农村小学。计算王某应纳的个人所得税额。

解：应纳税额＝（500－50）×20%＝90（万元）

四、财产租赁所得应纳税额的计算

财产租赁所得一般以个人每次取得的收入，定额或者定率减除规定费用后的余额为应纳税所得额。财产租赁所得以一个月内取得的收入为一次，财产租赁所得适用 20%的比例税率，但对于个人按市场价格出租的居民住房取得的所得，自 2001 年 1 月 1 日起暂减按 10%的税率征收个人所得税。其计算公式为：

应纳税额＝应纳税所得额×20%

每次（月）收入不超过 4 000 元的：

应纳税所得额＝每次（月）收入额－准予扣除项目－修缮费用（800 元为限）－800 元

每次（月）收入超过 4 000 元的：

应纳税所得额＝［每次（月）收入额－准予扣除项目－修缮费用（800 元为限）］×（1－20%）

【例 7-3】 某公民按市场价格出租一套居住用房，2021 年 2 月取得 5 000 元租金，当月发生修缮费用 800 元，计算其应纳的税额（不考虑其他税费）。

解：应纳税额＝（5 000－800）×（1－20%）×10%＝336（元）

五、财产转让所得应纳税额的计算

财产转让所得以个人每次转让财产取得的收入额减除财产原值和合理费用后的余额为应纳税所得额。其计算公式为：

应纳税额＝应纳税所得额×20%

【例 7-4】 李某 2021 年 9 月出售其 2002 年建造的一幢房子，售价 700 000 元，在卖房过程中按规定支付的有关费用为 25 000 元。该房的造价为 350 000 元，为建房李某支付费用为 5 000

元。计算李某应纳的个人所得税额。

解：应纳税额=[700 000−(350 000+5 000)−25 000]×20%=64 000(元)

六、几种特殊情况下应纳税额的计算方法

(一) 对个人取得全年一次性奖金等的计税方法

全年一次性奖金，是指行政机关、企事业单位等扣缴义务人根据其全年经济效益和对雇员全年工作业绩的综合考核情况，向雇员发放的一次性奖金。一次性奖金也包括年终加薪，实行年薪制和绩效工资办法的单位根据考核情况兑现的年薪和绩效工资。

居民个人取得全年一次性奖金，在 2022 年 12 月 31 日前，可选择不并入当年综合所得，按以下计税办法，由扣缴义务人发放时进行代扣代缴：

将居民个人当月内取得的全年一次性奖金，除以 12 个月，按其商数确定适用税率和速算扣除数(见表 7-4)，并将居民个人当月内取得的全年一次性奖金，按确定的适用税率和速算扣除数计算征税。

表 7-4　按月换算后的综合所得税率表

级数	全年应纳税所得额	税率(%)	速算扣除数
1	不超过 3 000 元的	3	0
2	超过 3 000 元至 12 000 元的部分	10	210
3	超过 12 000 元至 25 000 元的部分	20	1 410
4	超过 25 000 元的部分至 35 000 元的部分	25	2 660
5	超过 35 000 元的部分至 55 000 元的部分	30	4 410
6	超过 55 000 元的部分至 80 000 元的部分	35	7 160
7	超过 80 000 元的部分	45	15 160

在一个纳税年度内，对每一位纳税人，该计税办法只允许采用一次。

实行年薪制和绩效工资的单位，个人取得年终兑现的年薪和绩效工资按上述方法执行。居民个人取得全年一次性奖金，也可以选择并入当年综合所得计算纳税。

居民个人取得除全年一次性奖金以外的其他各种名目奖金，如半年奖、季度奖、加班奖、先进奖、考勤奖等，一律与当月工资、薪金收入合并，按税法规定缴纳个人所得税。

自 2023 年 1 月 1 日起，居民个人取得全年一次性奖金，应并入当年综合所得计算缴纳个人所得税。

【例 7-5】　假定中国居民个人王某 2021 年在我国境内 1 至 12 月每月的税后工资为 4 500 元，12 月 31 日又一次性领取年终含税奖金 72 000 元。请计算王某取得年终奖金应缴纳的个人所得税。

解：年终奖金适用的税率和速算扣除数为：

每月的奖金=72 000÷12=6 000(元)，根据按月换算后的综合所得税率表的规定，适用的税率和速算扣除数分别为 10%，210 元。

年终奖应缴纳个人所得税=年终奖金收入×适用的税率-速算扣除数

$$=72\ 000\times10\%-210=6\ 990(\text{元})$$

（二）关于在外商投资企业、外国企业和外国驻华机构工作的中方人员取得的工资、薪金所得的征税的问题

（1）在外商投资企业、外国企业和外国驻华机构工作的中方人员取得的工资、薪金收入，凡是由雇佣单位和派遣单位分别支付的，支付单位应依照税法规定代扣代缴个人所得税。按照税法的规定，纳税义务人应以每月全部工资、薪金收入减除规定费用后的余额为应纳税所得额。为了有利于征管，对雇佣单位和派遣单位分别支付工资、薪金的，采取由支付者中的一方减除费用的方法，即只由雇佣单位在支付工资、薪金时，按税法规定减除费用，计算扣缴个人所得税；派遣单位支付的工资、薪金不再减除费用，以支付全额直接确定适用税率，计算扣缴个人所得税。

上述纳税义务人，应持两处支付单位提供的原始明细工资、薪金单（书）和完税凭证原件，选择并固定到一地税务机关申报每月工资、薪金收入，汇算清缴其工资、薪金收入的个人所得税，多退少补。具体申报期限，由各省、自治区、直辖市税务局确定。

（2）对外商投资企业、外国企业和外国驻华机构发放给中方工作人员的工资、薪金所得，应全额征税。但对可以提供有效合同或有关凭证，能够证明其工资、薪金所得的一部分按照有关规定上交派遣（介绍）单位的，可扣除其实际上交的部分，按其余额计征个人所得税。

【例 7-6】 林某为一外商投资企业雇用的中方人员，2021 年 4 月该外商投资企业支付林某的薪金为 8 000 元；另外，林某在该月还收到其派遣单位发给的工资 1 000 元。计算林某该月应纳的个人所得税额。

解：外商投资企业扣缴的税款=（8 000-5 000）×3%-0=90（元）

派遣单位扣缴的税款=1 000×3%=30（元）

林某实际应纳税款=（8 000+1 000-5 000）×10%-210=190（元）

林某申报纳税时应补缴税款=190-（90+30）=70（元）

（三）境外缴纳税额抵免的计税方法

为避免发生国家间对同一所得的重复征税，同时维护我国的税收权益，税法规定，居民个人从中国境外取得的所得，可以从其应纳税额中抵免已在境外缴纳的个人所得税税额，但抵免额不得超过该纳税人境外所得依照本法规定计算的应纳税额。

上文所称“已在境外缴纳的个人所得税税额”，是指居民个人来源于中国境外的所得，依照该所得来源国家（地区）的法律应当缴纳并且实际已经缴纳的所得税税额。

上文所称“纳税人境外所得依照本法规定计算的应纳税额”，是居民个人抵免已在境外缴纳的综合所得、经营所得以及其他所得的所得税税额的限额（以下简称抵免限额）。除国务院财政、税务主管部门另有规定外，来源于中国境外一个国家（地区）的综合所得抵免限额、经营所得抵免限额以及其他所得抵免限额之和，为来源于该国家（地区）所得的抵免限额。

居民个人在中国境外一个国家（地区）实际已经缴纳的个人所得税税额，低于依照前款规定计算出的来源于该国家（地区）所得的抵免限额的，应当在中国缴纳差额部分的税款；超过来源于该国家（地区）所得的抵免限额的，其超过部分不得在本纳税年度的应纳税额中抵免，但是可以在以后纳税年度来源于该国家（地区）所得的抵免限额的余额中补扣。补扣期限最长不得超过五年。

居民个人申请抵免已在境外缴纳的个人所得税税额，应当提供境外税务机关出具的税款所属年度的有关纳税凭证。

（四）在中国境内无住所的个人取得所得的纳税义务问题

1. 关于所得来源地的确定

个人取得归属于中国境内（以下称境内）工作期间的工资薪金所得为来源于境内的工资薪金所得。境内工作期间按照个人在境内工作天数计算，包括其在境内的实际工作日以及境内工作期间在境内、境外享受的公休假、个人休假、接受培训的天数。在境内、境外单位同时担任职务或者仅在境外单位任职的个人，在境内停留的当天不足 24 小时的，按照半天计算境内工作天数。无住所个人在境内、境外单位同时担任职务或者仅在境外单位任职，且当期同时在境内、境外工作的，按照工资薪金所属境内、境外工作天数占当期公历天数的比例计算确定来源于境内、境外工资薪金所得的收入额。境外工作天数按照当期公历天数减去当期境内工作天数计算。

无住所个人取得的数月奖金或者股权激励所得按照上述规定确定所得来源地的，无住所个人在境内履职或者执行职务时收到的数月奖金或者股权激励所得，归属于境外工作期间的部分，为来源于境外的工资薪金所得；无住所个人停止在境内履约或者执行职务离境后收到的数月奖金或者股权激励所得，对属于境内工作期间的部分，为来源于境内的工资薪金所得。具体计算方法为：数月奖金或者股权激励乘以数月奖金或者股权激励所属工作期间境内工作天数与所属工作期间公历天数之比。无住所个人一个月内取得的境内外数月奖金或者股权激励包含归属于不同期间的多笔所得的，应当先分别按照规定计算不同归属期间来源于境内的所得，然后再加总计算当月来源于境内的数月奖金或者股权激励收入额。所称数月奖金，是指一次取得归属于数月的奖金、年终加薪、分红等工资薪金所得，不包括每月固定发放的奖金及一次性发放的数月工资。所称股权激励，包括股票期权、股权期权、限制性股票、股票增值权、股权奖励以及其他因认购股票等有价证券而从雇主取得的折扣或者补贴。

对于担任境内居民企业的董事、监事及高层管理职务的个人（以下统称高管人员），无论是否在境内履行职务，取得由境内居民企业支付或者负担的董事费、监事费、工资薪金或者其他类似报酬（以下统称高管人员报酬，包含数月奖金和股权激励），属于来源于境内的所得。所称高层管理职务，包括企业正、副（总）经理、各职能总师、总监及其他类似公司管理层的职务。

由境内企业、事业单位、其他组织支付或者负担的稿酬所得，为来源于境内的所得。

2. 关于无住所个人所得收入额的计算

在一个纳税年度内，在境内累计居住不超过 90 天的非居民个人，仅就归属于境内工作期间并由境内雇主支付或者负担的工资薪金所得计算缴纳个人所得税。在一个纳税年度内，在境内累计居住超过 90 天但不满 183 天的非居民个人，取得归属于境内工作期间的工资薪金所得，均应当计算缴纳个人所得税；其取得归属于境外工作期间的工资薪金所得，不征收个人所得税。在境内居住累计满 183 天的年度连续不满六年的无住所居民个人，符合《个人所得税法实施条例》第四条优惠条件的，其取得的全部工资薪金所得，除归属于境外工作期间且由境外单位或者个人支付的工资薪金所得部分外，均应计算缴纳个人所得税。在境内居住累计满 183 天的年度连续满六年后，不符合《个人所得税法实施条例》第四条优惠条件的无住所居民个人，其从境内、境外取得的全部工资薪金所得均应计算缴纳个人所得税。

在一个纳税年度内，在境内累计居住不超过 90 天的高管人员，其取得由境内雇主支付或者负担的工资薪金所得应当计算缴纳个人所得税；不是由境内雇主支付或者负担的工资薪金所得，不缴纳个人所得税。当月工资薪金收入额为当月境内支付或者负担的工资薪金收入额。在一个纳税年度内，在境内居住累计超过 90 天但不满 183 天的高管人员，其取得的工资薪金所得，除归属于境外工作期间且不是由境内雇主支付或者负担的部分外，应当计算缴纳个人所得税。

（五）个人股票期权所得个人所得税的纳税问题

（1）关于员工股票期权所得。企业员工股票期权（以下简称股票期权），是指上市公司按照规定的程序授予本公司及其控股企业员工的一项权利，该权利允许被授权员工在未来时间内以某一特定价格购买本公司一定数量的股票。

（2）关于股票期权所得性质的确认及其具体征税规定。

① 员工接受实施股票期权计划企业授予的股票期权时，除另有规定外，一般不作为应税所得征税。

② 员工行权时，其从企业取得股票的实际购买价（施权价）低于购买日公平市场价（指该股票当日的收盘价，下同）的差额，是因员工在企业的表现和业绩情况而取得的与任职、受雇有关的所得，应按"工资、薪金所得"项目适用的规定计算缴纳个人所得税。

对因特殊情况，员工在行权日之前将股票期权转让的，以股票期权的转让净收入，作为工资、薪金所得征收个人所得税。

员工行权日所在期间的工资、薪金所得，应按下列公式计算工资、薪金应纳税所得额：

股票期权形式的工资、薪金应纳税所得额＝（行权股票的每股市场价－员工取得该股票期权支付的每股施权价）×股票数量

③ 员工将行权后的股票再转让时获得的高于购买日公平市场价的差额，是因个人在证券二级市场上转让股票等有价证券而获得的所得，应按照"财产转让所得"项目适用的征免规定计算缴纳个人所得税。

④ 员工因拥有股权而参与企业税后利润分配取得的所得，应按照"利息、股息、红利所得"项目适用的规定计算缴纳个人所得税。

（3）关于工资、薪金所得境内外来源划分。按照《国家税务总局关于在中国境内无住所个人以有价证券形式取得工资、薪金所得确定纳税义务有关问题的通知》有关规定，需对员工因参加企业股票期权计划而取得的工资、薪金所得确定境内或境外来源的，应按照该员工据以取得上述工资、薪金所得的境内、外工作期间月份数比例计算划分。

（4）关于应纳税款的计算。

① 认购股票所得（行权所得）的税款计算。员工因参加股票期权计划而从中国境内取得的所得，按本通知规定应按工资、薪金所得计算纳税的，对该股票期权形式的工资、薪金所得可区别于所在月份的其他工资、薪金所得，单独按下列公式计算当月应纳税款：

应纳税额＝（股票期权形式的工资、薪金应纳税所得额/规定月份数×适用税率－速算扣除数）×规定月份数

上款公式中的规定月份数，是指员工取得来源于中国境内的股票期权形式工资、薪金所得的境内工作期间月份数，长于 12 个月的，按 12 个月计算；上款公式中的适用税率和速算扣除数，以股票期权形式的工资、薪金应纳税所得额除以规定月份数后的商数，对照个人所得税税率表确定。

② 转让股票（销售）取得所得的税款计算。对于员工转让股票等有价证券取得的所得，应按

现行税法和政策规定征免个人所得税。即：个人将行权后的境内上市公司股票再行转让而取得的所得，暂不征收个人所得税；个人转让境外上市公司的股票而取得的所得，应按税法的规定计算应纳税所得额和应纳税额，依法缴纳税款。

③ 参与税后利润分配取得所得的税款计算。员工因拥有股权参与税后利润分配而取得的股息、红利所得，除依照有关规定可以免税或减税的外，应全额按规定税率计算纳税。

（六）有下列情形之一的，税务机关有权按照合理方法进行纳税调整

（1）个人与其关联方之间的业务往来不符合独立交易原则而减少本人或者其关联方应纳税额，且无正当理由。

（2）居民个人控制的，或者居民个人和居民企业共同控制的设立在实际税负明显偏低的国家（地区）的企业，无合理经营需要，对应当归属于居民个人的利润不做分配或者减少分配。

（3）个人实施其他不具有合理商业目的的安排而获取不当税收利益。

税务机关依照前款规定做出纳税调整，需要补征税款的，应当补征税款，并依法加收利息。该利息应当按照税款所属纳税申报期最后一日中国人民银行公布的与补税期间同期的人民币贷款基准利率计算，自税款纳税申报期满次日起至补缴税款期限届满之日止按日加收。纳税人在补缴税款期限届满前补缴税款的，利息加收至补缴税款之日。

第六节　个人所得税的申报缴纳

个人所得税的征收方法采用自行申报纳税和全员全额扣缴申报纳税两种形式，其中，所得人为纳税人，以支付所得的单位或者个人为扣缴义务人。纳税人有中国居民身份号码的，以中国居民身份号码为纳税人识别号；纳税人没有中国居民身份号码的，由税务机关赋予其纳税人识别号。扣缴义务人扣缴税款时，纳税人应当向扣缴义务人提供纳税人识别号。同时，扣缴义务人应当按照国家规定办理全员全额扣缴申报，并向纳税人提供其个人所得和已扣缴税款等信息。

视频讲解：个人所得税的申报缴纳

一、自行申报纳税

自行申报纳税，是指由纳税人在税法规定的纳税期限内，自行向税务机关申报取得的应税所得项目和数额，如实填写个人所得税纳税申报表，并按照税法规定计算应纳税额，据此缴纳个人所得税的一种征收方法。

专栏 7-2　税收拾粹

每年的 4 月 15 日是美国人申报上一年个人所得税的截止日。对于大多数美国人来说，报税是一年中的一件头等大事，也是头疼大事。在报税季快要结束的时候，美国总统也会公布自家税表。

例如，美国前总统奥巴马一家2014年的调整后毛收入为477 383美元，缴纳联邦所得税93 362美元，还向伊利诺伊州缴纳了22 640美元的州所得税。他们将收入的约15%捐赠给了33个不同的慈善机构，总共捐款70 712美元。

（一）纳税人应当依法办理纳税申报

有下列情形之一的，纳税人应当依法办理纳税申报：

（1）取得综合所得需要办理汇算清缴；

（2）取得应税所得没有扣缴义务人；

（3）取得应税所得，扣缴义务人未扣缴税款；

（4）取得境外所得；

（5）因移居境外注销中国户籍；

（6）非居民个人在中国境内从两处以上取得工资、薪金所得；

（7）国务院规定的其他情形。

（二）取得综合所得需要办理汇算清缴的纳税申报

取得综合所得需要办理汇算清缴的情形包括：

（1）从两处以上取得综合所得，且综合所得年收入额减除专项扣除的余额超过60 000元；

（2）取得劳务报酬所得、稿酬所得、特许权使用费所得中一项或者多项所得，且综合所得年收入额减除专项扣除的余额超过60 000元；

（3）纳税年度内预缴税额低于应纳税额；

（4）纳税人申请退税。

取得综合所得需要办理汇算清缴的纳税人，应当在取得所得的次年3月1日至6月30日内，向任职、受雇单位所在地主管税务机关办理纳税申报。纳税人有两处以上任职、受雇单位的，选择向其中一处任职、受雇单位所在地主管税务机关办理纳税申报；纳税人没有任职、受雇单位的，向户籍所在地或经常居住地主管税务机关办理纳税申报。

纳税人办理综合所得汇算清缴，应当准备与收入、专项扣除、专项附加扣除、依法确定的其他扣除、捐赠、享受税收优惠等相关的资料，并按规定留存备查或报送。

纳税人申请退税，应当提供其在中国境内开设的银行账户，并在汇算清缴地就地办理税款退库。

（三）取得经营所得的纳税申报

个体工商户业主、个人独资企业投资者、合伙企业个人合伙人、承包承租经营者个人以及其他从事生产、经营活动的个人取得经营所得，需按年计算个人所得税，由纳税人在月度或季度终了后15日内，向经营管理所在地主管税务机关办理预缴纳税申报。在取得所得的次年3月31日前，向经营管理所在地主管税务机关办理汇算清缴；从两处以上取得经营所得的，选择向其中一处经营管理所在地主管税务机关办理年度汇总申报。

（四）取得应税所得、扣缴义务人未扣缴税款的纳税申报

纳税人取得应税所得，扣缴义务人未扣缴税款的，应当区别以下情形办理纳税申报：

（1）居民个人取得综合所得的，按照取得综合所得需要办理汇算清缴的纳税申报方法办理。

（2）非居民个人取得工资、薪金所得，劳务报酬所得，稿酬所得，特许权使用费所得的，应当在取得所得的次年 6 月 30 日前，向扣缴义务人所在地主管税务机关办理纳税申报。有两个以上扣缴义务人均未扣缴税款的，选择向其中一处扣缴义务人所在地主管税务机关办理纳税申报。非居民个人在次年 6 月 30 日前离境（临时离境除外）的，应当在离境前办理纳税申报。

（3）纳税人取得利息、股息、红利所得，财产租赁所得，财产转让所得和偶然所得的，应当在取得所得的次年 6 月 30 日前，按相关规定向主管税务机关办理纳税申报。

税务机关通知限期缴纳的，纳税人应当按照期限缴纳税款。

（五）取得境外所得的纳税申报

居民个人从中国境外取得所得的，应当在取得所得的次年 3 月 1 日至 6 月 30 日内，向中国境内任职、受雇单位所在地主管税务机关办理纳税申报；在中国境内没有任职、受雇单位的，向户籍所在地或中国境内经常居住地主管税务机关办理纳税申报；户籍所在地与中国境内经常居住地不一致的，选择其中一地主管税务机关办理纳税申报；在中国境内没有户籍的，向中国境内经常居住地主管税务机关办理纳税申报。

（六）因移居境外注销中国户籍的纳税申报

纳税人因移居境外注销中国户籍的，应当在申请注销中国户籍前，向户籍所在地主管税务机关办理纳税申报，进行税款清算。

（1）纳税人在注销户籍年度取得综合所得的，应当在注销户籍前，办理当年综合所得的汇算清缴。尚未办理上一年度综合所得汇算清缴的，应当在办理注销户籍纳税申报时一并办理。

（2）纳税人在注销户籍年度取得经营所得的，应当在注销户籍前，办理当年经营所得的汇算清缴。尚未办理上一年度经营所得汇算清缴的，应当在办理注销户籍纳税申报时一并办理。

（3）纳税人在注销户籍当年取得利息、股息、红利所得，财产租赁所得，财产转让所得和偶然所得的，应当在注销户籍前，申报当年上述所得的完税情况。

（4）纳税人有未缴或者少缴税款的，应当在注销户籍前，结清欠缴或未缴的税款。纳税人存在分期缴税且未缴纳完毕的，应当在注销户籍前，结清尚未缴纳的税款。

（5）纳税人办理注销户籍纳税申报时，需要办理专项附加扣除、依法确定的其他扣除的，应当向税务机关报送“个人所得税专项附加扣除信息表”“商业健康保险税前扣除情况明细表”“个人税收递延型商业养老保险税前扣除情况明细表”等。

（七）非居民个人在中国境内从两处以上取得工资、薪金所得的纳税申报

非居民个人在中国境内从两处以上取得工资、薪金所得的，应当在取得所得的次月 15 日内，向其中一处任职、受雇单位所在地主管税务机关办理纳税申报。

（八）纳税申报方式

纳税人可以采用远程办税端、邮寄等方式申报，也可以直接到主管税务机关申报。纳税人办理自行纳税申报时，应当一并报送税务机关要求报送的其他有关资料。首次申报或者个人基础信息发生变化的，还应报送“个人所得税基础信息表（B 表）”。纳税人采取邮寄方式申报的，以邮政部门挂号信函收据作为申报凭据，以寄出的邮戳日期为实际申报日期。

二、全员全额扣缴申报纳税

我国个人所得税法规定，扣缴义务人向个人支付应税款项时，应当依照个人所得税法规定预扣或者代扣税款，按时缴库，并专项记载备查。这里所指的支付，包括现金支付、汇拨支付、转账支付和以有价证券、实物以及其他形式的支付。

（一）扣缴义务人

凡支付个人应纳税所得的企业（公司）事业单位、机关、社团组织、军队、驻华机构、个体户等单位或个人，为个人所得税的扣缴义务人。对扣缴义务人按照所扣缴的税款，付给2%的手续费。驻华机构，不包括外国驻华使领馆和联合国及其他依法享有外交特权和豁免的国际组织驻华机构。

居民个人向扣缴义务人提供专项附加扣除信息的，扣缴义务人按月预扣预缴税款时应当按照规定予以扣除，不得拒绝。

扣缴义务人应当按照纳税人提供的信息计算办理扣缴申报，不得擅自更改纳税人提供的信息。纳税人发现扣缴义务人提供或者扣缴申报的个人信息、所得、扣缴税款等与实际情况不符的，有权要求扣缴义务人修改。扣缴义务人拒绝修改的，纳税人应当报告税务机关，税务机关应当及时处理。纳税人、扣缴义务人应当按照规定保存与专项附加扣除相关的资料。税务机关可以对纳税人提供的专项附加扣除信息进行抽查，具体办法由国务院税务主管部门另行规定。税务机关发现纳税人提供虚假信息的，应当责令改正并通知扣缴义务人；情节严重的，有关部门应当依法予以处理，纳入信用信息系统并实施联合惩戒。

支付工资、薪金所得的扣缴义务人应当于年度终了后两个月内，向纳税人提供其个人所得和已扣缴税款等信息。纳税人年度中间需要提供上述信息的，扣缴义务人应当提供。

纳税人取得除工资、薪金所得以外的其他所得，扣缴义务人应当在扣缴税款后，及时向纳税人提供其个人所得和已扣缴税款等信息。

（二）代扣预扣税款的范围

实行个人所得税全员全额扣缴申报的应税所得包括：工资、薪金所得；劳务报酬所得；稿酬所得；特许权使用费所得；利息、股息、红利所得；财产租赁所得；财产转让所得；偶然所得。扣缴义务人首次向纳税人支付所得时，应当按照纳税人提供的纳税人识别号等基础信息，于次月扣缴申报时向税务机关进行报送。扣缴义务人对纳税人向其报告的相关基础信息变化情况，应当于次月扣缴申报时向税务机关报送。

非居民个人取得工资、薪金所得，劳务报酬所得，稿酬所得和特许权使用费所得，有扣缴义务人的，由扣缴义务人按月或者按次代扣代缴税款，不办理汇算清缴。

纳税人取得利息、股息、红利所得，财产租赁所得，财产转让所得和偶然所得，按月或者按次计算个人所得税，有扣缴义务人的，由扣缴义务人按月或者按次代扣代缴税款。

（三）不同项目所得扣缴方法

扣缴义务人向个人支付应纳税所得（包括现金、实物和有价证券）时，不论纳税人是否属于本单位人员，均应代扣代缴其应纳的个人所得税税款。支付，包括现金支付、汇款支付、转账支付和以有价证券、实物以及其他形式的支付。扣缴义务人有未按照规定向税务机关报送资料和信息、未按照纳税人提供信息虚报虚扣专项附加扣除、应扣未扣税款、不缴或少缴已扣税款、借用或冒用他人身份等行为的,依照《中华人民共和国税收征收管理法》等相关法律、行政法规处理。

(1) 扣缴义务人向居民个人支付工资、薪金所得时,应当按照累计预扣法计算预扣税款,并按月办理扣缴申报。

累计预扣法,是指扣缴义务人在一个纳税年度内预扣预缴税款时,以纳税人在本单位截至当前月份工资、薪金所得累计收入减除累计免税收入、累计减除费用、累计专项扣除、累计专项附加扣除和累计依法确定的其他扣除后的余额为累计预扣预缴应纳税所得额,适用居民个人工资、薪金所得预扣预缴率表(见表 7-5),计算累计应预扣预缴税额,再减除累计减免税额和累计已预扣预缴税额,其余额为本期应预扣预缴税额。余额为负值时,暂不退税。纳税年度终了后余额仍为负值时,由纳税人通过办理综合所得年度汇算清缴,税款多退少补。

表 7-5　居民个人工资、薪金所得预扣预缴率表

级数	累计预扣预缴应纳税所得额	预扣率(%)	速算扣除数
1	不超过 36 000 元的	3	0
2	超过 36 000 元至 144 000 元的部分	10	2 520
3	超过 14 4000 元至 300 000 元的部分	20	16 920
4	超过 300 000 元的部分至 420 000 元的部分	25	31 920
5	超过 420 000 元的部分至 660 000 元的部分	30	52 920
6	超过 660 000 元的部分至 960 000 元的部分	35	85 920
7	超过 960 000 元的部分	45	181 920

具体计算公式如下:

本期应预扣预缴税额=(累计预扣预缴应纳税所得额×预扣率-速算扣除数)
-累计减免税额-累计已预扣预缴税额

累计预扣预缴应纳税所得额=累计收入-累计免税收入-累计减除费用-累计专项扣除
-累计专项附加扣除-累计依法确定的其他扣除

其中:累计减除费用,按照 5 000 元/月乘以纳税人当年截至本月在本单位的任职受雇月份数计算。

年度预扣预缴税额与年度应纳税额不一致的,由居民个人于次年 3 月 1 日至 6 月 30 日向主管税务机关办理综合所得年度汇算清缴,税款多退少补。

(2) 扣缴义务人向居民个人支付劳务报酬所得、稿酬所得、特许权使用费所得时,应当按照以下方法按次或者按月预扣预缴税款:

劳务报酬所得、稿酬所得、特许权使用费所得以收入减除费用后的余额为收入额;其中,稿酬所得的收入额减按 70%计算。

减除费用:预扣预缴税款时,劳务报酬所得、稿酬所得、特许权使用费所得每次收入不超过 4 000 元的,减除费用按 800 元计算;每次收入 4 000 元以上的,减除费用按收入的 20%计算。

应纳税所得额:劳务报酬所得、稿酬所得、特许权使用费所得,以每次收入额为预扣预缴应纳税所得额,计算应预扣预缴税额。劳务报酬所得适用居民个人劳务报酬所得预扣预缴率表(见表 7-6),稿酬所得、特许权使用费所得适用 20%的比例预扣率。预扣预缴税额计算公式如下:

劳务报酬所得应预扣预缴税额=预扣预缴应纳税所得额×预扣率-速算扣除数

稿酬所得、特许权使用费所得应预扣预缴税额=预扣预缴应纳税所得额×20%

表 7-6 居民个人劳务报酬所得预扣预缴率表

级数	预扣预缴应纳税所得额	预扣率(%)	速算扣除数
1	不超过 20 000 元的	20	0
2	超过 20 000 元至 50 000 元的部分	30	2 000
3	超过 50 000 元的部分	40	7 000

居民个人办理年度综合所得汇算清缴时,应当依法计算劳务报酬所得、稿酬所得、特许权使用费所得的收入额,并入年度综合所得计算应纳税款,税款多退少补。

(3) 扣缴义务人向非居民个人支付工资、薪金所得,劳务报酬所得,稿酬所得和特许权使用费所得时,应当按照以下方法按月或者按次代扣代缴税款:

非居民个人的工资、薪金所得,以每月收入额减除费用 5 000 元后的余额为应纳税所得额;劳务报酬所得、稿酬所得、特许权使用费所得,以每次收入额为应纳税所得额,上述各类所得适用非居民个人工资薪金所得、劳务报酬所得、稿酬所得、特许权使用费所得适用税率表计算应纳税额(见表 7-7)。劳务报酬所得、稿酬所得、特许权使用费所得以收入减除 20%的费用后的余额为收入额;其中,稿酬所得的收入额减按 70%计算。

表 7-7 非居民个人工资薪金所得、劳务报酬所得、稿酬所得、特许权使用费所得适用税率

级数	全年应纳税所得额	税率(%)	速算扣除数
1	不超过 3 000 元的	3	0
2	超过 3 000 元至 12 000 元的部分	10	210
3	超过 12 000 元至 25 000 元的部分	20	1 410
4	超过 25 000 元的部分至 35 000 元的部分	25	2 660
5	超过 35 000 元的部分至 55 000 元的部分	30	4 410
6	超过 55 000 元的部分至 80 000 元的部分	35	7 160
7	超过 80 000 元的部分	45	15 160

非居民个人在一个纳税年度内税款扣缴方法保持不变,达到居民个人条件时,应当告知扣缴义务人基础信息变化情况,年度终了后按照居民个人有关规定办理汇算清缴。

(4) 扣缴义务人支付利息、股息、红利所得,财产租赁所得,财产转让所得或者偶然所得时,应当依法按次或者按月代扣代缴税款。

(四) 代扣代缴的期限

扣缴义务人应当按照国家规定办理全员全额扣缴申报,即扣缴义务人在代扣税款的次月 15 日内,向主管税务机关报送其支付所得的所有个人的有关信息、支付所得数额、扣除事项和数额、扣缴税款的具体数额和总额以及其他相关涉税信息资料。扣缴义务人每月或者每次预扣、代扣的税款,应当在次月 15 日内缴入国库,并向税务机关报送"个人所得税扣缴申报表"。扣缴义务人因有特殊困难不能按期报送"扣缴个人所得税报告表"及其他有关资料的,经县级税务机关批准，可以延期申报。

（五）个人所得税的汇算清缴

居民个人取得综合所得需要办理汇算清缴，办理汇算清缴退税或者扣缴义务人为纳税人办理汇算清缴退税的，税务机关审核后，按照国库管理的有关规定办理退税。纳税人申请退税时提供的汇算清缴信息有错误的，税务机关应当告知其更正；纳税人更正的，税务机关应当及时办理退税。

扣缴义务人未将扣缴的税款解缴入库的，不影响纳税人按照规定申请退税，税务机关应当凭纳税人提供的有关资料办理退税。

三、纳税人信息的管理

公安、人民银行、金融监督管理等相关部门应当协助税务机关确认纳税人的身份、金融账户信息。教育、卫生、医疗保障、民政、人力资源社会保障、住房城乡建设、公安、人民银行、金融监督管理等相关部门应当向税务机关提供纳税人子女教育、继续教育、大病医疗、住房贷款利息、住房租金、赡养老人、3 岁以下婴幼儿照护等专项附加扣除信息。

个人转让不动产的，税务机关应当根据不动产登记等相关信息核验应缴的个人所得税，登记机构办理转移登记时，应当查验与该不动产转让相关的个人所得税的完税凭证。个人转让股权办理变更登记的，市场主体登记机关应当查验与该股权交易相关的个人所得税的完税凭证。

有关部门依法将纳税人、扣缴义务人遵守本法的情况纳入信用信息系统，并实施联合激励或者惩戒。

本章小结

1. 个人所得税是以纳税人个人取得的各项应税所得为征税对象征收的一种税。个人所得税又被称为“罗宾汉”税种，从立法层面来看，其核心价值在于维护社会公平，即调节劳动者的收入水平，防止贫富差距过大。

2. 我国现行个人所得税实行分类与综合相结合的混合征收制度，具有分项计算、分项扣除、分项定率、分项与综合征收相结合等特点。

3. 个人所得税的纳税义务人，既包括居民纳税义务人，也包括非居民纳税义务人。居民纳税义务人负有完全纳税的义务，必须就其来源于中国境内、境外的全部所得缴纳个人所得税；而非居民纳税义务人仅就其来源于中国境内的所得，缴纳个人所得税。

4. 个人所得税应税所得分为九项，具体包括工资、薪金所得；劳务报酬所得；稿酬所得；特许权使用费所得；经营所得；利息、股息、红利所得；财产租赁所得；财产转让所得；偶然所得。

5. 个人所得税税率包括超额累进税率和比例税率两种形式。综合所得以及经营所得适用超额累进税率；其他所得适用比例税率。

6. 我国现行个人所得税的费用扣除采用定额扣除和定率扣除两种方法，比较简明易行。

7. 个人所得税的征收方法采用自行申报纳税和代扣代缴两种形式。

综合练习

一、重要概念

个人所得税　综合所得税制　分类所得税制　分类综合所得税制　居民纳税人　非居民纳税人　自行申报纳税法　源泉扣缴法

二、思考题

1. 个人所得税的特点和作用表现在哪些方面？怎样判定居民纳税人与非居民纳税人？

2. 个人所得税的应税所得项目有哪些？其税率是如何设置的？

3. 个人所得税的应纳税所得额和应纳税额如何确定？

4. 试比较个人所得税制三种模式的优缺点。

5. 我国个人所得税制还存在哪些缺陷？应如何改进？

三、计算题

1. 当年我国某省会城市公民李某取得如下收入：

（1）每月工资收入 10 000 元，按照国家规定的范围和标准缴纳住房公积金及各项社会保险费 1 000 元；5 月按国家规定标准取得差旅费津贴 700 元，每季度末均会取得季度奖金 8 000 元；12 月取得年终奖 20 000 元。已知李某利用工作之余就读于某高校的在职研究生；由于没有住房，每月需要支付租金 2 000 元。

（2）1—6 月，李某利用业余时间兼职，每月从兼职单位取得报酬 5 000 元。

（3）李某 2 月购进债券 50 000 份，买价 4 元/份，支付相关税费 2 000 元；8 月将其中的 20 000 份转让，卖出价 6 元/份，支付可税前扣除的相关税费 1 000 元。

（4）7 月 1 日开始出租一处门面房，取得不含增值税租金 6 000 元/月，租期为 6 个月。

（5）3 月取得国债利息收入 20 000 元。

（6）通过拍卖行拍卖一幅字画，取得收入 15 000 元，该幅字画是通过画廊购买的，购买时实际支付的价款及其他费用共计 8 000 元，拍卖时实际支付拍卖费等费用 600 元。

（7）其他相关资料：李某向任职单位提供有关信息并依法要求办理专项附加扣除。

要求：根据上述资料，回答下列问题。

（1）李某 1—3 月被任职单位预扣预缴的个人所得税。

（2）李某的兼职单位合计应预扣预缴的个人所得税。

（3）如果李某就全年一次性奖金选择单独计税，请计算综合所得和全年一次性奖金应缴纳的个人所得税。

（4）如果李某就全年一次性奖金选择并入综合所得计税，则计算综合所得和全年一次性奖金应缴纳的个人所得税。

（5）李某出租门面房取得所得应缴纳的个人所得税（不考虑相关税费）。

（6）李某国债利息收入应纳的个人所得税。

（7）李某拍卖字画取得的收入应纳的个人所得税。

2. 中国公民王先生是某民营非上市公司的个人股东，同时还是一位作家。当年 4 月取得的部分实物或现金收入如下：

（1）公司为其购买了一辆轿车并将车辆所有权办理到王先生名下，该车购买价为 40 万元。经当地主管税务机关核定，公司在代扣个人所得税时允许税前减除的数额为 9 万元。

（2）将本人一部长篇小说手稿的著作权拍卖取得收入 8 万元。

（3）受邀赴某大学短学期讲课三天，取得讲课费 3 万元。

（4）因有一张购物发票中奖获得 2 万元奖金。

要求：根据上述资料，回答下列问题。

（1）公司为王先生购买轿车应代扣代缴的个人所得税。

（2）长篇小说手稿著作权拍卖收入应被预扣预缴的个人所得税。

（3）讲课费收入应被预扣预缴的个人所得税。

（4）发票中奖收入应缴纳的个人所得税。

（5）上述收入中计入综合所得的收入额。

3. 某外国籍公民甲先生在中国境内无住所，上年度11月受境外C公司委派至境内A公司工作，当年3月底离开。甲先生当年取得的收入情况如下：

（1）每月取得从中国境内A公司支付的工资27 000元，另每月从公司取得实报实销的住房补贴4 000元、以现金形式取得伙食费补贴2 000元以及交通费补贴1 500元。

（2）3月中旬，为境内某企业提供咨询取得劳务报酬30 000元，通过境内非营利性社会团体将其中的10 000元捐赠给贫困地区。

要求：根据上述资料，回答下列问题。

（1）甲先生每月取得的住房补贴、伙食费补贴以及交通费补贴在计缴个人所得税时应如何处理？请简要说明理由。

（2）甲先生每月工资应缴纳的个人所得税。

（3）甲先生3月取得劳务报酬应缴纳的个人所得税。

计算题参考答案

延展阅读

［1］刘蓉，寇璇．个人所得税专项附加扣除对劳动收入的再分配效应测算［J］．财贸经济，2019（05）：39-51.

［2］方红生，鲁玮骏，苏云晴．中国省以下政府间财政收入分配：理论与证据［J］．经济研究，2020（04）：118-133.

［3］郝春虹．我国个人所得税改革的福利效应测度分析［J］．税务研究，2019（03）：40-45.

［4］李敬，雷俐，林黎，邓靖．特朗普税改的世界影响及我国对策［J］．管理世界，2018，34（02）：59-67+79.

［5］周克清，郑皓月．平台经济下个人所得税纳税遵从研究——基于信息不对称的视角［J］．税务研究，2021（01）：67-72.

第八章

财 产 税 制

本章学习目标

1. 理解财产税在整个税制体系中的地位和性质
2. 掌握我国房产税、契税和车船税的纳税人、征税对象和税率
3. 了解房产税、契税和车船税的计税方法、减免税和纳税期限

财产税是对法人或自然人在某一时点占有或可支配财产课征的一类税收的统称。所谓财产，是指法人或自然人在某一时点所占有及可支配的经济资源，如房屋、土地、物资、有价证券等。作为古老的税种，财产税曾经是奴隶社会和封建社会时期国家财政收入的最主要来源。进入资本主义社会以后，其主体税种的地位逐步让位于流转税和所得税类。对我国普通居民而言，财产税是影响我国居民税收负担的重要税类。

第一节 房 产 税

一、房产税概述

（一）房产税的概念

视频讲解：房产税

房产是我国单位或个人的重要财产持有形式。房产税，是指以房屋为征税对象，以房屋的计税余值或租金收入为计税依据，向产权所有人征收的一种财产税。房产税属于财产税。

我国目前实行的房产税法律依据是1986年10月1日起正式实施的《中华人民共和国房产税暂行条例》（以下简称《房产税暂行条例》）（2011年修订）。

各省、自治区、直辖市政府根据该暂行条例规定，先后制定了施行细则。自2009年1月1日起，我国废止《中华人民共和国城市房地产税暂行条例》，对外资企业及外籍个人的房产也开始征收房产税。基于政府对房地产市场的调控需要，重庆市政府、上海市政府同时于2011年1月28日起正式试点开征对个人住房征收房产税。2018年我国房产税

收入总额为2 889亿元,占全国税收收入总额的1.8%。[①]

专栏8-1 **税收拾粹**

我国奴隶社会对土地课征的"贡""助""彻",是我国历史上财产税的雏形。到了春秋时期,由于生产力的发展,特别是铁制农具的广泛使用,在井田以外开垦的私田日益增多。私田不属于王室所有,不向王室交纳贡赋,全部收获都归私田的所有者支配。私田的不断扩大,冲击着奴隶制的经济基础。当时的一个主要诸侯国鲁国,为了增加财政收入和抑制开垦私田,于鲁宣公十五年(公元前594年)开始对井田以外的私田征税,称为"初税亩"。"初税亩"首次以法律形式承认了土地的私有权和地主经济的合法化。实行"初税亩"后,土地所有者除了纳税,全部收入归自己支配,土地可以自由买卖和出租。土地再不具有"王室所有"的性质,而真正成了私人的财产,对土地征收的财产税也就从雏形阶段走向成熟。以后汉代课征的"车船税"、唐代课征的"间架税",都属于财产税。

(二) 我国房产税的特点

(1) 我国房产税属于财产税中的个别财产税,其征税对象只是房屋。

(2) 征收范围限于城镇的经营性房屋。为了不增加农民的负担,房产税未将农村划入征税范围。同时对个人住房也未纳入征税范围,属于免税范围。因此,我国当前的房产税征税范围是有限的,主要针对个人或单位用于经营或用于出租的房屋。另外,对某些拥有房屋,但自身没有纳税能力的单位,如国家拨付行政经费、事业经费和国防经费的单位自用的房产,税法以免税的方式将其排除在房产税的征税范围之外。

(3) 房屋经营方式不同,计税依据不同。对于经营用房,按房产计税余值征收。对于出租、出典的房屋,按租金收入征税。

二、房产税的纳税人

房产税以在征税范围内的房屋产权所有人为纳税人。产权属于全民所有的,由经营管理的单位缴纳。产权出典的,由承典人缴纳。产权所有人、承典人不在房产所在地的,或者产权未确定及租典纠纷未解决的,由房产代管人或者使用人缴纳。

2009年1月1日起,外商投资企业、外国企业和组织以及外籍个人(包括我国港澳台资企业和组织以及华侨、港澳台同胞),依照《房产税暂行条例》缴纳房产税,也是房产税的纳税人。

三、房产税的征税对象、计税依据和税率

(一) 房产税的征税对象

《房产税暂行条例》规定,房产税在城市、县城、建制镇和工矿区征收。城市,是指国务院批准设立的市,包括市区、郊区和市辖县县城,但不包括农村。县城,是指未设立建制镇的县人民政

① 数据来源:国家税务总局网站。

府所在地。建制镇,是指经省、自治区、直辖市人民政府批准设立的建制镇,但不包括所辖的行政村。工矿区,是指工商业比较发达,人口比较集中,符合国务院规定的建制镇标准,但尚未设立镇建制的大中型工矿企业所在地。开征房产税的工矿区须经省、自治区、直辖市人民政府批准。房产税的征税范围不包括农村。

房产税以在征税范围内的房屋为征税对象。房屋是指有屋面和围护结构(有墙或两边有柱),能够遮风挡雨,可供人们在其中生产、工作、学习、娱乐、居住或储藏物资的场所。独立于房屋之外的建筑物,如围墙、烟囱、水塔、变电塔等,不属于房产。房地产开发企业建造的商品房,在出售前,不征收房产税。

(二) 房产税的计税依据

房产税实行从价计征和从租计征两种方法,其计税依据分别为房产余值或租金收入。

(1) 纳税人经营自用应税房产,采用从价计征的办法,其计税依据为房屋原值一次性减除10%~30%后的余值。具体减除幅度由各省、自治区、直辖市人民政府规定。

自 2009 年 1 月 1 日起,对依照房产原值计税的房产,不论是否记载在会计账簿"固定资产"科目中,均应按照房屋原价计算缴纳房产税。房屋原价应根据国家有关会计制度规定进行核算。对纳税人未按国家会计制度规定核算并记载的,应按规定予以调整或重新评估。同时,企业对房屋进行改建、扩建的,要相应增加房产的原值。房产原值应包括与房屋不可分割的各种附属设备或一般不单独计算价值的配套设施。

在原值确定后,再根据当地所适用的扣除比例,计算确定房产余值。

(2) 纳税人出租应税房产,采用从租计征的办法,其计税依据为房产的租金收入。自 2016 年 5 月 1 日起,将营业税改征增值税后,房产出租的,计征房产税的租金收入不含增值税。房产的租金收入,是指房屋产权所有人出租房产使用权所取得的报酬,包括货币收入和实物收入。对以劳务或其他形式作为报酬抵付房租收入的,应根据当地同类房产的租金水平,确定一个标准租金额,依率计征。

(三) 房产税的税率

房产税采用比例税率,税率为 1.2%或 12%。税率 1.2%适用房产余值的计税方式。税率12%适用房屋租金的计税方式。从 2001 年 1 月 1 日起,对个人按照市场价格出租的居民住房,其应缴纳的房产税暂减按 4%的税率征收。自 2008 年 3 月 1 日起,执行对企事业单位、社会团体以及其他组织按市场价格向个人出租住房,不区分用途,按 4%的税率征收房产税。

对居民住宅区内业主共有的经营性房产,由实际经营(包括自营和出租)的代管人或使用人缴纳房产税。其中自营的,依照房产原值减除 10%~30%后的余值计征;没有房产原值或不能将业主共有房产与其他房产的原值准确划分开的,由房产所在地地方税务机关参照同类房产核定房产原值;出租的,依照租金收入计征。

四、房产税的计算与征收管理

(一) 房产税的计算

根据税法规定,房产税的计算方法有以下两种:

(1) 按房产原值一次减除规定的扣除比例后的余值计算。其计算公式为:

$$年应纳税额=应税房产原值\times(1-扣除比例)\times1.2\%$$

（2）按租金收入计算，其计算公式为：

$$年应纳税额=年租金收入\times 12\%$$

以人民币以外的货币为记账本位币的外资企业及外籍个人在缴纳房产税时，均应将其根据记账本位币计算的税款按照缴款上月最后一日的人民币汇率中间价折合成人民币。

对于以房产投产联营，投资者参与投资利润分红，共担风险的，按房产余值作为计税依据计征房产税；对于以房产投资，收取固定收入，不承担联营风险的，实际上是以联营名义取得房产的租金，由出租方按租金收入计缴房产税。对于融资租赁房屋，由于租赁费包括购进房屋的价款，手续费、借款利息等，与一般房屋出租的“租金”内涵不同，且房权在租赁期满后要转移到承租方，这实际上是一种变相的分期付款购买固定资产的形式，所以在计征房产时应以房产余值计算征收。融资租赁期内房产税的纳税人，原则上为承租使用房屋的单位或个人。

【例 8-1】 某企业 2021 年 8 月出售一幢应税房产的原值为 5 000 000 元的房产，已知房产税税率为 1.2%，当地人民政府规定，房产税扣除比例为 25%。该企业房产 2019 年应缴纳多少房产税？

解：年应纳房产税税额 = 5 000 000×(1−25%)×1.2% = 45 000（元）

【例 8-2】 某单位出租店面，2021 年租金收入为 120 000 元，适用税率为 12%。请计算该单位当年应纳的房产税税额。

解：年应纳房产税税额 = 120 000×12% = 14 400（元）

（二）房产税减税、免税

根据《房产税暂行条例》及有关规定，目前房产税的减免优惠主要有：

（1）国家机关、人民团体、军队自用的房产。但上述单位的出租房产以及非自身业务使用的生产、营业用房，不属于免税范围。自用房产，是指这些单位自身的办公用房和公务用房。

（2）由国家财政部门拨付事业经费的单位自用房产。学校、医疗卫生单位、托儿所、幼儿园、敬老院、文化、体育、艺术这些实行全额或差额预算管理的事业单位所有的，本身业务范围内使用的房产免征房产税。但上述单位所属的附属工厂、商店、招待所等不属于单位公务、业务的用房，应照章纳税。

（3）宗教寺庙、公园、名胜古迹自用的房产。上述单位自用的房产免房产税，但其附设的营业单位，如影剧院、饮食部、茶社、照相馆等所使用的房产及出租的房产不在免税范围之内。

（4）个人所有非营业用的房产免征房产税。个人所有的非营业用房，主要是指居民住房，不分面积多少，一律免缴房产税。对个人出租住房，不区分用途，按 4%的税率征收房产税。

（5）经财政部批准免税的其他房产。主要有：

① 对非营利性医疗机构、疾病控制机构和妇幼保健机构等卫生机构自用的房产，免征房产税。

② 从 2001 年 1 月 1 日起，对按政府规定价格出租的公有住房和廉租住房，包括企业和自收自支事业单位向职工出租的单位自有住房，房管部门向居民出租的公有住房，落实私房政策中带户发还产权并以政府规定租金标准向居民出租的私有住房等，暂免征收房产税。

③ 经营公租房的租金收入，免征房产税。公共租赁住房经营管理单位应单独核算公共租赁住房租金收入，未单独核算的，不得享受免征房产税优惠政策。

④ 自 2019 年 1 月 1 日至 2021 年 12 月 31 日，对农产品批发市场、农贸市场（包括自有和承租）专门用于经营农产品的房产、土地，暂免征收房产税和城镇土地使用税。对同时经营其他产品的农产品批发市场和农贸市场使用的房产、土地，按其他产品与农产品交易场地面积的比例确

定征免房产税和城镇土地使用税。

⑤ 自 2019 年 1 月 1 日至 2020 年 12 月 31 日，对向居民供热收取采暖费的供热企业，为居民供热所使用的厂房及土地免征房产税；对供热企业其他厂房及土地，应当按照规定征收房产税。

⑥ 自 2019 年 1 月 1 日至 2021 年 12 月 31 日，对国家级、省级科技企业孵化器、大学科技园和国家备案众创空间自用以及无偿或通过出租等方式提供给在孵对象使用的房产、土地，免征房产税。

⑦ 自 2018 年 10 月 1 日至 2020 年 12 月 31 日，对按照去产能和调结构政策要求停产停业、关闭的企业，自停产停业次月起，免征房产税。企业享受免税政策的期限累计不得超过两年。

⑧ 自 2019 年 1 月 1 日至 2021 年 12 月 31 日，为支持高校办学，优化高校后勤保障服务，对高校学生公寓免征房产税。

（三）房产税征收管理

1. 纳税义务发生时间

（1）纳税人将原有房产用于生产经营，从生产经营之月起，缴纳房产税。

（2）纳税人自行新建房屋用于生产经营，从建成之次月起，缴纳房产税。

（3）纳税人委托施工企业建设的房屋，从办理验收手续之次月起，缴纳房产税。

（4）纳税人购置新建商品房，自房屋交付使用之次月起，缴纳房产税。

（5）纳税人购置存量房，自办理房屋权属转移、变更登记，房地产权属证书之次月起，缴纳房产税。

（6）纳税人出租、出借本企业建造的商品房，自房屋使用或交付之次月起，缴纳房产税。

（7）房地产开发企业自用、出租、出借本企业建造的商品房，自房屋使用或交付之次月起，缴纳房产税。

（8）自 2009 年 1 月 1 日起，纳税人因房产、土地的实物或权利状态发生变化而依法终止房产税纳税义务的，其应纳税款的计算应截止到房产、土地的实物或权利状态发生变化的当月末。

2. 纳税期限

房产税实行按年计算、分期缴纳的征收办法，具体纳税期限由省、自治区、直辖市人民政府确定。

3. 纳税地点

房产税在房产所在地缴纳。房产不在同一地方的纳税人，应按房产的坐落地方分别向房产所在地的税务机关纳税。

专栏 8-2　房地产税改革试点

1. 沪渝房产税改革试点

为进一步完善房产税制度，合理调节居民收入分配，正确引导住房消费，有效配置房地产资源。2011 年 1 月 27 日，上海、重庆宣布次日开始试点房产税，上海的征收对象为本市居民新购房且属于第二套及以上住房和非本市居民新购房，税率暂定 0.6%；重庆的征收对象是独栋别墅高档公寓，以及无工作户口无投资人员所购二套房，税率为 0.5%～1.2%。本次房产税在上海、重庆试点房产税制，方案不一。上海方案只针对增量，并给予户籍居民家庭一定免征额；重庆方案则偏重高档住房，涉及存量与增量。

从试点效果来看，上海和重庆的试点存在一些制度缺陷。一方面，房产税的征收特点应是宽税基、低税率。但从两地的试点情况看，税基偏窄问题较为明显。窄税基应当对应高税率，但两地的实际税率明显偏低。另一方面，计税依据也与国际惯例不符。国际上一般以评估值为依据，而两地或以市场价格为依据，或以原始价格为依据。

此前，沪渝两地房产税试点已运行多年，迟迟没有提上扩围日程。虽然国家税务总局、财政部等部门正在积极研究房产税扩大试点范围的方案，但要提出一个完善的方案还有难度，这一表态被认为是房产税试点扩围将暂且搁置的信号。

2. 在部分地区开展房地产税改革试点工作的决定

为积极稳妥推进房地产税立法与改革，引导住房合理消费和土地资源节约集约利用，促进房地产市场平稳健康发展，2021 年 10 月 23 日第十三届全国人民代表大会常务委员会第三十一次会议决定：授权国务院在部分地区开展房地产税改革试点工作。

（1）试点地区的房地产税征税对象为居住用和非居住用等各类房地产，不包括依法拥有的农村宅基地及其上住宅。土地使用权人、房屋所有权人为房地产税的纳税人。非居住用房地产继续按照《中华人民共和国房产税暂行条例》《中华人民共和国城镇土地使用税暂行条例》执行。

（2）国务院制定房地产税试点具体办法，试点地区人民政府制定具体实施细则。国务院及其有关部门、试点地区人民政府应当构建科学可行的征收管理模式和程序。

（3）国务院按照积极稳妥的原则，统筹考虑深化试点与统一立法、促进房地产市场平稳健康发展等情况确定试点地区，报全国人民代表大会常务委员会备案。

本决定授权的试点期限为五年，自国务院试点办法印发之日起算。试点过程中，国务院应当及时总结试点经验，在授权期限届满的六个月以前，向全国人民代表大会常务委员会报告试点情况，需要继续授权的，可以提出相关意见，由全国人民代表大会常务委员会决定。条件成熟时，及时制定法律。

本决定自公布之日起施行，试点实施启动时间由国务院确定。

财政部、税务总局将依照全国人大常委会的授权，起草房地产税试点办法（草案），按程序做好试点各项准备工作。

第二节 契　税

一、契税概述

（一）契税的概念

视频讲解：契税

契税，是指以所有权发生转移变动的不动产为征税对象，向产权承受人征收的一种财产税。现行契税的基本规范，是 2021 年 9 月 1 日起实施的《中华人民共和国契税法》（简称《契税法》）。2018 年我国契税收入为 5 730 亿元，占全国税收收入总额的3.7%。①

专栏8-3 **契税趣闻**

我国契税起源于东晋时期的“估税”，至今已有1 600多年的历史。当时规定，凡买卖田宅、奴婢、牛马，立有契据者，每一万钱交易额官府征收四百钱，即税率为4%，其中卖方缴纳3%，买方缴纳1%。北宋开宝二年(公元969年)，开始征收印契钱(性质上是税，只是名称为钱)。这时不再由买卖双方分摊，而是由买方缴纳，并规定缴纳期限为两个月。从此，开始以保障产权为由征收契税。以后历代封建王朝对土地、房屋的买卖、典当等产权变动都征收契税，但税率和征收范围不完全相同。

（二）契税的特点

1. 契税属于财产转移税

契税以发生转移的不动产，即土地和房屋为征税对象，具有财产转移课税性质。契税是在转让环节征收，每转让一次就征收一次契税，土地、房屋产权未发生转移的，不征契税。

2. 契税由财产承受人缴纳

契税由取得土地、房屋权属的一方缴纳，即买方纳税。这一点与其他税种有着明显的区别。对买方征税的主要目的在于承认不动产转移生效，承受人纳税以后，便可拥有转移过来的不动产产权或使用权，法律保护纳税人的合法权益。

征收契税对房地产交易价格能起到一定的规范作用。不动产所有权和使用权的转移，涉及转让者和承受者双方的利益。如果产权的合法性得不到确认，事后必然会出现产权纠纷。契税是对承受人征税的税种，因此可以以法律的形式确定产权关系，维护公民合法权益，避免产权纠纷。

二、契税纳税人

契税纳税人是承受中国境内转移土地、房屋权属的单位和个人。所谓承受，是指以受让、购买、受赠、交换等方式取得土地、房屋权属的行为。所谓土地、房屋权属，是指土地使用权和房屋所有权。单位，是指企业单位(包括外商投资企业和外国企业)、事业单位、国家机关、军事单位和社会团体以及其他组织。个人，是指个体经营者及个人，包括中国公民和外籍人员。

三、契税的征税对象和税率

（一）契税的征税对象

契税的征税对象为发生土地使用权和房屋所有权权属转移的土地和房屋。其具体的征税范围包括：

① 数据来源：国家税务总局网站。

1. 土地使用权出让

土地使用权出让,是指土地使用者向国家交付土地使用权出让费用,国家将国有土地使用权在一定年限内让与土地使用者的行为。

2. 土地使用权转让

土地使用权转让,是指土地使用者以出售、赠与、互换或者其他方式将土地使用权转移给其他单位和个人的行为,不包括土地承包经营权和土地经营权的转移。

根据目前土地市场和有关法律、法规的实际情况,现行的《契税法》将土地使用权转移列入了征税范围,设置了"土地使用权出让"和"土地使用权转让"两个税目。

3. 房屋买卖

房屋买卖,是指出卖者向购买者让渡房产所有权的交易行为。以作价投资(入股)、偿还债务、划转、奖励等方式转移土地、房屋权属的,应当依照规定征收契税。

(1) 以房产抵债或实物交换房屋。经当地政府和有关部门批准,以房产抵债和实物交换房屋,均视同房屋买卖,应由产权承受人按房屋现值缴纳契税。

例如,甲某因无力偿还乙某债务,而以自有的房产折价抵偿债务。经双方同意,有关部门批准,乙某取得甲某的房屋产权,在办理产权过户手续时,按房产折价款缴纳契税。如以实物(金银首饰等等价物品)交换房屋,应视同以货币购买房屋。

(2) 以房产作价投资入股。这种交易也属房屋产权转移,应根据国家房地产管理的有关规定,办理房屋产权交易和产权变更登记手续,视同房屋买卖。由产权承受方按房屋买卖缴纳契税。

例如,甲某以自有房产投资于乙企业。其房屋产权变为乙企业所有,故产权所有人发生变化,因此,乙企业在办理产权登记手续后,按甲某入股房产现值(国有企事业房产须经国有资产管理部门评估核价)缴纳契税。如丙某以股份方式购买乙企业房屋产权,丙某在办理产权登记后,按取得房产买价缴纳契税。

以自有房产作股投入本人独资经营企业,免纳契税。因为以自有的房地产投入本人独资经营的企业,产权所有人和使用权使用人未发生变化,不需办理房产变更登记手续,也不办理契税手续。

(3) 买房拆料或翻建新房,应照章征收契税。

例如,甲某购买乙某房产,不论其目的是取得该房产的建筑材料或是翻建新房,实际构成房屋买卖。甲某应首先办理房屋产权变更手续,并按买价缴纳契税。

4. 房屋赠与

房屋赠与,是指房屋产权所有人将房屋无偿转让给他人所有的行为。其中,将自己的房屋转交给他人的法人和自然人,称为房屋赠与人;接受他人房屋的法人和自然人,称为受赠人。房屋赠与的前提必须是,产权无纠纷,赠与人和受赠人双方自愿。

由于房屋是不动产,价值较大,故法律要求赠与房屋应有书面合同(契约),并到房地产管理机关或农村基层政权机关办理登记过户手续,才能生效。如果房屋赠与行为涉及涉外关系,还需公证处证明和外事部门认证,才能有效。房屋的受赠人要按规定缴纳契税。以获奖方式取得房屋产权的,其实质是接受赠与房产,应照章缴纳契税。

法定继承人(包括配偶、子女、父母、兄弟姐妹、祖父母、外祖父母)继承土地、房屋权属,不征契税。非法定继承人根据遗嘱承受死者生前的土地、房屋权属，属于赠与行为，应征收契税。

5. 房屋互换

房屋互换，是指房屋所有者之间互相交换房屋的行为。交换双方应订立交换契约，办理房屋产权变更手续和契税手续。房屋产权相互交换，双方交换价值相等，免征契税，办理免征契税手续。其价值不相等的，按超出部分由支付差价方缴纳契税。

（二）契税的税率

契税实行 3%～5%的幅度税率。实行幅度税率是考虑到我国经济发展的不平衡，各地经济差别较大的实际情况。

契税的具体适用税率，由省、自治区、直辖市人民政府在规定的税率幅度内提出，报同级人民代表大会常务委员会决定，并报全国人民代表大会常务委员会和国务院备案。省、自治区、直辖市可以依照规定的程序对不同主体、不同地区、不同类型的住房的权属转移确定差别税率。

四、契税的计算与征收

（一）契税的计算

1. 计税依据

契税的计税依据为不动产的价格。由于土地、房屋权属转移方式不同，定价方法不同，因而具体计税依据的确定也有所不同。

（1）土地使用权出让、出售、房屋买卖的计税依据，为土地、房屋权属转移合同确定的成交价格，包括应交付的货币以及实物、其他经济利益对应的价款。

（2）土地使用权赠与、房屋所有权赠与以及其他没有价格的转移土地、房屋权属行为的计税依据，由征收税务机关参照同类土地使用权出售、房屋买卖的市场价格依法核定的价格。

（3）土地使用权交换、房屋互换的计税依据，为所互换的土地使用权、房屋价格的差额。也就是说，交换价格相等时，免征契税；交换价格不等时，由多交付的货币、实物、无形资产或者其他经济利益的一方缴纳契税。

（4）以划拨方式取得土地使用权的，经批准转让房地产时，除承受方按规定缴纳契税外，房地产转让者应当补缴契税，计税依据为补缴的土地使用权出让费用或者土地收益。

纳税人申报的成交价格、互换价格差额明显偏低且无正当理由的，由税务机关依照《中华人民共和国税收征收管理法》的规定核定。

自 2016 年 5 月 1 日起，将营业税改征增值税后，契税的成交价格不含增值税。为了避免偷、逃税款，税法规定，成交价格明显低于市场价格并且无正当理由的，或者所交换土地使用权、房屋价格的差额明显不合理并且无正当理由的，征收机关可以参照市场价格核定计税依据。

2. 应纳税额的计算

契税应纳税额的计算公式为：

$$契税应纳税额=计税依据\times税率$$

应纳税额以人民币计算。转移土地、房屋权属以外汇结算的，应按照纳税义务发生之日中国人民银行公布的人民币市场汇率中间价折合成人民币计算。

【例 8-3】　2020 年 7 月，王某与陈某签订房屋买卖合同，双方约定，王某将 100 平方米的住房和 15 平方米的门市房以 186 万元的价格转让给陈某。经税务机关核定该成交价格合理，则陈某应缴纳契税多少元？（假定税率为 4%）

解：陈某应缴纳契税 = 1 860 000×4% = 74 400（元）

（二）契税优惠

（1）国家机关、事业单位、社会团体、军事单位承受土地、房屋权属用于办公、教学、医疗、科研、军事设施的，免征契税。

（2）非营利性的学校、医疗机构、社会福利机构承受土地、房屋权属用于办公、教学、医疗、科研、养老、救助的，免征契税。

（3）承受荒山、荒地、荒滩土地使用权用于农、林、牧、渔业生产的，免征契税。

（4）婚姻关系存续期间夫妻之间变更土地、房屋权属的，免征契税。

（5）法定继承人通过继承承受土地、房屋权属的，免征契税。

（6）经外交部确认，依照我国有关法律规定以及我国缔结或参加的双边和多边条约或协定，应当予以免税的外国驻华使馆、领事馆和国际组织驻华代表机构承受土地、房屋权属的，免征契税。

根据国民经济和社会发展的需要，国务院对居民住房需求保障、企业改制重组、灾后重建等情形可以规定免征或者减征契税，报全国人民代表大会常务委员会备案。

（7）城镇职工按规定第一次购买公有住房，免征契税。此外，财政部、国家税务总局规定：自 2001 年 11 月 29 日起，对各类公有制单位为解决职工住房而采取集资建房方式建成的普通住房，或由单位购买的普通商品住房，经当地县以上人民政府房改部门批准、按照国家房改政策出售给本单位职工的，如属职工首次购买住房，均可免征契税。

自 2016 年 2 月 22 日起，对个人购买家庭唯一住房（家庭成员范围包括购房人、配偶以及未成年子女，下同），面积为 90 平方米及以下的，减按 1%的税率征收契税；面积为 90 平方米以上的，减按 1.5%的税率征收契税。

自 2016 年 2 月 22 日起，除北京市、上海市、广州市、深圳市外全国其他地区对个人购买家庭第二套改善性住房，面积为 90 平方米及以下的，减按 1%的税率征收契税；面积为 90 平方米以上的，减按 2%的税率征收契税。

（8）因不可抗力灭失住房而重新承受住房权属的，酌情减免。不可抗力，是指自然灾害、战争等不能预见、不可避免，并不能克服的客观情况。

（9）土地、房屋被县级以上人民政府征用、占用后，重新承受土地、房屋权属的，由省级人民政府确定是否减免。

（10）根据《财政部 税务总局关于继续支持企业事业单位改制重组有关契税政策的通知》（财税〔2018〕17 号），从 2018 年 1 月 1 日起至 2020 年 12 月 31 日止，我国企业、事业单位改制重组实行如下契税政策：

① 企业改制。企业按照《中华人民共和国公司法》有关规定整体改制，包括非公司制企业改制为有限责任公司或股份有限公司，有限责任公司变更为股份有限公司，股份有限公司变更为有限责任公司，原企业投资主体存续并在改制（变更）后的公司中所持股权（股份）比例超过 75%，且改制（变更）后公司承继原企业权利、义务的，对改制（变更）后公司承受原企业土地、房屋权

属,免征契税。

② 事业单位改制。事业单位按照国家有关规定改制为企业,原投资主体存续并在改制后企业中出资(股权、股份)比例超过50%的,对改制后企业承受原事业单位土地、房屋权属,免征契税。

③ 企业合并。两个或两个以上的公司,依照法律规定、合同约定,合并为一个公司,且原投资主体存续的,对合并后公司承受原合并各方土地、房屋权属,免征契税。

④ 公司分立。公司依照法律规定、合同约定分立为两个或两个以上与原公司投资主体相同的公司,对分立后公司承受原公司土地、房屋权属,免征契税。

⑤ 企业破产。企业依照有关法律法规规定实施破产,债权人(包括破产企业职工)承受破产企业抵偿债务的土地、房屋权属,免征契税;对非债权人承受破产企业土地、房屋权属,凡按照《中华人民共和国劳动法》等国家有关法律法规政策妥善安置原企业全部职工,与原企业全部职工签订服务年限不少于三年的劳动用工合同的,对其承受所购企业土地、房屋权属,免征契税;与原企业超过30%的职工签订服务年限不少于三年的劳动用工合同的,减半征收契税。

⑥ 资产划转。对承受县级以上人民政府或国有资产管理部门按规定进行行政性调整、划转国有土地、房屋权属的单位,免征契税。同一投资主体内部所属企业之间土地、房屋权属的划转,包括母公司与其全资子公司之间,同一公司所属全资子公司之间,同一自然人与其设立的个人独资企业、一人有限公司之间土地、房屋权属的划转,免征契税。

⑦ 债权转股权。经国务院批准实施债权转股权的企业,对债权转股权后新设立的公司承受原企业的土地、房屋权属,免征契税。

⑧ 划拨用地出让或作价出资。以出让方式或国家作价出资(入股)方式承受原改制重组企业、事业单位划拨用地的,不属上述规定的免税范围,对承受方应按规定征收契税。

⑨ 公司股权(股份)转让。在股权(股份)转让中,单位、个人承受公司股权(股份),公司土地、房屋权属不发生转移,不征收契税。

纳税人改变有关土地、房屋的用途,或者有其他不再属于上述通知规定的免征、减征契税情形的,应当缴纳已经免征、减征的税款。

(三)征收管理

1. 纳税义务发生时间

契税的纳税义务发生时间是纳税人签订土地、房屋权属转移合同的当天,或者纳税人取得其他具有土地、房屋权属转移合同性质凭证的当天。

在依法办理土地、房屋权属登记前,权属转移合同、权属转移合同性质凭证不生效、无效、被撤销或者被解除的,纳税人可以向税务机关申请退还已缴纳的税款,税务机关应当依法办理。

2. 纳税期限

纳税人应当在依法办理土地、房屋权属登记手续前申报缴纳契税。纳税人办理纳税事宜后,税务机关应当开具契税完税凭证。纳税人办理土地、房屋权属登记,不动产登记机构应当查验契税完税、减免税凭证或者有关信息。未按照规定缴纳契税的,不动产登记机构不予办理土地、房屋权属登记。

3. 纳税地点

契税由土地、房屋所在地的税务机关依照《契税法》和《中华人民共和国税收征收管理法》的规定征收管理。2005年1月1日之后,各级征收机关一律不得委托其他单位代征契税。

4. 征收管理

税务机关应当与相关部门建立契税涉税信息共享和工作配合机制。自然资源、住房城乡建设、民政、公安等相关部门应当及时向税务机关提供与转移土地、房屋权属有关的信息,协助税务机关加强契税征收管理。

税务机关及其工作人员对税收征收管理过程中知悉的纳税人的个人信息,应当依法予以保密,不得泄露或者非法向他人提供。

纳税人、税务机关及其工作人员违反《契税法》规定的,依照《中华人民共和国税收征收管理法》和有关法律法规的规定追究法律责任。

第三节　车　船　税

一、车船税概述

（一）车船税的概念

所谓车船税,是指在中华人民共和国境内,对所有人或管理人拥有的车辆、船舶(以下简称车船),依法征收的一种税。车船税不仅对国内企业、单位和个人征收,同时也对外商投资企业、外国企业和外籍个人征收。

视频讲解：
车船税

我国车船税法的基本规范是2011年2月25日由中华人民共和国第十一届全国人民代表大会常务委员会第十九次会议通过的《中华人民共和国车船税法》(简称《车船税法》)。《车船税法》自2012年1月1日起实行。为进一步规范车船税管理,促进税务机关同其他部门协作,提高车船税管理水平,国家税务总局制定了《车船税管理规程(试行)》,自2016年1月1日起施行。2017年我国车船税收入为773.59亿元,约占全国税收收入总额的0.54%。①

（二）车船税的特点

1. 属财产税类

从财产税的角度看,车船税属于单项财产税,不仅征税对象仅限于车船类运输工具,而且对不同的车船还规定了不同的征税标准。

2. 实行有幅度的定额税率

车船税首先划分车辆与船舶,规定它们各自的定额税率。车船税采用分类幅度税额,即对不同类别的车辆规定了最高税额和最低税额,以适应我国各地经济发展不平衡、车辆种类繁多、大小不同的实际情况。

二、车船税的纳税人

车船税的纳税人是指在中华人民共和国境内,车辆、船舶(以下简称车船)的所有人或者管

---

① 数据来源:国家税务总局网站。

理人,即在我国境内拥有或管理车船的单位和个人。单位,是指行政机关、事业单位、社会团体以及各类企业。个人,是指我国境内的居民和外籍个人。

从事机动车第三者责任强制保险业务的保险机构为机动车车船税的扣缴义务人,应当在收取保险费时依法代收车船税,并出具代收税款凭证。机动车车船税扣缴义务人在代收车船税时,应当在机动车交通事故责任强制保险的保险单以及保费发票上注明已收税款的信息,作为代收税款凭证。

三、车船税的征税范围和适用税率

(一) 车船税的征税范围

车船税的征税范围是指在中华人民共和国境内属于《车船税法》所附"车船税税目税额表"规定的车辆、船舶。

应税的车船包括两类:第一类是依法应当在车船管理部门登记的机动车辆和船舶;第二类是依法不需要在车船管理部门登记、在单位内部场所行驶或者作业的机动车辆和船舶。

征税对象具体可分为车辆和船舶两大类。其中,车辆为机动车,包括乘用车、商用车、专用作业车、轮式专用机械车和摩托车。船舶为机动船和游艇。

(二) 车船税的适用税率

车船税采用有幅度的定额税率。车船税的具体税额,依照《车船税法》所附的"车船税税目税额表"执行(见表8-1)。车辆的具体适用税额由省、自治区、直辖市人民政府依照《车船税法》所附"车船税税目税额表"规定的税额幅度和国务院的规定确定。船舶的具体适用税额由国务院在《车船税法》所附"车船税税目税额表"规定的税额幅度内确定。

车船税确定税额总体原则是,非机动车船的税负轻于机动车船;人力车的税负轻于蓄力车;小吨位船舶的税负轻于大船舶。

表8-1 车船税税目税额表

<table>
<tr><th colspan="2">税目</th><th>计税单位</th><th>年基准税额(元)</th><th>备注</th></tr>
<tr><td rowspan="7">乘用车[按发动机气缸容量(排气量)分档]</td><td>1.0升(含)以下的</td><td rowspan="7">每辆</td><td>60~360</td><td rowspan="7">核定载客人数9人(含)以下</td></tr>
<tr><td>1.0升以上至1.6升(含)的</td><td>300~540</td></tr>
<tr><td>1.6升以上至2.0升(含)的</td><td>360~660</td></tr>
<tr><td>2.0升以上至2.5升(含)的</td><td>660~1 200</td></tr>
<tr><td>2.5升以上至3.0升(含)的</td><td>1 200~2 400</td></tr>
<tr><td>3.0升以上至4.0升(含)的</td><td>2 400~3 600</td></tr>
<tr><td>4.0升(含)以上的</td><td>3 600~5 400</td></tr>
<tr><td rowspan="2">商用车</td><td>客车</td><td>每辆</td><td>480~1 440</td><td>核定载客人数9人(包括电车)以上,包括电车</td></tr>
<tr><td>货车</td><td>整备质量每吨</td><td>16~120</td><td>1. 包括半挂牵引车、三轮汽车和低速载货汽车等
2. 挂车按照货车税额的50%计算</td></tr>
</table>

续表

税目		计税单位	年基准税额(元)	备注
其他车辆	专用作业车	整备质量每吨	16~120	不包括拖拉机
	轮式专用机械车	整备质量每吨	16~120	
摩托车		每辆	36~180	
船舶	机动船舶	净吨位每吨	3~6	拖船、非机动驳船分别按照机动船舶税额的50%计算
	游艇	艇身长度每米	600~2 000	

表8-1中涉及的排气量、整备质量、核定载客人数、净吨位、功率(千瓦或马力)、艇身长度,以车船登记管理部门核发的车船登记证书或者行驶证相应项目所载数据为准。乘用车以车辆登记管理部门核发的机动车登记证书或者行驶证书所载的排气量毫升数确定税额区间。

1. 机动船舶具体适用税额

(1) 净吨位小于或者等于200吨的,每吨3元;

(2) 净吨位为201吨至2 000吨的,每吨4元;

(3) 净吨位为2 001吨至10 000吨的,每吨5元;

(4) 净吨位为10 001吨及以上的,每吨6元。

2. 游艇具体适用税额

(1) 艇身长度不超过10米的游艇,每米600元;

(2) 艇身长度超过10米但不超过18米的游艇,每米900元;

(3) 艇身长度超过18米但不超过30米的游艇,每米1 300元;

(4) 艇身长度超过30米的游艇,每米2 000元;

(5) 辅助动力帆艇,每米600元。

整备质量、净吨位、艇身长度等计税单位,有尾数的一律按照含尾数的计税单位据实计算车船税应纳税额。计算得出的应纳税额小数点后超过两位的可四舍五入保留两位小数。

四、车船税的计算与征收

(一) 车船税的计算

1. 计税依据

乘用车、客车和摩托车的计税依据是辆数。货车、专用作业车、轮式专用机械车车船税计税依据是整备质量吨数。机动船舶则以净吨位吨数为计税依据,游艇以艇身长度为依据。游艇艇身长度是指游艇的总长。拖船按照发动机功率每1千瓦折合净吨位0.67吨计算征收车船税。

2. 计税方法

车船税的应纳税额,应当根据不同类型的车船及其适用的计税标准分别计算。其计算公式为：

应纳税额=计税依据×适用的年基准税额

（1）车辆应纳车船税的计算。车辆采取幅度税额，由省、自治区、直辖市人民政府在规定的幅度税额内，确定本地区的适用固定税额。因此，计算车辆应纳税额时，应适用当地所规定的固定税额。

乘用车、客车和摩托车年应纳税额=车辆数×适用的年税额

货车、专用作业车、轮式专用机械车年应纳税额=整备质量吨数×适用的年税额

（2）船舶应纳车船税的计算。船舶采用固定税额，其应纳税额计算方法如下：

船舶年应纳税额=机动船的净吨位×适用的年税额

游艇年应纳税额=艇身长度×适用的年税额

（3）购置当年车船应纳税额自纳税义务发生的当月起按月计算。其计算公式为：

应纳税额=（年应纳税额/12）×应纳税月份数

应纳税月份数=12-纳税义务发生时间（取月份）+1

【例 8-4】 2021 年，张先生拥有一辆核定整备质量为 7 吨的载货汽车，当地政府规定该载货汽车年税额是每吨 96 元。请问张先生当年应纳多少车船税？

解：应纳税额=整备质量吨数×适用的年税额=7×96=672（元）

（二）车船税的税收优惠

1. 法定减免

（1）捕捞、养殖渔船，是指在渔业船舶登记管理部门登记为捕捞船或者养殖船的船舶。

（2）军队、武装警察部队专用的车船，是指按照规定在军队、武装警察部队车船登记管理部门登记，并领取军队、武警牌照的车船。

（3）警用车，是指公安机关、国家安全机关、监狱、劳动教养管理机关和人民法院、人民检察院领取警用牌照的车辆和执行警务的专用船舶。

（4）依照法律规定应当予以免税的外国驻华使领馆、国际组织驻华代表机构及其有关人员的车船。

（5）省、自治区、直辖市人民政府根据当地实际情况，可以对公共交通车船，农村居民拥有并主要在农村地区使用的摩托车、三轮汽车和低速载货汽车定期减征或者免征车船税。

2. 特定减免

（1）临时入境的外国车船和香港特别行政区、澳门特别行政区、台湾地区的车船，不征收车船税。

（2）按照规定缴纳船舶吨税的机动船舶，自《车船税法》实施之日起 5 年内免征车船税。

（3）依法不需要在车船登记管理部门登记的机场、港口、铁路站场内部行驶或者作业的车船，自《车船税法》实施之日起 5 年内免征车船税。

3. 对节约能源、使用新能源车船的税收优惠

（1）对节能汽车，减半征收车船税。减半征收车船税的节能乘用车应同时符合以下标准：① 获得许可在中国境内销售的排量为 1.6 升以下（含 1.6 升）的燃用汽油、柴油的乘用车（含非插电式混合动力、双燃料和两用燃料乘用车）；② 综合工况燃料消耗量应符合标准。减半征收车船税的节能商用车应同时符合以下标准：① 获得许可在中国境内销售的燃用天然气、汽油、柴油的轻型和重型商用车（含非插电式混合动力、双燃料和两用燃料轻型和重型商用车）；② 燃用汽

油、柴油的轻型和重型商用车综合工况燃料消耗量应符合标准。

(2) 对新能源车船,免征车船税。免征车船税的新能源汽车是指纯电动商用车、插电式(含增程式)混合动力汽车、燃料电池商用车。纯电动乘用车和燃料电池乘用车不属于车船税征税范围,对其不征车船税。免征车船税的新能源汽车应同时符合以下标准:① 获得许可在中国境内销售的纯电动商用车、插电式(含增程式)混合动力汽车、燃料电池商用车;② 符合新能源汽车专项检测和产品技术标准;③ 新能源汽车生产企业或进口新能源汽车经销商在产品质量保证、产品一致性、售后服务、安全监测、动力电池回收利用等方面符合相关要求。

免征车船税的新能源船舶应符合以下标准:船舶的主推进动力装置为纯天然气发动机。发动机采用微量柴油引燃方式且引燃油热值占全部燃料总热值的比例不超过5%的,视同纯天然气发动机。

对符合上述标准的节能、新能源汽车,由工业和信息化部、税务总局不定期联合发布“享受车船税减免优惠的节约能源使用新能源汽车车型目录”。

同时,根据《国务院办公厅关于国家综合性消防救援车辆悬挂应急救援专用号牌有关事项的通知》(国办发〔2018〕114号)规定,国家综合性消防救援车辆由部队号牌改挂应急救援专用号牌的,一次性免征改挂当年车船税。

(三) 车船税的征收管理

1. 纳税义务发生时间

车船税的纳税义务发生时间,为取得车船所有权或者管理权的当月。以购买车船的发票或其他证明文件所载日期的当月为准。

2. 纳税地点

车船税的纳税地点为车船的登记地或者车船税扣缴义务人所在地。依法不需要办理登记的车船,车船税的纳税地点为车船的所有人或者管理人所在地。

扣缴义务人代收代缴车船税的,纳税地点为扣缴义务人所在地。纳税人自行申报缴纳车船税的,纳税地点为车船登记地的主管税务机关所在地。

3. 纳税申报

车船税按年申报,分月计算,一次性缴纳。纳税年度为公历1月1日至12月31日。具体申报纳税期限由省、自治区、直辖市人民政府规定。

本章小结

财产税的功能主要是调节居民的财产差距。我国财产税主要有房产税、契税和车船税。财产税纳税人一般为财产的所有人。征税范围为指定的财产,如房产和车船。我国财产税税率为比例税率和定额税率,调节财产差距能力有限。除了契税,房产税和车船税按年缴纳。

综合练习

一、重要概念

房产税试点　契税　车船税

二、思考题

1. 我国房产税的调节目标有哪些？我国房产税试点改革效果如何？

2. 契税在调节房价中的作用如何？

三、计算题

计算题参考答案

1. 某公司出租名下的商铺 10 间，年租金为 100 万元，适用税率为 12%。计算 10 间商铺租金当年应纳的房产税税额。

2. 居民甲有两套住房，将一套出售给居民乙，成交价格为 500 万元；将另一套住房与居民丙的一套住房交换，收到丙支付的房款差价 10 万元。试计算甲、乙、丙应缴纳的契税，假定税率为 3%。

3. 某家庭拥有两辆乘用车，其中一辆气缸容量为 1.6 升，一辆气缸容量是 3.0 升。税率分别为每辆 300 元和 1 500 元。计算该家庭每年应纳的车船税税额。

延展阅读

[1] 舒颖岗．我国房地产税征税对象探讨[J]．税务研究，2018(09)：57-59.

[2] 庞凤喜，杨雪．个人住房房地产税税负的衡量与比较[J]．税务研究，2018(09)：46-51.

[3] 郭克莎．中国房地产市场的需求和调控机制——一个处理政府与市场关系的分析框架[J]．管理世界，2017(02)：97-108.

[4] 俞成锦，余英．房产税代替土地出让金的政策效应——基于可计算一般均衡模拟分析[J]．地方财政研究，2016(02)：65-73.

第九章

资源税制

本章学习目标

1. 熟悉资源税、城镇土地使用税、耕地占用税的概念、特点和作用
2. 掌握资源税、城镇土地使用税、耕地占用税的纳税人、征税对象、税率和减免税规定
3. 学会资源税、城镇土地使用税、耕地占用税的计算和征收管理方法

我国对自然资源征收资源税历史悠久。先秦时期已出现有关水资源利用的税收。儒家经典著作《礼记》中有记载四季不同气候条件下的生产活动的篇章，篇名是月令。其中关于主管水泉池泽赋税的官吏——水虞渔师的职责的记载是："孟冬之月……是月也，乃命水虞渔师收水泉池泽之赋。"这里所说的"水泉池泽之赋"就是针对湖泊池泽等自然资源征收的税收。

第一节　资　源　税

一、资源税概述

（一）资源税的概念

资源税，是指为了体现国家的权益，促进合理开发利用资源，调节资源级差收入，对开采资源产品征收的一种税。

视频讲解：资源税

资源税是我国在 1984 年 10 月对国营企业实行第二步利改税和全面改革工商税制时新开征的一个税种。当时资源税的征收范围很有限，局限于级差收入多、产量大并且易于控制管理的原油、天然气和煤炭三种特定资源，以后又增加了铁矿石等资源。

资源税最早的基本法规是 1993 年 12 月 25 日国务院颁布的《中华人民共和国资源税暂行条例》（以下简称《资源税暂行条例》）。把资源税的征收范围进一步扩大到其他非金属矿原矿、黑色金属矿原矿、有色金属矿原矿，在取消对盐税作为一个独立税种的同时，也把盐纳入了资源税的征收范围之内。2010 年开始，资源税从价计征改革试点正式启动，并率先在新疆实行原油、天然气资源税从价计征，随后把改革试点扩大到内蒙古、甘肃、四川、青海、贵州、宁夏等 12 个西部省区。2011 年国务院又对

《资源税暂行条例》进行了修订,逐步将资源税由从量定额征收改为从价定率征收,并且对资源税纳税人的界定由原“境内”改为“领域及管辖海域”,将原油和天然气改为从价征收,并提高了焦煤资源税率,但煤炭资源税依然为从量计征。自2015年5月1日起实施稀土、钨、钼资源税清费立税、从价计征改革。自2016年7月1日起,我国全面推进资源税改革。我国开展水资源税改革试点工作,并率先在河北试点,采取水资源费改税方式,将地表水和地下水纳入征税范围,实行从量定额计征,对高耗水行业、超计划用水以及在地下水超采地区取用地下水,适当提高税额标准,正常生产生活用水维持原有负担水平不变。为全面贯彻落实党的十九大精神,推进资源全面节约和循环利用,推动形成绿色发展方式和生活方式,按照党中央、国务院决策部署,自2017年12月1日起在北京、天津、山西、内蒙古、山东、河南、四川、陕西、宁夏9个省(自治区、直辖市)扩大水资源税改革试点。

2019年8月26日,十三届全国人大常委会第十二次会议表决通过中国首部资源税法。该法共17条,应税资源的具体范围由该法所附“税目税率表”确定,从2020年9月1日起施行。最新修订的《中华人民共和国资源税法》(以下简称《资源税法》)有几处明显的变化,一是将资源税暂行条例上升到了现在的资源税法。二是简并了征收期限,有利于减轻纳税人负担。原条例规定的纳税期限是1日、3日、5日、10日、15日或者1个月,具体期限还要由主管税务机关根据实际情况核定,与大多数税种的申报期限不统一、不衔接。新税法规定由纳税人选择按月或按季申报缴纳,并将申报期限由10日内改为15日内,明显降低纳税人的申报频次,切实减轻办税负担。三是规范了税目税率,简化纳税申报。新税法以正列举的方式统一规范了税目,分类确定了税率,简化了纳税申报流程,为纳税人提供更加便捷高效的申报服务。四是强化了部门协同,有利于维护纳税人权益。资源税征管工作专业性、技术性强,特别是对减免税情形的认定,需要有关部门的配合协助。

(二)资源税的特点

资源税与其他税收相比具有以下四个特点:

(1)资源税的征收范围小。从理论上说,资源税的征收范围不仅包括矿产资源,也包括矿产资源以外的其他资源。世界上一些征收资源税的国家,其征税范围也非常广。而我国现行资源税法却采用列举方法,仅把原油、天然气、煤炭、非金属矿原矿、黑色金属矿原矿、有色金属矿原矿和盐七种资源产品列入征税范围之内。从资源税的改革和政府宏观经济调控的实际需要出发,我国资源税的征税范围应逐步扩大,有计划地将水资源、森林资源、草原资源、土地资源及其他矿产品列入征税范围。

(2)资源税的征税目的是调节级差收入。征收资源税可以起到多方面的作用,如筹集财政收入,加强对资源开发的引导和监督,变资源无偿使用为资源有偿使用等。但资源税的立法目的主要在于调节资源开采企业因资源开采条件的差异所形成的级差收入,为资源开采企业之间开展公平竞争创造条件。

(3)资源税采用比例税率和差别定额税率相结合,实行从价定率征收为主,从量定额征收为辅的计征方法。目前,世界各国征收资源税的方法主要有三种:一是从价定率征收;二是从量定额征收;三是以矿产净收入为计税依据按率征收。我国现行资源税法规定,资源税以应税资源产品的销售额或销售量为计税依据,实行从价定率为主,从量定额为辅的计征方法,这样可以将大宗资源税应税产品的税额与价格关联起来,从而可以保证税额的弹性。

(4)资源税属于中央和地方共享税种。世界上征收资源税的国家,在资源税的管理权限和收入归属上，主要有三种类型，即中央税、共享税和地方税。我国现行资源税属于共享税，并按资源种类划分收入归属。

（三）资源税的意义

资源税的开征和其他税种一样，能够为国家筹集财政资金，缓解东西部收入差异矛盾。此外，开征资源税还具有以下意义：

（1）促进国有资源合理开采，节约使用，有效配置，促进企业公平竞争。开征资源税之前，一些企业在自身利益的驱动下，采富弃贫，采易弃难，严重破坏和浪费了国家自然资源。开征资源税，根据资源及其开发条件的差异，分别确定高低不同的税额，有利于企业根据自身的条件和实力选择开采，使自然资源的开发利用走上健康运行的轨道，使资源达到更合理的配置。

（2）消除资源开采企业之间因客观因素的差异而造成盈利水平的悬殊，有利于企业在同一起跑线上公平竞争。

（3）配合其他税种，完善了税收整体功能。现行资源税的开征，使现行税制中各个税种相互配合、相辅相成，在资源开发、产品生产、商品流通直到分配各个环节中都有相应的税种进行相应的调节，完善了税制的整体调节功能，使企业的竞争有了一个较为公平的环境。同时，也为处理国家、企业、个人之间的利益分配关系创造了一定的条件。

二、资源税的征税范围和税率

资源税采取从价定率为主，从量定额为辅的办法征收，实施“普遍征收，级差调节”的原则。普遍征收，是指对在我国境内开发的一切应税资源产品征收资源税；级差调节，是指运用资源税对因资源储存状况、开采条件、资源优劣、地理位置等客观存在的差别而产生的资源级差收入，通过实施差别税额标准进行调节。资源条件好的，税率高一些；资源条件差的，税率低一些。

（一）资源税的征税范围

资源的范围很广，狭义的资源可理解为自然资源。自然资源又可分为矿产资源、土地资源、动物资源、植物资源、海洋资源等。我国目前资源税的征税范围仅限于矿产品和盐。

我国现行资源税的征税范围主要包括能源矿产、金属矿产、非金属矿产、水气矿产和盐等。

（二）资源税的税率

资源税税目税率依照《税目税率表》执行。

《税目税率表》中规定可以选择实行从价计征或者从量计征的，具体计征方式由省、自治区、直辖市人民政府提出，报同级人民代表大会常务委员会决定，并报全国人民代表大会常务委员会和国务院备案。

实行从价计征的，应纳税额按照应税资源产品（以下称应税产品）的销售额乘以具体适用税率计算。实行从量计征的，应纳税额按照应税产品的销售数量乘以具体适用税率计算。

应税产品为矿产品的，包括原矿和选矿产品。

纳税人开采或者生产不同税目应税产品的，应当分别核算不同税目应税产品的销售额或者销售数量；未分别核算或者不能准确提供不同税目应税产品的销售额或者销售数量的，从高适用税率。

纳税人开采或者生产应税产品自用的，应当依照《资源税法》规定缴纳资源税；但是，自用于其他方面的，不缴纳资源税。

资源税《税目税率表》如表 9-1 所示。

表 9-1 资源税税目税率表

税目			征税对象	税率
能源矿产	原油		原矿	6%
	天然气、页岩气、天然气水合物		原矿	6%
	煤		原矿或者选矿	2%～10%
	煤成(层)气		原矿	1%～2%
	铀、钍		原矿	4%
	油页岩、油砂、天然沥青、石煤		原矿或者选矿	1%～4%
	地热		原矿	1%～20%或者每立方米 1～30 元
金属矿产	黑色金属	铁、锰、铬、钒、钛	原矿或者选矿	1%～9%
	有色金属	铜、铅、锌、锡、镍、锑、镁、钴、铋、汞	原矿或者选矿	2%～10%
		铝土矿	原矿或者选矿	2%～9%
		钨	选矿	6.5%
		钼	选矿	8%
		金、银	原矿或者选矿	2%～6%
		铂、钯、钌、锇、铱、铑	原矿或者选矿	5%～10%
		轻稀土	选矿	7%～12%
		中重稀土	选矿	20%
		铍、锂、锆、锶、铷、铯、铌、钽、锗、镓、铟、铊、铪、铼、镉、硒、碲	原矿或者选矿	2%～10%
非金属矿产	矿物类	高岭土	原矿或者选矿	1%～6%
		石灰岩	原矿或者选矿	1%～6%或者每吨(或者每立方米)1～10 元
		磷	原矿或者选矿	3%～8%
		石墨	原矿或者选矿	3%～12%
		萤石、硫铁矿、自然硫	原矿或者选矿	1%～8%
		天然石英砂、脉石英、粉石英、水晶、工业用金刚石、冰洲石、蓝晶石、硅线石(矽线石)、长石、滑石、刚玉、菱镁矿、颜料矿物、天然碱、芒硝、钠硝石、明矾石、砷、硼、碘、溴、膨润土、硅藻土、陶瓷土、耐火粘土、铁钒土、凹凸棒石粘土、海泡石粘土、伊利石粘土、累托石粘土	原矿或者选矿	1%～12%

续表

税目			征税对象	税率
非金属矿产	矿物类	叶蜡石、硅灰石、透辉石、珍珠岩、云母、沸石、重晶石、毒重石、方解石、蛭石、透闪石、工业用电气石、白垩、石棉、蓝石棉、红柱石、石榴子石、石膏	原矿或者选矿	2%~12%
		其他粘土(铸型用粘土、砖瓦用粘土、陶粒用粘土、水泥配料用粘土、水泥配料用红土、水泥配料用黄土、水泥配料用泥岩、保温材料用粘土)	原矿或者选矿	1%~5%或者每吨(或者每立方米)0.1~5元
	岩石类	大理岩、花岗岩、白云岩、石英岩、砂岩、辉绿岩、安山岩、闪长岩、板岩、玄武岩、片麻岩、角闪岩、页岩、浮石、凝灰岩、黑曜岩、霞石正长岩、蛇纹岩、麦饭石、泥灰岩、含钾岩石、含钾砂页岩、天然油石、橄榄岩、松脂岩、粗面岩、辉长岩、辉石岩、正长岩、火山灰、火山渣、泥炭	原矿或者选矿	1%~10%
		砂石	原矿或者选矿	1%~5%或者每吨(或者每立方米)0.1~5元
	宝玉石类	宝石、玉石、宝石级金刚石、玛瑙、黄玉、碧玺	原矿或者选矿	4%~20%
水气矿产	二氧化碳气、硫化氢气、氦气、氡气		原矿	2%~5%
	矿泉水		原矿	1%~20%或者每立方米1~30元
盐	钠盐、钾盐、镁盐、锂盐		选矿	3%~15%
	天然卤水		原矿	3%~15%或者每吨(或者每立方米)1~10元
	海盐			2%~5%

三、资源税的纳税人

资源税纳税人是指在中华人民共和国领域及管辖的其他海域开发应税资源的单位和个人。单位,是指国有企业、集体企业、私有企业、股份制企业、其他企业和行政单位、事业单位、军事单位、社会团体及其他单位;个人,是指个体经营者和其他个人。中外合作开采石油、天然气,按照原来规定只征收矿区使用费,暂不征收资源税,但是从2011年11月1日起,不再征收矿区使用费,统一征收资源税。因此,中外合作开采石油、天然气的企业也是资源税的纳税人。

四、资源税的计算和征收

（一）资源税的计算

资源税的应纳税额，按照从价定率或者从量定额的办法，分别以应税产品的销售额乘以纳税人具体适用的比例税率或者以应税产品的销售数量乘以纳税人具体适用的定额税率计算。其计算公式分别为：

从价征收：

$$应纳税额 = 销售额 \times 税率$$

从量征收：

$$应纳税额 = 课税数量 \times 单位税额$$

从价征收计算公式中的销售额与增值税计税依据销售额一致，即为纳税人销售应税产品向购买方收取的全部价款和价外费用，但不包括收取的增值税销项税额。

纳税人以人民币以外的货币结算销售额的，应当折合成人民币计算。其销售额的人民币折合率可以选择销售额发生的当天或者当月 1 日的人民币汇率中间价。纳税人应在事先确定采用何种折合率计算方法，确定后 1 年内不得变更。

纳税人申报的应税产品销售额明显偏低并且无正当理由的、有视同销售应税产品行为而无销售额的，除财政部、国家税务总局另有规定外，按下列顺序确定销售额：

（1）按纳税人最近时期同类产品的平均销售价格确定；

（2）按其他纳税人最近时期同类产品的平均销售价格确定；

（3）按组成计税价格确定。组成计税价格为：

$$组成计税价格 = 成本 \times (1 + 成本利润率) \div (1 - 资源税税率)$$

公式中的成本是指应税产品的实际生产成本。公式中的成本利润率由省、自治区、直辖市税务机关确定。

（4）按后续加工非应税产品销售价格，减去后续加工环节的成本利润后确定。

（5）按其他合理方法确定。

从量征收计算公式中所称销售数量，包括纳税人开采或者生产应税产品的实际销售数量和视同销售的自用数量。纳税人不能准确提供应税产品销售数量的，以应税产品的产量或者主管税务机关确定的折算比换算成的数量为计征资源税的销售数量。

【例 9-1】 冯山为某个体煤矿的业主。该煤矿 2021 年 5 月份对外销售原煤 12 000 吨，煤不含税单价为每吨 250 元，该煤矿税率为 5%。计算该个人业主本月应纳的资源税税额。

解：对于对外销售原煤，

$$本月应纳税额 = 销售额 \times 比例税率 = 12\ 000 \times 250 \times 5\% = 150\ 000（元）$$

（二）资源税的税收优惠

资源税贯彻普遍征收、级差调节的原则思想，因此规定的减免税项目比较少。根据《中华人民共和国资源税法》，有下列情形之一的，免征资源税：① 开采原油以及在油田范围内运输原油过程中用于加热的原油、天然气；② 煤炭开采企业因安全生产需要抽采的煤成（层）气。

有下列情形之一的，减征资源税：① 从低丰度油气田开采的原油、天然气，减征 20%资源税；② 高含硫天然气、三次采油和从深水油气田开采的原油、天然气，减征 30%资源税；③ 稠油、高凝油减征 40%资源税;④ 从衰竭期矿山开采的矿产品,减征 30%资源税。根据国民经济和社会发展需要,国务院对有利于促进资源节约集约利用、保护环境等情形可以规定免征或者减征资源税,报全国人民代表大会常务委员会备案。

有下列情形之一的,省、自治区、直辖市可以决定免征或者减征资源税:① 纳税人开采或者生产应税产品过程中,因意外事故或者自然灾害等原因遭受重大损失;② 纳税人开采共伴生矿、低品位矿、尾矿。前款规定的免征或者减征资源税的具体办法,由省、自治区、直辖市人民政府提出,报同级人民代表大会常务委员会决定,并报全国人民代表大会常务委员会和国务院备案。

(三)资源税的征收管理

1. 纳税义务发生时间

(1) 纳税人销售应税产品,其纳税义务发生时间是:

① 纳税人采取分期收款结算方式的,其纳税义务发生时间为销售合同规定的收款日期的当天;

② 纳税人采取预收货款结算方式的,其纳税义务发生时间为发出应税产品的当天;

③ 纳税人采取其他结算方式的,其纳税义务发生时间为收讫销售款或者取得索取销售款凭据的当天。

(2) 纳税人自产自用应税产品的纳税义务发生时间,为移送使用应税产品的当天。

(3) 扣缴义务人代扣代缴税款的纳税义务发生时间,为支付首笔货款或首次开具支付贷款凭据的当天。

2. 纳税期限

资源税按月或者按季申报缴纳;不能按固定期限计算缴纳的,可以按次申报缴纳。

纳税人按月或者按季申报缴纳的,应当自月度或者季度终了之日起 15 日内,向税务机关办理纳税申报并缴纳税款;按次申报缴纳的,应当自纳税义务发生之日起 15 日内,向税务机关办理纳税申报并缴纳税款。

3. 纳税地点

纳税人应纳的资源税,应当向应税产品的开采或者生产所在地主管税务机关缴纳。

第二节　城镇土地使用税

一、城镇土地使用税概述

(一)城镇土地使用税的概念

城镇土地使用税,是指以开征范围的土地为征税对象,以实际占用的土地单位面积为计税标准,按规定税额对拥有土地使用权的单位和个人征收的一种税。

视频讲解:城镇土地使用税

我国人多地少,珍惜土地、节约用地,是一项基本国策。早在新中国成立初期,就开征了地产税。长期以来,我国对非农业土地基本是实行行政划拨、无偿使用的办法。实践的结果表明,这种做法不利于节约和合理使用土地资源。为了合理利用城镇土地资源,以经济手段加强对土地的控制和管理,调节不同地区、不同地段之间的土地级差收入，使土地产生更大的效益，1988 年 9 月，国务院颁布了《中华人民共和国城镇土地使用税暂行条例》，并于当年 11 月 1 日起开始施行。2006 年 12 月 30 日通过了《关于修改〈中华人民共和国城镇土地使用税暂行条例〉的决定》，2013 年 12 月 4 日国务院第 32 次常务会议做了部分修改（2013 年 12 月 7 日起实施）。

（二）城镇土地使用税的特点

我国现行的城镇土地使用税具有以下特点：

1. 对占用或使用城镇土地的行为征税

对土地的征税在国外属于财产税。但由于我国的情况有所不同，对城镇土地使用税的归类也不一样。根据我国宪法规定，城镇土地的所有权归国家，单位和个人对占用土地只有使用权而无所有权。因此，现行的土地使用税在实质上是对占用或使用土地的行为征税。土地作为资源，占用或使用土地，是对土地资源的开发和利用，因此，我们把城镇土地使用税归为资源税类。

2. 征税对象是国有土地

开征城镇土地使用税，实质上是国家运用国家政治权力，将纳税人获取的本应属于国家的土地收益集中到国家手中。农业土地因属于农民集体所有，因此未纳入征税范围。

3. 征税范围广泛

现行城镇土地使用税对在我国境内使用土地的单位和个人征收，包括了外商投资企业、外国企业和外籍人员。一个征税范围广泛的土地使用税，将在调节土地使用和收益分配及筹集地方财政资金方面发挥重大作用。

4. 实行差别幅度税额

调节土地的级差收入，是开征城镇土地使用税的主要目的之一。我们知道，级差收入的产生主要取决于土地的位置。占有土地优越位置的纳税人，可以节约运输和流通费用，扩大销售和经营规模，取得额外经济收益。为了有利于体现国家政策，对同一城镇的不同地段，根据市政建设状况和经济繁荣程度也确定不等的负担水平。

（三）城镇土地使用税的意义

1. 促进合理、节约使用土地

长期以来，我国对非农业土地基本上是实行行政划拨、无偿使用的方法，一些企业和单位总是尽量多占地、占好地，有些地方占有土地又不用，抛荒现象随处可见，造成大量土地资源浪费，与我国土地资源的严重不足形成了尖锐的矛盾。开征城镇土地使用税后，国有土地不再由单位和个人无偿使用，而是要按规定向国家纳税，多占地、占好地就要多缴税；少占地、占次地就可以少缴税。这样就可以促使企业在用地时精打细算，起到加强土地管理，合理、节约使用土地的作用。

2. 调节土地级差收入，促进平等竞争

土地之间的级差收入是客观存在的。土地级差收入的形成，除了土地使用者本身的投资开发因素外，很大程度上依赖于国家在土地上及其周围所进行的投资开发和基础设施建设。开征土地使用税，按土地级差收入的高低设置差别税率，位置好、级差收入多的多征税，位置差、级差收入少的少征税。这样，将国有土地的级差收入纳入财政，不仅有利于理顺国家与土地使用者之间的分配关系，同时也可以为企业之间的平等竞争创造一个大体公平的条件。

3. 筹集财政资金，完善地方税体系

土地的一个显著特点是具有非流动性，因而对土地征税，税源稳定，收入可靠，常成为各国地方政府财政收入的主要来源之一。我国在1994年财政体制改革中,将城镇土地使用税确定为地方税,收入归地方政府支配。由于我国土地资源广阔,该税种又在所在的大、中、小城市和县城、建制镇、工矿区开征,收入额较大,因此,它可以成为地方财政的一项稳定的收入来源,为完善地方税体系和分税制财政体制创造条件。

二、城镇土地使用税的征税范围和适用税率

(一)城镇土地使用税的征税范围

城镇土地使用税的征税范围为城市、县城、建制镇和工矿区内的国家所有和集体所有的土地。具体的征税范围是:城市的征税范围为市区和郊区的土地。县城的征税范围为县人民政府所在的城镇的土地。建制镇的征税范围为镇人民政府所在地的土地。工矿区,是指工商业比较发达,人口比较集中的大中型工矿企业所在地的土地,工矿区的设立必须经省、自治区、直辖市人民政府批准。

对城市、县城、建制镇和工矿区的具体征税范围的确定,由省、自治区、直辖市人民政府划定。

(二)城镇土地使用税的适用税率

城镇土地使用税实行分级幅度定额税率,按大、中、小城市和县城、建制镇、工矿区分别规定每平方米土地年应纳税额。

土地使用税每平方米年税额如下:

(1)大城市1.5元至30元;

(2)中等城市1.2元至24元;

(3)小城市0.9元至18元;

(4)县城、建制镇、工矿区0.6元至12元。

大、中、小城市以公安部门登记在册的非农业正式户口人数为依据,按照国务院颁布的《城市规划条例》中规定的标准划分。其中,市区及郊区非农业人口在50万以上者,称为大城市;市区及郊区非农业人口在20万至50万之间者,称为中等城市;市区及郊区非农业人口在20万以下者,称为小城市。

各省、自治区、直辖市人民政府可根据市政建设情况和经济繁荣程度在规定税额幅度内,确定所辖地区的适用税额幅度。经省、自治区、直辖市人民政府批准,经济落后地区土地使用税的适用税额标准可以适当降低,但降低额不得超过上述规定最低税额的30%。经济发达地区土地使用税的适用税额标准可以适当提高,但须报经财政部批准。

土地使用税规定幅度税额主要考虑到我国各地区存在着悬殊的土地级差收益,同一地区内不同地段的市政建设情况和经济繁荣程度也有较大的差别。把土地使用税税额定为幅度税额,拉开档次,而且每个幅度税额的差距规定了20倍。这样,各地政府在划分本辖区不同地段的等级,确定适用税额时,有选择余地,便于具体划分和确定。幅度税额还可以调节不同地区、不同地段之间的土地级差收益,尽可能地平衡税负。

三、城镇土地使用税的纳税人

在城市、县城、建制镇、工矿区范围内使用土地的单位和个人,为城镇土地使用税的纳税人。所称单位,包括国有企业、集体企业、私营企业、股份制企业、外商投资企业、外国企业以及其他企

业和事业单位、社会团体、国家机关、军队以及其他单位；所称个人，包括个体工商户以及其他个人。城镇土地使用税的纳税人通常包括以下几类：

（1）拥有土地使用权的单位或个人。

（2）拥有土地使用权的纳税人不在土地所在地的，由实际使用人和代管人纳税。

（3）土地使用权未确定或权属纠纷未解决的，由实际使用人纳税。

（4）土地使用权共有的，由共有各方分别纳税。

在城镇土地使用税征税范围内，承租集体所有建设用地的，由直接从集体经济组织承租土地的单位和个人，缴纳城镇土地使用税。

四、城镇土地使用税的计算与征收

（一）城镇土地使用税的计算

城镇土地使用税以纳税人实际占用的土地面积为计税依据，依照规定税额计算征收。其计算公式如下：

全年应纳税额=计税土地面积（平方米）×适用税额

纳税人实际占用的土地面积，是指由省、自治区、直辖市人民政府确定的单位组织测定的土地面积。纳税人持有政府部门核发的土地使用证书的，以证书确认的土地面积为计税依据；尚未核发土地使用证书的，纳税人应据实申报土地面积，待土地使用面积测定后，按测定面积进行调整。

【例 9-2】 设在某城市的一企业使用土地面积为 10 000 平方米，经税务机关核定，该土地每平方米年税额为 4 元。计算其 2021 年应纳的土地使用税。

解：年应纳土地使用税税额 = 10 000×4 = 40 000（元）

（二）城镇土地使用税的税收优惠

1. 下列土地免征城镇土地使用税

（1）国家机关、人民团体、军队自用的土地。这部分土地是指这些单位本身的办公用地和公务用地。如国家机关、人民团体的办公楼用地，军队的训练场用地等。

（2）由国家财政部门拨付事业经费的单位自用的土地。这部分土地是指这些单位本身的业务用地。如学校的教学楼、操场、食堂等占用的土地。

企业办的学校、医院、托儿所、幼儿园，其用地能与企业其他用地明确区分的，可以比照由国家财政部门拨付事业经费的单位自用的土地，免征土地使用税。

（3）宗教寺庙、公园、名胜古迹自用的土地。宗教寺庙自用的土地，是指举行宗教仪式等的用地和寺庙内的宗教人员生活用地。公园、名胜古迹自用的土地，是指供公共参观游览的用地及其管理单位的办公用地。以上单位的生产、经营用地和其他用地，不属于免税范围，应按规定缴纳土地使用税，如公园、名胜古迹中附设的营业单位如影剧院、饮食部、茶社、照相馆等使用的土地，公园、名胜古迹内的索道公司经营用地。

（4）市政街道、广场、绿化地带等公共用地。非社会性的公共用地不能免税，如企业内的广场、道路、绿化等占用的土地。

（5）直接用于农、林、牧、渔业的生产用地。这部分土地是指直接从事于种植养殖、饲养的专业用地，不包括农副产品加工场地和生活办公用地。

(6) 在城镇土地使用税征收范围内经营采摘、观光农业的单位和个人,其直接用于采摘、观光的种植、养殖、饲养的土地,免征城镇土地使用税。

(7) 经批准开山填海整治的土地和改造的废弃土地,从使用的月份起免缴土地使用税5年至10年。具体免税期限由各省、自治区、直辖市税务部门在《城镇土地使用税暂行条例》规定的期限内自行确定。

(8) 对廉租住房、经济适用住房建设用地以及廉租住房经营管理单位按照政府规定价格、向规定保障对象出租的廉租住房用地,免征城镇土地使用税。开发商在经济适用住房、商品住房项目中配套建造廉租住房,在商品住房项目中配套建造经济适用住房,如能提供政府部门出具的相关材料,可按廉租住房、经济适用住房建筑面积占总建筑面积的比例免征开发商应缴纳的城镇土地使用税。

(9) 对个人出租住房,不区分用途,免征城镇土地使用税。

(10) 对非营利性医疗机构自用的土地,免征城镇土地使用税。对营利性医疗机构自用的土地免征城镇土地使用税,3年免税期满后恢复征税。

(11) 自2019年1月1日至2021年12月31日,对国家级、省级科技企业孵化器、大学科技园和国家备案众创空间自用以及无偿或通过出租等方式提供给在孵对象使用的房产、土地,免征房产税和城镇土地使用税;对其向在孵对象提供孵化服务取得的收入,免征增值税。

(12) 自2019年1月1日至2020年12月31日,对向居民供热收取采暖费的供热企业,为居民供热所使用的厂房及土地免征镇土地使用税;对供热企业其他厂房及土地,应当按照规定城镇土地使用税。

(13) 自2018年10月1日至2020年12月31日,对按照去产能和调结构政策要求停产停业、关闭的企业,自停产停业次月起,免征房产税、城镇土地使用税。企业享受免税政策的期限累计不得超过两年。

(14) 自2017年1月1日起至2019年12月31日止,对物流企业自有的(包括自用和出租)大宗商品仓储设施用地,减按所属土地等级适用税额标准的50%计征城镇土地使用税。

除上述全国性统一政策外,还有些减免税由省、自治区、直辖市税务部门确定。如个人所有的居住房屋及院落用地;房产管理部门在房租调整改革前经租的居民住房用地;免税单位职工家属的宿舍用地;民政部门举办的安置残疾人占一定比例的福利工厂用地;集体和个人办的各类学校、医院、托儿所、幼儿园用地也确定免税。纳税人缴纳土地使用税确有困难需要定期减免的,由省、自治区、直辖市税务机关审核后,报国家税务总局批准。

2. 免税政策相关执行规定

(1) 土地使用税与耕地占用税的征税范围衔接。为了避免对一块土地同时征收耕地占用税和土地使用税,税法规定,凡是缴纳了耕地占用税的,从批准征用之日起满1年后征收城镇土地使用税;征用非耕地因不需要缴纳耕地占用税,应从批准征用之次月起征收城镇土地使用税。

(2) 对免税单位与纳税单位之间无偿使用的土地(如公安、海关等单位使用铁路、民航等单位的土地),免征城镇土地使用税;对纳税单位无偿使用免税单位的土地,纳税单位应照章缴纳城镇土地使用税。纳税单位与免税单位共同使用共有使用权土地上的多层建筑,对纳税单位可按其占用的建筑面积占建筑总面积的比例计征城镇土地使用税。

(3) 对基建项目在建期间使用的土地,原则上应照章征收城镇土地使用税。但对有些基建项目,特别是国家产业政策扶持发展的大型基建项目占地面积大,建设周期长,在建期间又没有经营收入,为照顾其实际情况,对纳税人纳税确有困难的,可由各省、自治区、直辖市税务局根据具体情况予以免征或减征城镇土地使用税;对已经完工或已经使用的建设项目,其用地应照章征收城镇土地使用税。

(4) 对于各类危险品仓库、厂房所需防火、防爆、防毒等安全防范用地,可由各省、自治区、直辖市税务局确定,暂免征收城镇土地使用税;对仓库库区、厂房本身用地,应照章征收城镇土地使用税。

(5) 企业关闭、撤销后,其占地未做他用的,经各省、自治区、直辖市税务局批准,可暂免征收城镇土地使用税;如土地转让给其他单位使用或企业重新用于生产经营的,应依照规定征收城镇土地使用税。

(6) 对企业厂区(包括生产、办公及生活区)以内的绿化用地,应照章征收城镇土地使用税;厂区以外的公共绿化用地和向社会开放的公园用地,暂免征收城镇土地使用税。

(三) 城镇土地使用税的征收管理

1. 纳税义务发生时间

(1) 购置新建商品房,自房屋交付使用之次月起计征城镇土地使用税。

(2) 购置存量房,自办理房屋权属转移、变更登记手续,房地产权属登记机关签发房屋权属证书之次月起计征城镇土地使用税。

(3) 出租、出借房产,自交付出租、出借房产之次月起计征城镇土地使用税。

(4) 房地产开发企业自用、出租、出借本企业建造的商品房,自房屋使用或交付次月起计征城镇土地使用税。

房地产开发企业以出让或转让方式有偿取得土地使用权的,应由受让方从合同约定交付土地时间的次月起缴纳城镇土地使用税;合同未约定交付土地时间的,由受让方从合同签订的次月起缴纳城镇土地使用税。

纳税人因房产、土地的实物或权利状态发生变化而依法终止城镇土地使用税纳税义务的,其应纳税款的计算应截止到房产、土地的实物或权利状态发生变化的当月末。

2. 纳税期限

按照规定,土地使用税按年计算,分期缴纳。具体缴纳期限由省、自治区、直辖市人民政府确定。各省、自治区、直辖市税务机关根据当地情况,一般确定按月、季或半年等期限缴纳城镇土地使用税。

新征用的土地,依照下列规定缴纳土地使用税:

(1) 征用的耕地,自批准征用之日起满1年时开始缴纳城镇土地使用税。

(2) 征用的非耕地,自批准征用次月起缴纳城镇土地使用税。

3. 纳税申报

企业应当按照当地税务机关确定的纳税期限,填制“城镇土地使用税纳税申报表”,将其所占有的土地的权属、位置、用途、面积和税务机关要求申报的其他内容,据实申报,并按税务机关的要求提供有关证明文件资料。纳税人新征用的土地,必须于批准征用之日起30日内申报登记。企业如发生住址变更、土地使用权属转换等情况,应当从变更、转换之日起,按规定期限办理申报变更登记。

由于城镇土地使用总是和房产相互联系的,拥有房产也就拥有土地使用权,相应地,缴纳房产税也应缴纳相应的土地使用税，因此许多地区将土地使用税和房产税的纳税申报表合并在一张表上。

4. 纳税地点

城镇土地使用税由土地所在地的税务机关征收。土地管理机关应当向土地所在地的税务机关提供土地使用权属资料。

纳税人使用的土地不属于同一省（自治区、直辖市）管辖范围的，应由纳税人分别向土地所在地税务机关缴纳土地使用税。在同一省（自治区、直辖市）管辖范围内，纳税人跨地区使用的土地，如何确定纳税地点，由各省、自治区、直辖市税务局确定。

第三节 耕地占用税

一、耕地占用税概述

（一）耕地占用税的概念

耕地占用税，是指对占用耕地建房或者从事其他非农业建设的单位和个人征收的一种税。根据国务院发布的《中华人民共和国耕地占用税暂行条例》的规定，从 1987 年 4 月 1 日起，全国普遍开征耕地占用税。

视频讲解：
耕地占用税

耕地占用税对保护耕地、促进合理利用土地资源起到了积极的作用。但随着经济的发展，该税种在保护耕地等方面日益弱化。2007 年 12 月 1 日，国务院对 1987 年发布并施行的《中华人民共和国耕地占用税暂行条例》做了全面修订。2018 年 12 月 29 日，第十三届全国人民代表大会常务委员会第七次会议通过《中华人民共和国耕地占用税法》，于 2019 年 9 月 1 日起正式施行。2007 年 12 月 1 日公布的《中华人民共和国耕地占用税暂行条例》同时废止。

（二）耕地占用税的特点

与其他的税种相比，我国耕地占用税具有如下特点：

1. 耕地占用税以占用耕地的行为为课税对象

耕地占用税是国家出于合理利用土地资源，加强土地管理，保护农用耕地为特定目的，以占用耕地建房或从事其他非农业建设的行为为课税对象征收的，具有行为目的税的性质。

2. 耕地占用税实行地区之间差别税率

耕地占用税采用地区差别定额税率，按不同地区人均占有耕地的多少设置差别税额，人均占有耕地越少的地区，单位税额标准越高。

3. 耕地占用税实行一次性课征

耕地占用税在耕地占用环节上实行一次性征收，纳税人在完税后使用、转让和继承过程中，不再缴纳耕地占用税。

4. 耕地占用税专款专用于发展农业生产

运用耕地占用税设立土地开发基金，将其税款专款专用于土地开发，支持农业生产的发展，做到“取之于地，用之于地”。

（三）耕地占用税的意义

耕地是人们赖以生存和发展的基础，是发展农业生产的最基本的生产资料。我国耕地的逐步减少与人们对农副产品需求不断增加之间，存在尖锐的矛盾。保护耕地已经成为十分紧迫的问题，因此，开征耕地占用税，具有重大的现实意义和深远的历史意义。

1. 有利于限制滥占耕地，保护我国宝贵的耕地资源

我国人口众多，人均耕地远远低于世界平均的人均水平，并且人口还在继续增长，随着国家工业化的推进，耕地却在急剧减少，形势非常严峻。开征耕地占税，通过加重占用耕地的纳税人的经济负担，可以在一定程度上限制滥占耕地，保护我国目前拥有的宝贵的耕地资源。此外，开征耕地占用税，还有利于配合土地管理部门对划拨土地的管理，防止一些地方随意批占耕地，堵塞耕地管理中的漏洞。

2. 有利于筹集专项资金，促进农业生产可持续发展

耕地占用税是对占用耕地资源的一种补偿，根据"取之于地，用之于地"的原则，我国明确规定，耕地占用税所征税款全部作为农业发展专项基金，专门用来改良现有耕地和开发宜农宜耕土地等农田基本建设项目。因此，征收耕地占用税，对促进农业生产的发展有着十分重要的现实意义和深远的历史意义。

3. 有利于开辟财源，增加地方财政收入

征收耕地占用税，为地方财政收入开辟了一个财源，使地方政府有一定的财力用于保护耕地，规划农业发展蓝图，为农村实现社会主义现代化创造条件。

二、耕地占用税的征税范围和适用税率

（一）耕地占用税的征税范围

耕地占用税的征税对象，是指占用耕地建房或从事其他非农业建设的行为。其中，决定耕地占用税征税对象有两方面要素：一是建设行为；二是被占耕地。耕地是指用于种植农作物的土地。具体列入耕地占用税征税范围的耕地有：

（1）种植粮食作物、经济作物的土地，包括粮田、棉田、麻田、烟田、蔗田等；

（2）菜地，即用于种植各类蔬菜的土地；

（3）园地，包括苗圃、花圃、茶园、果园、桑园和其他种植经济林木的土地；

（4）鱼塘；

（5）其他农用土地，如已开发从事种植、养殖的滩涂、草场、水面、林地等。

具体是否要征收耕地占用税则由省、自治区、直辖市人民政府结合当地情况确定。

纳税人占用除耕地以外的农用地，如林地、牧草地、农田水利用地和养殖水面等，均应按照条例规定，缴纳耕地占用税。建设直接为农业生产服务的生产设施占用的农用地的，不征收耕地占用税。

（二）耕地占用税的适用税率

耕地占用税实行从量计征的地区差别定额税率，以规定单位面积的税额作为征收标准。我国地区之间经济发展不平衡，人均占用耕地数量的差别较大。总的来说，人口稠密、人均耕地少、经济发达、非农业占地问题比较严重，或者土地质量较好的地方，税率高一些；反之，人口稀疏、人均耕地较多、经济不发达，或者土地质量较差的地方，税率就低些。

我国耕地占用税的税额规定如下：

（1）人均耕地不超过1亩[1]的地区（以县、自治县、不设区的市、市辖区为单位，下同），每平方米为10元至50元；

（2）人均耕地超过1亩但不超过2亩的地区，每平方米8元至40元；

（3）人均耕地超过2亩但不超过3亩的地区，每平方米6元至30元；

（4）人均耕地超过3亩的地区，每平方米5元至25元。

国务院财政、税务主管部门根据人均耕地面积和经济发展情况确定各省、自治区、直辖市的平均税额。

各地适用税额，由省、自治区、直辖市人民政府在税额幅度内，根据本地区情况核定。各省、自治区、直辖市人民政府核定的适用税额的平均水平，不得低于本法所附《各省、自治区、直辖市耕地占用税平均税额表》规定的平均税额。

根据2018年12月29日第十三届全国人民代表大会常务委员会第七次会议通过《中华人民共和国耕地占用税法》规定，各省、自治区、直辖市每平方米平均税额为：上海市45元，北京市40元，天津市35元，江苏、浙江、福建、广东4省各30元，辽宁、湖北、湖南3省各25元，河北、安徽、江西、山东、河南、四川、重庆7省市各22.5元，广西、海南、贵州、云南、陕西5省区各20元，山西、吉林、黑龙江3省各17.5元，内蒙古、西藏、甘肃、青海、宁夏、新疆6省区各12.5元。

对经济特区、技术开发和经济发达、人均耕地特别少的地区，税额标准可以适当提高，但是最高不得超过上述规定税额的50%。占用基本农田的，适用税额应在当地适用税额的基础上提高50%。

三、耕地占用税的纳税人

在中华人民共和国境内占用耕地建设建筑物、构筑物或者从事非农业建设的单位或者个人，为耕地占用税的纳税人。

四、耕地占用税的计算与征收

（一）耕地占用税的计算

1. 计税依据

耕地占用税以纳税人实际占用耕地面积为计税依据，按照规定税额一次性征收。

但在现实征管中，一般存在这样几种情况：一种是经申请批准占用耕地的，一般以农用地转用审批文件中标明的建设用地人为纳税人，按审批文件中标明的用地面积计征耕地占用税。但在此条件下，通常也会有纳税人实际占地面积大于审批文件中标明用地面积的情况，此时则应以实际占地面积计征耕地占用税。另一种是未经批准占用耕地的，则应以实际占地人为耕地占用税的纳税人，以纳税人实际占用耕地的面积计征耕地占用税。

基于以上考虑，耕地占用税的计税依据应按照批准面积和实际占地面积孰大的原则确定，即：纳税人实际占地面积（含受托代占地面积）大于批准占地面积的，以实际占地面积计税；批准占地面积大于实际占地面积的，以批准占地面积计税。

2. 应纳税额计算

$$应纳税额=计税依据\times适用税率$$

---

① 1亩≈666.67平方米。

【例 9-3】 某工厂 2021 年经批准占用市郊耕地 10 000 平方米用于建设仓库。计算其应纳耕地占用税税额。(该占用的耕地适用的税率为 20 元/平方米)

解:应纳税额=计税依据×适用税率=10 000×20=200 000(元)

(二)耕地占用税的税收优惠

下列情形免征耕地占用税:

(1)军事设施占用耕地。

(2)学校、幼儿园、社会福利机构、医院占用耕地。

按照耕地占用税的有关政策规定,下列纳税人可享受耕地占用税减税照顾:

(1)铁路线路、公路线路、飞机场跑道、停机坪、港口、航道占用耕地,减按每平方米 2 元的税额征收耕地占用税。

根据实际需要,国务院财政、税务主管部门和国务院有关部门报国务院批准后,可以对上述情形进行免征或者减征耕地占用税。

(2)农村居民在规定用地标准内占用耕地新建住宅,按照当地适用税额减半征收耕地占用税。

(3)农村烈士家属、因公牺牲军人遗属、残疾军人,以及符合农村最低生活保障条件的农村居民,在规定用地标准以内新建自用住宅免征耕地占用税。

税法规定免征或者减征耕地占用税后,纳税人改变原占地用途,不再属于免征或者减征耕地占用税情形的,应当按照当地适用税额补缴耕地占用税。

(三)耕地占用税的征收管理

耕地占用税由税务机关负责征收。纳税人因建设项目施工或者地质勘查临时占用耕地,应当依照本法的规定缴纳耕地占用税。纳税人在批准临时占用耕地期满之日起一年内依法复垦,恢复种植条件的,全额退还已经缴纳的耕地占用税。

税务机关应当与相关部门建立耕地占用税涉税信息共享机制和工作配合机制。县级以上地方人民政府自然资源、农业农村、水利等相关部门应当定期向税务机关提供农用地转用、临时占地等信息,协助税务机关加强耕地占用税征收管理。

耕地占用税的纳税义务发生时间为纳税人收到自然资源主管部门办理占用耕地手续的书面通知的当日。纳税人应当自纳税义务发生之日起 30 日内申报缴纳耕地占用税。自然资源主管部门凭耕地占用税完税凭证或者免税凭证和其他有关文件发放建设用地批准书。

耕地占用税的征收管理,依照《中华人民共和国税收征收管理法》和《中华人民共和国耕地占用税法》有关规定执行。

本章小结

本章主要介绍了我国现行税制体系中对自然资源征收的资源税、城镇土地使用税、耕地占用税三个主要税种的纳税人、征税对象、税率核心三要素,并简要地概括这三个税种的征收管理方面的相关制度。

综合练习

一、重要概念

资源税　从价定率计税　从量定额计税　复合计税办法　城镇土地使用税　耕地占用税

二、思考题

1. 我国现行的资源税存在哪些问题？应如何健全？

2. 为什么要扩大我国资源税的征收范围？

3. 你觉得对我国的森林、草场、滩涂等资源征收资源税可行吗？开征的难点表现在哪些方面？

三、计算题

1. 新疆某油田本年度10月份开采销售原油1万吨，销售油田开采天然气200万立方米。该批原油不含税售价为每吨5 000元，天然气不含税售价为每万立方米1 800元。计算该油田10月份应纳资源税。原油和天然气的资源税税率均为8%。

2. 设在某县城的一企业使用土地面积为5 000平方米，经税务机关核定，该土地每平方米年税额为1元。其全年应纳的城镇土地使用税是多少？

3. 某企业经批准占用市内耕地2 000平方米用于房地产建设，其中300平方米用于小区医院建设。计算其应纳耕地占用税税额。（该占用的耕地适用的税率为8元/平方米）

计算题参考答案

延展阅读

[1] 袁春生，马雪梅．煤炭资源税改革前后税负变动及影响因素——来自煤炭上市公司的经验证据[J]．税务研究，2019(05)：104-109.

[2] 罗昌财，宋生瑛，方药．新时代资源税立法的背景与选择[J]．税务研究，2018(06)：41-45.

[3] 张德勇．资源税改革中的租、税、费关系[J]．税务研究，2017(04)：58-62.

[4] 陈平，李建英，庄海玲．房地产税改革对地方财政收入的影响预测——基于广州市数据的模拟测算[J]．税务研究，2018(09)：52-56.

第十章

其他税制

本章学习目标

1. 掌握印花税、车辆购置税、城市维护建设税、土地增值税、环境保护税、烟叶税的税制要素规定

2. 掌握印花税、车辆购置税、城市维护建设税、土地增值税、环境保护税、烟叶税的应纳税额计算方法

3. 掌握印花税、车辆购置税、城市维护建设税、土地增值税、环境保护税、烟叶税的征税管理办法

建立国家税收制度,必须注意适当简化税制。如果把税种搞得过于复杂,不仅会给纳税人带来额外负担,不利于经济核算,而且也会使政府的征收费用增加,但是,税制的简化也要适当,要以不削弱税收促进经济发展、调节各方面经济关系的经济杠杆作用为前提,不能为简化而简化。适应我国多层次生产力、多变经济形势和多种经营方式长期并存的经济结构,可以利用各个不同税种的特点相辅相成,发挥各自的作用;可以从社会再生产各环节或者某一特定行为进行课税,比如印花税、车辆购置税、城市维护建设税、土地增值税、环境保护税、烟叶税等税种,从而多层次和多环节地组织财政收入,调节经济结构,总之,有利于配合国家的财政经济政策,充分发挥税收的经济杠杆作用。

第一节 印 花 税

视频讲解:
印花税

一、印花税概述

印花税是对经济活动和经济交往中书立、领受具有法律效力凭证的行为所征收的一种税。印花税由于在应税凭证上粘贴印花税票(简称"贴花")完税而得名。新中国成立以后,1950 年 12 月 19 日政务院发布了《印花税暂行条例》,自公布之日起实施。1951 年 1 月 4 日财政部发布《印花税暂行条例施行细

则》。1953年、1956年先后两次对《印花税暂行条例》进行修订。1958年简化税制时将印花税并入工商统一税，不再单独征收印花税。1988年8月6日国务院发布《中华人民共和国印花税暂行条例》(简称《印花税暂行条例》)，自同年10月1日起实施，同年9月29日财政部发布《中华人民共和国印花税暂行条例施行细则》(简称《印花税暂行条例施行细则》)，与条例同时实施。2021年6月10日，中华人民共和国第十三届全国人民代表大会常务委员会第二十九次会议正式通过了《中华人民共和国印花税法》，并于2022年7月1日起施行。同时，1988年8月6日国务院发布的《中华人民共和国印花税暂行条例》同时废止。

开征印花税的作用主要在于：① 印花税征收面广，取微用宏，有利于增加财政收入。印花税(除证券交易印花税外)属于地方税，收入归地方政府；证券交易印花税属于共享税，其中97%归中央，3%归地方。印花税对完善地方税体系和分税制财政体制改革均有重要作用。② 有利于加强经济合同的监督管理。由于合同贴花后均应缴纳税款，可提高经济合同的兑现率。③ 由于印花税由纳税人自行贴花完税，实行轻税重罚的措施，因此有利于培养纳税人自觉纳税的意识。④ 通过对应税凭证的贴花和检查可及时掌握经济活动的情况，进一步掌握经济活动中涉及应征其他各税的情况，有利于加强对其他税种的监督与征管。

专栏 10-1　印花税趣味阅读

印花税是一种古老的税，最早产生于1624年的荷兰。当时荷兰发生经济危机，财政困难，统治者摩里斯(Maurs)为解决财政困难欲增加税收，但又怕引起人民反对，便让大臣们出谋划策，一直未有良策。于是统治阶级采取公开招标的方法，悬赏重金寻求好的税收设计方案，印花税便在众多应征方案中脱颖而出，可见印花税的由来颇有一番传奇色彩。印花税的设计者注意到日常生活中各种契约、凭证繁多，若对其征税，税源广泛，并且人们普遍认为凭证单据上由政府盖章便可以合法化，有法律保证，因此心理上较为容易接受印花税。印花税被资产阶级誉为税负轻微、税源畅旺、手续简便、成本低廉的“良税”。鉴于印花税的优点，欧美各国相继效仿，在不长时间内便成为世界上普遍开征的一个税种。中国印花税起源于清朝，在北洋政府和国民党统治时期也先后颁布过印花税法开征过印花税。

二、印花税的纳税人、征税范围、税率

(一) 印花税的纳税人

印花税的纳税义务人是在中华人民共和国境内书立应税凭证、进行证券交易的单位和个人。在中华人民共和国境外书立在境内使用的应税凭证的单位和个人，应当依照《印花税法》规定缴纳印花税。上述单位和个人是指国内各类企业、事业、机关、团体、部队以及中外合资企业、合作企业、外资企业、外国公司和其他经济组织及其在华机构等单位和个人。书立应税凭证，是指书立本法所附《印花税税目税率表》列明的合同、产权转移书据和营业账簿。证券交易，是指转让在依法设立的证券交易所、国务院批准的其他全国性证券交易场所交易的股票和以股票为基础的存托凭证。证券交易印花税对证券交易的出让方征收，不对受让方征收。

（二）印花税的税目、税率

印花税仅对《中华人民共和国印花税法》所附“印花税税目税率表”列明的合同、产权转移书据和营业账簿征税。印花税税目、税率表如表 10-1 所示。

表 10-1 印花税税目、税率表

<table>
<tr><th colspan="2">税目</th><th>税率</th><th>备注</th></tr>
<tr><td rowspan="11">合同（指书面合同）</td><td>借款合同</td><td>借款金额的万分之零点五</td><td>指银行业金融机构、经国务院银行业监督管理机构批准设立的其他金融机构与借款人（不包括同业拆借）的借款合同</td></tr>
<tr><td>融资租赁合同</td><td>租金的万分之零点五</td><td></td></tr>
<tr><td>买卖合同</td><td>价款的万分之三</td><td>指动产买卖合同（不包括个人书立的动产买卖合同）</td></tr>
<tr><td>承揽合同</td><td>报酬的万分之三</td><td></td></tr>
<tr><td>建设工程合同</td><td>价款的万分之三</td><td></td></tr>
<tr><td>运输合同</td><td>运输费用的万分之三</td><td>指货运合同和多式联运合同（不包括管道运输合同）</td></tr>
<tr><td>技术合同</td><td>价款、报酬或者使用费的万分之三</td><td>不包括专利权、专有技术使用权转让书据</td></tr>
<tr><td>租赁合同</td><td>租金的千分之一</td><td></td></tr>
<tr><td>保管合同</td><td>保管费的千分之一</td><td></td></tr>
<tr><td>仓储合同</td><td>仓储费的千分之一</td><td></td></tr>
<tr><td>财产保险合同</td><td>保险费的千分之一</td><td>不包括再保险合同</td></tr>
<tr><td rowspan="4">产权转移书据</td><td>土地使用权出让书据</td><td>价款的万分之五</td><td rowspan="4">转让包括买卖（出售）、继承、赠与、互换、分割</td></tr>
<tr><td>土地使用权、房屋等建筑物和构筑物所有权转让书据（不包括土地承包经营权和土地经营权转移）</td><td>价款的万分之五</td></tr>
<tr><td>股权转让书据（不包括应缴纳证券交易印花税的）</td><td>价款的万分之五</td></tr>
<tr><td>商标专用权、著作权、专利权、专有技术使用权转让书据</td><td>价款的万分之三</td></tr>
<tr><td>营业账簿</td><td></td><td>实收资本（股本），资本公积合计金额的万分之二点五</td><td></td></tr>
<tr><td>证券交易</td><td></td><td>成交金额的千分之一</td><td></td></tr>
</table>

三、印花税应纳税额的计算

（一）印花税的计税依据

印花税的计税依据如下：

（1）应税合同的计税依据，为合同所列的金额，不包括列明的增值税税款。

（2）应税产权转移书据的计税依据，为产权转移书据所列的金额，不包括列明的增值税税款。

（3）应税营业账簿的计税依据，为账簿记载的实收资本（股本）、资本公积合计金额。

（4）证券交易的计税依据，为成交金额。

应税合同、产权转移书据未列明金额的，印花税的计税依据按照实际结算的金额确定。计税依据按照前款规定仍不能确定的，按照书立合同、产权转移书据时的市场价格确定；依法应当执行政府定价或者政府指导价的，按照国家有关规定确定。证券交易无转让价格的，按照办理过户登记手续时该证券前一个交易日收盘价计算确定计税依据；无收盘价的，按照证券面值计算确定计税依据。

同一应税凭证载有两个以上税目事项并分别列明金额的，按照各自适用的税目税率分别计算应纳税额；未分别列明金额的，从高适用税率。同一应税凭证由两方以上当事人书立的，按照各自涉及的金额分别计算应纳税额。

已缴纳印花税的营业账簿，以后年度记载的实收资本（股本）、资本公积合计金额比已缴纳印花税的实收资本（股本）、资本公积合计金额增加的，按照增加部分计算应纳税额。

（二）印花税应纳税额的计算方法

印花税的应纳税额按照计税依据乘以适用税率计算。其计算公式是：

应纳税额=应税凭证计税金额×适用税率

【例 10-1】　某企业 2022 年 8 月发生以下有关业务事项：与其他企业订立股权转让书据 1 份，所载金额为 100 万元；订立产品买卖合同 1 份，所载金额为 200 万元；订立借款合同 1 份，所载金额为 400 万元。试计算该企业当年 8 月应缴纳的印花税税额。

解：（1）立股权转让书据应纳税额：应纳税额=1 000 000×0.5‰=500（元）

（2）立买卖合同应纳税额：应纳税额=2 000 000×0.3‰=600（元）

（3）立借款合同应纳税额：应纳税额=4 000 000×0.5‰=200（元）

（4）企业应纳印花税税额=500+600+200=1 300（元）

四、印花税的税收优惠

按照《中华人民共和国印花税法》的规定，下列凭证免征印花税：

（1）应税凭证的副本或者抄本。

（2）依照法律规定应当予以免税的外国驻华使馆、领事馆和国际组织驻华代表机构为获得馆舍书立的应税凭证。

（3）中国人民解放军、中国人民武装警察部队书立的应税凭证。

（4）农民、家庭农场、农民专业合作社、农村集体经济组织、村民委员会购买农业生产资料或者销售农产品书立的买卖合同和农业保险合同。

（5）无息或者贴息借款合同、国际金融组织向中国提供优惠贷款书立的借款合同。

（6）财产所有权人将财产赠与政府、学校、社会福利机构、慈善组织书立的产权转移书据。

（7）非营利性医疗卫生机构采购药品或者卫生材料书立的买卖合同。

（8）个人与电子商务经营者订立的电子订单。

根据国民经济和社会发展的需要，国务院对居民住房需求保障、企业改制重组、破产、支持小型微型企业发展等情形可以规定减征或者免征印花税，报全国人民代表大会常务委员会备案。

五、印花税的征收管理

（一）印花税的纳税方法

印花税可以采用粘贴印花税票或者由税务机关依法开具其他完税凭证的方式缴纳。税票粘贴在应税凭证上的，由纳税人在每枚税票的骑缝处盖戳注销或者画销。

（二）印花税的纳税义务发生时间

印花税的纳税义务发生时间为纳税人书立应税凭证或者完成证券交易的当日。证券交易印花税扣缴义务发生时间为证券交易完成的当日。

（三）印花税的纳税地点

纳税人为单位的，应当向其机构所在地的主管税务机关申报缴纳印花税；纳税人为个人的，应当向应税凭证书立地或者纳税人居住地的主管税务机关申报缴纳印花税。

不动产产权发生转移的，纳税人应当向不动产所在地的主管税务机关申报缴纳印花税。纳税人为境外单位或者个人，在境内有代理人的，以其境内代理人为扣缴义务人；在境内没有代理人的，由纳税人自行申报缴纳印花税，具体办法由国务院税务主管部门规定。

证券登记结算机构为证券交易印花税的扣缴义务人，应当向其机构所在地的主管税务机关申报解缴税款以及银行结算的利息。

（四）印花税的纳税申报

印花税按季、按年或者按次计征。实行按季、按年计征的，纳税人应当自季度、年度终了之日起 15 日内申报缴纳税款；实行按次计征的，纳税人应当自纳税义务发生之日起 15 日内申报缴纳税款。证券交易印花税按周解缴。证券交易印花税扣缴义务人应当自每周终了之日起 5 日内申报解缴税款以及银行结算的利息。

第二节 车辆购置税

一、车辆购置税概述

视频讲解：
车辆购置税

车辆购置税是以在中国境内购置规定车辆为征税对象，在特定的环节向车辆购置者征收的一种税。车辆购置税实行一次性征收。购置已征车辆购置税的车辆，不再征收车辆购置税。就其性质而言属于直接税。车辆购置税是在原交通部门收取的车辆购置附加费的基础上，通过费改税改革而来。从国际通行做法看，发达的市场经济国家普遍通过税收筹集交通基础设施建设资金，因为税收行为相比收费行为规范，收支可纳入预算。2000 年 10 月 22 日，国务院令第 294 号颁布并于 2001 年 1 月 1 日起实施《中华人民共和国车辆购置税暂行条例》（简称《车辆购置税暂行条例》)。2018 年 12 月 29 日,第十三届全国人民代表大会常务委员会第七次会议通过《中华人民共和国车辆购置税法》,该法自 2019 年 7 月 1 日起施行,2000 年 10 月 22 日国务院公布的《中华人民共和国车辆购置税暂行条例》同时废止。

专栏 10-2　车辆购置税税收拾粹

在新加坡,一辆进口汽车要征收 31%的关税、140%的附加注册税以及其他牌照税等小额手续费。另外,政府还征收汽油税、路税、停车费等税费。在阿联酋,汽车进口关税定位 4%的低关税,此外再无其他附加税种。

车辆购置税的主要作用在于:① 有利于合理筹集建设资金。可将一部分消费资金转化为财政资金,为国家筹集资金满足行使职能的需要。② 有利于规范政府行为。通过费改税开征车辆购置税,可以规范政府行为,完善财税制度,优化税制结构。③ 有利于调节收入差距。车辆购置税在消费环节征税,高收入者多负税,低收入者少负税。④ 有利于打击走私和维护国家权益。车辆购置税在车辆上牌使用时征收,具有源泉控制的特点,可以配合有关部门打击走私,惩治犯罪。

二、车辆购置税的纳税人、征税范围、税率

(一) 车辆购置税的纳税人

车辆购置税的纳税义务人,是指在中华人民共和国境内购置汽车、有轨电车、汽车挂车、排气量超过 150 毫升的摩托车(以下统称应税车辆)的单位和个人。其中,购置是指以购买、进口、自产、受赠、获奖或者以其他方式取得并自用应税车辆的行为;单位包括国有企业、集体企业、私营企业、股份制企业、外商投资企业、外国企业以及其他事业单位、社会团体、国家机关、部队以及其他单位;个人包括个体工商户和其他个人。

(二) 车辆购置税的征税范围

车辆购置税以列举的车辆为征税对象,未列举的不征税。其征税范围包括汽车、摩托车、电车、挂车、农用运输车。具体规定如下:

(1) 汽车,包括各类汽车。

(2) 摩托车:排气量超过 150 毫升的摩托车。

(3) 电车:有轨电车,以电能为动力,在轨道上行驶的公共车辆。

(4) 挂车:① 全挂车,无动力设备,独立承载,由牵引车辆牵引行驶的车辆。② 半挂车,无动力设备,与牵引车共同承载,由牵引车辆牵引行驶的车辆。

(三) 车辆购置税的税率

车辆购置税实行统一比例税率,税率为 10%。

三、车辆购置税应纳税额的计算

(一) 车辆购置税计税依据的规定

车辆购置税实行从价定率、价外征收的方法计算应纳税额,应税车辆的价格即计税价格就成

为车辆购置税的计税依据。但是,由于应税车辆购置的来源不同,应税行为的发生不同,计税价格的组成也就不一样。具体如下:

(1)纳税人购买自用应税车辆的计税价格,为纳税人实际支付给销售者的全部价款,不包括增值税税款。

(2)纳税人进口自用应税车辆的计税价格,为关税完税价格加上关税和消费税;组成计税价格的计算公式为:

组成计税价格=关税完税价格+关税+消费税

(3)纳税人自产自用应税车辆的计税价格,按照纳税人生产的同类应税车辆的销售价格确定,不包括增值税税款。

(4)纳税人以受赠、获奖或者其他方式取得自用应税车辆的计税价格,按照购置应税车辆时相关凭证载明的价格确定,不包括增值税税款。

(5)纳税人申报的应税车辆计税价格明显偏低,又无正当理由的,由税务机关依照《中华人民共和国税收征收管理法》的规定核定其应纳税额。

(6)纳税人以外汇结算应税车辆价款的,按照申报纳税之日的人民币汇率中间价折合成人民币计算缴纳税额。

(二)车辆购置税应纳税额的计算

按照《中华人民共和国车辆购置税法》规定,车辆购置税实行从价定率征收的办法计算应纳税额。其计算公式为:

应纳税额=计税价格×税率

《中华人民共和国车辆购置税法》规定,计税依据为纳税人实际支付给销售者的全部价款,不同于已废止的《中华人民共和国车辆购置税暂行条例》,不再包括价外费用。由于应税车辆的来源、应税行为的发生以及计税依据组成不同,因而,车辆购置税应纳税额的计算方法也有区别。

1. 购买自用应税车辆应纳税额的计算

销售单位开给购买者的各种发票金额中包含增值税税款,因此,计算车辆购置税时,应换算为不含增值税的计税价格。

【例10-2】 宋某在2021年4月份从某汽车有限公司购买一辆小汽车供自己使用,支付了含增值税税款在内的款项234 000元,另支付代收临时牌照费550元、代收保险费1 000元,支付购买工具件和零配件价款3 000元,车辆装饰费1 300元。所支付的款项均由该汽车有限公司开具"机动车销售统一发票"和有关票据。请计算宋某应纳车辆购置税。

解:计税依据=234 000÷(1+13%)=207 080(元)

应纳税额=207 080×10%=20 708(元)

2. 进口自用应税车辆应纳税额的计算

纳税人进口自用的应税车辆应纳税额的计算公式为:

应纳税额=(关税完税价格+关税+消费税)×税率

【例10-3】 某外贸进出口公司2021年4月份从国外进口10辆宝马公司生产的某型号小轿车。该公司报关进口这批小轿车时,经报关地海关对有关报关资料的审查,确定关税完税价格为每辆车185 000元人民币,海关按关税政策规定每辆车征收了关税203 500元,并按消费税、增值税有关规定分别代征了每辆小轿车的进口消费税 11 655 元和增值税 66 045 元。由于业务需要，该公司将一辆小轿车留在本单位使用。根据以上资料，计算应纳车辆购置税。

解：(1) 计税依据 = 185 000+203 500+11 655 = 400 155(元)

(2) 应纳税额 = 400 155×10% = 40 015.5(元)

3. 其他自用应税车辆应纳税额的计算

纳税人自产自用、受赠使用、获奖使用和以其他方式取得并自用应税车辆的，凡不能取得该型车辆的购置价格，或者低于最低计税价格的，以国家税务总局核定的最低计税价格作为计税依据计算征收车辆购置税：

应纳税额 = 最低计税价格×税率

【例 10-4】 某客车制造厂 2021 年 5 月将自产的一辆某型号的客车，用于本厂后勤服务。该厂在办理车辆上牌落籍前，出具该车的发票，注明金额 65 000 元，并按此金额向主管税务机关申报纳税。经审核，国家税务总局对该车同类型车辆核定的最低计税价格为 80 000 元。计算该车应纳车辆购置税。

解：应纳税额 = 80 000×10% = 8 000(元)

4. 特殊情形下自用应税车辆应纳税额的计算

(1) 免税、减税车辆因转让、改变用途等原因不再属于免税、减税范围的，纳税人应当在办理车辆转移登记或者变更登记前缴纳车辆购置税。计税价格以免税、减税车辆初次办理纳税申报时确定的计税价格为基准，每满一年扣减 10%。

应纳税额 = 初次办理纳税申报时确定的计税价格×[1-(已使用年限×0.1)]×税率

(2) 纳税人将已征车辆购置税的车辆退回车辆生产企业或者销售企业的，可以向主管税务机关申请退还车辆购置税。退税额以已缴税款为基准，自缴纳税款之日至申请退税之日，每满一年扣减 10%。

四、车辆购置税的税收优惠

下列车辆免征车辆购置税：

(1) 依照法律规定应当予以免税的外国驻华使馆、领事馆和国际组织驻华机构及其有关人员自用的车辆。

(2) 中国人民解放军和中国人民武装警察部队列入装备订货计划的车辆。

(3) 悬挂应急救援专用号牌的国家综合性消防救援车辆。

(4) 设有固定装置的非运输专用作业车辆。

(5) 城市公交企业购置的公共汽电车辆。

(6) 符合规定的新能源车辆。

自 2021 年 1 月 1 日至 2022 年 12 月 31 日，对购置的新能源汽车免征车辆购置税。免征车辆购置税的新能源汽车是指纯电动汽车、插电式混合动力(含增程式)汽车、燃料电池汽车。

五、车辆购置税的征收管理

车辆购置税由税务机关负责征收。税务机关和公安、商务、海关、工业和信息化等部门应当建立应税车辆信息共享和工作配合机制，及时交换应税车辆和纳税信息资料。车辆购置税的征收管理，依照《中华人民共和国车辆购置税法》和《中华人民共和国税收征收管理法》的规定执行。纳税人、税务机关及其工作人员违反本法规定的，依照《中华人民共和国税收征收管理法》和有关法律法规的规定追究法律责任。

（一）车辆购置税的纳税方法

纳税人购置应税车辆，应当向车辆登记地的主管税务机关申报缴纳车辆购置税；购置不需要办理车辆登记的应税车辆的，应当向纳税人机构所在地的主管税务机关申报缴纳车辆购置税。

（二）车辆购置税的纳税环节

车辆购置税的纳税环节为使用环节，即最终消费环节。纳税人应当在向公安机关交通管理部门办理车辆注册登记前，缴纳车辆购置税。公安机关交通管理部门办理车辆注册登记，应当根据税务机关提供的应税车辆完税或者免税电子信息对纳税人申请登记的车辆信息进行核对，核对无误后依法办理车辆注册登记。未按规定办理的，按《中华人民共和国税收征收管理法》的规定处理。

（三）车辆购置税的纳税地点

纳税人购置应税车辆，应当向车辆登记地的主管税务机关申报纳税；购置不需要办理车辆登记注册手续的应税车辆，应当向纳税人机构所在地主管税务机关申报纳税。

（四）车辆购置税的纳税期限

车辆购置税的纳税义务发生时间为纳税人购置应税车辆的当日。纳税人应当自纳税义务发生之日起 60 日内申报缴纳车辆购置税。

第三节 城市维护建设税

一、城市维护建设税概述

（一）城市维护建设税的含义

视频讲解：城市维护建设税

城市维护建设税，是指对从事工商经营，缴纳增值税、消费税（以下暂简称“两税”）的单位和个人征收的一种税。新中国成立后，我国城市建设和维护在不同时期都取得了较大的成绩，但国家在城建资金方面一直存在不足。1979 年以前，我国用于城市维护建设的资金来源由当时的工商税附加、城市公用事业附加和国家下拨城市费组成。2020 年 8 月 11 日，第十三届全国人民代表大会常务委员会第二十一次会议通过《中华人民共和国城市维护建设税法》，自 2021 年 9 月 1 日起施行。1985 年 2 月 8 日国务院发布的《中华人民共和国城市维护建设税暂行条例》同时废止。

（二）城市维护建设税的特点

（1）税款专款专用。所征税款应用于城市公用事业和公共设施的维护和建设。

（2）属于一种附加税。城市维护建设税纳税依据是纳税人实际缴纳的增值税和消费税税额，随"两税"同时征收，其本身没有特定的课税对象，税收征管办法也完全比照"两税"的有关规定办理。

（3）采用地区差别比例税率。依据城镇规模设计不同的比例税率，根据纳税人所在城镇的规模及资金需要设计税率。

（三）城市维护建设税的作用

（1）补充城市维护和建设资金的不足。由于城市维护建设税以"两税"的税额为纳税依据，与"两税"同时征收，因此不但扩大了征税范围，并且可以保证随"两税"收入的增加而增加，从而使城市维护建设有稳定可靠的资金来源。

（2）调动地方政府城市维护和建设的积极性。城市维护建设税和当地城市建设直接挂钩，税收收入越多则城镇建设资金就越充裕，城镇建设发展就越快。因此充分调动了地方政府的积极性，使其关心城市维护建设税收入，加强城市维护建设税的征收管理。

二、城市维护建设税的纳税人、税率

（一）城市维护建设税的纳税人

在中华人民共和国境内缴纳增值税、消费税的单位和个人，为城市维护建设税的纳税人，应当依照本法规定缴纳城市维护建设税。对进口货物或者境外单位和个人向境内销售劳务、服务、无形资产缴纳的增值税、消费税税额，不征收城市维护建设税。

（二）城市维护建设税的税率

城市维护建设税税率如下：

（1）纳税人所在地在市区的，税率为7%；

（2）纳税人所在地在县城、镇的，税率为5%；

（3）纳税人所在地不在市区、县城或者镇的，税率为1%。

前款所称纳税人所在地，是指纳税人住所地或者与纳税人生产经营活动相关的其他地点，具体地点由省、自治区、直辖市确定。

三、城市维护建设税应纳税额的计算

（一）城市维护建设税的计税依据

城市维护建设税以纳税人依法实际缴纳的增值税、消费税税额为计税依据。

城市维护建设税的计税依据应当按照规定扣除期末留抵退税退还的增值税税额。

城市维护建设税计税依据的具体确定办法，由国务院依据《中华人民共和国城市维护建设税法》和有关税收法律、行政法规规定，报全国人民代表大会常务委员会备案。

（二）城市维护建设税的应纳税额的计算

城市维护建设税的应纳税额按照计税依据乘以具体适用税率计算。计算公式为：

应纳税额＝纳税人实际缴纳的增值税、消费税税额×适用税率

【例10－5】 某市区一家企业2021年3月实际缴纳增值税300 000元，缴纳消费税400 000元，计算该企业应纳的城市维护建设税税额。

解：应纳城市维护建设税税额＝（实际缴纳的增值税＋实际缴纳的消费税）×适用税率＝（300 000＋400 000）×7%＝700 000×7%＝49 000（元）

由于城市维护建设税法实行纳税人所在地差别比例税率，所以在计算应纳税额时，应注意根据纳税人所在地来确定适用税率。

四、城市维护建设税的税收优惠

根据国民经济和社会发展的需要，国务院对重大公共基础设施建设、特殊产业和群体以及重大突发事件应对等情形可以规定减征或者免征城市维护建设税，报全国人民代表大会常务委员会备案。

五、城市维护建设税的征收管理

城市维护建设税的扣缴义务人为负有增值税、消费税扣缴义务的单位和个人，在扣缴增值税、消费税的同时扣缴城市维护建设税。

（一）城市维护建设税的纳税环节

城建税的纳税环节是纳税人实际缴纳“两税”的环节，即纳税人只要发生“两税”的纳税义务，就要在同样的环节，分别计算应缴纳的城建税。

（二）城市维护建设税的纳税地点

纳税人缴纳“两税”的地点即该纳税人缴纳城建税的地点。但是属于下列情况的，纳税地点为：

（1）代扣代缴、代收代缴“两税”的单位和个人，其城建税纳税地点在代扣代收地。

（2）对流动经营无固定纳税地点的单位和个人，应随同“两税”在经营地按适用税率纳税。

（三）城市维护建设税的违章处罚

由于城市维护建设税与增值税、消费税同时征收，所以在一般情况下，城市维护建设税不单独加收滞纳金或罚款。但是，如果纳税人缴纳了“两税”之后，却不按照规定缴纳城市维护建设税，则可以对其单独加收滞纳金，也可以单独进行罚款。

第四节 土地增值税

一、土地增值税概述

（一）土地增值税的含义

视频讲解：土地增值税

土地增值税是对有偿转让国有土地使用权及地上建筑物和其他附着物产权，取得增值收入的单位和个人征收的一种税。中华人民共和国成立以来，我国对土地、房屋等不动产的征税制度比较薄弱，先后开征的税种有契税、城市房地产税、房产税、城镇土地使用税等，但这些税种都不属于对土地增值额或土地收益额的征税。1993 年 12 月 13 日国务院发布《中华人民共和国土地增值税暂行条例》（以下简称《土地增值税暂行条例》），自 1994 年 1 月 1 日起实施。财政部 1995 年 1 月 27 日发布《中华人民共和国土地增值税暂行条例实施细则》，自发布之日起实施。

专栏 10-3　土地增值税趣味阅读

公元前 594 年，鲁国实行初税亩，即不分公田、私田，凡占有土地者均需按亩缴纳土地税，井田之外的私田，自此也开始纳税。初税亩的出现，标志着我国已开始从奴隶制税赋制向封建制税赋制转化。19 世纪末 20 世纪初，德国最早创立了地方与中央的土地增值税，英国和日本分别在 1910 年、1923 年开征过土地增值税。德国、英国、日本实施的土地增值税是对土地（土地使用权）转移时发生的自然增值和未发生转移的土地自然增值两种情况下的增值额进行征税，之后这三个国家均相继停征了土地增值税。

（二）土地增值税的特点

（1）征税面比较广。凡在我国境内转让房地产并取得收入的单位和个人，除税法规定免税外，均应依照税法规定缴纳土地增值税。这里的单位和个人，不论其经济性质如何，不论内、外资企业或中、外籍人员，不论专营或兼营房地产业务，均有缴纳土地增值税的义务。

（2）征税对象为转让房地产取得的增值额，属于“土地转移增值税”的类型。

（3）实行超率累进税率。土地增值税的税率是按照转让房地产的增值率的大小来确定的，增值率越高，适用税率越高；反之亦然。

（4）采用余额法或扣除法计算增值额作为计税依据，仅在旧房及建筑物转让，以及对纳税人转让房地产收入申报不实、成交价格偏低时，采用评估价格法确定增值额，计征土地增值税。

（5）实行按次征收。土地增值税在房地产发生转让的环节，实行按次征收。每发生一次转让行为，就应根据每次取得的增值额征一次税。

（三）土地增值税的主要作用

（1）增强国家对房地产开发和房地产交易市场的控制。改革开放后对土地使用管理逐步实行改革，确立了有偿使用和允许转让土地使用权的政策和制度，从根本上促进了房地产开发和交易市场的发展。土地增值税对于合理配置土地资源，提高土地使用效益，增加财政收入，改善城市基础设施和人民居住条件，以及带动国民经济相关产业的发展具有积极作用。

（2）有利于国家抑制炒买炒卖土地获取暴利的行为。土地增值税有利于减少国家土地资源增值收益的流失，遏制投机者牟取暴利的行为，维护国家利益。

（3）增加财政收入，为经济建设积累资金。分税制改革后，土地增值税收入属于地方财政收入，为地方政府积累经济建设资金起到了积极的作用。

二、土地增值税的纳税人、征税范围、税率

（一）土地增值税的纳税人

土地增值税的纳税人为转让国有土地使用权、地上的建筑及其附着物（以下简称转让房地产）并取得收入的单位和个人。单位包括各类企业、事业单位、机关、社会团体以及其他组织；个人包括个体经营者。《土地增值税暂行条例》对纳税人的规定具有以下四个特点：

（1）不论法人与自然人。即不论企业、事业单位、机关、社会团体以及其他组织还是个人，只要有偿转让房地产，均为土地增值税的纳税人。

（2）不论经济性质。即不论是全民所有制企业、集体企业、私营企业还是联营企业、合资企业等，只要有偿转让房地产，均为土地增值税的纳税人。

（3）不论内资与外资企业、中国公民与外籍个人只要有偿转让房地产，均为土地增值税的纳税人。

（4）不论部门。即不论是工业、农业、商业、医院、学校等，只要有偿转让房地产，均为土地增值税的纳税人。

（二）土地增值税的征税范围

土地增值税是对转让国有土地使用权、地上的建筑物及其附着物的行为征税。这里所说的国有土地，是指国家法律规定属于国家所有的土地；地上建筑物，是指建于土地上的一切建筑，包括地上地下的各种附属设施；附着物，是指附着于土地上的不能移动、一经移动即遭损坏的物品。

1. 征税范围的界定标准

（1）转让国有土地使用权。① 转让的土地，其使用权归国家所有的征税。根据《中华人民共和国宪法》和《中华人民共和国土地管理法》的规定，城市的土地属于国家所有。农村和城市郊区的土地除由法律规定属于国家所有的以外，属于集体所有。属于国家所有的土地，其土地使用权在转让时，按照《土地增值税暂行条例》规定，属于土地增值税的征税范围。而农村集体所有的土地，根据《中华人民共和国土地管理法》《中华人民共和国城市房地产管理法》及国家其他有关规定，是不得自行转让的，只有根据有关法律规定，由国家征用以后变为国家所有时，才能进行转让。故集体土地的自行转让是一种违法行为，应由有关部门处理，而不应纳入土地增值税征税范围。② 对出让国有土地使用权取得的收入不征税。国有土地使用权出让，是指国家以土地所有者的身份将土地使用权在一定年限内让与土地使用者，并由土地使用者向国家支付使用权出让金的行为。这种行为属于由政府垄断的土地一级市场。土地使用权出让方是国家，国家凭借土地的所有权向土地使用者收取土地的租金。出让的目的是实行国有土地的有偿使用制度，合理开发、利用、经营土地，因此，土地使用权的出让不属于土地增值税的征税范围。而国有土地使用权的转让，是指土地使用者通过出让等形式取得土地使用权后，将土地使用权再转让的行为，包括出售、交换与赠与。它属于土地的二级市场。土地使用权转让，其地上的建筑物、其他附着物的所有权随之转让。土地使用权的转让，属于土地增值税的征税范围。

（2）地上建筑物及其附着物连同国有土地使用权一并转让。纳税人取得国有土地使用权后进行房屋开发建造然后出售，即通常所说房地产开发，虽然通常这种行为称为卖房，但是按照国家有关房地产法律法规的规定，卖房的同时土地使用权发生转让。由于这种情况即发生了产权的转让又取得了收入，所以应纳入土地增值税的征税范围。

（3）存量房地产的买卖。存量房地产是指已经建成并投入使用的房地产，其房屋所有人将房屋产权和土地使用权一并转让给其他单位和个人。这种行为按照相关法律法规应到相关部门办理房产产权和土地使用权的转移变更手续。原有土地使用权属于无偿划拨的，还应到土地管理部门补交土地出让金。

（4）转让房地产并取得收入。即对转让房地产并取得收入征税，而不包括房地产产权虽转让但未取得收入的行为。如房地产的继承、赠与等。

2. 征税范围具体情况判定

（1）以出售方式转让国有土地使用权、地上建筑物及附着物，包括出售新建房和旧房，属于土地增值税的征税范围。

（2）房地产的继承、赠与不属于土地增值税的征税范围。

① 房地产的继承。房地产的继承，是指房产的原产权所有人、依照法律规定取得土地使用权的土地使用人死亡以后，由其继承人依法承受死者房地产产权和土地使用权的民事法律行为。这种行为虽然发生了房地产的权属变更，但作为房产产权、土地使用权的原所有人（即被继承人）并没有因为权属的转让而取得任何收入。因此，这种房地产的继承人不属于土地增值税的征税范围。

② 房地产的赠与。房地产的赠与是指房产所有人、土地使用权所有人将自己所拥有的房地产无偿地交给其他人的民事法律行为。这里的“赠与”仅指以下两种情况。第一种情况：房屋所有人、土地使用权所有人将房屋产权、土地使用权赠与直系亲属或承担直接赡养义务人的。第二种情况：房产所有人、土地使用权所有人通过中国境内非营利的社会团体、国家机关将房屋产权、土地使用权赠与教育、民政和其他社会福利、公益事业的。上述社会团体是指中国青少年发展基金会、希望工程基金会、宋庆龄基金会、减灾委员会、中国红十字会、中国残疾人联合会、全国老年基金会、老区促进会以及经民政部门批准成立的非营利的公益性组织。

房地产的赠与虽发生了房地产的权属变更，但作为房产所有人、土地使用权所有人并没有因为权属的转让而取得任何收入。因此，房地产的赠与不属于土地增值税的征税范围。

（3）房地产的出租不属于土地增值税的征税范围。房地产的出租，是指房产的产权所有人、依照法律规定取得土地使用权的土地使用人，将房产、土地使用权租赁给承租人使用，由承租人向出租人支付租金的行为。房地产的出租，出租人虽取得了收入，但没有发生房产产权、土地使用权的转让。因此，不属于土地增值税的征税范围。

（4）房地产的抵押。房地产的抵押，是指房地产的产权所有人、依法取得土地使用权的土地使用人作为债务或第三人向债权人提供不动产作为清偿债务的担保而不转移权属的法律行为。对房地产的抵押，在抵押期间不征收土地增值税。待抵押期满后，视该房地产是否转移占有而确定是否征收土地增值税。但是，对于以房地产抵债而发生房地产权属转让的，应列入土地增值税的征税范围。

（5）房地产的交换。房地产的交换，是指一方以房地产与另一方的房地产进行交换的行为。由于这种行为既发生了房屋产权、土地使用权的转移，交换双方又取得了实物形态的收入，按《土地增值税暂行条例》房地产的交换属于土地增值税的征税范围。但对个人之间互换自有居住用房地产的，经当地税务机关核实，可以免征土地增值税。

（6）以房地产进行投资、联营。对于以房地产进行投资、联营的，投资、联营的一方以土地（房地产）作价入股进行投资或作为联营条件，将房地产转让到所投资、联营的企业中，暂免征收土地增值税；对投资、联营企业将上述房地产再转让的，应征收土地增值税。

（7）合作建房。对于一方出地、一方出资金，双方合作建房，建成后按比例分房自用的，暂免征收土地增值税；建成后转让的，应征收土地增值税。

（8）企业兼并转让房地产。在企业兼并中，对被兼并企业将房地产转让到兼并企业中的，暂免征收土地增值税。

（9）房地产的代建房行为。这是指房地产开发公司代客户进行房地产的开发，开发完成后向客户收取代建收入的行为。对于房地产开发公司而言，虽然取得了收入，但没有发生房地产权属的转移，其收入属于劳务收入性质，故不属于土地增值税的征税范围。

（10）房地产的重新评估。这主要是指国有企业在清产核资时对房地产进行重新评估而使其升值的情况。这种情况房地产虽然有增值，但其既没有发生房地产权属的转移，房产产权、土地使用权人也未取得收入，所以不属于土地增值税的征税范围。

（11）自2018年1月1日至2020年12月31日，为支持企业改制重组，优化市场环境，继续执行企业在改制重组过程中涉及的土地增值税政策，具体如下：

① 按照《中华人民共和国公司法》的规定，非公司制企业整体改制为有限责任公司或者股份有限公司，有限责任公司（股份有限公司）整体改制为股份有限公司（有限责任公司），对改制前的企业将国有土地使用权、地上的建筑物及其附着物（以下称房地产）转移、变更到改制后的企业，暂不征土地增值税。

② 按照法律规定或者合同约定，两个或两个以上企业合并为一个企业，且原企业投资主体存续的，对原企业将房地产转移、变更到合并后的企业，暂不征土地增值税。

③ 按照法律规定或者合同约定，企业分设为两个或两个以上与原企业投资主体相同的企业，对原企业将房地产转移、变更到分立后的企业，暂不征土地增值税。上述改制重组有关土地增值税政策不适用于房地产转移任意一方为房地产开发企业的情形。

专栏10-4　土地增值税拟立法　集体房地产纳入征税范围

2019年7月16日，财政部、国家税务总局公布《中华人民共和国土地增值税法（征求意见稿）》（以下简称《征求意见稿》），向社会公开征求意见。这意味着土地增值税将启动立法进程，从《土地增值税暂行条例》上升为法律。

为了建立土地增值收益分配机制，使税制与建立城乡统一建设用地市场的土地制度改革相衔接，《征求意见稿》将集体房地产纳入了征税范围，同时，拟取消土地增值收益调节金，使立法前后集体房地产负担总体稳定。与《土地增值税暂行条例》相比，《征求意见稿》主要有以下变化：集体房地产纳入征税范围；税收优惠政策调整，增加地方政府对普通住宅、集体房地产享受减免税的权限；明确纳税义务发生时间和申报纳税期限，清算环节由应清算与可清算合并为应清算；征收管理模式变为后续管理，该征收管理模式的变化增加了房地产开发企业的税收风险，若税务机关在事后监管、稽查中认为需要补缴土地增值税的，企业将面临税收滞纳金、罚款的税务风险。由此，纳税人需要在前期环节更注重对相关政策与操作口径的把握、资料的准备、内部风险控制等。

（三）土地增值税的税率

土地增值税实行四级超率累进税率，具体规定如表10-2所示。

表10-2　土地增值税税率表

级数	增值额与扣除项目金额的比例	税率（%）	速算扣除率（%）
1	增值额未超过扣除项目金额50%的部分	30	0
2	增值额超过扣除项目金额50%，未超过100%的	40	5
3	增值额超过扣除项目金额100%，未超过200%的	50	15
4	增值额超过扣除项目金额200%的部分	60	35

上述所列四级超率累进税率,每级“增值额未超过扣除项目金额”的比例,均包括本比例数。

三、土地增值税应纳税额的计算

(一) 计税依据的规定

土地增值税的计税依据是纳税人转让房地产所取得的增值额。转让房地产的增值额是纳税人转让房地产所取得的收入减除税法规定的扣除项目金额后的余额。其计算公式为:

土地增值额=转让房地产取得的收入-扣除项目金额

1. 转让房地产取得的收入的确定

纳税人转让房地产取得的收入,应包括转让房地产的全部价款及有关经济收益。从收入的形式来看,包括货币收入、实物收入和其他收入。

(1) 货币收入,是指纳税人转让房地产而取得的现金、银行存款、支票、银行本票、汇款等各种信用票据和国库券、金融债券、企业债券、股票等有价证券。货币收入一般比较容易确定。

(2) 实物收入,是指纳税人转让房地产而取得的各种实物形态的收入,如钢材、水泥等建材,房屋、土地等不动产等。实物收入价值不太容易确定,一般应对实物形态的财产进行估价。

(3) 其他收入,主要包括纳税人因转让房地产而取得的无形资产收入或具有财产价值的权利。如专利权、商标权、著作权、专有技术使用权、土地使用权、商誉权等。这种类型的收入比较少见,其价值需要进行专门的评估。

2. 扣除项目金额的确定

税法准予纳税人从转让收入额减除的扣除项目金额主要包括以下几项:

(1) 取得土地使用权所支付的金额。

① 纳税人为取得土地使用所支付的地价款允许扣除。如果是以出让方式取得土地使用权的,地价款为纳税人所支付的土地出让金;如果是以行政划拨方式取得土地使用权的,地价款为按照国家有关规定补交的土地出让金;如果是以转让方式取得土地使用权的,地价款为向原土地使用权人实际支付的地价款。

② 纳税人在取得土地使用权时按国家统一规定交纳的有关费用也允许扣除。这方面的费用主要是指纳税人在取得土地使用权过程中为办理有关手续,按国家统一规定缴纳的有关登记、过户手续费。

(2) 房地产开发成本。房地产开发成本是指纳税人房地产开发项目实际发生的成本,包括土地征用及拆迁补偿费、前期工程费、建筑安装工程费、基础设施费、公共配套设施费、开发间接费用等。

① 土地征用及拆迁补偿费,包括土地征用费、耕地占用税、劳动力安置及有关地上、地下附着物拆迁补偿的净支出、安置动迁用房支出等。

② 前期工程费,包括规划、设计、项目可行性研究和水文、地质、勘察、测绘、“三通一平”等支出。

③ 建筑安装工程费,包括以出包方式支付给承包单位的建设安装工程费,以自营方式发生的建筑安装工程费。

④ 基础设施费,包括开发小区内道路、供水、供电、供气、排污、排洪、通信、照明、环卫、绿化等工程发生的支出。

⑤ 公共配套设施费,包括不能有偿转让的开发小区内公共配套设施发生的支出。

⑥ 开发间接费用,是指直接组织、管理开发项目发生的费用,包括工资、职工福利费、折旧费、修理费、办公费、水电费、劳动保护费、周转房摊销等。

(3) 房地产开发费用。房地产开发费用是指与房地产开发项目有关的销售费用、管理费用和财务费用。根据现行会计制度相关规定,这三项费用作为期间费用,直接计入当期损益,不按成本核算对象进行分摊。因此作为土地增值税扣除项目的房地产开发费用,不按纳税人房地产开发项目实际发生的费用进行扣除,而是按《土地增值税暂行条例实施细则》的标准进行扣除:

① 纳税人能够按转让房地产项目计算分摊利息支出,并能提供金融机构的贷款证明的,其允许扣除的房地产开发费用为:利息+(取得土地使用权所支付的金额+房地产开发成本)×5%以内。(注:利息最高不能超过按商业银行同类同期贷款利率计算的金额)

② 纳税人不能按转让房地产项目计算分摊利息支出或不能提供金融机构贷款证明的,其允许扣除的房地产开发费用为:(取得土地使用权所支付的金额+房地产开发成本)×10%以内。

③ 房地产开发企业既向金融机构借款,又有其他借款的,其房地产开发费用计算扣除时不能同时适用上述①②项所述两种方法。

④ 土地增值税清算时,已经计入房地产开发成本的利息支出,应调整至财务费用中计算扣除。

此外,财政部、国家税务总局还对扣除项目金额中利息支出的计算问题做了两点专门规定:一是利息的上浮幅度按国家的有关规定执行,超过上浮幅度的部分不允许扣除;二是对于超过贷款期限的利息部分和加罚的利息不允许扣除。

(4) 与转让房地产有关的税金。这些税金主要包括纳税人转让房地产时缴纳的城市维护建设税和印花税,教育费附加也可视同税金予以扣除。需要注意的是:房地产开发企业按照《施工、房地产开发企业财务制度》有关规定,其在转让时缴纳的印花税因列入管理费用中,故在此不允许单独再扣除。其他纳税人缴纳的印花税(按产权转移书据所载金额的0.5‰贴花)允许在此扣除。

(5) 财政部规定的其他扣除项目。根据《土地增值税暂行条例实施细则》的相关规定,从事房地产开发的纳税人可按取得土地使用权支付的金额和房地产开发成本计算的金额之和,加计20%的扣除。此条优惠只适用于从事房地产开发的纳税人。其目的是抑制炒买炒卖房地产的投资行为,保护正常开发投资者的积极性。

(6) 旧房及建筑物的评估价格。纳税人转让旧房,应按房屋及建筑物评估价格、取得土地使用权所支付的地价款,按国家统一规定缴纳的有关费用和转让环节缴纳的税金作为扣除项目金额计征土地增值税。对取得土地使用权时未支付地价款或不能提供已支付地价款凭证的,在计征土地增值税时不扣除。

旧房及建筑物评估价格是指在转让已使用的房屋及建筑物时,由政府批准设立的房地产评估机构评定的重置成本价乘以成新度折扣率后的价格。评估价格须经当地税务机关确认。

(二) 应纳税额的计算

土地增值税以转让房地产的增值额为税基,依据超率累进税率,计算应纳税额,其计算原理与超额累进税率基本相同。计算的基本原理和方法是:首先以出售房地产的总收入减除扣除项目金额，求得增值额。再以增值额同扣除项目相比，其比值即为土地增值率。然后，根据土地增值率的高低确定适用税率，用增值额和适用税率相乘，求得应纳税额。根据以上所述，可分以下四步来计算应纳税额：

（1）计算增值额：

增值额＝收入额－扣除项目金额

（2）计算增值率：

增值率＝增值额÷扣除项目金额×100%

（3）确定适用税率。依据计算的增值率，按其税率表确定适用税率。

（4）依据适用税率计算应纳税额。在实际工作中，分步计算较为烦琐，一般采用速算扣除法计算，公式如下：

应纳税额＝增值额×适用税率－扣除项目金额×速算扣除系数

具体方法如下：

（1）增值额未超过扣除项目金额 50%时，计算公式为：

土地增值税税额＝增值额×30%

（2）增值额超过扣除项目金额 50%，未超过 100%时，计算公式为：

土地增值税税额＝增值额×40%－扣除项目金额×5%

（3）增值额超过扣除项目金额 100%，未超过 200%时，计算公式为：

土地增值税税额＝增值额×50%－扣除项目金额×15%

（4）增值额超过扣除项目金额 200%时，计算公式为：

土地增值税税额＝增值额×60%－扣除项目金额×35%

上述公式中的 5%、15%、35%分别为 2、3、4 级的速算扣除系数。

【例 10-6】 假定某房地产开发公司 2021 年 2 月转让商品房一栋，取得收入总额为 1 000 万元，应扣除的购买土地的金额、开发成本的金额、开发费用的金额、相关税金的金额、其他扣除金额合计为 400 万元。请计算该房地产开发公司应缴纳的土地增值税。

解：（1）先计算增值额：

增值额＝1 000－400＝600（万元）

（2）再计算增值额与扣除项目金额的比率：

增值额与扣除项目金额的比率＝600÷400×100%＝150%

根据上述计算方法，增值额超过扣除项目金额 100%，未超过 200%时，其适用的计算公式为：

土地增值税税额＝增值额×50%－扣除项目金额×15%

（3）最后计算该房地产开发公司应缴纳的土地增值税：

应缴纳土地增值税＝600×50%－400×15%＝240（万元）

四、土地增值税的税收优惠

（一）建造普通标准住宅的减免税优惠

税法规定，纳税人建造普通标准住宅出售，增值额未超过扣除项目金额 20%的，免征土地增值税。在实际执行这条减免税规定时，应注意以下几点：

（1）所谓普通标准住宅，是指按所在地一般民用住宅标准建造的居住用住宅。高级公寓、别墅、度假村等不属于普通标准住宅。普通标准住宅与其他住宅的具体划分界限由各省、自治区、直辖市人民政府规定。

（2）注意确认增值额是否未超过扣除项目金额的20%。对那些虽从事普通标准住宅开发建设，但取得的增值额超过扣除项目金额20%的，也不能予以免税。

（3）对增值额超过扣除项目金额20%的，应对其全部增值额按规定计征土地增值税，不能仅按其超过扣除项目金额20%的部分计算征税。

（4）对于纳税人既建普通标准住宅又搞其他房地产开发的，应分别核算增值额。不分别核算增值额或不能准确核算增值额的，其建造的普通标准住宅不能适用这一免税规定。

（5）对企事业单位、社会团体以及其他组织转让旧房作为公租房房源，且增值额未超过扣除项目金额20%的，免征土地增值税。

（二）国家征用、收回房地产的减免税优惠

根据《土地增值税暂行条例》的规定，因国家建设需要依法征用、收回的房地产，免征土地增值税。这里所说的“因国家建设需要依法征用、收回的房地产”，是指因城市实施规划、国家建设需要而被政府批准征用的房产或收回的土地使用权。因城市实施规划、国家建设需要而搬迁，由纳税人自行转让原房地产的，比照有关规定免征土地增值税。

（三）个人转让房地产的减免税优惠

因城市实施规划、国家建设需要而搬迁，由纳税人自行转让原房地产的，免征土地增值税。

五、土地增值税的征收管理

（一）土地增值税的纳税地点

土地增值税的纳税人应向房地产所在地主管税务机关办理纳税申报，并在税务机关核定的期限内缴纳土地增值税。这里所说的“房地产所在地”，是指房地产的坐落地。纳税人转让的房地产坐落在两个或两个以上地区的，应按房地产所在地分别申报纳税。在实际工作中，纳税地点的确定又可分为以下两种情况：

（1）纳税人是法人的。当转让的房地产坐落地与其机构所在地或经营所在地一致时，在办理税务登记的原管辖税务机关申报纳税即可；如果转让的房地产坐落地与其机构所在地或经营所在地不一致时，则应按房地产坐落地所管辖的税务机关申报纳税。

（2）纳税人是自然人的。当转让的房地产坐落地与其居住所在地一致时，在住所所在地税务机关申报纳税；当转让的房地产坐落地与其居住所在地不一致时，在办理过户手续所在地的税务机关申报纳税。

（二）土地增值税的纳税申报

土地增值税的纳税人应在转让房地产合同签订后的7日内，到房地产所在地主管税务机关办理纳税申报，并向税务机关提交房屋及建筑物产权、土地使用权证书，土地转让、房产买卖合同，房地产评估报告及其他与转让房地产有关的资料。纳税人因经常发生房地产转让而难以在每次转让后申报的，经税务机关审核同意后，可以定期进行纳税申报，具体期限由税务机关根据情况确定。

第五节　环境保护税

一、环境保护税概述

环境保护税是对在我国领域以及管辖的其他海域直接向环境排放应税污染物的企事业单位和其他生产经营者征收的一种税。环境保护税是我国首个明确以环境保护为目标的独立型环境税税种，有利于解决排污费制度存在的执法刚性不足等问题，有利于提高纳税人环保意识和强化企业治污减排责任。

视频讲解：环境保护税

为了保护和改善环境，减少污染物排放，推进生态文明建设，2016 年 12 月 25 日，《中华人民共和国环境保护税法》由中华人民共和国第十二届全国人民代表大会常务委员会第二十五次会议通过，自 2018 年 1 月 1 日起施行，同时停征排污费。党的二十大报告指出，要完善支持绿色发展的财税政策和标准体系，推进美丽中国建设。

二、环境保护税的纳税人、税目与税率

（一）环境保护税的纳税人

在中华人民共和国领域和中华人民共和国管辖的其他海域，直接向环境排放应税污染物的企业事业单位和其他生产经营者，为环境保护税的纳税人。

应税污染物，是指依《中华人民共和国环境保护税法》所附“环境保护税税目税额表”“应税污染物和当量值表”规定的大气污染物、水污染物、固体废物和噪声。下列情形之一的，应当缴纳环境保护税：

（1）依法设立的城乡污水集中处理、生活垃圾集中处理场所超过国家和地方规定的排放标准向环境排放应税污染物。

（2）企业事业单位和其他生产经营者贮存或者处置固体废物不符合国家和地方环境保护标准。

下列情形之一的，不属于直接向环境排放污染物，不缴纳相应污染物的环境保护税：

（1）企业事业单位和其他生产经营者向依法设立的污水集中处理、生活垃圾集中处理场所排放应税污染物的。

（2）企业事业单位和其他生产经营者在符合国家和地方环境保护标准的设施、场所贮存或者处置固体废物的。

专栏 10-5　环境保护费改税后会不会加重企业负担？

环境保护费改税，遵循“税负平移”的原则，征税范围、税率基本不会改变。开征环境保护税后，税收刚性增强，征收机制更加严格，会有一些应缴未缴排污费的企业被纳入征税范围。有关部门对部分省市进行了实地调研，环境保护税占企业缴纳税费的比重较低，一般在 1% 以下，不构成企业的主要负担。企业和地方相关部门普遍反映，费改税后对企业成本

负担影响不大。此外，征税后对企业的约束机制进一步增强，将促使企业主动采取措施减少污染物排放，一些企业的纳税额还会有所减少。

（二）环境保护税的税目与税率

环境保护税税目包括大气污染物、水污染物、固体废物和噪声四大类，采用定额税率，其中，对应税大气污染物和水污染物规定了幅度定额税率。环境保护税的税目、税额，依照《中华人民共和国环境保护税法》所附“环境保护税税目税额表”执行。应税大气污染物和水污染物的具体适用税额的确定和调整，由省、自治区、直辖市人民政府统筹考虑本地区环境承载能力、污染物排放现状和经济社会生态发展目标要求，在“环境保护税税目税额表”规定的税额幅度内提出，报同级人民代表大会常务委员会决定，并报全国人民代表大会常务委员会和国务院备案。“环境保护税税目税额表”如表 10-3 所示。

表 10-3　环境保护税税目税额表

<table>
<tr><th colspan="2">税目</th><th>计税单位</th><th>税额</th><th>备注</th></tr>
<tr><td colspan="2">大气污染物</td><td>每污染当量</td><td>1.2 至 12 元</td><td></td></tr>
<tr><td colspan="2">水污染物</td><td>每污染当量</td><td>1.4 至 14 元</td><td></td></tr>
<tr><td rowspan="4">固体废物</td><td>煤矸石</td><td>每吨</td><td>5 元</td><td></td></tr>
<tr><td>尾矿</td><td>每吨</td><td>15 元</td><td></td></tr>
<tr><td>危险废物</td><td>每吨</td><td>1 000 元</td><td></td></tr>
<tr><td>冶炼渣、粉煤灰、炉渣、其他固体废物（含半固态、液态废物）</td><td>每吨</td><td>25 元</td><td></td></tr>
<tr><td rowspan="6">噪声</td><td rowspan="6">工业噪声</td><td>超标 1～3 分贝</td><td>每月 350 元</td><td rowspan="6">1. 一个单位边界上有多处噪声超标，根据最高一处超标声级计算应纳税额；当沿边界长度超过 100 米有两处以上噪声超标，按照两个单位计算应纳税额
2. 一个单位有不同地点作业场所的，应当分别计算应纳税额，合并计征
3. 昼、夜均超标的环境噪声，昼、夜分别计算应纳税额，累计计征
4. 声源一个月内超标不足 15 天的，减半计算应纳税额
5. 夜间频繁突发和夜间偶然突发厂界超标噪声，按等效声级和峰值噪声两种指标中超标分贝值高的一项计算应纳税额</td></tr>
<tr><td>超标 4～6 分贝</td><td>每月 700 元</td></tr>
<tr><td>超标 7～9 分贝</td><td>每月 1 400 元</td></tr>
<tr><td>超标 10～12 分贝</td><td>每月 2 800 元</td></tr>
<tr><td>超标 13～15 分贝</td><td>每月 5 600 元</td></tr>
<tr><td>超标 16 分贝以上</td><td>每月 11 200 元</td></tr>
</table>

三、环境保护税的计税依据

（一）计税依据确定的基本方法

应税污染物的计税依据，按照下列方法确定：① 应税大气污染物按照污染物排放量折合的污染当量数确定；② 应税水污染物按照污染物排放量折合的污染当量数确定；③ 应税固体废物按照固体废物的排放量确定；④ 应税噪声按照超过国家规定标准的分贝数确定。

1. 应税大气污染物、水污染物的污染当量数，以该污染物的排放量除以该污染物的污染当量值计算

每一排放口或者没有排放口的应税大气污染物，按照污染当量数从大到小排序，对前三项污染物征收环境保护税。每一排放口的应税水污染物，按照“应税污染物和当量值表”，区分第一类水污染物和其他类水污染物，按照污染当量数从大到小排序，对第一类水污染物按照前五项征收环境保护税，对其他类水污染物按照前三项征收环境保护税。

省、自治区、直辖市人民政府根据本地区污染物减排的特殊需要，可以增加同一排放口征收环境保护税的应税污染物项目数，报同级人民代表大会常务委员会决定，并报全国人民代表大会常务委员会和国务院备案。

纳税人有下列情形之一的，以其当期应税大气污染物、水污染物的产生量作为污染物的排放量：

（1）未依法安装使用污染物自动监测设备或者未将污染物自动监测设备与环境保护主管部门的监控设备联网；

（2）损毁或者擅自移动、改变污染物自动监测设备；

（3）篡改、伪造污染物监测数据；

（4）通过暗管、渗井、渗坑、灌注或者稀释排放以及不正常运行防治污染设施等方式违法排放应税污染物；

（5）进行虚假纳税申报。

每种应税大气污染物、水污染物的具体污染当量值，依照“应税污染物和当量值表”（见表 10-4，共五类）执行。

表 10-4　应税污染物和当量值表

一、第一类水污染物污染当量值

污染物	污染当量值（千克）
1. 总汞	0.000 5
2. 总镉	0.005
3. 总铬	0.04
4. 六价铬	0.02
5. 总砷	0.02
6. 总铅	0.025
7. 总镍	0.025
8. 苯并（a）芘	0.000 000 3
9. 总铍	0.01
10. 总银	0.02

二、第二类水污染物污染当量值

污染物	污染当量值(千克)
1. 悬浮物(SS)	4
2. 生化需氧量(BOD_5)	0. 5
3. 化学需氧量(COD_{er})	1
4. 总有机碳(TOC)	0. 49
5. 石油类	0. 1
6. 动植物油	0. 16
7. 挥发酚	0. 08
8. 总氰化物	0. 05
9. 硫化物	0. 125
10. 氨氮	0. 8
11. 氟化物	0. 5
12. 甲醛	0. 125
13. 苯胺类	0. 2
14. 硝基苯类	0. 2
15. 阴离子表面活性剂(LAS)	0. 2
16. 总铜	0. 1
17. 总锌	0. 2
18. 总锰	0. 2
19. 彩色显影剂(CD-2)	0. 2
20. 总磷	0. 25
21. 单质磷(以 P 计)	0. 05
22. 有机磷农药(以 P 计)	0. 05
23. 乐果	0. 05
24. 甲基对硫磷	0. 05
25. 马拉硫磷	0. 05
26. 对硫磷	0. 05
27. 五氯酚及五氯酚钠(以五氯酚计)	0. 25
28. 三氯甲烷	0. 04
29. 可吸附有机卤化物(AOX)(以 Cl 计)	0. 25
30. 四氯化碳	0. 04
31. 三氯乙烯	0. 04
32. 四氯乙烯	0. 04

续表

污染物	污染当量值(千克)
33. 苯	0.02
34. 甲苯	0.02
35. 乙苯	0.02
36. 邻-二甲苯	0.02
37. 对-二甲苯	0.02
38. 间-二甲苯	0.02
39. 氯苯	0.02
40. 邻二氯苯	0.02
41. 对二氯苯	0.02
42. 对硝基氯苯	0.02
43. 2,4-二硝基氯苯	0.02
44. 苯酚	0.02
45. 间-甲酚	0.02
46. 2,4-二氯酚	0.02
47. 2,4,6-三氯酚	0.02
48. 邻苯二甲酸二丁酯	0.02
49. 邻苯二甲酸二辛酯	0.02
50. 丙烯腈	0.125
51. 总硒	0.02

说明:(1) 第一、二类污染物的分类依据为《污水综合排放标准》(GB8978-1996)。

(2) 同一排放口中的化学需氧量(COD)、生化需氧量(BOD_5)和总有机碳(TOC),只征收一项。

三、pH 值、色度、大肠菌群数、余氯量水污染物污染当量值

污染物		污染当量值	备注
1. pH 值	1. 0—1,13—14 2. 1—2,12—13 3. 2—3,11—12 4. 3—4,10—11 5. 4—5,9—10 6. 5—6	0.06 吨污水 0.125 吨污水 0.25 吨污水 0.5 吨污水 1 吨污水 5 吨污水	pH5—6 指大于等于 5,小于 6;pH9—10 指大于 9,小于等于 10,其余类推
2. 色度	5 吨水·倍	2. 色度	
3. 大肠菌群数(超标)	3.3 吨污水	3. 大肠菌群数(超标)	大肠菌群数和总余氯只征收一项
4. 余氯量(用氯消毒的医院废水)	3.3 吨污水	4. 余氯量(用氯消毒的医院废水)	

四、禽畜养殖业、小型企业和第三产业水污染物污染当量值

（本表仅适用于计算无法进行实际监测或物料衡算的禽畜养殖业、小型企业和第三产业等小型排污者的污染当量数）

类型		污染当量值	备注
禽畜养殖场	1. 牛	0.1 头	仅对存栏规模大于 50 头牛，500 头猪，5 000 羽鸡、鸭等的禽畜养殖场征收
	2. 猪	1 头	
	3. 鸡、鸭等家禽	30 羽	
4. 小型企业		1.8 吨污水	
5. 饮食娱乐服务业		0.5 吨污水	
6. 医院	消毒	0.14 床	医院病床数大于 20 张的按本表计算污染当量
		2.8 吨污水	
	不消毒	0.07 床	
		1.4 吨污水	

五、大气污染物污染当量值

污染物	污染当量值（千克）
1. 二氧化硫	0.95
2. 氮氧化物	0.95
3. 一氧化碳	16.7
4. 氯气	0.34
5. 氯化氢	10.75
6. 氟化物	0.87
7. 氰化氢	0.005
8. 硫酸雾	0.6
9. 铬酸雾	0.000 7
10. 汞及其化合物	0.000 1
11. 一般性粉尘	4
12. 石棉尘	0.53
13. 玻璃棉尘	2.13
14. 碳黑尘	0.59
15. 铅及其化合物	0.02
16. 镉及其化合物	0.03
17. 铍及其化合物	0.000 4
18. 镍及其化合物	0.13
19. 锡及其化合物	0.27

续表

污染物	污染当量值(千克)
20. 烟尘	2.18
21. 苯	0.05
22. 甲苯	0.18
23. 二甲苯	0.27
24. 苯并(a)芘	0.000 002
25. 甲醛	0.09
26. 乙醛	0.45
27. 丙烯醛	0.06
28. 甲醇	0.67
29. 酚类	0.35
30. 沥青烟	0.19
31. 苯胺类	0.21
32. 氯苯类	0.72
33. 硝基苯	0.17
34. 丙烯腈	0.22
35. 氯乙烯	0.55
36. 光气	0.04
37. 硫化氢	0.29
38. 氨	9.09
39. 三甲胺	0.32
40. 甲硫醇	0.04
41. 甲硫醚	0.28
42. 二甲二硫	0.28
43. 苯乙烯	25
44. 二硫化碳	20

【例 10-7】　某企业 2021 年 3 月向水体直接排放第一类水污染物总汞 10 千克，根据第一类水污染物污染当量值表，总汞的污染当量值为 0.000 5 千克，其污染当量数为 10/0.000 5 = 20 000。

2. 应税固体废物按照固体废物的排放量确定计税依据

应税固体废物的计税依据，按照固体废物的排放量确定。固体废物的排放量为当期应税固体废物的产生量减去当期应税固体废物的贮存量、处置量、综合利用量的余额。固体废物的贮存量、处置量，是指在符合国家和地方环境保护标准的设施、场所贮存或者处置的固体废物数量；固体废物的综合利用量，是指按照国务院发展改革、工业和信息化主管部门关于资源综合利用要求以及国家和地方环境保护标准进行综合利用的固体废物数量。计算公式为：

固体废物的排放量=当期固体废物的产生量-当期固体废物的综合利用量-当期固体废物的贮存量-当期固体废物的处置量

纳税人有下列情形之一的，以其当期应税固体废物的产生量作为固体废物的排放量：

（1）非法倾倒应税固体废物；

（2）进行虚假纳税申报。

3. 应税噪声按照超过国家规定标准的分贝数确定计税依据

工业噪声按超过国家规定标准的分贝数确定每月税额，超过国家规定标准的分贝数是指实际生产的工业噪声与国家规定的工业噪声排放标准限值之间的差值。

（二）应税大气污染物、水污染物、固体废物的排放量和噪声的分贝数的确定方法

应税大气污染物、水污染物、固体废物的排放量和噪声的分贝数，按照下列方法和顺序计算：

（1）纳税人安装使用符合国家规定和监测规范的污染物自动监测设备的，按照污染物自动监测数据计算。

（2）纳税人未安装使用污染物自动监测设备的，按照监测机构出具的符合国家有关规定和监测规范的监测数据计算。

（3）因排放污染物种类多等原因不具备监测条件的，按照国务院生态环境主管部门规定的排污系数、物料衡算方法计算。

（4）不能按照上述（1）至（3）规定的方法计算的，按照省、自治区、直辖市人民政府生态环境主管部门规定的抽样测算的方法核定计算。

四、环境保护税应纳税额的计算

环境保护税应纳税额按照下列方法计算：

（1）应税大气污染物的应纳税额为污染当量数乘以具体适用税额。

（2）应税水污染物的应纳税额为污染当量数乘以具体适用税额。

（3）应税固体废物的应纳税额为固体废物排放量乘以具体适用税额。

（4）应税噪声的应纳税额为超过国家规定标准的分贝数对应的具体适用税额。

（一）应税大气污染物应纳税额的计算

应税大气污染物的应纳税额=污染当量数×适用税额

【例 10-8】 某企业 2021 年 5 月向大气直接排放二氧化硫、氟化物各 100 千克，一氧化碳 200 千克、氯化氢 80 千克，假设当地大气污染物每污染当量税额 1.2 元，该企业只有一个排放口，计算其应纳税额。

解：第一步：计算各污染物的污染当量数。

污染当量数=该污染物的排放量÷该污染物的污染当量值，结合表 10-4，计算各污染物的污染当量数为：

二氧化硫污染当量数=100/0.95=105.26

氟化物污染当量数=100/0.87=114.94

一氧化碳污染当量数=200/16.7=11.98

氯化氢污染当量数=80/10.75=7.44

第二步：按污染当量数排序，该企业只有一个排放口，排序选取计税前三项污染物为：氟化物、二氧化硫、一氧化碳。

第三步：计算应纳税额。

应纳税额＝(114.94+105.26+11.98)×1.2＝278.62(元)

(二) 应税水污染物应纳税额的计算

应税水污染物的应纳税额＝污染当量数×适用税额

1. 一般水污染物应纳税额的计算

【例 10-9】 甲化工厂是环境保护税的纳税人，该厂仅有一个污水排放口且直接向河流排放污水，已安装使用国家规定和监测规范的污染物自动监测设备。检测数据显示，该排放口 2021 年 2 月共排放污水 6 万吨(折合 6 万立方米)，应税污染物为六价铬，浓度为六价铬 0.5 mg/L。请计算该化工厂 2 月份应缴纳的环境保护税(该厂所在省的税污染物税率为 2.8 元/污染当量，六价铬的污染当量为 0.02)。

解：(1) 计算污染当量数：

六价铬污染当量数＝排放总量×浓度值÷当量值＝60 000 000×0.5÷(1 000 000÷0.02)＝1 500

(2) 应纳税额＝1 500×2.8＝4 200(元)

2. pH 值、大肠菌群数、余氯量、色度应纳税额的计算

pH 值、大肠菌群数、余氯量、色度应纳税额为污染当量数乘以具体适用税额。

(1) pH 值、大肠菌群数、余氯量。pH 值、大肠菌群数、余氯量污染当量数以该污染物的排放量除以该污染物的污染当量值计算。

应纳税额＝污水排放量(吨)÷该污染物的污染当量值(吨)×适用税额

(2) 色度。色度污染当量数以污水排放量(吨)与色度超标倍数的乘积除以色度的污染当量值计算。

色度污染当量数＝污水排放量(吨)×色度超标倍数÷色度的污染当量值

应纳税额＝色度的污染当量值×适用税额

3. 适用环境保护税法所附《禽畜养殖业、小型企业和第三产业水污染当量值》表的纳税人应纳税额的计算

(1) 禽畜养殖业的水污染物应纳税额。

禽畜养殖业的水污染物应纳税额为污染当量数乘以具体税额。其污染当量数以禽畜养殖数量除以污染当量值计算。

【例 10-10】 某养殖场 2021 年 2 月养牛存栏量为 100 头，污染当量值为 0.1 头，假设当地水污染物适用税额为每污染当量 2.8 元，计算当月应纳环保税税额。

解：水污染物当量数＝100÷0.1＝1 000

应纳税额＝1 000×2.8＝2 800(元)

(2) 小型企业和第三产业的水污染物应纳税额。

小型企业和第三产业的水污染物应纳税额为污染当量数乘以具体适用税额。其污染当量数以污水排放量除以污染当量值计算。

【例 10-11】 某餐饮公司通过安装水流量计测 2021 年 3 月排放污水量为 60 吨，污染当量值为 0.5 吨，假设当地水污染物适用税额为每污染当量 2.8 元，计算当月应纳环境保护税税额。

解：水污染物当量数 = 60÷0.5 = 120

应纳税额 = 120×2.8 = 336（元）。

（3）医院排放的水污染物应纳税额。

医院排放的水污染物应纳税额为污染当量数乘以具体适用税额。其污染当量数以病床数或者污水排放量除以污染当量值计算。

应纳税额 = 医院床位数÷污染当量值×适用税额

应纳税额 = 污水排放量÷污染当量值×适用税额

（三）应税固体废物应纳税额的计算

应税固体废物的应纳税额为固体废物排放量乘以具体适用税额，其排放量为当期应税固体废物的产生量减去当期应税固体废物的贮存量、处置量、综合利用量的余额。计算公式为：

应税固体废物应纳税额 =（当期应税固体废物的产生量-当期应税固体废物的贮存量-当期应税固体废物的处置量-当期应税固体废物的综合利用量）×适用税额

【例 10-12】 某企业 2021 年 4 月产生尾矿 1 000 吨，其中综合利用的尾矿 200 吨，在符合国家和地方环保标准的设施贮存 300 吨，请计算该企业当月尾矿应缴纳的环境保护税。

解：应纳税额 =（1 000-200-300）×15 = 7 500（元）

（四）应税噪声应纳税额的计算

应税噪声应纳税额为超过国家标准的分贝数对应的具体适用税额。

【例 10-13】 某工业企业只有一个生产场所，只在昼间生产，边界处声环境功能区类型为 1 类，生产时产生噪声为 60 分贝，按照相关规定，1 类功能区昼间噪声排放限值为 55 分贝，2021 年 5 月超标天数为 18 天。请计算该企业当月噪声污染应缴纳的环境保护税。

解：超标分贝数 = 60-55 = 5（分贝），根据“环境保护税税目税额表”，可得出该企业当月噪声污染应缴纳的环境保护税为 700 元。

五、环境保护税的税收减免

（一）环境保护税的暂免征税项目

下列情形，暂予免征环境保护税：

（1）农业生产（不包括规模化养殖）排放应税污染物的。

（2）机动车、铁路机车、非道路移动机械、船舶和航空器等流动污染源排放应税污染物的。

（3）依法设立的城乡污水集中处理、生活垃圾集中处理场所排放相应应税污染物，不超过国家和地方规定的排放标准的。

（4）纳税人综合利用的固体废物，符合国家和地方环境保护标准的。

（5）国务院批准免税的其他情形。

（二）环境保护税的减免税额项目

（1）纳税人排放应税大气污染物或者水污染物的浓度值低于国家和地方规定的污染物排放标准 30%的，减按 75%征收环境保护税。

（2）纳税人排放应税大气污染物或者水污染物的浓度值低于国家和地方规定的污染物排放标准 50%的，减按 50%征收环境保护税。

六、环境保护税的征收管理

（一）环境保护税的征管方式

环境保护税采用“企业申报、税务征收、环保协同、信息共享”的征管方式。环境保护税由税务机关依照《中华人民共和国税收征收管理法》和《中华人民共和国环境保护税法》的有关规定征收管理。环境保护主管部门依照《中华人民共和国环境保护税法》和有关环境保护法律法规的规定负责对污染物的监测管理。县级以上地方人民政府应当建立税务机关、环境保护主管部门和其他相关单位分工协作工作机制，加强环境保护税征收管理，保障税款及时足额入库。环境保护主管部门和税务机关应当建立涉税信息共享平台和工作配合机制。税务机关依法履行环境保护税纳税申报受理、涉税信息比对、组织税款入库等职责。环境保护主管部门依法负责应税污染物监测管理，制定和完善污染物监测规范。

（二）环境保护税的数据传递和对比

环境保护主管部门应当将排污单位的排污许可、污染物排放数据、环境违法和受行政处罚情况等环境保护相关信息，定期交送税务机关。

税务机关应当将纳税人的纳税申报、税款入库、减免税额、欠缴税款以及风险疑点等环境保护税涉税信息，定期交送环境保护主管部门。

纳税人申报的污染物排放数据与环境保护部门交送的相关数据不一致的，按照环境保护主管部门交送的数据确定应税污染物的计税依据。

（三）环境保护税的复核

纳税人申报缴纳时，应当向税务机关报送所排放应税污染物的种类、数量，大气污染物、水污染物的浓度值，以及税务机关根据实际需要要求纳税人报送的其他纳税资料。纳税人应当依法如实办理纳税申报，对申报的真实性和完整性承担责任。税务机关应当将纳税人的纳税申报数据资料与环境保护主管部门交送的相关数据资料进行比对。税务机关发现纳税人的纳税申报数据资料异常或者纳税人未按照规定期限办理纳税申报的，可以提请环境保护主管部门进行复核，环境保护主管部门应当自收到税务机关的数据资料之日起 15 日内向税务机关出具复核意见。税务机关应当按照环境保护主管部门复核的数据资料调整纳税人的应纳税额。纳税人和税务机关、环境保护主管部门及其工作人员违反规定的，依照《中华人民共和国税收征收管理法》《中华人民共和国环境保护法》和有关法律法规的规定追究法律责任。

（四）环境保护税的纳税时间

纳税义务发生时间为纳税人排放应税污染物的当日。环境保护税按月计算，按季申报缴纳。不能按固定期限计算缴纳的，可以按次申报缴纳。纳税人按季申报缴纳的，应当自季度终了之日起 15 日内，向税务机关办理纳税申报并缴纳税款。纳税人按次申报缴纳的，应当自纳税义务发生之日起 15 日内，向税务机关办理纳税申报并缴纳税款。

（五）环境保护税的纳税地点

纳税人应当向应税污染物排放地的税务机关申报缴纳环境保护税。

第六节 烟 叶 税

一、烟叶税概述

视频讲解：
烟叶税

烟叶税是以纳税人收购烟叶的收购金额为计税依据征收的一种税。烟叶税是新中国成立以后形成的一个税种。1958 年我国颁布实施《中华人民共和国农业税条例》（简称《农业税条例》）。1983 年以《农业税条例》为依据，选择特定农产品征收农林特产农业税，其征税范围不包括烟叶，对烟叶另外征收产品税和工商统一税。1994 年国务院取消原产品税和工商统一税，颁布《国务院关于农业特产收入征收农业税的规定》，规定对烟叶在收购环节征收农业特产农业税。2004 年 6 月根据《中共中央国务院关于促进农民增加收入若干政策的意见》，财政部、国家税务总局下发《关于取消除烟叶外的农业特产税有关问题的通知》，规定从 2004 年起，除对烟叶保留征收农业特产税外，取消对其他农业特产品征收农业税。2005 年 12 月 29 日第十届全国人民代表大会常务委员会第十九次会议决定，《农业税条例》自 2006 年 1 月 1 日起废止，对烟叶征收农业特产农业税失去了法律依据。2006 年 4 月 28 日，国务院公布了《中华人民共和国烟叶税暂行条例》，自公布之日起实施。2018 年 7 月 1 日起施行《中华人民共和国烟叶税法》（以下简称《烟叶税法》），《中华人民共和国烟叶税暂行条例》同时废止。

二、烟叶税的纳税人、征税范围、税率

（一）烟叶税的纳税人

在中华人民共和国境内，依照《中华人民共和国烟草专卖法》的规定收购烟叶的单位为烟叶税的纳税人。纳税人应当依照该法规定缴纳烟叶税。

（二）烟叶税的征税范围

烟叶的征税范围为晾晒烟叶、烤烟叶。晾晒烟叶包括列入名晾晒烟名录的晾晒烟叶和未列入名晾晒烟名录的其他晾晒烟叶。

（三）烟叶税的税率

烟叶税实行比例税率，税率为 20%。

三、烟叶税应纳税额的计算

烟叶税应纳税额应按照《烟叶税法》的规定，以纳税人收购烟叶实际支付的价款总额和规定的税率计算。应纳税额以人民币计算。应纳税额的计算公式为：

应纳税额＝收购烟叶实际支付的价款总额×税率

纳税人收购烟叶实际支付的价款总额包括纳税人支付给烟叶生产销售单位和个人的烟叶收购价款和价外补贴。其中，价外补贴统一暂按烟叶收购价款的 10%计算。

收购金额＝收购价款×（1+10%）

【例 10-14】 某烟草公司系增值税一般纳税人，2021 年 5 月份收购烟叶 100 000 千克，烟叶

收购价格 10 元/千克,总计 1 000 000 元,货款已全部支付。请计算该烟草公司 8 月份收购烟叶应缴纳的烟叶税。

解:应缴纳烟叶税 = 1 000 000×(1+10%)×20% = 220 000(元)

四、烟叶税的征收管理

烟叶税由税务机关依照《烟叶税法》和《中华人民共和国税收征收管理法》的有关规定征收管理。

(一)烟叶税的纳税义务发生时间

烟叶税的纳税义务发生时间为纳税人收购烟叶的当天。收购烟叶的当天是指纳税人向烟叶销售者付讫收购烟叶款项或者开具收购烟叶凭据的当天。

(二)烟叶税的纳税地点

纳税人收购烟叶应当向烟叶收购地的主管税务机关申报纳税。烟叶收购地的主管税务机关是指烟叶收购地的县级地方税务局或者其所指定的税务分局、所。

(三)烟叶税的纳税期限

烟叶税按月计征,纳税人应当于纳税义务发生月终了之日起 15 日内申报并缴纳税款。

本章小结

本章主要介绍对行为与特定目的课税的税种,包括印花税、车辆购置税、城市维护建设税、土地增值税、环境保护税、烟叶税。每个税种介绍了税种概述、纳税人、征税范围、税率、应纳税额的计算、税收优惠、征收管理的内容,重点应掌握应纳税额计算的基本规定。

综合练习

一、重要概念

印花税　立合同人　立据人　产权转移书据　车辆购置税　城市维护建设税　土地增值税

房地产开发成本　房地产开发费用　环境保护税　污染当量　烟叶税

二、思考题

1. 具有合同性质的凭证是否征收印花税?未按期执行的合同是否应该征收印花税?
2. 城市维护建设税的税收减免优惠政策包括哪些?
3. 环境保护税计税依据确定的基本方法有哪些?
4. 土地增值税对调节国有土地使用效果如何体现?
5. 车辆购置税对新能源汽车的影响体现在哪些方面?
6. 简述烟叶税的变革历程以及对烟草行业的影响。

三、计算题

1. 李某当月购买了一辆价值 10 万元(含增值税)的国产小轿车,计算其当月应纳汽车购置税税额。
2. 某高新技术企业 2021 年 2 月开业,注册资本 500 万元,当年发生经营活动如下:

(1)领受工商营业执照、房屋产权证、土地使用证、银行开户许可证各一份;

(2)建账时共设 7 个营业账簿,其中记载资金的账簿一本,记载实收资本 500 万元;

（3）签订以货易货合同1份，用自己价值100万元的货物换进乙企业价值150万元的货物，并支付差价款50万元；

（4）与银行签订借款合同1份，记载借款金额50万元，当年支付利息1万元；

（5）与广告公司签订广告牌制作合同1份，分别记载加工费3万元，广告公司提供原材料7万元；

（6）签订房屋租赁合同1份，记载每月租金为5万元，但未约定租赁期限。

要求：根据上述资料，回答下列问题。

（1）计算领受权利、许可证照应缴纳的印花税；

（2）计算设置营业账簿应缴纳的印花税；

（3）计算签订以货易货合同应缴纳的印花税；

（4）计算签订借款合同应缴纳的印花税；

（5）计算签订广告牌制作合同应缴纳的印花税；

（6）计算签订房屋租赁合同应缴纳的印花税。

3. 某房地产开发公司当月出售一幢写字楼，收入总额为10 000万元。开发该写字楼有关支出为：支付地价款及各种费用1 000万元；房地产开发成本3 000万元；财务费用中的利息支出为500万元（可按转让项目计算分摊并提供金融机构证明），但其中有50万元属加罚的利息；转让环节缴纳的有关税费共计为555万元；该单位所在地政府规定的其他房地产开发费用计算扣除比例为5%。试计算该房地产开发公司应纳的土地增值税。

4. 某化工厂只有一个污水排放口且直接向河流排放污水。2021年7月该工厂自动监测仪器读数显示，当月排放硫化物、氟化物各100千克，甲醛、总铜各90千克，总锌200千克，总锰120千克。已知，硫化物、甲醛污染当量值为0.125，氟化物污染当量值为0.5，总铜污染当量值为0.1，总锌、总锰污染当量值为0.2；当地水污染物每污染当量税额为3元。计算该工厂当月应纳的环境保护税。

计算题参考答案

延展阅读

[1] 江苏省苏州工业园区地方税务局课题组，马伟，计跃．我国房地产投资信托基金税收政策分析与建议[J]．税务研究，2018(02)：102-105.

[2] 徐会超，张晓杰．完善我国绿色税收制度的探讨[J]．税务研究，2018(09)：101-104.

[3] 张标敏．新形势下土地增值税政策的完善[J]．税务研究，2017(02)：103-107.

[4] 马蔡琛，朱旭阳．“以税控烟”视角的烟草税制改革[J]．税务研究，2017(09)：40-46.

第十一章

税收管理

本章学习目标

1. 了解税务管理的基本原理
2. 掌握涉税处理的基本业务规范和程序,征纳双方的权利和义务
3. 了解税收征管的各个环节的要求、税收违法行为及其法律责任、税收征管相对人的行政司法救济的基本规定

税收制度的构成要素有实体法要素和程序法要素两种,税收管理属于程序法的范畴,它是解决如何缴税的问题。税收管理的核心内容在《中华人民共和国税收征收管理法》(简称《税收征管法》)中得到了较好的体现。《税收征管法》是一部通则性的税收程序法,直接影响税务机关与纳税人的相互关系,特别是在我国"税法通则"暂时缺位的情况下,它实际上扮演着"小通则"的角色,其重要性不言而喻。我国现行的《税收征管法》自 2001 年 5 月 1 日施行至今已历时 20 余年,它对于加强税收征管,规范税收征收和缴纳行为,保障国家税收收入,保护纳税人合法权益,促进经济和社会发展,均发挥着积极作用。

第一节　税收管理概述

一、税收管理对象及主要内容

税收管理,是指税收职能部门代表国家对税收分配的全过程进行计划、组织、协调和监督工作,以保证税收收入及时、足额入库的一种管理活动。税收管理的具体内容可分为两个层次:一是税收政策、法令、制度的制定,即税收立法;二是税收政策、法令、制度的执行,即税收执法。

视频讲解:
税收管理体制

(一) 税收立法

税收立法是享有立法权的国家机关制定、修改,变更和终止调整税收法律关系的法律规范的活动。税收立法通常可以从广义和狭义两个角度来理解:广义的税收立法,是指国家机关依照法定权限和程序,制定各种不同规范等级和效力等级的税收规范

性文件的活动;狭义的税收立法,是指立法机关制定税收法律的活动。

税收立法主要包括税收立法体制和税收立法程序两大方面。

1. 税收立法体制

税收立法体制主要是指立法机关和立法权限的划分。税收立法权限一般包括国家立法、地方立法、授权立法和行政立法。目前有权制定税法或者税收政策的国家机关有全国人民代表大会及其常务委员会、国务院、财政部、国家税务总局、海关总署、国务院关税税则委员会等。

税收法律由全国人民代表大会及其常务委员会制定;有关税收的行政法规由国务院制定;有关税收的部门规章由财政部、国家税务总局、海关总署、国务院关税税则委员会等部门制定。

此外,根据我国法律的规定,省、自治区、直辖市人民代表大会及其常务委员会,民族自治人民代表大会和省级人民政府,在不与国家的税收法律、法规相抵触的前提下,可以制定某些地方性的税收法规和规章。

2. 税收立法程序

税收立法程序,是指国家立法机关或其授权机关在制定、修改和废止税收法律规范的活动中应该履行的步骤和方法。税法的制定和修改必须依法定程序进行才具有法定效力。其中提出税收议案是税收立法的第一道程序;税收议案提出后,税收立法程序进入一个新的阶段——审议税收立法议案的阶段;审议结束后,税收立法程序进入表决和通过税法议案的阶段。表决的结果直接影响到税法草案能否成为法律。立法机关或制定机关将通过的税法以一定形式正式公开发布。它标志着税法制定程序的最后完成。税法公布之后,或立即生效,或在指定的日期生效。

(二)税收执法

税收执法,是指税法制定之后,税务机关组织、计划、协调、指挥税务人员,将税法具体实施的过程。具体包括三个方面的内容:

1. 税收征收管理

税收征收管理是整个税收管理工作的核心,具体包括税务登记管理、账簿凭证管理、纳税申报管理、税款征收管理、税务检查制度等。

2. 税务行政司法

税务行政司法是税务机关或司法机关对纳税人未履行纳税义务、税务行政人员在税务执法中的违法行为,以及纳税人同税务机关在税收征纳中的争议等进行处理的法律程序和法律规定。我国税务行政司法的内容主要包括税务行政处罚、税务行政复议、税务行政诉讼以及税务行政赔偿等。

3. 税务代理

税务代理,是指税务代理人在国家有关法律、法规规定的代理范围内,受纳税人、扣缴义务人的委托,代为办理税务事宜的各项行为的总称。税务代理是税务机关与纳税人之间的桥梁和纽带,通过具体的代理活动,不仅有利于纳税人正确履行纳税义务,而且对国家税收政策的顺利贯彻落实具有积极作用。

二、我国税收管理现状

1994年以来,为了适应社会主义市场经济体制改革的需要,税务系统先后进行了税收制度改革、税收征管改革和税务机构改革。目前我国税收管理的情况体现在以下几个方面:

(1) 初步确立了适合社会主义市场经济体制的税制框架。1994 年通过对税收体制的全面的结构性的改革，确立了由流转税、所得税和财产税三大税系组成的新的复合税制。

(2) 在确立三大税系布局的基础上，还按照财权与事权相统一的原则，在中央与地方之间实行分税制的财政管理体制。把所有税种按其特点和属性划分为中央税、地方税以及中央和地方共享税，为各级政府在全国统一税法基础上独立自主地行使税收征管权提供了体制上的保证。

(3) 逐步实现各种经济成分税收平等，取消对不同所有制经济成分的差别税收待遇。把税收减免明确列入税收法律、法规，规定任何部门、地区都不得擅开减免税的口子，取消了临时性优惠，税收优惠政策以法律的形式确定下来。

(4) 税收征管法制建设取得了重大突破。2015 年 4 月 24 日，第十二届全国人民代表大会常务委员会第十四次会议通过了修订后的《中华人民共和国税收征收管理法》。1993 年，经国务院批准，财政部发布了《中华人民共和国发票管理办法》；国家税务总局发布了《中华人民共和国发票管理办法实施细则》。1995 年 10 月 30 日，第八届全国人民代表大会常务委员会第十六次会议通过并公布了《关于惩治虚开、伪造和非法出售增值税专用发票犯罪的决定》。以上法律关于惩治偷税、抗税、虚开、伪造和非法出售增值税专用发票的决定中有关刑事责任的规定，均已经纳入 1997 年 3 月 14 日修订并公布的《中华人民共和国刑法》。2003 年，国家税务总局针对税收征管工作中存在的问题，形成了“以申报纳税和优化服务为基础，以计算机网络为依托，集中征收，重点稽查，强化管理”的 34 字征管模式。为了依法推进简政放权、放管结合、优化服务改革，2016 年 2 月 6 日通过了《国务院关于修改部分行政法规的决定》，自公布之日起施行。这次修订主要是对取消和调整行政审批项目、价格改革和实施普遍性降费措施涉及的行政法规进行了清理。国家税务总局也据此制定了一系列的税收征管规章。

(5) 国税地税合并。2018 年 3 月 13 日第十三届全国人民代表大会第一次会议关于《深化党和国家机构改革方案》中明确指出，要改革国税地税征管体制，将省级和省级以下国税地税机构合并，具体承担所辖区域内的各项税收、非税收入征管等职责，国税地税机构合并后，实行以国家税务总局为主与省(区、市)人民政府双重领导管理体制。由此，国税地税合并正式拉开了序幕：

① 实现了“一厅通办”。按照国税地税机构合并改革的理念，2018 年 5 月 1 日全国基本实现了国税地税业务在实体办税服务厅“一厅通办”、网上税务局“一网办理”和 12366 纳税服务热线“一键咨询”，给纳税人办税带来了便利。

② “省级合并”。2018 年 6 月 15 日，全国各省(自治区、直辖市)级以及计划单列市国税局、地税局合并且统一挂牌，标志着国税地税征管体制改革迈出阶段性关键一步。

③ “市级合并”。2018 年 7 月 5 日，全国各市级国税局、地税局合并，535 个市级新税务局集中统一挂牌并对外履行职责，标志着国税地税征管体制改革顺利向纵深推进，税务部门机构改革进入了市县推进全覆盖并行的阶段。

④ “县乡合并”。2018 年 7 月 20 日，全国县乡国税地税机构正式合并，所有县级和乡镇新税务机构统一挂牌，标志着全国省市县乡四级税务机构分步合并和相应挂牌工作的结束，由此国税地税征管体制改革圆满完成。

⑤ “三定”宣布。2018 年 10 月 25 日，全国所有县乡税务局(所)统一举行“三定”宣布仪式，标志着税务机构改革完美收官，国税地税征管体制改革推进到新阶段。

专栏 11-1 **聚焦国税地税分立与合并**

1994 年以前,中国财政体制采用“包干制”,地方财政每年仅向中央交纳定额的财政税收,并没有国税和地税两套税务机构。在这种情况下,部分地方采用减免企业税收的方式,截留经济发展成果。这导致财政收入占国民生产总值的比重、中央财政占整体财政收入的比重双双下降,也使得中央财政事权下的基础设施建设投入面临资金匮乏的局面。为了缓解这一局面,1994 年国家实行分税制改革,通过设立中央和地方两套税务机构,中央和地方政府各自保持稳定的税基,防止互相交叉和侵蚀,改变了中央向地方要钱的被动局面。

在 2018 年 3 月 13 日,国务院机构改革方案提请第十三届全国人民代表大会第一次会议审议。根据该方案,将改革国税地税征管体制,将省级和省级以下国税地税机构合并,具体承担所辖区域内各项税收、非税收入征管等职责。国税地税机构合并后,实行以国家税务总局为主与省(区、市)人民政府双重领导体制。

改革现行国地税征管体制,将省级和省级以下国地税机构合并,在新时代背景下,具有非常重要的现实意义:

一是进一步减轻纳税人负担的要求。随着经济社会发展和税收制度管理的不断深化,纳税人对国税地税合作提出了更高的要求,有必要通过国地税机构的合并,调整优化税务机构职能和资源配置,切实减轻纳税人负担,为纳税人提供更加优质高效和公平便利的服务,增强纳税人的获得感。

二是有助于构建优化高效统一的税收征管体系。国税地税合并后,实行以国家税务总局为主与省(区、市)人民政府双重领导管理体制。管理链条缩短,税费收入的规范性和执行上更加刚性,必将为未来税费制度改革,统一政府收入体系、规范收入分配秩序创造条件,夯实国家治理现代化基础。

三是有助于纳税人办税便利化的提升。国税地税合并,有望从根本上解决税收征收上的“两头跑”“两头查”问题,维护纳税人和缴费人的合法权益,减轻办税和缴费负担,促进优化营商环境。

四是有助于税收征管效率的全方位提升。国地税合并之后,垂直管理体制将在很大程度上规避地税征收率低的问题,征收率的提升会缩小法定税率和实际税率的差异,同时明确企业对纳税程度的预期,也有利于未来减税政策能够落到实处。

第二节 税收征收管理制度

税收征收管理,是指国家及其他税务机关依据税法指导纳税人正确履行纳税义务,并对征、纳税过程进行组织、管理、监督、检查等一系列工作的总称。它是征纳双方共同遵守的业务规范,是税收管理工作的核心,也是税务机关进行税务管理工作的必要条件和重要保证。2015 年 4 月

24 日,第十二届全国人民代表大会常务委员会第十四次会议通过了最新修订后的《中华人民共和国税收征收管理法》(简称《税收征管法》),并于 2016 年 2 月 6 日公布了修订的《中华人民共和国税收征收管理法实施细则》(简称《税收征管法实施细则》),从而保障了税收征管工作顺利推进。

一、税务登记制度

税务登记又称纳税登记,是指税务机关为加强税源管理,防止税收流失,依法对纳税人开业、停业、复业及其他生产经营情况变化实行登记管理的一项税务管理制度。我国税务登记制度大体包括以下内容。

(一) 开业税务登记

1. 开业税务登记的对象和期限

根据《税收征管法》规定,开业税务登记的纳税人分以下两类:

第一类是领取营业执照从事生产、经营的纳税人。其具体规定为:

(1) 从事生产、经营的纳税人领取工商营业执照(含临时工商营业执照)的,应当自领取工商营业执照之日起 30 日内申报办理税务登记。

(2) 从事生产、经营的纳税人未办理工商营业执照但经有关部门批准开业经营的,应当自有关部门批准设立之日起 30 日内申报办理税务登记。

(3) 从事生产、经营的纳税人未办理工商营业执照也未经有关部门批准设立的,应当自纳税义务发生之日起 30 日内申报办理税务登记。

(4) 有独立的生产经营权、在财务上独立核算并定期向发包人或者出租人上交承包费或租金的承包承租人,应当自承包承租合同签订之日起 30 日内,向其承包承租业务发生地税务机关申报办理税务登记。

(5) 从事生产、经营的纳税人外出经营,自其在同一县(市)实际经营或提供劳务之日起,在连续的 12 个月内累计超过 180 天的,应当自期满之日起 30 日内,向生产、经营所在地税务机关申报办理税务登记。

(6) 境外企业在中国境内承包建筑、安装、装配、勘探工程和提供劳务的,应当自项目合同或协议签订之日起 30 日内,向项目所在地税务机关申报办理税务登记。

(7) 上述规定以外的其他纳税人,除国家机关、个人和无固定生产、经营场所的流动性农村小商贩外,均应当自纳税义务发生之日起 30 日内,向纳税义务发生地税务机关申报办理税务登记。

(8) 已办理税务登记的扣缴义务人应当自扣缴义务发生之日起 30 日内,向税务登记地税务机关申报办理扣缴税款登记。税务机关在其税务登记证件上登记扣缴税款事项。

第二类是根据税收法律、行政法规的规定可不办理税务登记的扣缴义务人,应当自扣缴义务发生之日起 30 日内,向机构所在地税务机关申报办理扣缴税款登记。

2. 税务登记证件的主要内容

税务登记证件的主要内容包括:纳税人名称、税务登记代码、法定代表人或负责人、生产经营地址、登记类型、核算方式、生产经营范围(主营、兼营)、发证日期、证件有效期等。

（二）变更税务登记

纳税人办理税务登记后，凡发生下列变化之一的，应按规定办理变更税务登记：

（1）改变单位或法定代表人或个体工商户的姓名、注册地点或经营地址及工商执照号码。

（2）改变经济性质、核算方式或隶属关系。

（3）改变生产、经营方式或经营范围。

（4）改变银行基本存款账户或纳税专用账户（包括开户银行及账号）。

（三）停业、复业登记

实行定期定额征收方式的纳税人在营业执照核准的经营期限内需要停业的，应当向主管税务机关提出停业登记，说明停业理由、时间、停业前的纳税和发票的领、用、存情况，并如实填写停业申请审批表。税务机关经过审核，应责成纳税人结清税款，并在收回税务登记证件、发票领购簿和发票后，办理停业登记。纳税人的停业期限不得超过一年。

纳税人在停业期间发生纳税义务的，应当按照税收法律、行政法规的规定申报缴纳税款。

纳税人复业的，应当于恢复生产、经营之前，向主管税务机关提出复业申请，经确认后，办理复业登记，领回或启用税务登记证件和发票领购簿及领购的发票，纳入正常管理。

纳税人停业期满不能及时恢复生产、经营的，应当在停业期满前向税务机关提出延长停业登记。

（四）注销税务登记

纳税人发生解散、破产、撤销以及其他情形，依法终止纳税义务的，应当在向工商行政管理机关或者其他机关办理注销登记前，持有关证件和资料向原税务登记机关申报办理注销税务登记；按规定不需要在工商行政管理机关或者其他机关办理注册登记的，应当自有关机关批准或者宣告终止之日起 15 日内，持有关证件和资料向原税务登记机关申报办理注销税务登记。

纳税人被工商行政管理机关吊销营业执照或者被其他机关予以撤销登记的，应当自营业执照被吊销或者被撤销登记之日起 15 日内，向原税务登记机关申报办理注销税务登记。

纳税人因住所、经营地点变动，涉及改变税务登记机关的，应当在向工商行政管理机关或者其他机关申请办理变更、注销登记前，或者住所、经营地点变动前，持有关证件和资料，向原税务登记机关申报办理注销税务登记，并自注销税务登记之日起 30 日内向迁达地税务机关申报办理税务登记。

境外企业在中国境内承包建筑、安装、装配、勘探工程和提供劳务的，应当在项目完工、离开中国前 15 日内，持有关证件和资料，向原税务登记机关申报办理注销税务登记。

纳税人办理注销税务登记前，应当向税务机关提交相关证明文件和资料，结清应纳税款、多退（免）税款、滞纳金和罚款，缴销发票、税务登记证件和其他税务证件，经税务机关核准后，办理注销税务登记手续。

（五）跨区域涉税事项报验

纳税人跨省（自治区、直辖市和计划单列市）临时从事生产经营活动的，自 2018 年 7 月 5 日起，不再开具“外出经营活动税收管理证明”，改向机构所在地的税务机关填报“跨区域涉税事项报告表”。同时，税务机关不再按照 180 天设置报验管理的固定有效期，改按跨区域经营合同执行期限作为有效期限。合同延期的，纳税人可向经营地或机构所在地的税务机关办理报验管理有效期限延期手续。跨区域报验管理事项的报告、报验、延期、反馈等信息，通过信息系统在机构所在地和经营地的税务机关之间传递，实时共享。

（六）税务登记证的使用与管理

1. 税务登记证的使用

纳税人在办理下列事项时，必须持税务登记证件：

（1）开立银行账户；

（2）申请减税、免税、退税；

（3）申请办理延期申报、延期缴纳税款；

（4）领购发票；

（5）申请开具外出经营活动税收管理证明；

（6）办理停业、歇业；

（7）其他有关税务事项。

纳税人应当将税务登记证件张挂在其生产、经营场所内明显、易见处，亮证经营。税务登记证件只限于纳税人自己使用，不得转借、涂改、毁损、买卖或者伪造。遗失税务登记证件者，应在登报声明作废的同时，及时书面报告主管税务机关，并提供有关证件，经主管税务机关审查处理后，补发新证，同时按规定缴付工本管理费。

2. 税务登记证的管理

税务机关对已核发的税务登记证件，实行定期验证和换证制度（每年年审一次；三年更换一次）。

（1）纳税人领取税务登记证后，应当将税务登记证正本在其生产、经营场所内明显易见的地方张挂，亮证经营。

（2）纳税人办理下列事项时必须持税务登记证证件：一是领购发票；二是办理外出经营活动税收管理证明；三是税务机关要求提供的其他事项。

（七）非正常户处理

已办理税务登记的纳税人未按照规定的期限申报纳税，在税务机关责令其限期改正后，逾期不改正的，税务机关应当派员实地检查，查无下落并且无法强制其履行纳税义务的，由检查人员制作非正常户认定书，存入纳税人档案，税务机关暂停其税务登记证件、发票领购簿和发票的使用。

纳税人被列入非正常户超过3个月的，税务机关可以宣布其税务登记证件失效，其应纳税款的追征仍按《税收征管法》和《税收征管法实施细则》的规定执行。对没有欠税且没有未缴销发票的纳税人，认定为非正常户超过两年的，税务机关可以注销其税务登记证件。被注销税务登记的非正常户，又前来履行纳税义务或被税务机关稽查结案处理完毕的，税务机关应对其重新办理税务登记（沿用原纳税编号），纳入正常户管理。

（八）五证合一制度

2016年6月30日，《国务院办公厅关于加快推进“五证合一、一照一码”登记制度改革的通知》（国办发〔2016〕53号）发布。从2016年10月1日起，全国范围内实施“五证合一”“一照一码”登记，各地在原有的工商营业执照、组织机构代码证、税务登记证“三证合一”改革基础上，整合社会保险登记证和统计登记证，推进了“五证合一”改革。

（九）税务登记的法律责任

（1）纳税人未按照规定期限申报办理税务登记、变更或者注销登记的，税务机关应当自发现之日起 3 日内责令其限期改正，可以处 2 000 元以下的罚款；情节严重的，处 2 000 元以上 10 000 元以下的罚款。

纳税人不办理税务登记的，税务机关应当自发现之日起 3 日内责令其限期改正，可以处 2 000 元以下的罚款；情节严重的，处 2 000 元以上 10 000 元以下的罚款；逾期不改正的，经税务机关提请，由工商行政管理机关吊销其营业执照。

（2）纳税人未按照规定使用税务登记证件，或者转借、涂改、损毁、买卖、伪造税务登记证件的，处 2 000 元以上 10 000 元以下的罚款；情节严重的，处 10 000 元以上 50 000 元以下的罚款。

（3）纳税人通过提供虚假的证明资料等手段，骗取税务登记证的，处 2 000 元以下的罚款；情节严重的，处 2 000 元以上 10 000 元以下的罚款。纳税人涉嫌其他违法行为的，按有关法律、行政法规的规定处理。

（4）扣缴义务人未按照规定办理扣缴税款登记的，税务机关应当自发现之日起 3 日内责令其限期改正，并可处以 2 000 元以下的罚款。

（5）纳税人、扣缴义务人违反税务登记管理办法规定，拒不接受税务机关处理的，税务机关可以收缴其发票或者停止向其发售发票。

（6）税务人员徇私舞弊或者玩忽职守，违反税务登记管理办法规定为纳税人办理税务登记相关手续，或者滥用职权，故意刁难纳税人、扣缴义务人的，调离工作岗位，并依法给予行政处分。

二、账簿、凭证管理制度

账簿，是纳税人用来连续地登记各种经济业务的账册或簿籍；凭证，是纳税人记录经济业务，明确经济责任的书面证明，也是记账和查账的重要依据。从财务会计的角度讲，账簿凭证主要用于核算企业的经济效益，反映企业的经济成果；从税收的角度讲，账簿、凭证是纳税人记载、核算应缴税额，填报纳税申报表的主要数据来源，是纳税人正确履行纳税义务的基础环节。

（一）账簿设立

（1）从事生产、经营的纳税人应当在领取营业执照之日起 15 日内按照规定设置总账、明细账、日记账以及其他辅助性账簿，其中总账、日记账必须采用订本式。扣缴义务人应当自税收法律、行政法规规定的扣缴义务发生之日起 10 日内，按照所代扣、代收的税种，分别设置代扣代缴、代收代缴税款账簿。

个体工商户确实不能设置账簿的，经税务机关批准，可以不设置账簿。经营规模小又确无建账能力的个体工商户，可以聘请注册会计师或者经税务机关认可的财会人员代为建账和办理账务；聘请注册会计师或者经税务机关认可的财务人员有实际困难的，经县以上税务机关批准，可以按照税务机关的规定，建立收支凭证粘贴簿、进货销货登记簿等。

（2）纳税人、扣缴义务人采用电子计算机记账的，对于会计制度健全，能够通过电子计算机正确、完整计算其收入、所得的，其电子计算机储存和输出的会计记录，可视同会计账簿，但应按期打印成书面记录并完整保存；对于会计制度不健全，不能通过电子计算机正确、完整反映其收入、所得的，应当建立总账和与纳税或者代扣代缴、代收代缴税款有关的其他账簿。

（3）从事生产、经营的纳税人应当自领取税务登记证件之日起 15 日内，将其财务、会计制度或者财务、会计处理办法报送税务机关备案。纳税人的财务、会计制度或者财务、会计处理办法与国务院或者国务院财政、税务主管部门有关税收规定相抵触的，依照国务院或者国务院财政、税务主管部门有关税收的规定计算纳税。纳税人、扣缴义务人采用计算机记账的，应当在使用前将其记账软件程序和使用说明书及有关资料报送主管税务机关备案。

（二）记账核算

（1）纳税人、扣缴义务人按照有关法律、行政法规和国务院财政、税务主管部门的规定设置账簿，根据合法、有效凭证记账，进行核算。

（2）从事生产、经营的纳税人的财务、会计制度或者财务会计处理办法和会计核算软件，应当报送税务机关备案。纳税人、扣缴义务人的财务、会计制度或者财务、会计处理办法与国务院或者国务院财政、税务主管部门有关税收的规定相抵触的，依照国务院或者国务院财政、税务主管部门有关税收的规定计算应纳税款、代扣代缴和代收代缴税款。

（3）账簿、会计凭证和报表，应当使用中文。民族自治地方可以同时使用当地通用的一种民族文字。外商投资企业和外国企业可以同时使用一种外国文字。

（三）账簿保管

（1）会计人员在年度结束后，应将各种账簿、凭证和有关资料按顺序装订成册，统一编号，归档保管。

（2）纳税人的账簿（包括收支凭证粘贴簿、进销货登记簿）、会计凭证、报表和完税凭证及其他有关纳税资料，除另有规定者外，保存 10 年。保存期满需要销毁时，应编制销毁清册，经主管国家税务机关批准后方可销毁。

（3）账簿、记账凭证、完税凭证及其他有关资料不得伪造、变造或者擅自损毁。

（四）违反账簿、凭证管理的法律责任

（1）纳税人有下列行为之一的，由税务机关责令限期改正，可以处 2 000 元以下的罚款；情节严重的，处以 2 000 元以上 10 000 元以下的罚款：

① 未按照规定设置、保管账簿或者保管记账凭证和有关资料的；

② 未按照规定将财务、会计制度或者财务、会计处理办法和会计核算软件报送税务机关备查的；

③ 未按照规定将其全部银行账号向税务机关报告的。

（2）纳税人伪造、变造、隐匿、擅自销毁账簿、记账凭证，或者在账簿上多列支出或者不列、少列收入，不缴或者少缴应纳税款的，是偷税。对纳税人偷税的，由税务机关追缴其不缴或者少缴的税款、滞纳金，并处不缴或者少缴税款 50% 以上 5 倍以下的罚款；构成犯罪的，依法追究刑事责任。

（3）扣缴义务人未按照规定设置、保管代扣代缴、代收代缴税款账簿或者保管代扣代缴、代收代缴税款记账凭证及有关资料的，由税务机关责令限期改正，可以处 2 000 元以下的罚款；情节严重的，可以处 2 000 元以上 5 000 元以下的罚款。

（4）纳税人违反《税收征管法》规定，在规定的保存期限以前擅自损毁账簿、记账凭证和有关资料的，税务机关可以处以 2 000 元以上 10 000 元以下的罚款；情节严重，构成犯罪的，移送司法机关依法追究刑事责任。

三、发票管理制度

发票，是指在购销商品，提供或者接受服务以及从事其他经营活动中，开具、收取的收付款项凭证。发票管理，是指发票设计、印刷、发放、保存、销毁，以及对用票单位和个人购入、使用、保存缴销等实施管理的一项制度。

（一）发票的印制

发票由省、自治区、直辖市税务机关指定的企业印制；增值税专用发票由国家税务总局统一印制。禁止私印、伪造、变造发票。

（二）发票的领购

依法办理税务登记的单位和个人，在领取税务登记证件后，向主管税务机关申请领购发票。临时到本省、自治区、直辖市行政区域以外从事经营活动的单位或者个人，应当凭所在地税务机关的证明，向经营地税务机关申请领购经营地的发票。

（三）发票的开具和保管

（1）销售商品、提供服务以及从事其他经营活动的单位和个人，对外发生经营业务收取款项，收款方应向付款方开具发票；特殊情况下由付款方向收款方开具发票。

（2）所有单位和从事生产、经营活动的个人在购买商品、接受服务以及从事其他经营活动支付款项时，应当向收款方取得发票。取得发票时，不得要求变更品名和金额。不符合规定的发票，不得作为财务报销凭证，任何单位和个人有权拒收。

（3）开具发票应当按照规定的时限、顺序，逐栏、全部联次一次性如实开具，并加盖单位财务印章或者发票专用章。

（4）使用电子计算机开具发票，须经主管税务机关批准，并使用税务机关统一监制的机外发票，开具后的存根联应当按照顺序号装订成册。

（5）任何单位和个人不得转借、转让、代开发票；未经税务机关批准，不得拆本使用发票；不得自行扩大专业发票使用范围。

（6）禁止倒买倒卖发票、发票监制章和发票防伪专用品。

（7）发票限于领购单位和个人在本省、自治区、直辖市内开具。省、自治区、直辖市税务机关可以规定跨市、县开具发票的办法。任何单位和个人未经批准，不得跨规定的使用区域携带、邮寄、运输空白发票。禁止携带、邮寄或者运输空白发票出入境。

（8）开具发票的单位和个人应当建立发票使用登记制度，设置发票登记簿，并定期向主管税务机关报告发票使用情况。

（9）开具发票的单位和个人应当在办理变更或者注销税务登记的同时，办理发票和发票领购簿的变更、缴销手续。

（10）开具发票的单位和个人应当按照税务机关的规定存放和保管发票，不得擅自损毁。已开具的发票存根联和发票登记簿，应当保存 5 年。保存期满，报经税务机关查验后销毁。

（11）使用发票的单位和个人应当妥善保管发票，不得丢失。发票丢失，应于丢失当日书面报告主管税务机关，并在报刊和电视等传播媒介上公告声明作废。发票丢失要接受国家税务机关的处罚。

（四）发票的检查

（1）税务机关在发票管理中有权进行下列检查：

① 检查印制、领购、开具、取得、保管和缴销发票的情况；

② 调出发票查验；

③ 查阅、复制与发票有关的凭证、资料；

④ 向当事各方询问与发票有关的问题和情况；

⑤ 在查处发票案件时，对与案件有关的情况和资料，可以记录、录音、录像、照相和复制。

印制、使用发票的单位和个人，必须接受税务机关依法检查，如实反映情况，提供有关资料，不得拒绝、隐瞒。

（2）税务机关需要将已开具的发票调出查验时，应当向被查验的单位和个人开具发票换票证。发票换票证与所调出查验的发票有同等的效力。被调出查验发票的单位和个人不得拒绝接受。税务机关需要将空白发票调出查验时，应当开具收据；经查无问题的，应当及时发还。

（3）单位和个人从中国境外取得的与纳税有关的发票或者凭证，税务机关在纳税审查时有疑义的，可以要求其提供境外公证机构或者注册会计师的确认证明，经税务机关审核认可后，方可作为计账核算的凭证。

（4）税务机关在发票检查中需要核对发票存根联与发票联填写情况时，可以向持有发票或者发票存根联的单位发出发票填写情况核对卡，有关单位应当如实填写，按期报回。

（五）税控管理

税控管理是指税务机关利用税控装置对纳税人的生产经营情况进行监督和管理，以保障国家税收收入，防止税款流失，提高税收征管工作效率，降低征收成本的各项活动的总称。

违反税控装置管理制度的行为，是指纳税人未按照规定安装、使用税控装置，或者损毁或者擅自改动税控装置的行为。纳税人有上述行为的，由税务机关责令限期改正，可以处以 2 000 元以下的罚款；情节严重的，处以 2 000 元以上 10 000 元以下的罚款。

四、纳税申报制度

纳税申报，是指纳税人、扣缴义务人、代征人为正常履行纳税、扣缴税款义务，就纳税事项向税务机关提出书面申报的一种法定手续。

（一）纳税申报的对象

纳税申报的对象，是指按照国家法律、行政法规的规定，负有纳税义务的纳税人或者是负有代扣代缴义务的扣缴义务人。纳税人（含享受减免税的纳税人）、扣缴义务人无论本期有无应纳、应缴税款，都必须按税法规定的期限如实向主管税务机关办理纳税申报。享受减免税的纳税人，在减税、免税期间也应按期办理纳税申报。这就是全面纳税申报。

办理纳税申报的对象分四种情况：

（1）负有纳税义务的单位和个人，应在发生纳税义务之后，按税法规定或税务机关依照法律、行政法规的规定确定的纳税申报期限，如实向主管税务机关办理纳税申报。

（2）取得临时应税收入或发生应税行为的纳税人，在发生纳税义务后，应于当天向经营地税务机关办理纳税申报和缴纳税款。

（3）享有减税、免税待遇的纳税人，在减税免税期间应当按照规定办理纳税申报。

(4) 扣缴义务人或间接负有纳税义务的单位和个人,必须在法律、行政法规规定或者税务机关依照法律、行政法规的规定确定的申报期限内报送代扣代缴、代收代缴税款报告,以及税务机关根据实际需要要求扣缴义务人报送的其他有关资料。

(二) 纳税申报的内容

纳税人、扣缴义务人的纳税申报或者代扣代缴、代收代缴税款报告表的主要内容包括:税种,税目,应纳税项目或者应代扣代缴、代收代缴税款项目,适用税率或者单位税额,计税依据,扣除项目及标准,应纳税额或者应代扣代缴、代收代缴税额,税款所属期限等。

(三) 纳税申报的方式

纳税申报方式,是指纳税人、扣缴义务人在发生纳税义务和代扣代缴、代收代缴义务后,在其申报期限内,依照国家有关规定到指定税务机关进行申报纳税的形式。根据《税收征管法》第26条的规定,纳税人、扣缴义务人可以采取直接到税务机关办理纳税申报,报送代扣代缴税款报告表,采取邮寄、数据电文申报和其他方式办理纳税申报。

(四) 延期申报制度

延期申报,是指纳税人、扣缴义务人因特殊困难不能按期办理纳税申报或者报送扣缴税款报告表的,经税务机关核准,可以延长一定的期限,在核准后的期限内再行办理纳税申报。

(五) 违反纳税申报管理制度的行为

纳税人未按照规定的期限办理纳税申报和报送纳税资料的行为,以及扣缴义务人未按照规定的期限向税务机关报送代扣代缴、代收代缴税款报告表和有关资料的行为,由税务机关责令限期改正,可以处以2 000元以下的罚款;情节严重的,处以2 000元以上10 000元以下的罚款。

纳税人不进行纳税申报,不缴或者少缴应纳税款的,由税务机关追缴其不缴或者少缴的税款、滞纳金,并处不缴或者少缴的税款50%以上5倍以下的罚款。

五、税款征收制度

税款征收,是指税务机关依照税收法律、法规规定将纳税人应当缴纳的税款组织征收入库的一系列活动的总称。它是税收征收管理的核心内容,是税务登记、账簿票证管理、纳税申报等税务管理工作的目的和归宿。

(一) 税款征收方式

1. 查账征收

查账征收,是指税务机关按照纳税人提供的账表所反映的经营情况,依照适用税率计算缴纳税款的方式。

2. 查定征收

查定征收,是指由税务机关根据纳税人的从业人员、生产设备、耗用原材料等因素,在正常生产经营条件下,对其产制的应税产品查实核定产量、销售额并据以计征税款的一种方式。

3. 查验征收

查验征收,是指税务机关对纳税人应税商品,通过查验数量,按市场一般销售单价计算其销售收入并据以征税的一种方式。

4. 定期定额征收

定期定额征收,是指对那些账制不健全,营业额和所得额难以准确计算的小型工商户,主要是城乡个体工商户，经过自报公议，由税务机关核定一定时期的营业额和所得税附征率，实行增值税、消费税、所得税和其他地方各税合并征收的一种征收方式。

5. 其他征收方式

除上述四种征收方式外，目前还包括委托代征税款方式和邮寄申报纳税方式等。

委托代征税款方式，是指受委托的有关单位按照税务机关核发的代征证书的要求，以税务机关的名义向纳税人征收一些零散税款的方式。

邮寄申报纳税方式，是指纳税人在邮寄纳税申报表的同时，经税务机关审核，汇寄并解缴应纳税款的方式。纳税人到税务机关办理纳税有困难的（如距离税务机关申报站较远的郊区、农村所在地的纳税人申报等），经税务机关批准方可通过邮寄申报纳税。

（二）应纳税额的核定和税收调整制度

1. 应纳税额的核定

纳税人有下列情形之一的，税务机关有权核定其应纳税额：

（1）依照法律、行政法规的规定可以不设置账簿的。

（2）依照法律、行政法规的规定应当设置账簿但未设置的。

（3）擅自销毁账簿或者拒不提供纳税资料的。

（4）虽设置账簿，但账目混乱或者成本资料、收入凭证、费用凭证残缺不全，难以查账的。

（5）发生纳税义务，未按照规定的期限办理纳税申报，经税务机关责令限期申报，逾期仍不申报的。

（6）纳税人申报的计税依据明显偏低，又无正当理由的。

对于有上述法定核定情形之一的，税务机关有权采取下列任何一种方式核定其应纳税额：

（1）参照当地同类行业或者类似行业中经营规模和收入水平相近的纳税人的税负水平核定。

（2）按照营业收入或者成本加合理的费用和利润的方法核定。

（3）按照耗用的原材料、燃料、动力等推算或者测算核定。

（4）按照其他合理方法核定。

采用上述所列一种方法不足以正确核定应纳税额时，可以同时采用两种以上的方法核定。纳税人对税务机关采取以上方法核定的应纳税额有异议的，应当提供相关证据，经税务机关认定后，调整应纳税额。

2. 税收调整制度

税收调整制度，主要指的是关联企业的税收调整制度。调整的顺序和方法为：

（1）按照独立企业之间进行相同或者类似业务活动的价格。

（2）按照再销售给无关联关系的第三者价格所应取得的利润水平，即将关联企业中买方从关联企业中卖方购进的商品再销售给无关联关系的第三者所取得的销售收入，减去按企业中买方从非关联企业购进类似商品再销售给第三者的利润水平计算的正常利润，其余额即为关联企业卖方的正常销售价格。

（3）按照成本加合理的费用和利润的方法。

（4）按照其他合理的方法。

（三）扣缴义务人代扣、代收税款制度

扣缴义务人代扣、代收税款是两种重要的税款征收方式。为了保证代扣、代收税款及时、足

额扣缴入库,《税收征管法》对扣缴义务人有关权利义务做出了明确规定:

(1) 扣缴义务人履行代扣、代收税款义务的依据是法律、行政法规的规定。

(2) 依法代扣、代收税款是扣缴义务人的一项法定义务。如果扣缴义务人应扣未扣、应收而不收税款,则应依照相关规定承担相应的法律责任。

(3) 扣缴义务人依法履行代扣、代收税款义务时,纳税人不得拒绝。纳税人拒绝的,扣缴义务人应当及时报告税务机关处理。

(4) 扣缴义务人应扣未扣、应收而不收税款的,税务机关要依照相关规定追究其法律责任。这时,对纳税人税款的追缴由税务机关进行。

(5) 扣缴义务人有权要求税务机关按照规定付给代扣、代收手续费。

(四) 税款延期缴纳制度

考虑到纳税人在履行纳税义务过程中可能遇到特殊困难,为了保护纳税人合法权益,《税收征管法》规定了延期缴纳税款制度。其申请条件和程序如下:

(1) 有"特殊困难"等正当理由。申请延期缴纳税款必须有特殊困难等正当理由,并导致不能按期缴纳税款。"特殊困难"是指纳税人有下列之一的情形:① 因不可抗力,导致纳税人发生较大损失,正常生产经营活动受到较大影响;② 当期货币资金在扣除应付职工工资、社会保险费后,不足以缴纳税款。

(2) 延期纳税需在申报期之前提出申请。纳税人需要延期缴纳税款的,应当在缴纳税款期限届满前提出申请。申请一般应载明延期缴纳税种、税源、税款所属时间和申请延期缴纳税款的期限,以及申请延期纳税的理由。

(3) 应报送相关材料。申请延期纳税时,应报送下列材料:申请延期缴纳税款报告;当期货币资金余额情况及所有银行存款账户的对账单;资产负债表;应付职工工资和社会保险费等税务机关要求提供的支出预算。

(4) 需经省、自治区、直辖市国家税务部门批准。有权批准延期纳税的税务机关为省级税务机关。省级以下税务机关不享有批准延期纳税的权力。计划单列市税务部门可以审批纳税人延期缴纳税款。

(5) 审批期限。税务机关应当自收到申请延期缴纳税款报告之日起 20 日内做出批准或者不予批准的决定。

(6) 所延期限最长不得超过 3 个月。

(7) 不予批准的,从缴纳税款期限届满之日起加收滞纳金。但在批准的延长期限内,免予加收滞纳金。

(五) 滞纳金征收制度

滞纳金,是指纳税人、扣缴义务人不按期履行缴纳税款、解缴税款义务时,由税务机关依法对其处以财产上新的给付义务,以促使其履行纳税义务的一种执行罚。

《税收征管法》第 32 条规定:"纳税人未按照规定期限缴纳税款的,扣缴义务人未按照规定期限解缴税款的,税务机关除责令限期缴纳外,从滞纳税款之日起,按日加收滞纳税款万分之五的滞纳金。"即:滞纳金=滞纳税款数额×天数×0.05%。

(六) 未办理税务登记或临时从事经营纳税人的税款征收制度

对未按照规定办理税务登记的从事生产、经营的纳税人以及临时从事经营的纳税人,由税务机关核定其应纳税额，责令缴纳；不缴纳的，税务机关可以扣押其价值相当于应纳税额的商品、货物。扣押后缴纳应纳税款的，税务机关必须立即解除扣押，并归还所扣押的商品、货款；扣押后仍不缴纳应纳税款的，经县以上税务局（分局）局长批准，依法拍卖所扣押的商品、货物，以拍卖或者变卖所得抵缴税款。

（七）多缴、少缴税款的处理

纳税人超过应纳税额缴纳税款的，税务机关发现后应当立即退还，纳税人自结算缴纳税款之日起3年内发现的，可以向税务机关要求退还。税务机关对多征税款需退还给纳税人的，应于发现或接到纳税人申请退税款书之日起60日内予以退还，也可以按纳税人的要求抵缴下期应纳税款。因税务机关的责任，致使纳税人、扣缴义务人未缴或者少缴税款的，税务机关在3年内可以要求纳税人、扣缴义务人补缴税款，但不得加收滞纳金。因纳税人、扣缴义务人计算错误等原因造成未缴或者少缴税款的，税务机关在3年内可以追征，有特殊情况的，追征期可以延长到5年。纳税人、扣缴义务人和其他当事人因偷税未缴或者少缴的税款或者骗取的退税款，税务机关可以无限追征。

（八）纳税担保

纳税担保，是指纳税人向税务机关作出的履行纳税义务的特别保证。它以确保履行纳税义务为目的，包括由纳税人提供并经税务机关认可的纳税担保人和纳税人所拥有的未设置抵押权的财产。纳税担保人，是指在中国境内具有纳税担保能力的公民、法人或者其他经济组织。国家机关不得作为纳税担保人。纳税担保人同意为纳税人提供担保的，应当填写纳税担保书，写明担保对象、担保范围、担保期限和担保责任以及其他有关事项。担保书须经纳税人、担保人和税务机关签字盖章后方为有效。纳税人以其所拥有的未设置抵押权的财产作纳税担保的，应当填写作为纳税担保的财产清单，并写明担保财产价值以及其他有关事项。纳税担保清单须经纳税人和税务机关签字盖章后方为有效。

（九）税收保全措施

税收保全措施，是指税务机关在规定的纳税期之前，对有逃避纳税义务行为的纳税人，限制其处理可用作缴纳税款的存款、商品、货物等财产的一种行政强制措施。

（十）税收强制执行措施

强制执行措施，是指税务机关对未按照规定的期限履行纳税义务的纳税人、扣缴义务人、纳税担保人等税收管理相对人，依法采取法定的强制手段，以迫使其履行法定义务的一种征管制度。

（十一）税款征收的相关法律责任

直接妨害税款征收的违法行为有：

（1）拒绝缴纳税款的行为。指纳税人、扣缴义务人在规定期限内不缴或者少缴应纳或者应解缴的税款，经税务机关责令限期缴纳，逾期仍未缴纳的行为。

有上述行为的，税务机关除采取强制执行措施追缴其不缴或者少缴的税款外，可以处不缴或者少缴税款50%以上5倍以下的罚款。

（2）编造虚假计税依据的行为。纳税人、扣缴义务人编造虚假计税依据的，由税务机关责令限期改正，并处50 000元以下罚款。

（3）纳税人不进行纳税申报，不缴或者少缴应纳税款的行为。纳税人有上述行为的，由税务机关追缴其不缴或者少缴的税款、滞纳金，并处不缴或者少缴税款50%以上5倍以下的罚款。

(4) 扣缴义务人应扣未扣、应收而不收税款的行为。扣缴义务人有上述行为的,由税务机关向纳税人追缴税款,对扣缴义务人处应扣未扣、应收而不收税款50%以上3倍以下的罚款。

(5) 偷税行为。偷税,是指纳税人采取伪造、变造、隐匿、擅自销毁账簿、记账凭证,在账簿上多列支出或者不列、少列收入,或者经税务机关通知申报而拒不申报或者进行虚假的纳税申报的手段,不缴或者少缴应纳税款的行为。扣缴义务人采取前款所列手段,不缴或者少缴已扣、已收税款的,按偷税论处。

纳税人、扣缴义务人偷税的,由税务机关追缴其所偷税款、滞纳金,并处偷税数额50%以上5倍以下的罚款。

(6) 逃避追缴欠税的行为。指纳税人欠缴应纳税款,采取转移或者隐匿财产的手段,妨碍税务机关追缴欠缴税款的行为。

纳税人逃避追缴欠税的,由税务机关追缴欠缴的税款、滞纳金,并处欠缴税款50%以上5倍以下的罚款。

(7) 骗取出口退税的行为。指以假报出口或者其他欺骗手段,骗取国家出口退税款的行为。

有骗取出口退税行为的,由税务机关追缴其骗取的退税款,并处骗取税款1倍以上5倍以下的罚款。

(8) 抗税行为。指以暴力、威胁方法拒不缴纳税款的行为。

抗税情节轻微,未构成犯罪的,由税务机关追缴其拒缴的税款、滞纳金,并处拒缴税款1倍以上5倍以下的罚款。

六、税务检查制度

税务检查也叫纳税检查,是指税务机关以国家的法律、法规政策和税收征收管理制度为依据,对纳税人、扣缴义务人履行纳税义务、扣缴义务情况所进行的检查和处理工作的总称。

(一) 税务检查的职权范围

税务机关的税务检查职权包括以下五个方面:

1. 查账权

税务机关有权对纳税人或扣缴义务人的账簿、记账凭证、报表和有关资料进行检查。税务机关行使《税收征管法》赋予的查账权时,应当在纳税人、扣缴义务人的业务场所内进行。必要时,经县以上税务局(分局)局长批准,可以将纳税人、扣缴义务人的以前会计年度的账簿、记账凭证、报表以及其他有关资料调回税务机关检查,但税务机关必须向纳税人、扣缴义务人开付清单,并在3个月内完整退还;有特殊情况的,经设区的市、自治州以上税务局局长批准,税务机关可以将纳税人、扣缴义务人当年的账簿、记账凭证、报表和其他有关资料调回检查,但是税务机关必须在30日内退还。

2. 场地检查权

场地检查权仅是指税务机关有权到纳税人的生产、经营场所和货物存放地检查纳税人应税的商品、货物或者其财产,检查扣缴义务人与代扣代缴、代收代缴税款有关的经营情况。

3. 责成提供资料权

责成提供资料权,是指税务机关在税务检查中有权要求纳税人、扣缴义务人提供与纳税或者代扣代缴、代收代缴税款有关的文件、证明材料和有关资料。例如,税务机关在税务检查中通常会要求纳税人或扣缴义务人提供有关资料，如安置残疾人员的数量证明、有关部门批准的从事生产经营的批准文件、新产品证明、合同、章程、协议书、银行账号证明等。

4. 询问权

询问权是税务机关或税务人员在税务检查中为了调查了解与纳税或扣缴税款有关的问题和情况，向纳税人、扣缴义务人或其他当事人，以及有关部门和单位进行询问的权力。

5. 查核存款账户权

查核存款账户权是国家根据税收征管的需要，赋予税务机关对纳税人、扣缴义务人在银行或其他金融机构的存款账户进行检查的权力。查询的内容，包括纳税人存款账户余额和资金往来情况。

（二）征纳双方在税务检查中的权利和义务

1. 纳税人和扣缴义务人的权利

（1）如果稽查人员到企业检查不出示税务检查证或人数少于两人以上的，纳税人可以拒绝检查。

（2）税务稽查人员与被查对象有利害关系或有其他关系可能影响公正执法的，被查企业有权要求他们回避。

（3）税务稽查人员调取账簿及有关资料时应当填写“调取账簿资料通知书”“调取账簿资料清单”，并要在3个月内完整退还。

（4）税务稽查人员取证过程中，不得对当事人和证人引供、诱供和迫供。

（5）属于金融、部队、尖端科学等保密单位的，必须要求税务稽查人员提供“税务检查专用证明”。

（6）税务稽查人员查封纳税人的商品、货物或其他财产时，未能提供有效的“查封（扣押）证”“查封商品、货物、财产清单”“扣押商品、货物、财产专用收据”的，纳税人可以拒绝查封。

2. 纳税人和扣缴义务人的义务

纳税人、扣缴义务人必须接受税务机关依法进行的税务检查，如实反映情况，提供有关资料，不得拒绝、隐瞒。具体来看：

（1）接受税务机关依法进行的检查。这是与税务机关的检查权力相对应的。这项义务主要是一种不作为义务。只要纳税人、扣缴义务人不作出法律规范所禁止的行为，如税务机关到其生产经营场所和货物存放地检查时，不进行阻挠干扰，就算履行了这项义务。

（2）如实反映情况。这项义务与税务机关在检查中的询问权相对应。在税务检查中税务检查人员经常要向纳税人、扣缴义务人询问有关纳税或代扣代缴、代收代缴税款有关问题和情况。纳税人、扣缴义务人对有关问题必须如实反映，即对其生产经营活动及其记录按实际发生的情形反映。

（3）提供有关资料。即当税务机关在税务检查中要求提供有关资料时，纳税人、扣缴义务人按要求尽其所能地提交有关资料给税务机关。这项义务与税务机关的责成提供资料权有关。税务机关有权责成纳税人、扣缴义务人提供资料，与此相对应，纳税人、扣缴义务人就有义务提供资料。

3. 税务机关和税务人员的权利

（1）税务机关有权依法进行税务检查。

（2）税务机关对从事生产、经营的纳税人以前纳税期的纳税情况依法进行税务检查时，发现纳税人有逃避纳税义务行为，并有明显的转移、隐匿其应纳税的商品、货物以及其他财产或者应纳税的收入的迹象的，可以按法定批准权限采取税收保全措施或者强制执行措施。

（3）税务机关依法进行税务检查时，有权向有关单位和个人调查纳税人、扣缴义务人和其他当事人与纳税或者代扣代缴、代收代缴税款有关的情况，有关单位和个人有义务向税务机关如实提供有关资料及证明材料。

（4）税务机关调查税务违法案件时，对与案件有关的情况和资料，可以记录、录音、录像、照相和复制。

4. 税务机关和税务人员的义务

税务机关派出的人员进行税务检查时，应当出示税务检查证和税务检查通知书，并有责任为被检查人保守秘密。

（三）税务检查的法律责任

根据实施违法行为主体的不同，妨害税务检查的违法行为分为两类：

（1）纳税人、扣缴义务人逃避、拒绝或者以其他方式阻碍税务机关检查行为的，由税务机关责令改正，可以处 1 万元以下的罚款；情节严重的，处以 1 万元以上 5 万元以下的罚款。

（2）纳税人、扣缴义务人的开户银行或者其他金融机构拒绝接受税务机关依法检查纳税人、扣缴义务人存款账户，或者拒绝执行税务机关做出的冻结存款或者扣缴税款的决定，或者在接到税务机关的书面通知后帮助纳税人、扣缴义务人转移存款，造成税款流失的，由税务机关处 10 万元以上 50 万元以下的罚款；对直接负责的主管人员和其他直接责任人员处 1 000 元以上 10 000 元以下的罚款。

第三节 税务行政司法制度

税务行政司法制度，是指税务机关或司法机关对纳税人在履行纳税义务、税务行政人员在税务执法中的违法行为以及纳税人同税务机关在税收征纳中的争议等进行处理的法律程序和法律规定。我国税收行政司法制度主要包括税务行政处罚、税务行政复议和税务行政诉讼。

一、税务行政处罚

为了保障和监督行政机关有效实施行政管理，保护公民、法人和其他组织的合法权益，1996 年 3 月 17 日第八届全国人民代表大会第四次会议通过了《中华人民共和国行政处罚法》（简称《行政处罚法》），并于 1996 年 10 月 1 日实施。2009 年 8 月 27 日，第十一届全国人民代表大会常务委员会第十次会议第一次修正了《中华人民共和国行政处罚法》。2017 年 9 月 1 日，第十二届全国人民代表大会常务委员会第二十九次会议第二次修正了《中华人民共和国行政处罚法》。2021 年 1 月 22 日，第十三届全国人民代表大会常务委员会第二十五次会议对其进行了修订。税务行政处罚作为行政处罚法的一个重要构成部分，其具体的配套措施和操作流程也亟须出台和规范，为此国家税务总局结合《税务案件调查取证和处罚决定分开制度实施办法（试行）》和《税务行政处罚听证程序实施办法（试行）》，与《行政处罚法》同时施行。

（一）税务行政处罚的基本概念

税务行政处罚，是指公民、法人或者其他组织有违反税收征收管理秩序的违法行为，尚未构

成犯罪,依法应当承担行政责任的,由税务机关给予行政处罚。税务行政处罚是行政处罚的主要组成部分,它包括以下几方面内容:

(1) 当事人行为违反了税收法律规范,侵犯的客体是税收征收管理秩序,应当承担的是税务行政责任。

(2) 从主观方面讲,并不区分当事人是否具有主观故意或者过失,只要有税务违法行为存在,并且有法可依,就要承担行政责任,依法给予税务行政处罚。

(3) 尚未构成犯罪,依法应当给予行政处罚的行为。这里要区分两种情况:一是要区分税收违法与税收犯罪的界限;二是要区分税收违法行为是不是轻微。

(4) 给予行政处罚的主体是税务机关。

(二) 税务行政处罚的原则

税务行政处罚的原则主要包括:

(1) 法定原则。其基本内涵就是主体法定、职责法定、依据法定、程序法定、形式法定,即税务行政处罚要由法定的税务机关在法定的职权范围内根据法定依据、法定程序,以法定的形式实施。

(2) 公正、公开原则。公正:一是要防止偏听偏信;二是要使当事人了解其违法行为的性质,并给予当事人进行陈述和申辩的机会;三是要防止自查自断,实行查处分开制度。公开:一是税务行政处罚的规定要公开,凡是需要公民、法人或者其他组织遵守的法律、规范都要事先公布;二是处罚程序要公开,如依法举行听证会等。

(3) 以事实为依据原则。

(4) 处罚相当原则。是指在实施税务行政处罚时,要根据税务违法行为的性质、情节以及对社会危害程度的大小来依法处理,防止畸轻畸重。

(5) 处罚与教育相结合原则。税务机关在实施行政处罚时,要责令当事人纠正或者限期改正违法行为。对情节轻微的违法行为,可给予较轻的行政处罚,当事人纠正了违法行为,也可不给予行政处罚。

(6) 监督、制约原则。一是税务机关内部的监督制约,如将违法行为的调查与处罚相分离,当场作出的处罚决定必须报上级税务机关备案,上级税务机关对下级税务机关依法进行监督等。二是税务机关与其他机关相互监督制约,如决定罚款的机关与收缴的机构分离。三是司法监督,如税务行政诉讼等。

(7) 一事不二罚原则。是指对违法行为人的同一个违法行为,不得以同一事实和同一依据重复进行税务行政处罚。

(三) 税务行政处罚的设定和种类

1. 税务行政处罚的设定

我国税收法制的原则是税权集中、税法统一。税收的立法权主要集中在中央,地方没有税收立法权,因而地方性法规和地方性规章均不得设定税务行政处罚。国家税务总局作为国务院的直属机构,经授权,可以设定警告和一定数量罚款的行政处罚。

(1) 全国人民代表大会及其常务委员会可以通过法律的形式设定各种税务行政处罚。

(2) 国务院可以通过行政法规的形式设定除限制人身自由以外的税务行政处罚。

(3) 国家税务总局可以通过规章的形式设定警告和罚款。税务行政规章对非经营活动中的违法行为设定罚款不得超过 1 000 元;对非经营活动中的违法行为,有违法所得的,设定罚款不得超过违法所得的3倍,且最高不得超过30 000元,没有违法所得的,设定罚款不得超过10 000元;超过限额的,应当报国务院批准。

2. 税务行政处罚的种类

税务行政处罚主要有以下四种:

(1) 罚款;没收违法所得、没收非法财物;

(2) 警告、通报批评;

(3) 停止出口退税权;

(4) 法律、法规和规章规定的其他行政处罚。

(四) 税务行政处罚的主体与管辖

1. 税务行政处罚的主体

行政处罚由具有行政处罚权的行政机关在法定职权范围内实施。国务院或者经国务院授权的省、自治区、直辖市人民政府可以决定一个行政机关行使有关行政机关的行政处罚权,但限制人身自由的行政处罚权只能由公安机关行使。法律、法规授权的具有管理公共事务职能的组织可以在法定授权范围内实施行政处罚。

行政机关依照法律、法规或者规章的规定,可以在其法定权限内委托符合规定条件的组织实施行政处罚。行政机关不得委托其他组织或者个人实施行政处罚。

委托行政机关对受委托的组织实施行政处罚的行为应当负责监督,并对该行为的后果承担法律责任。受委托组织在委托范围内,以委托行政机关名义实施行政处罚;不得再委托其他任何组织或者个人实施行政处罚。

受委托组织必须符合以下条件:

(1) 依法成立并具有管理公共事务职能。

(2) 具有熟悉有关法律、法规、规章和业务并取得行政执法资格的工作人员。

(3) 对违法行为需要进行技术检查或者技术鉴定的,应当有条件组织进行相应的技术检查或者技术鉴定。

2. 税务行政处罚的管辖

行政处罚由违法行为发生地的县级以上地方人民政府具有行政处罚权的行政机关管辖。省、自治区、直辖市根据当地实际情况,可以决定将基层管理迫切需要的县级人民政府部门的行政处罚权交由能够有效承接的乡镇人民政府、街道办事处行使,并定期组织评估。决定应当公布。承接行政处罚权的乡镇人民政府、街道办事处应当加强执法能力建设,按照规定范围、依照法定程序实施行政处罚。有关地方人民政府及其部门应当加强组织协调、业务指导、执法监督,建立健全行政处罚协调配合机制,完善评议、考核制度。具体含义如下:

(1) 两个以上行政机关都有管辖权的,由最先立案的行政机关管辖。对管辖发生争议的,应当协商解决,协商不成的,报请共同的上一级行政机关指定管辖;也可以直接由共同的上一级行政机关指定管辖。

(2) 行政机关因实施行政处罚的需要,可以向有关机关提出协助请求。协助事项属于被请求机关职权范围内的,应当依法予以协助。

(3) 违法行为涉嫌犯罪的,行政机关应当及时将案件移送司法机关,依法追究刑事责任。对依法不需要追究刑事责任或者免予刑事处罚,但应当给予行政处罚的,司法机关应当及时将案件移送有关行政机关。行政处罚实施机关与司法机关之间应当加强协调配合,建立健全案件移送制度,加强证据材料移交、接收衔接,完善案件处理信息通报机制。

(4) 行政机关实施行政处罚时,应当责令当事人改正或者限期改正违法行为。当事人有违法所得,除依法应当退赔的外,应当予以没收。违法所得是指实施违法行为所取得的款项。法律、行政法规、部门规章对违法所得的计算另有规定的,从其规定。

(5) 对当事人的同一个违法行为,不得给予两次以上罚款的行政处罚。同一个违法行为违反多个法律规范应当给予罚款处罚的,按照罚款数额高的规定处罚。

(6) 不满十四周岁的未成年人有违法行为的,不予行政处罚,责令监护人加以管教;已满十四周岁不满十八周岁的未成年人有违法行为的,应当从轻或者减轻行政处罚。

(7) 精神病人、智力残疾人在不能辨认或者不能控制自己行为时有违法行为的,不予行政处罚,但应当责令其监护人严加看管和治疗。间歇性精神病人在精神正常时有违法行为的,应当给予行政处罚。尚未完全丧失辨认或者控制自己行为能力的精神病人、智力残疾人有违法行为的,可以从轻或者减轻行政处罚。

(8) 当事人有下列情形之一,应当从轻或者减轻行政处罚:

① 主动消除或者减轻违法行为危害后果的;

② 受他人胁迫或者诱骗实施违法行为的;

③ 主动供述行政机关尚未掌握的违法行为的;

④ 配合行政机关查处违法行为有立功表现的;

⑤ 法律、法规、规章规定其他应当从轻或者减轻行政处罚的。

(9) 违法行为轻微并及时改正,没有造成危害后果的,不予行政处罚。初次违法且危害后果轻微并及时改正的,可以不予行政处罚。当事人有证据足以证明没有主观过错的,不予行政处罚。法律、行政法规另有规定的,从其规定。对当事人的违法行为依法不予行政处罚的,行政机关应当对当事人进行教育。行政机关可以依法制定行政处罚裁量基准,规范行使行政处罚裁量权。行政处罚裁量基准应当向社会公布。违法行为构成犯罪,人民法院判处拘役或者有期徒刑时,行政机关已经给予当事人行政拘留的,应当依法折抵相应刑期。

违法行为构成犯罪,人民法院判处罚金时,行政机关已经给予当事人罚款的,应当折抵相应罚金;行政机关尚未给予当事人罚款的,不再给予罚款。违法行为在二年内未被发现的,不再给予行政处罚;涉及公民生命健康安全、金融安全且有危害后果的,上述期限延长至五年。法律另有规定的除外。

实施行政处罚,适用违法行为发生时的法律、法规、规章的规定。但是,做出行政处罚决定时,法律、法规、规章已被修改或者废止,且新的规定处罚较轻或者不认为是违法的,适用新的规定。

行政处罚没有依据或者实施主体不具有行政主体资格的,行政处罚无效。违反法定程序构成重大且明显违法的,行政处罚无效。

(五) 税务行政处罚的简易程序

(1) 违法事实确凿并有法定依据,对公民处以 200 元以下、对法人或者其他组织处以 3 000 元以下罚款或者警告的行政处罚的,可以当场做出行政处罚决定。

(2) 执法人员当场做出行政处罚决定的,应当向当事人出示执法身份证件,填写预定格式、编有号码的行政处罚决定书。行政处罚决定书应当当场交付当事人。当事人拒绝签收的,应当在行政处罚决定书上注明。

(3) 前款规定的行政处罚决定书应当载明当事人的违法行为、行政处罚的种类和依据、罚款数额、时间、地点,申请行政复议、提起行政诉讼的途径和期限以及行政机关名称,并由执法人员签名或者盖章。

(4) 执法人员当场做出的行政处罚决定,必须报所属行政机关备案。

(5) 当事人对当场做出的行政处罚决定不服的,可以依法申请行政复议或者提起行政诉讼。

(六) 税务行政处罚的一般程序

1. 调查或检查

行政机关发现公民、法人或者其他组织有依法应当给予行政处罚的行为的,必须全面、客观、公正地调查,收集有关证据;必要时,依照法律、法规的规定,可以进行检查。符合立案标准的,行政机关应当及时立案。

(1) 执法人员在调查或者进行检查时,应当向当事人或者有关人员出示执法证件。执法人员不出示执法证件的,当事人或者有关人员有权拒绝接受调查或者检查。当事人或者有关人员应当如实回答询问,并协助调查或者检查,不得拒绝或者阻挠。询问或者检查应当制作笔录。

(2) 行政机关在收集证据时,可以采取抽样取证的方法;在证据可能灭失或者以后难以取得的情况下,经行政机关负责人批准,可以先行登记保存,并应当在七日内及时做出处理决定,在此期间,当事人或者有关人员不得销毁或者转移证据。

2. 调查终结

行政机关负责人应当对调查结果进行审查,根据不同情况,分别做出如下决定:

(1) 确有应受行政处罚的违法行为的,根据情节轻重及具体情况,做出行政处罚决定。

(2) 违法行为轻微,依法可以不予行政处罚的,不予行政处罚。

(3) 违法事实不能成立的,不得给予行政处罚。

(4) 违法行为涉嫌犯罪的,移送司法机关。

对情节复杂或者重大违法行为给予较重的行政处罚,行政机关的负责人应当集体讨论决定。

3. 审核

在行政机关负责人做出决定之前,应当由从事行政处罚决定法制审核的人员进行法制审核。

有下列情形之一未经法制审核或者审核未通过的,不得做出决定:

(1) 涉及重大公共利益的;

(2) 直接关系当事人或者第三人重大权益,经过听证程序的;

(3) 案件情况疑难复杂、涉及多个法律关系的;

(4) 法律、法规规定应当进行法制审核的其他情形。

行政机关中初次从事行政处罚决定法制审核的人员,应当通过国家统一法律职业资格考试取得法律职业资格。

4. 行政处罚

行政机关依照相应规定给予行政处罚,应当制作行政处罚决定书。行政处罚决定书应当载明下列事项:

(1) 当事人的姓名或者名称、地址。

(2) 违反法律、法规或者规章的事实和证据。

（3）行政处罚的种类和依据。

（4）行政处罚的履行方式和期限。

（5）申请行政复议或者提起行政诉讼的途径和期限。

（6）做出行政处罚决定的行政机关名称和做出决定的日期。

行政处罚决定书必须盖有做出行政处罚决定的行政机关的印章。行政处罚决定书应当在宣告后当场交付当事人；当事人不在场的，行政机关应当在7日内依照《中华人民共和国民事诉讼法》的有关规定，将行政处罚决定书送达当事人。当事人同意并签订确认书的，行政机关可以采用传真、电子邮件等方式，将行政处罚决定书等送达当事人。

5. 听证

行政机关拟做出下列行政处罚决定，应当告知当事人，当事人有要求听证的权利，当事人要求听证的，行政机关应当组织听证：

（1）较大数额罚款；

（2）没收较大数额违法所得、没收较大价值非法财物；

（3）降低资质等级、吊销许可证件；

（4）责令停产停业、责令关闭、限制从业；

（5）其他较重的行政处罚；

（6）法律、法规、规章规定的其他情形。

当事人不承担行政机关组织听证的费用。听证应当依照以下程序组织：

（1）当事人要求听证的，应当在行政机关告知后5日内提出。

（2）行政机关应当在举行听证的7日前，通知当事人及有关人员举行听证的时间、地点。

（3）除涉及国家秘密、商业秘密或者个人隐私依法予以保密外，听证公开举行。

（4）听证由行政机关指定的非本案调查人员主持；当事人认为主持人与本案有直接利害关系的，有权申请回避。

（5）当事人可以亲自参加听证，也可以委托1~2人代理。

（6）当事人及其代理人无正当理由拒不出席听证或者未经许可中途退出听证的，视为放弃听证权利，行政机关终止听证。

（7）举行听证时，调查人员提出当事人违法的事实、证据和行政处罚建议；当事人进行申辩和质证。

（8）听证应当制作笔录；笔录应当交当事人或者其代理人核对审核无误后签字或者盖章。当事人或者其代理人拒绝签字或者盖章的，由听证主持人在笔录中注明。

6. 决定

（1）公民、法人或者其他组织违反行政管理秩序的行为，依法应当给予行政处罚的，行政机关必须查明事实；违法事实不清的，不得给予行政处罚。

（2）行政机关在做出行政处罚决定之前，应当告知当事人做出行政处罚决定的事实、理由及依据，并告知当事人依法享有的权利。

（3）当事人有权进行陈述和申辩。行政机关必须充分听取当事人的意见，对当事人提出的事实、理由和证据，应当进行复核；当事人提出的事实、理由或者证据成立的，行政机关应当采纳。

（4）行政机关不得因当事人申辩而加重处罚。

（七）税务行政处罚的执行

（1）行政处罚决定依法做出后，当事人应当在行政处罚决定书载明的期限内，予以履行。当事人确有经济困难，需要延期或者分期缴纳罚款的，经当事人申请和行政机关批准，可以暂缓或者分期缴纳。

（2）做出罚款决定的行政机关应当与收缴罚款的机构分离。当事人应当自收到行政处罚决定书之日起15日内，到指定的银行或者通过电子支付系统缴纳罚款。银行应当收受罚款，并将罚款直接上缴国库。

（3）依照规定当场做出行政处罚决定，有下列情形之一的，执法人员可以当场收缴罚款：

① 依法给予100元以下的罚款的；

② 不当场收缴事后难以执行的。

（4）在边远、水上、交通不便地区，当事人到指定的银行或者通过电子支付系统缴纳罚款确有困难，经当事人提出，行政机关及其执法人员可以当场收缴罚款。

（5）行政机关及其执法人员当场收缴罚款的，必须向当事人出具国务院财政部门或者省、自治区、直辖市人民政府财政部门统一制发的专用发票；不出具财政部门统一制发的专用发票的，当事人有权拒绝缴纳罚款。

（6）执法人员当场收缴的罚款，应当自收缴罚款之日起2日内，交至行政机关；在水上当场收缴的罚款，应当自抵岸之日起2日内交至行政机关；行政机关应当在2日内将罚款缴付指定的银行。

（7）当事人逾期不履行行政处罚决定的，做出行政处罚决定的行政机关可以采取下列措施：

① 到期不缴纳罚款的，每日按罚款数额的3%加处罚款，加处罚款的数额不得超出罚款的数额；

② 根据法律规定，将查封、扣押的财物拍卖、依法处理或者将冻结的存款、汇款划拨抵缴罚款；

③ 根据法律规定，采取其他行政强制执行方式；

④ 依照《中华人民共和国行政强制法》的规定申请人民法院强制执行。行政机关批准延期、分期缴纳罚款的，申请人民法院强制执行的期限，自暂缓或者分期缴纳罚款期限结束之日起计算。

（8）除依法应当予以销毁的物品外，依法没收的非法财物必须按照国家规定公开拍卖或者按照国家有关规定处理。罚款、没收违法所得或者没收非法财物拍卖的款项，必须全部上缴国库，任何行政机关或者个人不得以任何形式截留、私分或者变相私分；财政部门不得以任何形式向做出行政处罚决定的行政机关返还罚款、没收的违法所得或者返还没收非法财物的拍卖款项。

（9）行政机关应当建立健全对行政处罚的监督制度。县级以上人民政府应当定期组织开展行政执法评议、考核，加强对行政处罚的监督检查，规范和保障行政处罚的实施。行政机关实施行政处罚应当接受社会监督。公民、法人或者其他组织对行政机关实施行政处罚的行为，有权申诉或者检举；行政机关应当认真审查，发现行政处罚有错误的，应当主动改正。

二、税务行政复议

（一）税务行政复议的概念和特点

1. 税务行政复议的概念

税务行政复议，是指当事人（纳税人、扣缴义务人、纳税担保人）不服税务机关及其工作人员做出的税务具体行政行为，依法向上一级税务机关（复议机关）提出申请，复议机关经审理对原税务机关具体行政行为依法做出维持、变更、撤销等决定的活动。

2. 税务行政复议的特点

（1）以当事人不服税务机关及其工作人员做出的税务具体行政行为为前提。

（2）因当事人的申请而产生。

（3）税务行政复议案件的审理一般由原处理税务机关的上一级税务机关进行。

（4）税务行政复议与行政诉讼相衔接。

（二）税务行政复议的原则

税务行政复议应遵循以下原则：

1. 一级复议原则

一级复议的基本含义是：除非法律另有规定，对引起争议的税务具体行政行为一般只经一级税务复议机关复议即可结案。

2. 合法性与合理性全面审查原则

行政复议监督范围可以包括被监督对象执法行为的一切方面，既包括对具体行政行为合法性的监督，也包括适当性监督。因此，行政复议对具体行政行为的监督在广度上要大于行政诉讼。

3. 合法、公正、公开、及时、便民原则

合法原则包括三层含义：一是受理税务行政复议申请的机关必须是法律赋予复议权的税务机关或人民政府。二是税务复议机关审查复议案件适用的依据必须合法。三是复议程序必须合法。公正原则，即复议机关在案件审理过程中，要严格依法办事，公正、平等地对待双方当事人，不偏不倚，以事实为依据，以法律为准绳。公开原则，即要求税务复议机关审理复议案件、做出复议决定应当向社会公开，接受各方面的监督，确保案件得到合法、公正的处理，做到案件复议的过程公开，案件复议的材料公开，案件复议的决定公开。及时原则，是基于行政复议的效率特性以及行政复议与司法监督环节衔接的需要，行政复议机关应当在保障工作质量的前提下，尽可能在法定期限内迅速结案，税务行政复议也不例外。便民原则，是指在行政复议过程中，要方便于民，尽量为复议申请人着想，考虑到各种情况，在复议的申请、受理、审理等方面，使申请人感到快捷、简便，不能让申请人处处感到不方便。

4. 书面审查原则

行政复议机关对被申请人提交的书面答复，做出具体行政行为的证据、依据和其他有关资料，采取书面审查的办法，但是申请人提出要求或者复议机关认为有必要的，可以向有关组织和人员调查情况，听取申请人、被申请人和第三人的意见。

5. 复议不停止执行原则

一般情况下，行政复议期间具体行政行为不停止执行。除非被申请人或复议机关认为需要停止执行；或申请人申请停止执行，复议机关认为其要求合理，决定停止执行；或法律规定停止执行的。

（三）税务行政复议的受案范围

1. 行政复议机关受理申请人对税务机关下列具体行政行为不服提出的行政复议申请

（1）征税行为。包括确认纳税主体、征税对象、征税范围、减税、免税、退税、抵扣税款、适用税率、计税依据、纳税环节、纳税期限、纳税地点和税款征收方式等具体行政行为，征收税款、加收滞纳金，扣缴义务人、受税务机关委托的单位和个人做出的代扣代缴、代收代缴、代征行为等。

(2) 行政许可、行政审批行为。

(3) 发票管理行为,包括发售、收缴、代开发票等。

(4) 税收保全措施、强制执行措施。

(5) 行政处罚行为:① 罚款;② 没收财物和违法所得;③ 停止出口退税权。

(6) 不依法履行下列职责的行为:① 颁发税务登记证;② 开具、出具完税凭证、外出经营活动税收管理证明;③ 行政赔偿;④ 行政奖励;⑤ 其他不依法履行职责的行为。

(7) 资格认定行为。

(8) 不依法确认纳税担保行为。

(9) 政府信息公开工作中的具体行政行为。

(10) 纳税信用等级评定行为。

(11) 通知出入境管理机关阻止出境行为。

(12) 其他具体行政行为。

2. 审查申请

申请人认为税务机关的具体行政行为所依据的下列规定不合法,对具体行政行为申请行政复议时,可以一并向行政复议机关提出对有关规定的审查申请;申请人对具体行政行为提出行政复议申请时不知道该具体行政行为所依据的规定的,可以在行政复议机关做出行政复议决定以前提出对该规定的审查申请:

(1) 国家税务总局和国务院其他部门的规定。

(2) 其他各级税务机关的规定。

(3) 地方各级人民政府的规定。

(4) 地方人民政府工作部门的规定。

(四) 税务行政复议的管辖

我国税务行政复议管辖的基本制度是实行由上一级税务机关管辖的一级复议制度。

(五) 税务行政复议申请

我国现行的税务行政复议申请具体规定如下:

(1) 纳税人及其他税务当事人对税务机关做出的征税行为不服,应当先向复议机关申请行政复议,对复议决定不服,再向人民法院起诉。

(2) 申请人对税务机关做出的征税以外的其他税务具体行政行为不服,可以申请行政复议,也可以直接向人民法院提起行政诉讼。

(3) 申请人可以在得知税务机关做出具体行政行为之日起 60 日内提出行政复议申请。因不可抗力或者被申请人设置障碍等其他正当理由耽误法定申请期限的,申请期限自障碍消除之日起继续计算。

(4) 申请行政复议,可以书面申请和口头申请。对于口头申请的,复议机关应当场记录申请人的基本情况,行政复议请求,申请行政复议的主要事实、理由和时间。

(5) 税务行政复议申请人,是依法提起行政复议的纳税人或其他税务当事人。具体指纳税义务人、扣缴义务人、纳税担保人和其他税务当事人。

(6) 纳税人或其他税务当事人对税务机关的具体行政行为不服申请行政复议的,做出具体行政行为的税务机关是被申请人。

（7）申请人向复议机关申请行政复议，复议机关已经受理的，在法定行政复议期限内申请人不得再向人民法院起诉；申请人向人民法院提起行政诉讼，人民法院已经依法受理的，不得申请行政复议。

（六）税务行政复议的受理

（1）复议机关在收到行政复议申请后，应在 5 日内进行审查，对不符合规定的复议申请，决定不予受理，并书面告知申请人；对符合规定，但是不属于本机关受理的复议申请，应告知申请人向有关行政复议机关提出申请。

（2）对符合规定的复议申请，自复议机关法制工作机构收到之日起即为受理；受理复议申请，应书面告知申请人。

（3）对应先向复议机关申请行政复议，对行政复议决定不服再向人民法院提起行政诉讼的具体行政行为，复议机关决定不予受理或者受理后超过复议期限不做答复的，纳税人和其他税务当事人可以自收到不予受理决定书之日起或者行政复议期满之日起 15 日内，依法向人民法院提起行政诉讼。

（4）纳税人及其他税务当事人依法提出复议申请，复议机关无正当理由不予受理且申请人没有向人民法院提起行政诉讼的，上级税务机关应责令其受理；必要时，上级税务机关也可以直接受理。

（5）行政复议期间税务具体行政行为不停止执行；但有下列情形之一的，可以停止执行：① 被申请人认为需要停止执行的；② 复议机关认为需要停止执行的；③ 申请人申请停止执行，复议机关认为其要求合理，决定停止执行的；④ 法律、法规规定停止执行的。

（七）税务行政复议决定

复议机关内部有关工作机构应对被申请人做出的具体行政行为进行合法性与适当性审查，并提出意见，经复议机关负责人同意，按下列规定做出复议决定：

（1）具体行政行为认定事实清楚，证据确凿，适用依据正确，程序合法，内容适当的，决定维持。

（2）被申请人不履行法定职责的，决定其在一定期限内履行。

（3）具体行政行为有下列情形之一的，决定撤销、变更或者确认该具体行政行为违法；决定撤销或者确认该具体行政行为违法的，可以责令被申请人在一定期限内重新做出具体行政行为：一是事实不清、证据不足的；二是适用依据错误的；三是违反法定程序的；四是超越或者滥用职权的；五是具体行政行为明显不当的。复议机关责令被申请人重新做出具体行政行为的，被申请人不得以同一事实和理由做出与原具体行政行为相同或者基本相同的具体行政行为。

（4）被申请人不按照规定提出书面答复，提交当初做出具体行政行为的证据、依据的，应决定撤销该具体行政行为。

三、税务行政诉讼

（一）税务行政诉讼的概念和特点

1. 税务行政诉讼的概念

税务行政诉讼，是指公民、法人和其他组织认为税务机关及其工作人员的具体税务行政行为违法或者不当，侵犯了其合法权益，依法向人民法院提起行政诉讼，由人民法院对具体税务行政行为的合法性和适当性进行审理并做出裁决的司法活动。

2. 税务行政诉讼的特点

税务行政诉讼除具备行政诉讼的一般特征外，还具有以下特点：

（1）税务行政诉讼所要解决的是税务行政争议案件。也就是税务机关在行使职权过程中与纳税人、扣缴义务人、纳税担保人和其他当事人发生争议引发的案件。

（2）税务行政诉讼是人民法院按司法程序进行审理并做出裁决的一种司法活动。它不同于税务行政复议，虽然两者解决的都是税务行政争议，但两者在受理机关、审理方式、审理程序等方面都不相同，不能相互取代。

（3）税务行政诉讼的时效性强。申请人不服复议决定的，可以在收到复议决定书之日起15日内向人民法院提起诉讼。公民、法人或者其他组织直接向人民法院提起诉讼的，应当在知道做出具体行政行为之日起6个月内提出。超过了诉讼时效，则意味着丧失了诉讼权。

（4）纳税人、扣缴义务人、纳税担保人同税务机关在纳税上发生争议时，首先必须依照税务机关的纳税决定缴纳或者解缴税款及滞纳金或者提供相应的担保，然后才可以依法申请行政复议。对复议决定不服的，才可以依法向人民法院起诉。不缴纳税款或者不提供相应的担保就没有提起行政诉讼的权利。

（二）税务行政诉讼的原则

我国税务行政诉讼遵循的原则，除民事诉讼法、刑事诉讼法、行政诉讼法普遍适用的法律原则，如人民法院独立行使审判权、当事人法律地位平等等原则外，还有只适用于行政诉讼的特定原则：

1. 诉讼期间不停止执行原则

税务机关做出的有争议的具体行政行为在诉讼期间其原有法律效力不变，仍应予以执行。

2. 不实行调解原则

人民法院不能主持和协调双方当事人协商达成一致，来解决税务争议，结束诉讼案件。

3. 被告行政机关负举证责任原则

该原则是指被告税务机关如果在诉讼过程中不举证或举不出证据，将承担败诉的法律责任。税务机关承担举证责任，并不排斥原告纳税人等举证，只是原告不举证或不能举证时，不承担败诉的法律责任。

4. 司法变更有限原则

该原则是指人民法院对被诉具体行为的合法性进行司法审查后，只对行政处罚显失公平者，可以判决改变原处罚的内容。

（三）税务行政诉讼的管辖

1. 级别管辖

级别管辖，是指上下级人民法院之间受理第一审税务行政案件的分工和权限。根据行政诉讼法的规定：基层人民法院管辖一般的税务行政诉讼案件；中、高级人民法院管辖本辖区内重大、复杂的税务行政诉讼案件；最高人民法院管辖全国范围内重大、复杂的税务行政诉讼案件。

2. 地域管辖

地域管辖，是指同级人民法院之间受理第一审行政案件的分工和权限。

（1）一般地域管辖，指按照最初作出具体行政行为的机关所在地来确定管辖法院。凡是未经复议直接向人民法院提起诉讼的，或者经过复议，复议裁决维持原具体行政行为，当事人不服向人民法院提出诉讼的，均由最初做出具体行政行为的税务机关所在地的人民法院管辖。

（2）特殊地域管辖，指根据特殊行政法律关系或特殊行政法律关系所指向的对象来确定管辖法院。税务行政案件中的特殊地域管辖主要是指经过复议且复议机关改变原具体行政行为的案件，由原告选择最初做出具体行政行为的税务机关所在地的人民法院，或者复议机关所在地的人民法院管辖。原告可以向任何一个有管辖权的人民法院起诉，由最先收到起诉状的人民法院管辖。

3. 裁定管辖

裁定管辖，指人民法院依法自行裁定的管辖。包括：移送管辖，指人民法院将已经受理的案件，移送给有管辖权的人民法院审理。指定管辖，指上级人民法院以裁定的方式，指定某下一级人民法院管辖某一案件。

4. 管辖权的转移

上级人民法院有权审理下级人民法院管辖的第一审税务行政案件，也可以将自己管辖的第一审行政案件移交下级人民法院审判；下级人民法院对其管辖的第一审税务行政案件，认为需要由上级人民法院审判的，可以报请上级人民法院决定。

（四）税务行政诉讼的受案范围

税务行政诉讼的受案范围与税务行政复议的受案范围基本一致，包括：

（1）税务机关做出的征税行为：一是征收税款；二是加收滞纳金；三是审批减免税和出口退税；四是税务机关委托扣缴义务人做出的代扣代收税款行为。

（2）税务机关做出的责令纳税人提交纳税保证金或者纳税担保行为。

（3）税务机关做出的行政处罚行为：一是罚款；二是没收违法所得；三是停止出口退税权。

（4）税务机关做出的通知出境管理机关阻止出境行为。

（5）税务机关做出的税收保全措施：一是书面通知银行或者其他金融机构暂停支付存款；二是扣押、查封商品、货物或者其他财产。

（6）税务机关做出的税收强制执行措施：一是书面通知银行或者其他金融机构扣缴税款；二是拍卖所扣押、查封的商品、货物或者其他财产抵缴税款。

（7）认为符合法定条件申请税务机关颁发税务登记证和发售发票，税务机关拒绝颁发、发售或者不予答复的行为。

（8）税务机关的复议行为：一是复议机关改变了原具体行政行为；二是期限届满，税务机关不予答复。

（五）税务行政诉讼的起诉和受理

1. 税务行政诉讼的起诉

纳税人、扣缴义务人等税务管理相对人在提起税务行政诉讼时，必须符合下列条件：

（1）原告是认为具体税务行为侵犯其合法权益的公民、法人或者其他组织。

（2）有明确的被告。

（3）有具体的诉讼请求和事实、法律根据。

（4）属于人民法院的受案范围和受诉人民法院管辖。

此外，提起税务行政诉讼还必须符合法定的期限和必经的程序。对税务机关的征税行为提起诉讼必须先经过复议；对复议决定不服的，可以在接到复议决定书之日起 15 日内向人民法院起诉。对其他具体行政行为不服的，当事人可以在接到通知或者知道之日起 15 日内直接向人民法院起诉。

税务机关做出具体行政行为时，未告知当事人诉权和起诉期限，致使当事人逾期向人民法院起诉的，其起诉期限从当事人实际知道诉权或者起诉期限时计算，但最长不得超过 2 年。

2. 税务行政诉讼的受理

根据法律规定，人民法院接到诉状，经过审查，应当在 7 日内立案或者做出裁定不予受理。原告对不予受理的裁定不服的，可以提起上诉。

（六）税务行政诉讼的审理和判决

1. 税务行政诉讼的审理

人民法院审理行政案件实行合议、回避、公开审判和两审终审的审判制度。

2. 税务行政诉讼的判决

人民法院对受理的税务行政案件，经过调查、搜集证据、开庭审理之后，分别做出如下判决：

（1）维持判决。

（2）撤销判决。

（3）履行判决。

（4）变更判决。

本章小结

1. 税务管理从狭义上讲是税务机关依据国家税收政策法规所进行的税款征收活动，从广义的角度来说是国家及其税务机关，依据客观经济规律和税收分配特点，对税收分配的全过程进行决策、计划、组织、监督和协调，以保证税收职能得以实现的一种管理活动。

2. 我国的《税收征管法》既规定了纳税申报、税款征收、税务检查的程序；同时又规定了征纳双方主体的权利义务，还规定了征纳机关和纳税人的法律责任。

3. 税务行政处罚是税务机关依照税收法律、法规有关规定，依法对纳税人、扣缴义务人、纳税担保人以及其他与税务行政处罚有直接利害关系的当事人违反税收法律、法规、规章的规定进行处罚的具体行政行为。包括各类罚款以及税收法律、法规、规章规定的其他行政处罚，都属于税务行政处罚的范围。

4. 税务行政复议和税务行政诉讼作为两种不同的权利救济制度，是解决税务行政争议、规范税务行政行为、维护和监督税务机关依法行使行政执法权的重要途径。

综合练习

一、重要概念

税收管理　税收征收管理　税务登记　税控装置　纳税申报　数据电文申报　税款征收　税收保全措施　税收强制措施　税务检查　税务行政司法制度　税务行政处罚　税务行政复议　税务行政诉讼

二、思考题

1. 税务登记制度由哪些内容组成？它们的详细规定是什么？

2. 税款延期缴纳制度的申请条件和程序是什么？

3. 适用税收保全措施的条件和程序有哪些规定?

4. 如何把握税务行政复议的受案范围?

5. 税务行政诉讼的管辖是如何划分的?

6. 如何理解税务行政诉讼的受案范围?

三、案例题

1. 案情:2019 年 12 月 10 日,某县地税局通过公告形式通知纳税人在 2020 年 2 月 28 日前到所辖税务机关办理税务登记换证手续。2020 年 3 月 15 日该地税局所属的一个税务所在对所辖范围内的个体工商户进行清理时,发现个体户王某(主要经营大饼、油条)未按照规定期限进行税务登记换证。税务机关限其在 7 日内进行换证,并处罚款 100 元。王某拿出停业报告,认为自己在 2019 年 12 月 1 日至 2020 年 2 月 28 日,因回老家向税务机关申请了停业,税务机关也核准了停业,近日王某刚从老家回来,税务机关没有通知他进行税务登记换证,因此拒绝缴纳罚款,并同税务人员发生争执。2020 年 3 月 23 日,税务所经所长批准对王某采取强制措施,扣押其自行车。

问:税务机关的做法是否合法? 为什么?

2. 案情:2020 年 5 月 19 日,某县地税局城关税务分局征收人员小张发现某娱乐城(系有证个体工商户)没有按时办理当月纳税申报,遂打电话进行口头催报,接电话的该娱乐城工作人员称老板和办税人员均出差在外,无法办理纳税申报事宜。5 月 21 日,该娱乐城办税员来到城关税务分局办理当月纳税申报,城关税务分局以逾期申报为由,依照《税收征管法》第 62 条规定,当场作出罚款 50 元的处罚决定。该娱乐城老板不服,认为由于办税员出差在外而造成了逾期申报,并非主观上故意拖延,同时,在此期间也未接到税务部门的书面"限期改正通知书",故以城关税务分局处罚程序违法为由,向县地税局申请行政复议。

问:城关税务分局对该娱乐城的处罚程序合法吗?

延展阅读

[1] 常晓素. 大数据在税收风险管理中的应用探析[J]. 税务研究,2019(06):78-81.

[2] 刘宇彤. 加强境外投资与承包业务税务管理的思路与重点[J]. 税务研究,2018(08):54-58.

[3] 张巍,郭墨. 区块链技术服务税收征管现代化的契合性研究[J]. 税务研究,2019(05):80-86.

[4] 马敏."互联网+税务"背景下税收征管现代化问题研究[J]. 税务研究,2019(02):109-113.

[5] 田彬彬,谷雨. 征管独立性与税收收入增长——来自国税局长异地交流的证据[J]. 财贸经济,2018,39(11):53-66.

[6] 白玉明,黄盛阳. 从税务遵从报告视角探析大企业税务风险管理[J]. 税务研究,2017(11):110-115.

附录

课程思政案例

案例 1：关于完善调整部分纳税人个人所得税预扣预缴方法的公告

案例出处	国家税务总局公告 2020 年第 13 号
案例内容	为进一步支持稳就业、保就业，减轻当年新入职人员个人所得税预扣预缴阶段的税收负担，现就完善调整年度中间首次取得工资、薪金所得等人员有关个人所得税预扣预缴方法事项公告如下： 一、对一个纳税年度内首次取得工资、薪金所得的居民个人，扣缴义务人在预扣预缴个人所得税时，可按照 5 000 元/月乘以纳税人当年截至本月月份数计算累计减除费用。 二、正在接受全日制学历教育的学生因实习取得劳务报酬所得的，扣缴义务人预扣预缴个人所得税时，可按照《国家税务总局关于发布〈个人所得税扣缴申报管理办法（试行）〉的公告》（2018 年第 61 号）规定的累计预扣法计算并预扣预缴税款。 三、符合本公告规定并可按上述条款预扣预缴个人所得税的纳税人，应当及时向扣缴义务人申明并如实提供相关佐证资料或承诺书，并对相关资料及承诺书的真实性、准确性、完整性负责。相关资料或承诺书，纳税人及扣缴义务人需留存备查。 四、本公告所称首次取得工资、薪金所得的居民个人，是指自纳税年度首月起至新入职时，未取得工资、薪金所得或者未按照累计预扣法预扣预缴过连续性劳务报酬所得个人所得税的居民个人。 此公告从 2020 年 7 月 1 日起开始实施。2020 年 7 月 1 日之前就业或者实习的纳税人，如存在多预缴个人所得税的，仍可在次年办理综合所得汇算清缴时申请退税。 该公告所称首次取得工资、薪金所得的居民个人，是指自纳税年度首月起至新入职时，没有取得过工资、薪金所得或者连续性劳务报酬所得的居民个人。在入职新单位前取得过工资、薪金所得或者按照累计预扣法预扣预缴过连续性劳务报酬所得个人所得税的纳税人不包括在内。如果纳税人仅是在新入职前偶然取得过劳务报酬、稿酬、特许权使用费所得的，则不受影响，仍然可适用该公告规定。正在接受全日制学历教育的学生因实习取得劳务报酬所得的，扣缴义务人预扣预缴个人所得税时，可按照《国家税务总局关于发布〈个人所得税扣缴申报管理办法（试行）〉的公告》规定的累计预扣法计算并预扣预缴税款。

续表

案例所对应的专业知识	章节:第七章　个人所得税 知识点:个人所得税中应纳税额计算的预扣预缴问题 (1)个人所得税预扣率表一。 (2)个人所得税预扣率表二。 (3)预扣率 20%:居民个人稿酬所得、特许权使用费所得适用 20%预扣率。 个人所得税的计税依据是纳税人取得的应纳税所得额。应纳税所得额是个人取得的每项收入所得减去税法规定的扣除项目、扣除金额之后的余额(包括货币与非货币所得)。
案例所体现的思政元素	思政元素:个税新政优化税收制度　惠及百姓民生 个人所得税制度的改革充分贯彻了党中央、国务院"六保""六稳"的精神,面对 2020 年前所未有的困难的和挑战,国家更加重视经济稳定发展和民生福祉问题,党中央、国务院部署要充分做好"六稳"工作,落实好居民就业、保基本民生、保市场主体、保粮食能源、保产业链工业链稳定、保基层运转"六保"任务。在不确定性增加的情况下,"保"的意义就更大,"六保"和"六稳"是直面和克服困难挑战的积极举措。 我国经济发展已经进入了新常态,经济发展速度变为中高速增长,经济结构也在进一步升级优化,与此同时带来的经济发展与社会资源收入分配之间的矛盾也在逐步增加。个人所得税与每个公民的切身利益息息相关,它的改革是我国财税制度改革中的重要一环,随着个人所得税制度的不断改革和完善,其在调节收入分配、实现社会公平、促进社会稳定、推动社会发展等方面发挥着至关重要的作用。只有个人所得税和社会经济发展相协调,与收入分配现状相适应,才能更好地实现国家强盛、居民幸福的宏伟目标。个人所得税的改革是践行以人民为中心发展思想的重要举措。民惟邦本,本固邦宁。中国特色社会主义进入新时代,必须坚持以人民为中心的发展思想,让更多的纳税人切实体会到减税红利,在共建共享中有更多的获得感、更好的幸福感。 这次的税收优惠政策出台针对的对象是职场新人和在校大学实习生,这次税收优惠的"见面礼"不仅让职场新人切实体会到了国家的政策利好,也让他们更好地了解到新税法实施后的税法体制框架,增强自己的纳税人意识,减轻纳税人的纳税压力,从而促进消费和带动经济发展,同时还提高了职场新人未来工作中的纳税积极性。国家一直以来都很重视大学生的就业问题,就业问题乃是民生之本,而大学生就业是国家推进就业工作落实中的重中之重,这次个税改革的优惠对象面向大学实习生和职场新人,正是国家尊重人才、重视人才、爱护人才的思想体现,也是国家落实教育兴国、人才强国战略的重要举措。 这次调整部分纳税人个人所得税预扣预缴方式的政策出台也是对个人所得税制度的进一步完善,是对现代税收税制的进一步优化,是对现代税收服务体系的进一步提升,充分体现了国家的税收制度发展要与经济社会发展相适应,与人民的切身需求相契合,同时也要满足国家财政发展的需要。

案例 2:财政部 税务总局 海关总署关于深化增值税改革有关政策的公告

案例出处	财政部 税务总局 海关总署公告 2019 年第 39 号
案例内容	为贯彻落实党中央、国务院决策部署,推进增值税实质性减税,2019 年 3 月 20 日,《财政部 税务总局 海关总署关于深化增值税改革有关政策的公告》发布,公告内容主要包括降低税率和出口退税率、扩大进项税额抵扣范围、允许部分纳税人实施加计抵减政策、试行增值税期末留底税额退税制度。 在税率方面,原来适用 16%税率的,税率调整为 13%;原来适用 10%税率的,税率调整为 9%,同时对购进农产品扣除率、出口退税、境外旅客购物离境退税等方面进行相应的调整。在进项税额抵扣方面,首先是扩大进项税额抵扣范围,国内旅客运输服务进项税额允许抵扣,同时,纳税人取得不动产或者不动产在建工程的进项税额不再分 2 年抵扣。其次,允许生产、生活性服务业纳税人加计抵扣进项税额。在征收管理方面,自 2019 年 4 月 1 日起,对于满足条件的纳税人,试行期末留底退税制度。
案例所对应的专业知识	章节:第三章 增值税 知识点:增值税税率、增值税进项税额 (1) 2012 年 1 月 1 日,上海实施了交通运输业和部分现代服务业"营改增";2012 年 9 月 1 日至 2012 年 12 月 1 日,"营改增"试点由上海市分四批次扩大至北京、江苏、安徽、福建、广东、天津、浙江、湖北八省(市)。 (2) 2013 年 8 月 1 日,"营改增"试点推向全国,同时将广播影视服务纳入试点范围。 (3) 2014 年 1 月 1 日,铁路运输业和邮政业在全国范围实施"营改增"试点。 (4) 2014 年 6 月 1 日,电信业在全国范围实施"营改增"试点。 (5) 2016 年 5 月 1 日,剩余的四大行业建筑业、房地产业、金融业、生活服务业实行"营改增"。"营改增"全面推开。从此,增值税的税率为:17%、13%、11%、6%、0。 (6) 2017 年 7 月 1 日,增值税税率实行简并档次,将原先 13%这一档税率归入了 11%这一档。从此,增值税税率为:17%、11%、6%、0。 (7) 2018 年 5 月 1 日,增值税税率 17%降低到 16%,11%的税率降低到了 10%。从此,增值税税率为:16%、10%、6%、0。 (8) 自 2019 年 4 月 1 日起,增值税税率继续下调,16%降低到 13%,10%的税率降低到了 9%,6%的税率保持不变。从此,增值税税率为:13%、9%、6%、0。

续表

案例所体现的思政元素	思政元素：完善税制，进一步减轻市场主体负担 此次改革并非单纯的下调税率，而是注重与税制改革相衔接。我国最初引入增值税的原因之一在于增值税理论上的“中性”特点。我国增值税脱胎于“商品税”，最初是生产型增值税，其“中性”特点并没有很好地发挥出来，改革至今，增值税的“中性”特点不断增强。对于增值税的深化改革，降低间接税比重，提高直接税比重，有利于完善我国流转税制，完善双主体的税制模式，同时，扩大进项税额抵扣范围，不断解决“营改增”遗留的部分问题。本次改革在2018年对部分行业实行一次性“留抵退税”的基础上，将“留抵退税”扩大到全行业，纳税人只要符合条件，其新增留抵税额可以退还，这标志着我国初步建立了制度性的期末“留抵退税”制度，在完善增值税制度、优化营商环境等方面迈出重要一步。总的来说，我国增值税改革仍然是向着单一的低税率的方向发展。 此次深化增值税改革，制造业成为最大的政策受益者。降低制造业、交通运输业、建筑业的增值税税率，可直接降低制造业产业链上下游企业的税收负担，增强我国制造业的国际竞争力。降低交通运输业的税费，将进一步降低物流成本，助力我国现代物流业发展。扩“抵扣”、退“留抵”等政策能助推优化产业链、供应链，助力解决企业发展困境，提升我国企业在全球价值链的位置，促进我国经济高质量发展。此外，作为国民经济的基础产业，制造业享受的减税红利，还将通过价格机制由产业链条层层传递，让更多的行业受益。从表面上看，深化增值税改革是为了降低企业税负，但实际上体现了政府与企业、居民分配关系的优化调整，体现了“以人为本”的发展理念，这是在新时期解决制约经济社会发展深层矛盾的必然之举。本次深化增值税改革是在考虑财政可持续发展的前提下，切实减轻企业负担、“放水养鱼”、激发市场活力、进而增强经济发展后劲的重大举措，也是完善增值税税制、优化税收结构的重要改革，还是宏观政策支持稳增长、保就业、调结构的重大抉择。 总之，增值税改革下调税率，加大“让利”幅度，有利于优化经济社会诸多关系，推动社会有序运转。无论是在市场治理层面让市场更好地发挥资源配置决定性作用，还是在政府治理、社会治理和生态文明治理等其他层面，都产生了诸多积极效应，有助于提升我国的治理能力。

案例3:依法严肃查处××偷逃税案件

案例出处	国家税务总局官网
案例内容	2021年4月初,上海市税务局第一稽查局依法受理了关于××涉嫌偷逃税问题的举报。国家税务总局高度重视,指导天津、浙江、江苏、北京等地税务机关密切配合上海市税务局第一稽查局,针对××利用"阴阳合同"涉嫌偷逃税问题,以及2018年规范影视行业税收秩序以后××参加的演艺项目和相关企业及人员涉税问题,以事实为依据,以法律为准绳,依法依规开展全面深入检查。 日前,上海市税务局第一稽查局已查明×× 2019年至2020年未依法申报个人收入1.91亿元,偷税4 526.96万元,其他少缴税款2 652.07万元,并依法做出对××追缴税款、加收滞纳金并处罚款共计2.99亿元的处理处罚决定。
案例所对应的专业知识	章节:第七章　个人所得税 知识点:个人所得税申报,影视行业税收监管 (1) 2006年11月6日,凡依据个人所得税法负有纳税义务的纳税人,符合规定情形的应当办理纳税申报。 (2) 2018年7月13日,国家税务总局印发《通知》,指出影视企业和影视行业从业人员应当依法如实申报并缴纳税款,各级税务机关要加强对影视行业的税源管理,各级税务机关要严格依法执行税收优惠政策,认真落实支持影视行业健康规范发展的税收管理服务举措,对诚信经营、依法纳税的影视行业纳税人依规提供办税绿色通道等激励,有针对性地加强税法宣传和政策解读,切实保护影视行业纳税人的合法权益,提高其税收遵从度。 (3) 2019年1月1日,取得综合所得且符合规定情形的纳税人,应当依法办理汇算清缴;个体工商户业主、个人独资企业投资者、合伙企业个人合伙人、承包承租经营者个人以及其他从事生产、经营活动的个人取得经营所得,符合规定情形的应当办理纳税申报。

续表

案例所体现的思政元素	思政元素：完善税收监管机制，持续加强对高收入人群、高风险行业的税收监管 近年来，一些影视以及其他文娱业从业者纷纷设立个体工商户或者个人独资企业性质的个人工作室开展业务。按照现行的个人所得税法律法规，个体工商户和个人独资企业应妥善设置账簿，对其实际应纳税所得额适用5%～35%的税率缴纳个人所得税。 然而，由于这些工作室的账册不健全，各地税务机关往往只能按照核定征收方式征收个人所得税。在实践中，各地的核定征收率普遍低于个体工商户及个人独资企业经营所得适用的5%～35%的税率。随着这些行业从业者进入高收入纳税人的行列，上述安排使得其实际有效税率远远低于工薪族纳税人，背离了“量能负税”的税收原则。 个人所得税法也将引入反避税条款，不符合独立交易原则的关联方交易及海外避税地受控外国公司，以及其他通过不具有合理商业目的安排获取不当税收利益的情形，都将成为税务机关未来在个税领域关注，并在必要时进行打击的对象。 税务部门持续加强对高收入人群、高风险行业的税收监管，会同相关部门深入开展影视行业税收秩序综合治理。针对当前影视行业个别从业人员偷逃税的新手法，税务部门将与广电、电影等行业主管部门密切协作，加强对影视企业和从业人员的法治宣传教育，保障影视企业和从业人员合法权益，完善跨部门常态化联动监管机制，持续提升精准监管能力，加大“双随机、一公开”抽查力度，严厉查处和曝光各类恶意偷逃税行为，进一步规范影视行业税收秩序，弘扬社会主义核心价值观，促进影视行业长期健康规范发展。

参 考 文 献

[1] 樊勇,赵金梅. 中国税制:增值税. 北京:中国铁道出版社,2019.

[2] 杨虹. 中国税制. 5版. 北京:中国人民大学出版社,2019.

[3] 国家税务总局国际税务司. 国际税收政策及解读汇编(2019年版). 北京:中国税务出版社,2019.

[4] 中国注册会计师协会. 税法. 北京:中国财政经济出版社,2019.

[5] 刘佐. 2019年中国税制概览(第23版). 北京:经济科学出版社,2019.

[6] [美]乔尔·斯莱姆罗德,克里思汀·吉里泽尔. 税制分析. 李建军,等,译. 上海:格致出版社,上海三联书店,上海人民出版社,2019.

[7] 王曙光. 财政税收理论与政策研究(修订版). 北京:经济科学出版社,2019.

[8] 蒙丽珍,安仲文. 国家税收. 7版. 大连:东北财经大学出版社,2019.

[9] 白彦锋,姜哲,等. 美国税制改革及对全球税收秩序的影响. 北京:中国税务出版社,2018.

[10] 胡怡建. 税收学. 上海:上海财经大学出版社,2018.

[11] 史蒂文·M. 谢福林. 税收公平与民间正义. 杨海燕,译. 上海:上海财经大学出版社,2018.

[12] 杨杨,姜群,王立. 税收公平的三重维度:价值重构及制度选择. 北京:中国社会科学出版社,2017.

[13] 高培勇. 走向国家治理现代化——中共十八届三中全会决定研究. 北京:中国社会科学出版社,2018.

[14] 郭庆旺,吕冰洋,岳希明. 税收对国民收入分配调控作用研究. 北京:经济科学出版社,2014.

教学支持说明

建设立体化精品教材，向高校师生提供整体教学解决方案和教学资源，是高等教育出版社“服务教育”的重要方式。为支持相应课程教学，我们专门为本书研发了配套教学课件及相关教学资源，并向采用本书作为教材的教师免费提供。

为保证该课件及相关教学资源仅为教师获得，烦请授课教师清晰填写如下开课证明并拍照后，发送至邮箱：jingguan@pub.hep.cn 或 xiwei@hep.com.cn，也可通过 QQ：563780432 或 22706980，进行索取。

咨询电话：010-58581020，编辑电话 010-58581862

证　　明

兹证明＿＿＿＿＿＿＿＿大学＿＿＿＿＿＿＿＿学院/系第＿＿＿＿学年开设的＿＿＿＿＿＿＿＿课程，采用高等教育出版社出版的《　　　》（主编）作为本课程教材，授课教师为＿＿＿＿，学生＿＿＿＿个班，共＿＿＿＿人。授课教师需要与本书配套的课件及相关资源用于教学使用。

授课教师联系电话：＿＿＿＿＿＿＿＿ E-mail：＿＿＿＿＿＿＿＿＿＿＿＿

学院/系主任：＿＿＿＿＿＿＿＿（签字）

（学院/系办公室盖章）

20＿＿年＿＿月＿＿日

郑重声明